بسم الـلـه الرحمن الرحيم

﴿ إِنَّ اللَّهَ يَأْمُرُكُمْ أَنْ تُؤَدُّوا الْأَمَانَاتِ إِلَى أَهْلِهَا وَإِذَا حَكَمْتُمْ بَيْنَ النَّاسِ أَنْ تَحْكُمُوا بِالْعَدْلِ إِنَّ اللَّهَ نِعِمَّا يَعِظُكُمْ بِهِ إِنَّ اللَّهَ كَانَ سَمِيعًا بَصِيرًا ﴾ [١]

صدق الـلـه العظيم

(١) سورة النساء الآية رقم ٥٨.

الإهداء

إلى روحيهما وهما في رحمة اللـه تعالى

أبي وأمي ..

إلى رفقاء الحياة ومنيري الطريق

إخواني وأخواتي

إلى شريكة الحياة وتوأم الروح

منى .. العزيزة

إلى قرة العين :

ولاء ، وائل ، وئام ، وسام ، وعد

إليهم أُهدي هذا الجهد المتواضع

وهو منهم وإليهم

٦

تقديم

هذا الكتاب يستعرض أحد القضايا الهامة التي شغلت المفكرين والمهتمين منذ ميلاد القرن العشرين حتى اليوم. هي قضية الواجبات والحقوق لكل من الحاكم والمحكوم في النظم السياسية المعاصرة مقارنة بالفقه الإسلامي. وقد بنى المؤلف مواقعه من القضية بعد أن ناقش نظرية السلطة العليا في الدولة عند جاهلية العرب ثم أضاف الخلاف الأساسي بينهم والفقه الإسلامي. وحقيقة أن أصل الخلاف بين الطرفين هو نظرية السلطة هذه... لمن تكون السلطة النهائية. عند أهل الغرب تطورت هذه النظرية من الملك المعبود الإله، لا الميك صاحب السلطة المطلقة التي يستطيع أحد أن يراجعه فيها – أما عند المسلمين فإن السلطة والسيادة لله تتمثل عبر الوحي، ولكن تكون ممارستها بواسطة الأمة.. المؤمنين.

وللمؤمنين قيود وأطر يتحركون خلالها، وبالتالي يكون اجتهادهم وفق مؤشرات ثابتة لا تتغير.

تأسيساً على سيادة الخالق والممارسة بواسطة خلقه، تأت الفوارق الكبيرة بين الحقوق والواجبات عند طرفي السلطة عند فقهاء المسلمين مقارنة بما جاء به مفكرو أهل الغرب الذي أصبح فيه ما فيه من أشكال الممارسات المختلفة. فبينما يتقرب المسلم لله سبحانه وتعالى وهو يقوم بواجب المناصحة، يفعل أهل الغرب ذلك من باب الحقوق. المسلم يخشى- اللـه ويخشى- حسابه إن هو لم يأمر بمعروف وينهه عن منكر، وأهل الغرب يمكن أن يتنازلوا عن الحق بعدم الاهتمام بقضايا الوطن.. فهو حر إما

يمارس الحق وإما يتركه من غير حرج، ولكن المسلم عليه واجب، والواجب واجب التنفيـذ، فـلا خيار فيه.

هكذا جاء الكتاب الذي بين أيدينا يوضح مدى ودرجة التحريض في المشاركة السياسية بينما هي خيار عند الديمقراطيين في الغرب...

هذا الكتاب، إذن، واجب الاقتناء، وواجب الإهداء، وواجب الاستيعاب..

أ. د. علي حسن الساعوري
جامعة النيلين

مقدمة

الحمد الله الذي أرسل رسله بالبينات، وانزل معهم الكتاب والميزان ليقوم الناس بالقسط، وانزل الحديد فيه باس شديد ومنافع للناس، وليعلم الله من ينصره ورسله بالغيب، وختمهم بمحمد صلى الله عليه وسلم ، الذي أرسله بالهدى ودين الحق ليظهره على الدين كله، وأيده بالسلطان النصير، الجامع معنى العلم والقلم للهداية والحجة، ومعنى القدرة والسيف للنصرة والتعزيز، واشهد أن لا اله إلا الله وحده لا شريك له، شهادة خالصة خلاصة الذهب الإبريز، واشهد أن محمدا عبده ورسوله صلى الله عليه وسلم وعلى اله وصحبه، وسلم تسليما كثيرا.

أما بعد

نفيد القارئ الكريم بأن هذا المؤلف هو عبارة عن رسالة نلت بها درجة الدكتوراه من جامعة ام درمان الإسلامية و قد اشرف عليها الدكتور محمود مصطفي المكي له مني كل الشكر و العرفان و ضمة لجنة التحكيم والمناقشة الدكتور وهبي محمد مختار- نائب رئيس القضاء السوداني والدكتور حسن محمد الأمين -عميد كلية الشريعة و القانون في جامعة ام درمان الإسلامية وقد قدم لها الأستاذ الدكتور علي حسن الساعوري أستاذ العلوم السياسية والمدير السابق لجامعة النيلين نرجو من الله ان يجعل ذلك في ميزان حسناتهم جميعا.

وأشير الي ان هذة الرسالة قصدت أن تشتمل على توضيح العلاقة بين

الحاكم والمحكومين في ظل الانظمة والدساتير المعاصرة والخروج منها بنتائج توضح مدى ارتباط تلك الدساتير بالفقه الإسلامي وما مدى عدالتها.

فقد جاء في قوله تعالى: ﴿ إِنَّ اللَّهَ يَأْمُرُكُمْ أَنْ تُؤَدُّوا الْأَمَانَاتِ إِلَى أَهْلِهَا وَإِذَا حَكَمْتُمْ بَيْنَ النَّاسِ أَنْ تَحْكُمُوا بِالْعَدْلِ إِنَّ اللَّهَ نِعِمَّا يَعِظُكُمْ بِهِ إِنَّ اللَّهَ كَانَ سَمِيعًا بَصِيرًا ﴾ (١).

وأيضا جاء في قوله تعالى: ﴿ يَا أَيُّهَا الَّذِينَ آمَنُوا أَطِيعُوا اللَّهَ وَأَطِيعُوا الرَّسُولَ وَأُولِي الْأَمْرِ مِنْكُمْ فَإِنْ تَنَازَعْتُمْ فِي شَيْءٍ فَرُدُّوهُ إِلَى اللَّهِ وَالرَّسُولِ إِنْ كُنْتُمْ تُؤْمِنُونَ بِاللَّهِ وَالْيَوْمِ الْآخِرِ ذَلِكَ خَيْرٌ وَأَحْسَنُ تَأْوِيلًا ﴾ (٢).

وقد قال بعض العلماء أن هذه الآية نزلت في ولاه الأمور، وفي الرعية، وحددت العلاقة بينهم على أساس العدل والطاعة.

والملاحظ إن الآية الأولى، قد وجهت خطاب الى الحكام وولاة الأمـر لـكي يقيمـوا العـدل بـين الناس، وجاء الخطاب بصيغة الأمـر، مـما يـدل عـلى الوجوب، مشعرهم برقابته لهم في هذا الخصوص.

كما إن الآية الثانية قد وجهت خطاب الى الرعية تأمرهم بطاعـة أولي الأمـر مـنهم، رابـط أهمية الطاعة، بمدى الإيمان بالله ورسوله صلى الله عليه وسلم . ومـن هنا نجد ان هناك التزامات وحقوق قد نظمها المولى عز وجل في العلاقة بين الحاكم والمحكوم متبادلة بيـنهم إذ ان كل التزام يقابله حق للطرف الأخر.

---

(١) سورة النساء: الآية ٥٩.
(٢) نفس السورة: الآية ٥٨.

ونجد ان الانظمة السياسية المعاصرة قد تباينت في تلك الحقوق والالتزامات وكذلك وبالرجوع الى الدساتير المطبقة فى الدول المعاصر نجد انها تشتمل على فصول تبين الحقوق والحريات المتاحة للمواطنين و توضح التزامات الدولة تجاههم.

وعليه فإن دراسة منهج الحكم وعلاقة الحاكم بالمحكومين تعد من الدراسات التي يجد فيها الباحث متعة في عملية البحث وذلك لأنه أمر يتعايشه في حياته اليومية , لا سيما وان المجتمعات الحديثة صارت فيها مشكلة الحكم تعد من المشاكل المعقدة والتي تخضع لاختلاف الايدولوجيات والالوان الفكرية والسياسية التي تحيط بالمرء منذ نضوج فكره مما يجعل هناك شتات في الافكار تنتاب الكثير ممن لهم الاهتمام بهذا الامر.

ولعل الفكر السياسي الاسلامي قد اظهر تلك العلاقة بين الحاكم والمحكوم في آراء مختلفة ومتباينة تقود في نهايتها الى محصلة واحدة، تتمثل في حسن ادارة دفة الحكم في الدولة.

والعالم المعاصر توسع في الاختلاف حول تلك المناهج المتبعة لتنظيم علاقة الحاكم والمحكوم، وقد نجد ان الاهتمام بتوضيح تلك العلاقة يعد بمثابة إلقاء الظلال على العديد من الافكار والآراء الحديثة منها والقديمة، هذا بجانب الخروج برؤية امثل نصل اليها من خلال البحث في الحقب المتعاقبة من حياة البشرية ومن خلال الارث السياسي الاسلامي الذي يعتمد على المنهج المنصوص عليه في الدستور الاسلامي المستمد من الكتاب الحكيم والسنة النبوية وإجماع الامة وإجتهاد علمائها، فكانت تلك الدراسة تمثل مادتين دراسيتين لا يستغنى عنهما طالب للعلوم السياسية والقانونية

على السواء وهما: النظم السياسية والقانون الدستوري وجعلنا بحثنا من خلال ماجاء فيهما مـن موضوعات مختلفة , وذلك في عالمنا المعاصر وعصور من سبقونا من السالفين.

ولذلك أردت من هـذه الدراسـة وضـع مقارنـة بـين مـا هـو موجـود في الانظمـة السياسـية المعاصرة و الدساتير المنظمة لعلاقة الحاكم والمحكومين وبين ما ورد في الفقـه مـن تنظـيم لهـذه العلاقة، وتوضيح وتبين أن شمولية المنهج الرباني قد توصلت لهـذا الأمـر وحوتـه بكافـه جوانبـه المختلفة. ومن هنا نبعت أهميه هذا الكتاب. والذي قد قسم إلى فصل تمهيدي وبابين.

الفصل التمهيدي

الخلفية التاريخية

لعلاقـــة الحاكـــم والمحكـــوم

فــي العصـــور السابقـــة للإســـلام

الفـصـل التـمـهيـدي

الخلفية التاريخية

لعلاقة

الحاكم والمحكوم في العصور السابقة للإسلام

تمهيد وتقسيم:

يتسم التاريخ السياسي قبل الإسلام بالغموض الشديد وتضارب أراء الباحثين فيـه، وذلـك لأن جزيرة العرب لم تعرف الوحدة السياسـية بوضـعها الحـالي ولم تخضـع لحكومـة منظمـة كـما أن العرب كانوا في جملتهم أُميين، فلم يدونوا حوادثهم كتابةً إلاّ في أواخر العصر الأمـوي"[1]، ولـذلك وقع كثير من الباحثين في الخطأ لاعتمادهم على رأي واحد بالنسبة لأحوال العرب في ذلك العهـد، أو لاتباعهم أسلوب التعميم في البحث بأن يجعلوا من حالة معينـة قاعـدة عميقـة يقـاس عليهـا سائر أحوال العرب الأُخرى. ومن ذلك مثلاً مـا نحـن بصـدده بالنسبة لأحـوال العـرب السياسـية وعلاقة الحاكم والمحكوم.

وعليه نبدأ هذه الدراسة بمعرفة بدايـة العصرـ الـذي يمكـن أن تشـمله دراسـتنا السياسـية، وأقسام القبائل والممالك ونتخير منها ما نضعه مجال لهذه الخلفية. ومن ذلـك " نجـد أن علـماء الجيولوجيا يحددون عمر الأرض بنحو ألفي مليون عـام، واصـطلحوا عـلى تقسـيمه إلى أزمنـة أو دهور طويلة

(١) حسن إبراهيم حسن ـ تاريخ الإسلام ـ الطبعة الرابعة ـ مطـبعة النهضة ـ ١٩٥٧م ـ ١ /١.

وهذه قسموها بدورها إلى أقسام فرعية"[1].

ويرى المؤرخين " أن الحياة على سطح الأرض لم تبدأ منذ نشأتها وحين بدأت كانت عبارة عن كائنات بسيطة التكوين ثم أخذت الكائنات المعقدة في الظهور، وقد وجدت كائنات شبيهه بالإنسان ولكنها كانت أقرب إلى القردة العليا وهذا التصور لبداية الحياة علي سطح الأرض نتحفظ عليه بما ورد من أنباء عن بدء الخلق في التراث الإسلامي ولاشك في أن تاريخ الإنسان بدأ منذ اللحظة التي ظهر فيها على سطح الأرض وأخذ يتفاعل مع بيئته، فبدأ في إنتاج مظاهر حضاراته المختلفة" [2].

فقد روى " عن أبي هريرة رضي الله عنه قال أخذ رسول الله صلى الله عليه وسلم بيدي فقال: خلق الله التربة يوم السبت وخلق الجبال يوم الأحد وخلق الشجر يوم الاثنين وخلق المكروه يوم الثلاثاء وخلق النور يوم الأربعاء وبث الدواب يوم الخميس وخلق آدم بعد العصر يوم الجمعة آخر خلق، خلق في آخر ساعة من ساعات الجمعة فيما بين العصر إلى الليل" [3].

وعلى ذلك يعتبر عندنا هبوط آدم عليه السلام إلي الأرض هو بداية الحياة الإنسانية، وأهمية الدراسة التاريخية لا تخلو من فوائد جمة إذ " أن

---

(١) الدكتور محمد أبوالمحاسن عصفور ـ معالم تاريخ الشرق الأدنى القديم ـ دار النهضة العربية ـ الطبعة الثانية ـ بدون تاريخ نشر ـ ص ٢٤.

(٢) حسن إبراهيم حسن ـ مرجع سابق ـ ١/١.

(٣) مسلم بن الحجاج أبو الحسين القشيري النيسابوري ـ صحيح مسلم ـ دار إحياء التراث العربي - بيروت ـ بدون تاريخ نشر ـ تحقيق: محمد فؤاد عبد الباقي ـ٢١٤٩/٤ـ رقم الحديث: ٢٧٨٩.

التاريخ علم يبحث فيه عن معرفة أحوال الطوائف وبلدانهم ورسومهم وعاداتهم وصنائعهم وأنسابهم ووفياتهم , وموضوعه أحوال الأشخاص الماضية من الأنبياء والأولياء والعلماء والحكماء والشعراء والملوك والسلاطين وغيرهم , والغرض منه الوقوف على الأحوال الماضية من حيث هي وكيف كانت، وفائدته العبرة بتلك الأحوال والتنصح بها وحصول ملكة التجارب بالوقوف على تغلبات الزمن ليتحرز العاقل عن مثل أحوال الهالكين من الأمم المذكورة السالفين ويستجلب خيار أفعالهم ويتجنب سوء أقوالهم ويزهد في الفاني ويجتهد في طلب الباقي" [(١)].

ولعل هذه المقدمة يمكن من خلالها وضع ضابط لتحديد تاريخ الإنسان السياسي " وذلك إذا علمنا أن الباحثون قد درجوا إلى تقسيم تاريخ الإنسان على أساس تطوره الحضاري إلى قسمين رئيسيين هما: القسم الذي سبق الكتابة والقسم الذي عُرفت فيه الكتابة، وأُطلق على الأول ما قبل التاريخ وعلى الثاني إسم العصر التاريخي على إعتبار أن الإنسان في هذا القسم من حياته وصل إلى التدوين وبذلك وجد التاريخ " [(٢)]، وبطبيعة الحال فإن عصر ما قبل التاريخ قد قسم أيضاً إلى " عدة تقسيمات تختلف باختلاف الوجهة التي ينظر فيها إلى التقسيم، فمن حيث الأدوات التي يستعملها، قسمت إلى دور استعمال الحجر ودور استعمال المعادن، وبالنظر إلى الناحية الاقتصادية قسم إلى مرحلة جمع الطعام ومرحلة إنتاج الطعام " [(٣)].

---

(١) عبد الرحمن بن حسن الجبرتي ـ تاريخ عجائب الآثار في التراجم والأخبار- دار الجيل ـ بيروت ـ بدون تاريخ نشر ـ ٦/١.

(٢) حسن إبراهيم حسن ـ مرجع سابق ـ ١/١.

(٣) المرجع السابق ـ٦/١.

ولا نُعنى كثيراً لهذه الحقبة من التاريخ في دراستنا السياسية حيث لا يتصور في تلك الفترات وجود كيانات سياسية منظمة شبيهه بالوحدات الموجودة في العصور اللاحقة.

وقد ورد في عجائب الآثار " أن أول واضع حساب للتاريخ فى الإسلام هو عمر بن الخطاب رضي الله عنه وذلك حين كتب أبو موسى الأشعري رضي الله عنه إلى عمر رضي الله عنه بأنه يأتينا من قبل أمير المؤمنين كتب لا ندري على أيها نعمل فقد قرأنا صكا محله شعبان فما ندري أي الشعبانين أهو الماضي أم القابل ؟ وقيل رفع لعمر صك محله شعبان فقال أي شعبان هذا هو الذي نحن فيه أو الذي هو آت ؟ ثم جمع وجوه الصحابة رضي الله عنهم وقال: إن الأموال قد كثرت وما قسمناه غير مؤقت فكيف التوصل إلى ما يضبط به ذلك ؟ فقال له الهرمزان" [١]: أن للعجم حسابا يسمونه (ماه روز) ويسندونه إلى من غلب عليهم الأكاسرة فعربوا لفظة(ماه روز بمورخ) ومصدره التاريخ واستعملوه في وجوه التصريف ثم شرح لهم الهرمزان كيفية استعمال ذلك فقال لهم عمر رضي الله عنه ضعوا للناس تاريخا يتعاملون عليه وتصير أوقاتهم فيما يتعاطونه من المعاملات مضبوطة " [٢].

وعلى ذلك فإن دراستنا للخلفية التاريخية تبدأ ببداية وجود الكيانات الإنسانية المنظمة والتي يتصور فيها وجود القيادة والحكام.

لذا فإننا نقسم هذا الفصل إلى مبحثين نخصص أوله لدراسة علاقة

---

(١) هو ملك الأهواز وقد اسر عند فتوح فارس وحمل إلى عمر بن الخطاب رضي الله عنه وسلم على يديه.

(٢) عبد الرحمن بن حسن الجبرتي ـ مرجع سابق ـ ص٧.

الحاكم بالمحكوم في العصور القديمة أي ما قبل الإسلام في القبائل العربية، ثم نتناول في المبحث الثاني علاقة الحاكم بالمحكوم في العصور القديمة الممالك العربية.

المبحث الأول

علاقة الحاكم والمحكوم في العصور القديمة

في القبائل العربية

تمهيد وتقسيم:

قد يجـد الباحـث صـعوبة في الرجوع إلى الخلفيـة التاريخيـة لعلاقـة الحـاكم والمحكـوم في العصور القديمة، وذلك يرجع إلى أن مسألة السياسة الشرعية أو النظم السياسية تُعد من المسائل التي بحثت بصورة مستقلة بشئ مـن الحداثة، ولـذلك كـان المـلاذ الطبيعـي لهـذا البحـث هـو الرجوع إلى كتب التاريخ القديم.

ولما كانت الحياة البشرية في وضع المؤرخين قد حُددت بعصور وحقب مختلفـة فـإن بحثنـا هذا لابد له من حدود لدراسته ولقد وجدنا أن من المناسب أن نتطرق لفترة مـا قبـل الإسـلام في القبائل العربية ثم نتناول بالبحث مناقب العرب وخصائصهم.

المطلب الأول

تعريف القبائل العربية وأقسامها

الفرع الأول

تعريف القبائل العربية

ورد لفظ " عرب " بكثرة في الوثائق الآشورية والبابلية منذ القرن الثامن قبل الميلاد في صيغ متعددة مثل: Arbi - Urhi – Arbia بمعنى البادية الواقعة إلى الغرب من بلاد الرافدين ومن بادية العراق، ثم ظهر لفظ Arbeya " عربائية " فيما يقارب من سنة ٥٣٠ ق.م لأول مرة في النصوص الفارسية المكتوبة بمعنى البادية الفاصلة بين العراق والشام بما فيها شبه جزيرة سيناء " [١].

كذلك ورد اللفظ في " الأسفار القديمة من التوراة بمعنى (البدو) في حين كان السكان الحضرـ يسمون بأسماء قبائلهم أو بأسماء المواضع التي ينزلون فيها " [٢].

وقد ذكر المؤرخين أنه لا يمكن بوجه الدقة تحديد متى أُستعمل لفظ العرب للدلالة على معنى قومي يتعلق بالجنس العربي.

ونجد أن القرآن الكريم يُعد أول مصدر ورد فيه لفظ العرب للتفسير بوضوح عن هذا المعنى، مما يدل على عدم وجود كيان قومي خاص يشير

---

(١) برنارو لويس ـ العرب في التاريخ ـ تعريب: الأستاذين: نبيه أحمد فارس ومحمود يوسف زايد ـ بيروت ١٩٥٤م ـ ص ٩.

(٢) المرجع السابق ـ نفس الصفحة.

إليه هذا اللفظ قبل نزول القرآن الكريم "[١].

ونجد ذلك في قوله تعالى: ﴿ وَجَاءَ الْمُعَذِّرُونَ مِنَ الْأَعْرَابِ لِيُؤْذَنَ لَهُمْ وَقَعَدَ الَّذِينَ كَذَبُوا اللَّهَ وَرَسُولَهُ سَيُصِيبُ الَّذِينَ كَفَرُوا مِنْهُمْ عَذَابٌ أَلِيمٌ ﴾[٢] , وكذلك قوله تعالى: ﴿ وَمِمَّنْ حَوْلَكُمْ مِنَ الْأَعْرَابِ مُنَافِقُونَ وَمِنْ أَهْلِ الْمَدِينَةِ مَرَدُوا عَلَى النِّفَاقِ لَا تَعْلَمُهُمْ نَحْنُ نَعْلَمُهُمْ سَنُعَذِّبُهُمْ مَرَّتَيْنِ ثُمَّ يُرَدُّونَ إِلَى عَذَابٍ عَظِيمٍ ﴾[٣].

لقد " انصرف مؤرخوا العرب الذين دونوا التاريخ الجاهلي إلى رواية أنساب القبائل ووصلها بعدنان وقحطان أو إسماعيل أو أبناء نوح حيث قُسمت إلى جاهلية أُولى وجاهلية قريبة من الإسلام" [٤].

مع ملاحظة أن أخبار العرب في الجاهلية الأولى " لا تعد أن تكون مجموعة من القصص الشعبي والأساطير المتأثرة بالتوراة أخذت من مصادر مختلفة أو كانت من ابتكار الرواة أما أخبار العرب في الجاهلية القريبة من الإسلام وهي الأخبار التي تروي ما كان يحدث في الحروب بين القبائل العربية المختلفة تعد اقرب إلى الحقيقة التاريخية لأنها كانت لا تزال

(١) الدكتور السيد عبد العزيز سالم ـ دراسات في تاريخ العرب ـ تاريخ العرب قبل الإسلام ـ مؤسسة شباب الجامعة ـ ١٩٦٧م ـ ص ٤٤.
(٢) سورة التوبة ـ الآية ٩٠.
(٣) نفس السورة ـ الآية ١٠١.
(٤) المرجع السابق ـ ص٣٠.

تعيها ذاكرة القوم، ثم إنها بالإضافة إلى ذلك أخبار قريبه بعهد الإسلام "[1].

ولقد أطلق لفظ " العرب " على موطنهم في الجزيرة العربية " والجزيرة العربية هى أكبر شبه جزيرة في العالم وقد قُسم العرب فيها إلى خمسة أقسام رئيسية " [2] نشير إليها في الحاشية.

(١) الدكتور السيد عبد العزيز سالم - المرجع السابق - ص ٣٠.

(٢) تهامة: وهي الأرض الواقعة بمحاذاة ساحل البحر الأحمر الشرقي وسميت بهذا الاسم لشدة حرها وركود ريحها من التهم وهو شدة الحر وركود الريح، وسميت كذلك الغور لانخفاض أرضها. انظر: المرجع السابق ـ نفس الصفحة.

الحجاز: وتقع شمالي بلاد اليمن وشرقي تهامة، وتمتد إلى فلسطين وسميت الحجاز، لأنها تحجز بين تهامة ونجد، وهو كما وصفه جوستاف ليبون إقليم جبلي رملي يتكون في الصقع الأوسط من المنطقة المعتدلة الشمالية تجاه البحر الأحمر ويحتوي علي المدينتين المقدستين مكة والمدينة. انظر:(الدكتور السيد عبد العزيز سالم ـ المرجع السابق ـ نفس الصفحة).

نجد: وتمتد بين اليمن جنوباً وبادية السماوية شمالاً، والعرض وأطراف العراق، وسميت نجد، لارتفاع أرضها.

اليمن: وتمتد من نجد إلى المحيط الهندي، ويحيط بها حضرـ موت والشحر وعمان في الشرق.(المرجع السابق ـ نفس الصفحة)

العروض: وتشمل اليمامة والبحرين وسميت عروضاً لاعتراضها بين اليمن ونجد والعراق، وكلها تقع في الجنوب الغربي من أسيا، وهي شبة جزيرة يحيط بها الماء من ثلاثة جهات البحر الأحمر، والمحيط الهندي، والخليج العربي انظر:.(المرجع السابق ـ نفس الصفحة)

الفرع الثاني

أقسام القبائل العربية

قسم مؤرخوا العرب القبائل العربية إلى قسمين هما:

١- العرب البائدة

مثل ثمود وعاد وطسم وجديس والعمالقة وجرهم الأولى، ويقولون بأن هذه القبائل إندثرت تماماً ولم يبق منها أحد، ولقد ورد ذكرهم في القرآن الكريم في قوله تعالى: ﴿فَلَمَّا رَأَوْهُ عَارِضًا مُسْتَقْبِلَ أَوْدِيَتِهِمْ قَالُوا هَذَا عَارِضٌ مُمْطِرُنَا بَلْ هُوَ مَا اسْتَعْجَلْتُمْ بِهِ رِيحٌ فِيهَا عَذَابٌ أَلِيمٌ﴾ (١).

٢- العرب الباقية

يرى المؤرخون بأن القبائل العربية الباقية كانت لها دول ومماليك انتشرت في الشام وامتدت إلى مصر ويعتقدون أنهـم نزحوا إلى بابل لمـا ازداد عـدد السكان وسكنوا في الجزيـرة العربيـة وانقسموا إلى قسمين هما:

أ - عرب الشمال

ويُعتقـد أن عرب الشمـال " ينتمـون إلى إسماعيل عليه السـلام كمـا حـدثت بـذلك التـوراة، ويذكر العرب بأن إسماعيل قد سكن مكة وتزوج من قبيلة جرهم الثانية ثم ولد له اثناعشر ولداً وهم الذين تنتسب إليهم قبائل العرب الشمالية ويطلق على هـذا القسم مـن ذريـة إسـماعيل العرب المستعربة وهم الذين ينتمي إليهم النبي صلى اللـه عليه وسـلم ، وقد عـرف الشمـال بالشعب العدناني وانقسم هذا

---

(١)   سورة الأحقاف ـ الآية ٢٤.

الشعب إلى جل الذين سكنوا في جنوبي تهامة ولكنهم لم يتركوا تاريخاً ولم يشتهروا حينها "[١].

والقسم الآخر هو "(معد) وهؤلاء انقسموا إلى فزار وقنص، ثم انقسمت فزار إلى أقسام كثيرة هى قبائل انمار مضر وقفاعة وربيعه وابار، وكثر نسل معز وربيعه واشتهر أمرهم أكثر من غيرهم من الشعب العدناني ومن مضر" [٢].

ب - عرب الجنوب

ويرجع " نسب عرب اليمن إلى يعرُب بن قحطان ويسمون بالعرب المتعربة وذلك للاعتقاد بأنهم أخذوا اللغة العربية من العرب البائدة، وقد سكن هؤلاء في جنوب الجزيرة الغربي حين كان العمالقة يقسمون مملكتهم فلم يختلفوا بينهم بل قبعوا في البادية.

والواقع أن الجزيرة العربية قد عرفت قبل الإسلام ضروباً من الطُغيان والاستبداد لا تقل عن ضروبه المشهورة التي عُرفت بالشعوب الأُخرى وأن قبائل من العرب الحاضرة والبادية قد سادها ملوك يعتزون بالأمر والنهي بين رعاياهم بغير وازع ولا معترض، ويقيسون عزتهم بمبلغ اقتدارهم على إذلال غيرهم واستطالتهم على من يدعي العزة سواهم " [٣].

(١) ضرار صالح ضرار ـ العرب من معين إلى الأمويين ـ الطبعة الرابعة ـ مكتبة الحياة ـ بيروت ـ ١٩٦٨م ـ ص ١١ وما بعدها.

(٢) المرجع السابق ـ نفس الصفحة.

(٣) عباس محمود العقاد ـ الديمقراطية في الإسلام ـ مطبعة النهضة ـ مصر ـ بدون تاريخ نشر ـ ص١٨.

حيث " تعتبر اليمن من أخصب أجزاء الجزيرة العربية وقد ساعدت هذه الخصوبة على إيجاد حالة استقرار في مكان واحد بدلاً من التجوال، وعليه فقد ارتبطت عندهم حياة القرى بالمدن وهكذا عرف جنوب الجزيرة العربية الحياة السياسية الراقية قبل غيره من البقاع "[1].

أما العرب الذين اخذوا بشئ من الحضارة والذين كانوا يقطنون المدن كمكة والمدينة أو في أطراف شبه الجزيرة كمملكة اليمن في الجنوب ومملكة الحيرة في الشمال الشرقي ودولة الغساسنة في الشمال الغربي، فقد كان لكل قبيلة عُرف وتقاليد خاصة قد تختلف من قبيلة لأُخرى من أعراف وتقاليد وقد تتفق معها في كثير أو قليل "[2].

ونلاحظ أن السرد السابق يعكس لنا حال الشعب المكون للدولة في تلك الحقبة من التاريخ وعلى ذلك ننتقل إلى بحث الحياة السياسية في شبه الجزيرة العربية قبل الإسلام.

(١) ضرار صالح ضرار ـ مرجع سابق ـ ص١٦.

(٢) محمد كرد علي ـ الإسلام والحضارة العربية ـ الطبعة الثانية ـ مطبعة لجنة التأليف والترجمة والنشر ـ ١٩٥٠م ـ ١٥٣/١.

المطلب الثاني

نظام الحكم في القبائل العربية مع ذكر بعض مناقب العرب في الجاهلية

الفرع الأول

نظام الحكم في القبائل العربية

لم يكن للعرب قبل الإسلام " نوع من الحكومات المعروفة الآن، تقبض علي زمام السلطة التنفيذية وتضرب علي أيدي المعتدي وتوقع عليه العقاب المتناسب مع جرمه، إنما كان للشخص المعتدي عليه أن يثأر لنفسه بنفسه وعلي قبيلته أن تشد من ازره "[(١)].

ونجد أن هنالك مملكة وحيدة ظهرت في وسط الجزيرة العربية ولكنها كانت قصيرة العمر(نظام الحكم فيها قبلي)، وهي مملكة كندة (٤٨٠ - ٥٢٩م) وكان أحد ملوك (تبع) قد قهر بعض القبائل في اواسط الجزيرة فعين (حجراً آكل المرار) ملكا عليها، وقد استطاع حفيده الحارث أن

(١) الدكتور حسن إبراهيم حسن ـ تاريخ الإسلام السياسي والديني والاجتماعي ـ مطبعة حجازي ـ الطبعة الأولى ـ بدون تاريخ نشر ـ ٣٩/١. (انظر أيضا: أحمد أمين ـ فجر الإسلام ـ طبعة الهيئة المصرية العامة للكتب ـ ١٩٩٦م ـ ص ٣٥٧ ـ السير توماس أرنولد ـ الدعوة إلى الإسلام ـ ترجمة إلى العربية الدكتور حسن إبراهيم حسن وآخرون الطبعة الثانية ـ مكتبة النهضة المصرية ـ بدون تاريخ نشر ـ ص ٥١ ـ الدكتور حسن إبراهيم حسن و الدكتور علي إبراهيم حسن ـ النظم الإسلامية ـ مكتبة النهضة المصرية ـ ١٩٩٨م ـ ص ١٥١.

يستولي علي الحيرة ويتخذ له عاصمة يغلب أن تكون الأنبار، ولكن سرعان ما انهزم ملوك كنـدة امام وثبة جديدة قام بها اللخميون ملوك الحيرة، وينسب امرؤ القيس أحد شـعراء المعلقـات إلى ملوك كندة، وقد حاول أن يعيد مجد آبـائه، ولكن محاولته لم تكلل بالنجاح " (١).

وكانت القبيلة هي الوحدة التي بني عليها كل نظامهم الاجتماعـي، وكانـت تعيش غالـب حياتها في نزاع دائم مع القبائل الأخرى فتضطر إلى عقد حلف مـع غيرهـا لصـد غـارة أو للإغـارة علي أحلاف أخرى أو نحـو ذلك من الأغـراض " (٢).

ورغم ذلك فأننا نجد أن " هناك رأي يكمن في أن رئاسة القبيلة لم تكن حكماً وراثيا ًَ" (٣).

وكان من النادر أن " تجد في قبيلة بقاء السيادة في ثلاثة أفراد متعـاقبين، فـإذا كـان لـرئيس القبيلة ابن يعد له في الشرف والمكانة والسطوة فحينئذ يستطيع أن يتبوأ مكان الرياسة من أبيه . " (٤)

---

(١)   الدكتور احمد شلبي ـ التاريخ الإسلامي والحضارة الإسلامية ـ الطبعة الثالثة ـ مكتبة النهضـة المصرـية ـ سنة ١٩٦٤ ـ ٤٤/١.
(٢) أحمد أمين ـ مرجع سابق ـ ص ١١. انظر أيضا: الدكتور علي حسن الخربوطي ـ محمد والقومية   العربية ـ مؤسسة المطبوعات الحديثة ـ بدون تاريخ نشر ـ ص ١٨ـ ١٩.
(٣) الدكتور أحمد شلبي ـ مرجع سابق ـ ٤٤/١.
(٤) جاء في فن الكلام(لعويف بن معاوية الفزاري) من كتاب الأغاني أن كسرى سأل الـنعمان هـل في العرب قبيلة تتشرف علي قبيلة ؟ قال: نعم ـ فسأله بأي شيء ؟ قال: من كان له ثلاثة آبـاء متوالية رؤسـاء ثـم اتصل ذلك بكمال الرابع فالبيت =

فلم تكن هنالك حكومة مركزية تسيطر على بلاد العرب قبل الإسلام بل كانت الفكرة القبلية هي المسيطرة، وكانت هي عماد الحياة سياسياً واجتماعياً.

والقبيلة العربية هي عبارة عن " مجموعة من الناس كانت تؤمن بوجود رابطة تجمعهم تقوم علي اساسين من وحدة الدم و الجماعة "[(١)].

وفي ظل هذه الرابطة " نشأ قانون عرفي ينظم العلاقة بين الفرد والجماعة، علي أساس من التضامن بينهما في الحقوق والواجبات، وهذا القانون العرفي كانت القبيلة تتمسك به أشد التمسك في نظامها السياسي والاجتماعي على السواء، وإذا ما توافرت في شخص الشجاعة، والكرم، والحلم، والمال، والسن، وكان سديداً في رأيه قدم لتكون له مكان الرياسة على أفراد القبيلة، ويستجيب الجميع لأوامره وينزلون عند حكمه وقضائه وكان رئيس القبيلة يختار ممن تتوافر فيه شروط خاصة، ولم يكن اختيار رئيس القبيلة أو شيخها بالطرق التي نعهدها الآن في إختيار رؤساء الدول"[(٢)].

= قبيلته ـ وطلب كسري هذا الشرط فلم يجده إلا في آل حذيفة بن بدر القاري ـ وآل حاجب بن زرارة وآل قيس بن عاصم من بني تميم وآل ذي الجدين بيت شيبان ـ وآل الأشعث بن قيس من كندة فجمع هذا الرهط ومن تبعهم من عشائرهم واقعد الحاكم العدل ثم قال بعد أن استمع لهم: كلهم سيد يصلح لموضعه. راجع: عباس العقاد ـ مرجع سابق ـ ص ٢٦.

(١) الدكتور إبراهيم الشريف ـ مكة والمدينة ـ الطبعة الثانية ـ دار الفكر العربي ـ بدون تاريخ نشر ـ ص ٢٤.

(٢) جورجي زيدان ـ تاريخ التمدن الإسلامي ـ مطبعة الهلال ـ ١٩٠٢ م ـ =

وإذا لم يكن لرئيس القبيلة سلطان يرغم به أفرادها علي الخضوع لحكمه كان للفرد أن يتمرد علي هذا الحكم ويهجر القبيلة كلها ويلجأ إلي قبيلة أخرى لكي تحميه" [١]

وشيخ القبيلة هو " الذي يقودها في حربها، ويقسم غنائمها، ويستقبل وفود القبائل الأخرى، ويعقد الصلح والمحالفات، ويقيم الضيافات، ولذلك كان لابد من أن تتوفر فيه صفات الشجاعة، والكرم، والنجدة، وحفظ الجوار، وإغاثة المعوز، والضعيف، ولابد أن يتحمل اكبر قسط من جرائر القبيلة، وما تدفعه من ديات، كما كان عليه أن يصلح ذات البين فيها، ويلم شتاتها، ويعمل علي حفظ وحدتها مستعيناً في ذلك بشيوخها وأصحاب الشرف فيها "[٢].

ولذلك كان هنالك "مجلس يسمي مشيخة القبيلة كان يعاون شيخ القبيلة في الأمور التي تتعلق بإعلان الحرب وإقرار السلم أو التي تخص نظام القبيلة "[٣].

وكان هذا المجلس " يمثل الرأي العام في القبيلة وكانت سلطات رئيس القبيلة محددة بواسطة هذا المجلس ولم يكن لهم قانون مدون يحكمون به،

= ١٧/١ ـ انظر أيضا: الدكتور أحمد شلبي ـ مرجع سابق ٤٣/١ ـ الدكتور حسن إبراهيم حسن ـ مرجع سابق ٦٣/١ ـ الدكتور أحمد إبراهيم الشريف ـ مرجع سابق ـ ص ٢٥.

(١) توماس أر نولد ـ مرجع سابق ـ ص ٥١.

(٢) الدكتور إبراهيم الشريف ـ مرجع سابق ـ ص ٢٩ - ٢٨.

(٣) الدكتور حسن إبراهيم حسن والدكتورعلي إبراهيم حسن ـ مرجع سابق ـ ص ١٥١.

ولا قواعد معروفة، ولا سلطة تشريعية تسن لهم القوانين، وإنما كانوا يرجعون إلي عرفهم وتقاليدهم التي كونتها تجاربهم أحياناً، ومعتقداتهم أحياناً، وما وصل إليهم عن طريق اليهودية أحياناً أخرى "[1].

ولم يكن لهذا " القانون الجاهلي المؤسس علي العرف والتقاليد جزاء، ولا المتخاصمون ملزمون بالتحاكم إليه، والخضوع لحكمه فإن تحاكموا إليه فبها وإلا فلا، وان صدر الحكم أطاعه إن شاء، وان لم يطع فلا شئ اكثر من أن يحل عليه غضب القبيلة "[2].

وكانت مشيخة القبيلة تتألف من أصحاب الرأي فيها فكان من بين أفراد هذا المجلس شاعر القبيلة، إذ انه هو الذي يتغنى بمناقب القبيلة، ويرثي موتاها، ويهجو أعداءها، ويدافع عنها بلسانه، وسلاحه هذا امضى من سلاح السيف وافتك في الخصم من السهام، ولذلك كانت القبيلة تفرح إذا نبغ فيها شاعر تعتز به "[3].

وكان من بين أفراد هذا المجلس أيضا حكماء القبيلة الذين يفصلون في الاقضية بين الناس، ويحكمون بينهم، إذا تشاجروا في الفضل، والنسب والمواريث، والدماء، وكان لكل قبيلة حكم أو أكثر لأنه لم يكن دين يرجع

(١) الدكتور احمد إبراهيم الشريف ـ مرجع سابق ـ ص ٢٦ ـ انظر أيضًا الدكتور أحمد أمين ـ مرجع سابق ـ ص ٣٥٧.

(٢) الدكتور احمد أمين ـ مرجع سابق ـ ص ٣٥٨. ـ انظر أيضا: الدكتور حسن إبراهيم حسن و الدكتور علي إبراهيم حسن ـ مرجع سابق ص ١٥١.

(٣) الدكتور أحمد عبد المنعم البهي ـ تاريخ القضاء في الإسلام ـ مطبعة لجنة البيان العربي ـ ١٩٦٥م ـ الصفحات من ٣٦ ـ ٣٨ ـ انظر أيضا: الدكتور احمد إبراهيم الشيخ ـ مرجع سابق ـ ص ٢٦.

إلي شرائعه فكانوا يحكمون أهل الشرف، والصدق، والأمانة، والرياسة، والسن، والتجربة، والمعرفة، بالعرف "[١].

وكان من بين رجال المجلس الشجعان المشهورون بالفروسية، وبعض الأفراد من أصحاب المكانة كالكاهن[٢] والعراف[٣].

والقصاص[٤] بالإضافة إلي شيوخ العشائر، وكبار السن في القبيلة ممن اكتملت لهم تجارب الحياة كل هؤلاء يمثلون مشيخة القبيلة ومن اجتماعهم

(١) الدكتور احمد البهي ـ مرجع سابق ـ الصفحات من ٣٦ ـ ٣٨. انظر أيضا الدكتور أحمد الشريف ـ مرجع سابق ـ ص ٢٦.

(٢) الكاهن: هو الذي يخبر عن الكوائن في مستقبل الزمان، ويدعي معرفة الأسرار ومطالعة علم الغيب ـ راجع علي بن محمد بن علي الجرجاني ـ التعريفات ـ دار الكتاب العربي ـ بيروت ١٤٠٥ هـ الطبعة أولي ـ تحقيق إبراهيم الابياري ٢٣٥/١ ـ انظر أيضاً محمد عبد الرؤوف المناوي ـ التوفيق علي مهمات التعاريف ـ دار الفكر- بيروت ـ دمشق الطبعة أولي ـ ١٤١٠ هـ ـ تحقيق الدكتور محمد رضوان الداية ـ ٥٩٧/١.

(٣) العراف: كالكاهن لكن العراف يختص بالأحوال المستقبلية، والكاهن يخبر بالماضي راجع التعاريف ـ مرجع سابق ٥٠٩/١ ـ ويضيف صاحب لسان العرب كالذي يدعي معرفة الشيء المسروق، ومكان الضالة ونحوها ـ راجع محمد بن مكرم بن منظور الأفريقي المصري ـ لسان العرب ـ دار صادر ـ بيروت ـ الطبعة أولي ٤١٥/٧.

(٤) القصاص: القصاص والتقاضي في الجراحات شيء بشيء ـ الإستقصاص أن يطلب أن يقص ممن جرحه ـ والقصاص هو أن يفعل به مثل فعله ـ من قتل أو قطع ـ أو ضرب ـ أو جرح ـ القصاص الاسم منه ـ راجع ابن منظور ـ مرجع سابق ـ ٧٦/٧.

تكون السلطة التي يرجع إليها سيد القبيلة. ولا تستطيع القبيلة أن تشن حرباً أو تعقد صلحاً أو تتخذ أي قرار يؤثر في حياة القبيلة إلا بعد أخذ رأي مجلس القبيلة"[١].

ولم يكن لمجلس القبيلة موعد معين يجتمع فيه, وإن كانت العادة أنهم يجتمعون مساء في المنازل التي يحل بها رئيس القبيلة للسمر، وكلما دعت الضرورة إلي الاجتماع"[٢].

ويفلسف ابن خلدون هذا الوضع فيقول: " إن الرياسة تأتي من قوة العصبية، وشرف النسب، والخلال الكريمة، وهذه خلال تضعف من الإبن إلي الحفيد حتى إذا كان الرابع قصرعن طريقتهم جملة أوضاع الخلال الحافظة لبناء مجدهم، واحتقارها، وتوهم أن ذلك البنيان لم يكن بمعاناة ولا تكلف، وإنما هو أمر موجب لهم منذ النشأة بمجرد انتسابهم، فيربأ بنفسه عن أهل عصبته، ويري الفضل له عليهم، وثوقاً بما ربي فيه وجهلاً بما أوجب ذلك الاستتباع من خلال التي منها التواضع لهم، والأخذ بمجامع قلوبهم فيحتقرهم بذلك فينتقضون عليه ويحتقرونه، ويبدلون منه سواه من أهل ذلك المنبت، ومن فروعه في غير ذلك العقب "[٣].

ولقد كان لرئيس القبيلة حقوق كما إن عليه واجبات فكان من أهم حقوق

(١) محمد كرد علي ـ مرجع سابق ـ ١/ ١٥٣.
(٢) الدكتور احمد إبراهيم الشريف ـ مرجع سابق ـ ٢٧.
(٣) عبد الرحمن بن محمد بن خلدون المغربي ـ المقدمة ـ ـ الطبعة الأولى ـ طبعة لجنة البيان العربي ـ تعليق الدكتور علي عبد الواحد وافي ـ ١٩٥٧م ـ ٢/ ٤٢٨ ـ ٤٢٩.

رئيس القبيلة التي فرضت له تجاه ما يتحمله من واجبات ومسئوليات نحو القبيلة فأعطوه حقوقاً مادية وحقوقاً أدبية.

فأما حقوقه الأدبية فأهمها: " توقيره، واحترام شخصه ورأيه كما أن له الإمرة العامة على الجند"[١].

أما حقوقه المادية: فقد تقرر له عدد من هذه الحقوق التي اوردها صاحب لسان العرب[٢] وهي:

المرباع[٣]، والصفايا[٤]، النشيطة[٥]، الفضول[٦]، النقيعة[٧]، الحكم[٨].

فهذه كلها حقوق الرياسة في الجاهلية كما أن العزيز فيهم كان ينفرد

---

(١) الدكتور احمد إبراهيم الشريف ـ مرجع سابق ـ ص ٣٠.
(٢) ابن منظور ـ مرجع سابق ـ ١٠١/٨.
(٣) المرباع: هو ربع الغنيمة التي تستولي عليها القبيلة.
(٤) الصفي: هو ما يصفيه الرئيس لنفسه قبل القسمة.
(٥) النشيطة: هو ما أصابه الرئيس في الطريق قبل أن يصل إلي القوم الذين عزم علي محاربتهم.
(٦) الفضول: هو ما فضل من الغنيمة مما لا تصح قسمته علي عدد الغزاة ـ كالبعير ـ والفرس ـ وغيرها.
(٧) النقيعة: هي بعير ينحره قبل القسمة، أو هي طعام يصنع للقادم من السفر.
(٨) الحكم: عبارة عن مبارزة فارس لفارس آخر قبل التقاء الجيش فيقتله ويأخذ سلبه والحكم فيه للرئيس. راجع في ذلك أيضا:ـ الجرجاني ـ مرجع سابق ـ ١٧٥/١.أنظر أيضاً محمود بن عمر الزمخشري ـ الفائق في غريب الحديث ـ دار المعرفة لبنان ـ الطبعة الثانية ـ بدون تاريخ نشر ـ ٢٤/٥.
ومحمد بن أبي بكر بن عبد القادر الرازي ـ مختار الصحاح ـ مكتبة لبنان ـ بيروت ـ ١٩٩٥م ـ ٩٧/١.

بالحمى لنفسه كما فعل كليب بن ربيعه سيد بني تغلب"[١].

أما عن واجبات ومسئوليات رئيس القبيلة، فكان من أهمها المحافظة علي وحدة القبيلة إذا ما تعرضت للأخطار فكان يقودها في الحروب، ويقسم الغنائم، ويستقبل وفود القبائل الأخرى، ويعقد الصلح والمحالفات، ويقيم الضيافات[٢] كما إن عليه إيواء الغريب، وحماية الحمى، والذود عن النساء، وإجارة المستجير، وإغاثة المعوزين من أفراد القبيلة "[٣].

وكان واجباً علي رئيس القبيلة الانتصار لكل فرد من أفراد القبيلة باعتباره المسئول عنها، وكان عليه الوقوف بجانب أبنائها ظالماً كان أو مظلوماً، حياً كان أو ميتاً، وكان يكفي أن يستغيث، فإذا السيوف مسلطة والرماح مشروعة، وإذا الدماء تتصبب لأقل الأسباب وكان على القبيلة أن تحمي ابنها حياً وميتاً بان تأخذ بثأره إذا قتل ولا تترك دمه يهدر، لأن الثأر هو أقرب ما يكون للعدالة عندهم، حتى أنهم أعطوا لكل فرد من أفراد القبيلة الحق في " أن يقتل من يصادفه من أفراد قبيلة القاتل"[٤].

(١) قيل في أسباب المثل القاتل (أعز من كليب وائل) بأنه بلغ من عزه أنه كان يحمي الكلأ فلا يقرب حماه - ويجبر الصيد فلا يهاج - ويمر بالروضة فتعجبه - أو بالغدير يرتضيه فيرمي عنده بكليب ثم ينادي بين القوم أنه حيث بلغ عواؤه كان حمى لا يرعى. راجع: عباس العقاد - مرجع سابق - ص ١٩.

(٢) الدكتور أحمد إبراهيم الشريف - مرجع سابق - ص ٢٨.

(٣) الدكتور علي حسن الخربوطلي - الإسلام والخلافة - مؤسسة المطبوعات الحديثة - بدون تاريخ نشر- ص ١٣. انظر أيضا: الدكتور علي إبراهيم حسن - مرجع سابق - ص ٤٩٣.

(٤) الدكتور أحمد شلبي - مرجع سابق - ص ٧٦.

وكان من مسئوليات رئيس القبيلة انه كان في السلم جواداً كريماً مسئولاً عن إكرام الضيوف الوافدين، وإغاثة المحتاج من أبناء القبيلة وإجارة المستجير، وهو في الحرب يتقدم الصفوف، ويساعد من لا عتاد له"(١).

كما إن رئيس القبيلة كان مسئولاً عن الفصل في الأمور التي تمس حياة القبيلة كالقتل، والغزو، والدية، وطلب الثأر، كما يقضي في مسائل الزواج والطلاق، والنزاع على الماء والكلا "(٢).

ونلاحظ من ذلك التصور لشكل الدولة أو المملكة أن علاقة الحاكم بالمحكوم تشبه علاقة التابعين التي تجدها في النظام الملكي في القرون الوسطى.

أما عن العرب الذين اخذوا بشيء من الحضارة والذين كانوا يقطنون المدن كمكة والمدينة بصفة خاصة فقد كان لمكة المكانة العظمى بين مدن الحجاز والتي أطلق عليها القرآن الكريم **(أم القرى)** في قوله تعالي:

﴿ وَهَذَا كِتَابٌ أَنْزَلْنَاهُ مُبَارَكٌ مُصَدِّقُ الَّذِي بَيْنَ يَدَيْهِ وَلِتُنْذِرَ أُمَّ الْقُرَى وَمَنْ حَوْلَهَا﴾(٣).

وكان لا يحكمها ملك بل كان الحكم فيها مسنداً إلي عدة، رجال من

(١) الدكتور أحمد شلبي - مرجع سابق - ص ٧٦.

(٢) الدكتور علي إبراهيم حسن - التاريخ الإسلامي العام - مكتبة النهضة المصرية - الطبعة الثالثة - ١٩٦٣م - ص ٤٩٣ - انظر أيضا: الدكتور عز الدين فودة - مرجع سابق - ص ٢٥٨.

(٣) سورة الأنعام - الآية ٩٢.

الأسر الكبيرة، وقد قسموا الأعمال الهامة فيما بينهم ومنها الحجاب[١]، والسقاية[٢] والديات[٣] والسفارة[٤]، واللواء[٥]، والرفادة[٦]، والندوة[٧]، والخيمة[٨]، والخزانة[٩] والأزلام[١٠].

---

(١) الحجابة أو السدانة: هي حراسة مفاتيح الكعبة. انظر الدكتور عز الدين فودة - مرجع سابق - ص ٢٥٨.

(٢) السقاية: هي الإشراف علي بئر زمزم وسقاية الحاج وكانت في يد العباس بن عبد المطلب وقت فتح مكة، والسقاية في القرآن الكريم هي الصواع الذي كان يشرب فيه الملك انظر: المرجع السابق - ص ٢٥٨.

(٣) الديات: كان صاحبها إذا احتمل شيئاً فسأل فيه قريشاً صدقوه وعند ظهور رسالة سيدنا محمد صلى الله عليه وسلم كان يقوم عليها أبو بكر الصديق رضي الله عنه .

(٤) السفارة: كان لصاحبها الحق في البت في مسائل الصلح او الخلافات التي تنشب بين قريش وغيرها، وكان يقوم علي هذا الأمر سيدنا عمر بن الخطاب رضي الله عنه .

(٥) اللواء: كان صاحبه يعتبر كبير القواد ويسير أمام الجماعة في القتال أو التجارة وكان يقوم بهذا المنصب في أول الإسلام أبو سفيان بن حرب.

(٦) الرفادة: وهي الإشراف علي الضريبة التي تخصص لإطعام الفقراء من الحجاج المقيمين أو المسافرين لأنهم كانوا يعتبرونهم ضيوف الله.

(٧) الندوة: كان رئيس الندوة لا تصدر قريش أمراً إلا بموافقته فهو كبير مستشاريهم وسميت دار الندوة - التي بناها " قصي " بمكة بذلك الإسم لأنهم، كانوا يندون فيها أي يجتمعون للمشاورة.

(٨) الخيمة: يقصد بها حراسة قاعة المجلس وهو منصب يبيح لصاحبه الحق في دعوة الجمعية والحق في حشد الجنود وكان يتولي هذا خالد بن الوليد من بني مخزوم بن رمرة.

(٩) الخزانة: وهي إدارة الأموال العامة وكان هذا المنصب في بني حسن بن كعب وكان يقوم به الحارث بن قيس.

(١٠) الأزلام: وهو منصب يعطي لصاحبه الإشراف علي السهام التي كان العرب =

وكان الأكبر سناً هو الذي يتولي الرياسة، وكانوا يلقبونه بسيد القوم، وكان أكبرهم سناً في أيام النبي صلى اللـه عليه وسلم هو العباس بن عبد المطلب رضي اللـه عنه ، ويرجع الفضل الأكبر في تقدم مكة وتفوقها في عهد قريش إلى قوة زعمائها وقدرتهم علي حل المنـازعات التي تنشأ بين الأفراد والعشائر للمصلحة العامة "[(١)].

أما يثرب: فكانت الزعامة فيها بين جماعتين هما الأوس والخزرج وقامت الحروب بينهما، واستمر الجدل طويلاً حتى استقروا علي أن يكون الحكم بينهما بالتناوب فيحكم المدينة زعيم من زعماء الحي الواحد علي ان يكون الحاكم في العام القادم من زعماء الحي الآخر"[(٢)].

علي إن القانون الذي كان يحكم المدينتين رغم التنظيم بين الزعماء فيها كان قانوناً غير منتظم، قانوناً قبلياً ينزع فيه الأفراد نحو القوة والغلبة،

= يستقسمون بها للاستخارة لمعرفة رأي الآلهة في أمر من الأمور وكان القائم عليها صفوان أخو أبي سفيان بن أمية.

راجع فيما سبق: أبـن منظـور ـ مرجـع سـابق ـ ٢٩٨/١ ـ ٣٩١/١٤ ـ ١٩٣/١٢ ـ ٢٦٦/٥ ـ الـرازي ـ مرجـع سابق ـ ٢٧٢/١ ـ جورجي زيدان ـ مرجع سابق ـ ٢٢/١ ـ الدكتور حسن إبراهيم حسـن ـ مرجـع سـابق ـ ٧٠/١ ـ الدكتور أحمد شلبي ـ مرجع سابق ٦٨/١، ٦٧ ـ الدكتور احمد إبـراهيم الشريـف ـ مرجـع سـابق ص ١١٦ - ١٢٠.

(١) الدكتور احمد إبراهيم ـ مرجع سابق ـ ص ١٣٤.

(٢) الدكتور جواد علي ـ تاريخ العرب قبل الإسلام ـ مطبعة التفويض ـ بغداد ـ=

وكانت الفكرة القبلية هي المسيطرة علي شبة الجزيرة العربية وكانت هي عماد الحياة سياسياً، واجتماعياً، ولم تكن هنالك حكومة مركزية تسيطر علي بلادِ العرب قبل الإسلام.

وقد وصف السير (وليم ميور) حالة العرب قبل الإسلام فقال: " أكثر ما يلفت الانتباه هو تفرق العرب إلي جماعات عديدة تتشابه في العادات والطباع تتحدث لغة واحدة وتتبع دستوراً أخلاقياً غير مكتوب أساسه الأخلاق والشرف، ولكن هذه القبائل متباعدة مستقلة ولا تعرف الهدوء والاستقرار، وتشترك هذه القبائل في حروب مستمرة حتى مع القبائل التي ترتبط بها روابط الدم، والمصالحة لأسباب تافهة وبلا رحمة أو شفقة، وكان لابد من البحث عن حل لهذه المشكلة، ولكن أين القوة التي تستطيع إخضاع هذه القبائل وجذبها إلى نقطة الارتكاز، لقد ظهر لهم النبي محمد صلى الله عليه وسلم وتمت بظهوره المعجزة "[1].

وبظهور الدين الإسلامي، انتهي عصر التحكم والسطوة والفوضى ولقد كان لظهور الإسلام الفضل الاسمي علي تغيير حياة الناس من حياة التعسف والاستبداد إلي حياة الشورى والاستقرار.

فقد جمع الإسلام قبائل العرب تحت لوائه وألف بين قلوبهم وقضي علي العصبية الجاهلية فزالت الحزازات القديمة والثارات التي بين القبائل فخضعوا لحكم النبي وأوامر القرآن بعد أن كانوا يدينون لرؤساء متفرقين.

وبذلك قامت في بلاد العرب حكومة مركزية قوية الجانب فانتظمت

= ١٩٥١ ـ ١٩٥٢م ـ ٢٣٠/٤.

(١) نقلا عن الدكتور علي حسن الخربوطلي ـ مرجع سابق ـ ص ٢٠.

أحوالهم الداخلية وكان حماس العربي للإسلام وولاؤه له يفوق حماسه لوثنيته واستبساله في الزود عنها، ومن ثم بذل النفس والنفيس في سبيل نشر الدين وحمايته حتى دانت قبائل العرب وأصبحت ترى في الإسلام رمز وحدتها وشعار مجدها وقد حفزهم علي الاستماتة في نشر هذا الدين الجديد ما ضمنه لهم من حسن ثواب الدنيا والآخرة "[1].

الفرع الثاني

من مناقب العرب في الجاهلية

وقد كانت العرب في الجاهلية تعيش فيما بينهم بصورة تعايش ويرجع ذلك إلى أن العرب كانوا يتمتعون بالعديد من المناقب والخصائص التي يتفردون بها عن غيرهم من الأجناس الأخرى ونحاول أن نتبين تلك المناقب والتي تقرب لنا صورة العلاقة بين الحاكم والمحكوم.

أولا: الوفاء

نجد أن الوفاء مطبوعاً في أقوال أهل البادية وأشعارهم وأمثالهم ويتجلى في عاداتهم وأخلاقهم في سائر أعمالهم، وهو فيهم سجية وفي سواهم صناعة وتكلف، وحكاية حنظلة الطاهي والنعمان بن المنذر تمثل في الخلة احسن تمثيل، فإن وعد النعمان بالرجوع بعد عام لاستقبال الموت، فطلب النعمان من يضمنه فضمنه شريك بن عدي، وقد لا يقوم شريك علي ذلك إلا وهو يعتقد صدق البدو، ولاشتهارهم بالوفاء، وقد وفي حنظله فجاء في الوقت المعين، لا جند يقوده ولا حراس تخفره، مما حمل النعمان علي

(١) الدكتور حسن إبراهيم حسن ـ مرجع سابق ـ ٢٦٣/١.

العفـو عنه وقصته مشهورة "[١].

علي العرب الوفاء كلما كانوا يحتاجون إلى حاكم يفصل في الخصومة بينهم لما فطـروا عليـه من المناقب الجميلة التي تقوم مقام الحاكم الصارم، وتنزههم علي ارتكـاب الـدنايا مـما يغنـيهم عن القضاء، والحكومة إنما تقضي بـين الـذين لا يعرفـون الوفـاء وكـان الوفـاء متمكنـاً في الخلـق العربي، ويزيد تمكناً فيه كما في بعض المدن وأوغل في الصحراء لان الغـدر والنكـث لا يعيشـان إلا في القصور الشماء في ظل الحدائق الغناء "[٢].

وأغرب من ذلـك وفـاء السـمؤال (صـموئيل) بـن عاديـاء، وكـان أمـرؤ القـيس الكنـدي قـد استودعه سلاحاً وأمتعة تساوي مالاً كثيراً، وسافر إلى بلاد الروم ومات قبـل رجوعـه فبعـث ملـك كنده يطلب الأسلحة والأمتعة المودعة عند السمؤال، فلم يسلمها، ولما ألح عليه أجابه: (لا اغـدر بذمتي ولا أخون أمانتي ولا أترك الوفاء الواجب علي) فجرد الملك عليه جيشاً وحاصره في حصنه.

فوقع إبن السمؤال أسيرا عنذ الملك، فهـدد السـمؤال بقتـل أبنـه إن لم يسـلم الوديعـة فـأبي التسليم وقال: (ما كنت لأخفر ذمتي وأبطل وفائي فافعل ما شئت) فذبح ولده والسـمؤال ينظـر، فلما أمتنع الحصن علي ملك كندة عاد خائباً، وأما السمؤال فصبر عـلي مـا تحملـه مـن التنكيـل محافظة علي الوفاء، ولم يسلم الوديعة إلا إلى ورثه امرئ القيس فمن كانت هذه مناقبهم قلت

(١) لطفـي عبـد الوهـاب يحـي ـ العـرب في العصـور القديمـة ـ الطبعـة الثانيـة ـ دار المعرفـة الجامعيـة ـ الإسكندرية ـ بدون تاريخ نشر ـ ص٣.

(٢) المرجع السابق ـ نفس الصفحة.

حاجاتهم إلى القوانين، واستغنوا عن الجند والحرس وخصوصاً إذا أضفنا إليها علو الهمة وطيب النفس وقلة احتمال الذل والسماحة والكرم والنزاهة عن الدنايا.. فهذه كلها مناقب العرب أهل البادية "[1].

ثانيا: الجوار

ومن قبيل الوفاء بالعهد وحفظ الزمام أيضاً " الجوار فإن البدوي يحافظ علي جاره محافظته علي نفسه، والمقصود بالجوار في الأصل أن يحافظ الرجل علي جاره القريب، وهو من قبيل التعاون الطبيعي حتى قيل: (جارك القريب ولا أخوك البعيد) ولكن العرب توسعوا في ذلك حتى شفوا منه الإجارة والاستجارة والجوار، وكلها بمعني الحماية، مع أن أصل المادة " جار " يفيد عكس ذلك. واستعاروا الجوار للحماية علي الإطلاق، فإذا خاف أحدهم سوءاً جاء إلى رجل يحمية ويكفي أن يقول له: (أجرني) فيجيره بقدر طاقته، وقد يفرط في أهله ولا يفرط في جاره، ومن أمثلة ذلك أن الأعشى امتدح الأسود العنسي فأعطاه جائزة من الملك والعنبر، فرجع وطريقه علي بني عامر فخافهم علي ما معه من المال "[2].

وبذلك تعد تلك المناقب التزامات إخلاقية نستشف منها التزاماتهم السياسية تجاه القبيلة.

(١) لطفي عبد الوهاب يحي - مرجع سابق - ص٣.
(٢) المرجع السابق - نفس الصفحة.

المبحث الثاني

علاقة الحاكم والمحكوم

في الممالك العربية قبل الإسلام

المطلب الأول

مملكة معين

الفرع الأول: نبذة تعريفية

يُعتقد أن أصل المعينين من بابل نزحوا إلى بلاد اليمن، وهنالك سكنوا في الجوف واتخذوا المنازل والقصور كما كانوا يفعلون في بابل وكان المعينيون قد عرفوا كثيراً من أحوال التجارة إذ كانت الزراعة والتجارة من أهم أعمالهم.

وفي بعض الأحيان كان يمتد سلطان أحد هؤلاء الحكام إلى غيره فيحكم عدة دول - وعندها نلاحظ " أن المؤرخين لم يتفقوا حول بداية دولة المعين فقد وردت في بعض الكتب أنها كانت عام ١٣٠٠ق م، فيما يرى البعض الأخر أنها كانت عام ١٢٠٠ق م، وذلك يرجع إلى أنه " لم يرد لهذه الدولة ذكر في المصادر العربية وحتى ما تضمنته هذه المصادر خاصاً في دولتي معين وبراقش لا يتجاوز كونهما موضعين في الجوف بين نجران وحضرموت أو المصادر اليونانية الرومانية وأن عاصمتهم مدينة قرنا وقد ظهرت الدولة المعينية في الجوف أي في المنطقة السهلة الواقعة بين نجران

وحضرموت " [1].

وكان يحكم تلك المناطق " قيلاً " أو أميراً، وقد اتسعت شقة الخلاف بين هؤلاء الحكام حتى استطاع بعضهم أن يؤسس مملكة كبيرة بعد إخضاع عدد من المحافد [2]، وقد كانت أولى تلك الممالك التي ظهرت في جنوب الجزيرة العربية هى مملكة معين " [3].

ولقد كانت هذه الممالك وليدة نُظم مختلفة قديمة تطورت بتقدم السنين، إذ كان نظام الحكم في بادئ الأمر إقطاعياً فكان هناك حُكام يحكمون في محافد أو مناطق مختلفة وعلى كل محفد والي يسكن في قصر أشبه بما يكون بالقلعة وكانت هنالك ألفاظ تُطلق على هذه المناطق ويسمى الحاكم بصاحب تلك المنطقة" [4].

الفرع الثاني: نظام الحكم

أما علاقة الحاكم بالمحكوم فقد كانت الدولة ملكاً وراثياً وقد يحكم الإبن مع والده في نفس الوقت ولم تكن للملك هيبة إلهيه ولكنه ربما كان الملك رئيس الكهنة في المملكة، كما كان يستشير في كثير من الأحيان كبار رجال

---

(١)   ضرار صالح ضرار ـ مرجع سابق ـ ص١٧.

(٢)   المحافد القصور ومنها من محافد الغائط بين الجوف ومأرب (إنظر: عبد الله بن عبد العزيز البكري الأندلسي أبو عبيد ـ معجم ما استعجم من أسماء البلاد والمواضع ـ عالم الكتب – بيروت – الطبعة الثالثة ـ ١٤٠٣هـ تحقيق: مصطفى السقا ـ ٦٨١/٢).

(٣)   المرجع السابق ـ ص١٧.

(٤)   المرجع السابق – ص١٧.

الدولة (صفوة المحافد) المنتشرين في المملكة"[1].

وبالرجوع إلى عُمق العلاقة بين الحاكم والمحكوم فإن عنصر الانقياد التام كـان يسـيطر عـلى العلاقة فقد ورد في ذلك أنه " خلال الألف الأولى قبـل المـيلاد كـان الجـزء الأعظـم مـن التجـارة العالمية في بلاد العرب واقعاً في يد السبئيين والمعينين الذين كانوا يسيطرون عـلى الجـزء الجنـوبي الغربي من الجزيرة العربية. وكان السبئيون والمعينيون أبناء جنس واحد ولكنهم كانوا يتنافسـون على السيادة لا في بلادهم فحسب، بل في الواجبات التي تتم فيها التجارة أيضا، فكانـت تقـيم في كل واحة من الواحات المهمة علي طول الطريق التجاري جالية من عرب الجنوب وكان يقيم مـع هذه الجالية مقيم من أهل الجنوب كذلك وكانت مهمته الإشراف عـلى ملـوك الإقلـيم ورؤسـائه ومراقبتهم لكي لا يفعلوا شيئاً من شأنه أن يضر بمساع سيده السبئي أو المعيني الـذي قـد يكـون على رأس المملكة الجنوبية السبئية أو المعينية تبعاً لاختلاف العصور التاريخية "[2].

ومن هذا نجد أن علاقة الحاكم بالمحكومين يسيطر عليها عنصر الطاعة والانقياد التام هـذا هو شأن النظام الملكي عموماً.

---

(١)   ضرار صالح ضرار- المرجع السابق - ص١٧.

(٢)   الويس موسل ـ شمال الحجاز ـ بدون طبعة ـ بدون تاريخ نشر ـ تحقيق الأستاذ: جرار علي ـ ٣٩٨/١.

المطلب الثاني

مملكة سـبأ

الفرع الأول: نبذة تعريفية

لقد ذكر أنه لا يعرف على وجه التحقيق موطن للسبئيين الأصلي،ولكنهم كانوا من العنصر السامي، وقد نزلوا بالقرب من المعينين وأسسوا مملكتهم هنـاك في نفس الوقـت الـذي ازدهـرت فيـه حضـارة المعينين في القرون الثلاثة الأخيرة.

وقد أخرج الإمام أحمد بسنده أن عبدالله بن العباس رضي اللـه عنه يقول " إن رجلا سـأل النبـي صلى اللـه عليه وسلم عن سبأ ما هو أرجل أم امرأة أم أرض قال بل هو رجل ولد عشرة فسكن اليمن منهم ستة وبالشام منهم أربعة فأما اليمانيون فـمذحج وكنـدة والأزد والأشـعريون وأنمـار وحمـير وأمـا الشامية فلخم وجذا وعاملة وغسان " [١].

وقد بين هذا الحديث إن المقصود "أن سبأ يجمع هذه القبائل كلها وقد كان فيهم التبابعة بـأرض اليمن وأحدهم تبع وكان لملوكهم تيجان يلبسونها وقت الحكم كما كانت الأكاسرة ملوك الفرس يفعلون ذلك وكانت العرب تسمي كل من ملك اليمن مع الشحر [٢] وحضرموت تبعا كما يسمون من ملك

---

(١) أحمد بن حنبل أبو عبد اللـه الشيباني ـ مسند الإمام أحمد بن حنبل ـ مؤسسة قرطبة ـ القاهرة ـ بدون تاريخ نشر ـ الأحاديث مذيلة بأحكام شعيب الأرنؤوط عليها ـ ٣١٦/١ .

(٢) الشحر: بين عمان وعدن قال الأصمعي: جزيرة العرب أربعة أقسام اليمن ونجد والحجـاز والغـور وهـي تهامة فمن جزيرة العرب الحجاز وما جمعه وتهامة =

الشام مع الجزيرة قيصر ومن ملك الفرس كسرى ومن ملك مصرـ فرعون ومن ملك الحبشـة النجاشي ومن ملك الهند بطليموس "[1].

وقد " تدرج السبئيون في الحكم من عهد المشايخ فالإمارات والممالك وكـان ملوكهم بمثابة السلطة الحاكمة كما كانوا رؤساء الدين "[2].

الـفرع الثاني: نظام الحكم

مرت مملكة سبأ بأطوار مختلفة حتى وصلت إلى تكونها الأخير " فقد كانت في طورها الأول محكومة بمكرب عُرف باسم مكرب سبأ، واستمر هذا العصر ردحاً من الزمان، ولكن لم تبلـغ سبأ طور المملكة إذ لم يستطع أي مكرب من الذين تولوا ملكها أن يؤسس مملكة وراثية تخضع لأي نوع من النظام الدستوري، وكثيراً ما كانت تعـم الفوضى وتتفكك البـلاد قبـل أن يظهر مكرب ويجمع شتاتها، وفي حوالي عام(٨٥٠ق.م) ظهر ملوك سبأ ومن أشهر ملوكها بلقيس التي كانت في القرن التاسع قبل الميلاد معاصرة النبي سليمان، ومن الواضح أن مملكة سبأ حتى ذلك الحين لم تكن الدولة القوية إذ أن النبي سليمان هددها بإرسال جنود فخالفت المملكة ورجالها

	واليمن وسبا والأحقاف واليمامة والشحر وهجر وعمان والطائف ونجران والحجر وديار ثمـود والبـئر المعطلة والقصر المشيد وإرم ذات العماد وأصحاب الأخدود وديار كنـدة وجبـال طـيء ومـا بـين ذلك جزيرة عكاظ هي حرة إلى جنب عكاظ ـ أنظر معجم البلدان ـ مرجع سابق ـ ١٣٨/٢.
(١)	أبو الفداء إسماعيل بن كثير القرشي الدمشقي ـ البداية والنهاية ـ دار المعرفة ـ بـيروت ـ الطـبعة الثانية ـ بدون تاريخ نشر ـ ١٥٩/٢.
(٢)	المرجع السابق ـ نفس الصفحة.

واستسلمت لحكم سليمان "[1] ورغم ذلك فإن مملكة سبأ كانت توصف بالجمال وقد وصفهم المولي عز وجل في قوله ﴿لَقَدْ كَانَ لِسَبَإٍ فِي مَسْكَنِهِمْ آيَةٌ جَنَّتَانِ عَنْ يَمِينٍ وَشِمَالٍ كُلُوا مِنْ رِزْقِ رَبِّكُمْ وَاشْكُرُوا لَهُ بَلْدَةٌ طَيِّبَةٌ وَرَبٌّ غَفُورٌ﴾[2].

وبذلك نستطيع أن نقول أنهم كغيرهم من الأمم مرّعليهم طور الملوك الكهنة. " وقد أخذ ملوكهم يوسعون رُقعة بلادهم شيئاً فشيئا حسب مقتضيات تجارتهم مع الدول الأُخرى، ولم يكن هذا التوسع نتيجة لحروبات بل لاتفاقيات تجارية، علماً بأن دولة سبأ كانت تدفع جزية سنوية للملك سرحون الثاني (٧٢١-٧٠٥ق.م) ملك آشور، ولاشك أن تلك الجزية كانت نتيجة للسماح لتجار سبأ للاتجار مع أجزاء الإمبراطورية الآشورية شمالي الجزيرة العربية " [3].

والجدير بالذكر أن سليمان عليه السلام كان يحكم فلسطين ولم تكن هى المملكة القوية حربياً ومع ذلك فقد فاقت مملكة سبأ، واستمر العصر الملكي في سبأ حتى سنة ١١٥ق م،عندها ظهر الحميرون واستولوا على الملك.

(١) أبو الفداء ـ مرجع سابق ـ ١٥٩/٢.
(٢) سورة سبأ ـ الآية ١٥.
(٣) أبو الفداء ـ المرجع السابق ـ نفس الصفحة.

المطلب الثالث

الدولة الحميرية

الـفرع الأول: نبذة تعريفية

مؤسس هذه الدولة هو الشيخ يحضب " الذي ينسب إليه الإخبـاريون بأنـه قـد بنـى قصرـ عمران أشهر قصور اليمن"‍(١).

وفي هذا العصر الحميري الأول " بدأ الضعف يدُب في كيان دولة سبأ، وتطلع البطالس ومـن بعدهم الرومان إلى احتكار الطريق التجاري عبر البحر الأحمـر والـتخلص بـذلك مـن اعتمادهم على تجار العرب في اليمن وحضرموت"‍(٢).

ولقد " تابعت حمير السير على نفس النظام الـذي آل إليها عـن سـبأ وهـو احـترام الـروح القبلية والتوسع في منح الامتيازات لشيوخ القبائل دعماً للخلف الجديد وسبيلا لإقصاء سبأ نهائيـاً عن مركز السلطان الأعلى " ‍(٣).

ولقد " لعب شيوخ القبائل الكـبرى في هـذه المرحلـة دوراً هامـاً في الإدارة والحكـم، وقـد تخصص بعض أولئك الشيوخ الذين صار يطلق عليهم لقب

---

(١)   الهمراني ـ الإكليل ـ بدون تاريخ نشر ـ بدون طبعة ـ تحقيق:الدكتور نبيه أمين فارس ـ ١٩/٩.

(٢)   فيليب حتى ـ تاريخ العرب ـ بدون تاريخ نشر ـ بدون طبعة ـ ترجمة: محمد مبروك نافع ـ   ص٦٩ـ ٧٢.

(٣)   الدكتور إبراهيم أحمد العدوي ـ النظم الإسلامية ومقوماتها الفكريـة ومؤسسـاتها التنفيذيـة ـ الطبعـة الأولى ـ مكتبة جامعة الخرطوم كلية التربية ـ بدون تاريخ نشر ـ ص٣١.

"كبراقيان" في إدارة بعض الشئون الدينية والمدنية وصاروا ممثلي عشائرهم وقبائلهم لدى الملك الأعلى واستطاعت حمير بفضل تنظيمها للقبلية أن تحافظ على سلطاتها ورئاستها على الحلف التابع لها أمام أعدائها من الخارج والداخل ذلك أن شيوخ القبائل المتحالفين معها نجحوا في صد الزحف الذي قام به الرومان من مصر على بلاد اليمن لانتزاع السيادة التجارية من حمير سنة ٢٥ ق.م , ثم أن حكام حمير اكثروا من بناء القصور" (١).

ويرجع ذلك الى ان هذه القصور " هي الحصون التي تكفل لهم إخضاع القبائل المناوئة لهم أو التي تحدثهم أنفسهم بالخروج عليها، واشتهر في تلك المرحلة الأولى من عصر هذه الدولة بناء قصر(غمدان) في القرن الأول الميلادي وذلك لحماية صنعاء من غارات القبائل البدوية وتألفت هذه القلعة على نحو ما وصفها الجغرافيون المسلمون من عشرين طابقاً مسقوفاً، تعلو بعضها البعض بحيث يفصل بين كل سقفين ارتفاع مقداره عشرون ذراعا وشيد هذا القصر ـ من حجر الجرافيت والرخام والمرمر كما غطيت أعلى طبقات سطحه بقطعة واحدة من الحجر الشفاف تعكس صورة الطير في السماء وتهيئ للناظر إلى تلك الصور والتمييز بين أنواع الطيور المعلقة في الجو وكان للقصر واجهات أربعة مشيدة من حجارة مختلفة الألوان أحدها أسود والثاني أبيض"
(٢)

وعكسنا لهذه الصورة العمرانية لتلك الدولة يدلل على نوع الحضارة

---

(١) الدكتور إبراهيم أحمد العدوي ـ مرجع سابق ـ ص٦٩.

(٢) المرجع السابق ـ نفس الصفحة.

والمستوى التنظيمي والسياسي السائد فيها ورغم ذلك فان " هنالك من الملوك الذين ساسوا تلك الدول من أمثال شعر يهرعش والذي جاء في الدولة الحميريه الثانية عام(٣٠٠-٥٢٥م) وغيرهم من الملوك والذين أورد المولى عز وجل فيهم قوله تعالى: ﴿ أَهُمْ خَيْرٌ أَمْ قَوْمُ تُبَّعٍ وَالَّذِينَ مِنْ قَبْلِهِمْ أَهْلَكْنَاهُمْ إِنَّهُمْ كَانُوا مُجْرِمِينَ ﴾[١].

وهذه الآية تدلل علي أن هذه الممالك كان يسودها الظلم والاضطراب السياسي لعدم امتثالها لأي قيم أخلاقية حيث كان قانون الصحراء العرفي في الجاهلية مرتكزاً علي مبدأ العدالة الشخصية، بما يشبه مبدأ الحق للقوة.

وهذا المبدأ " عرف في جميع المجتمعات القديمة وعند الرومان القدماء بوجه خاص وعند غيرهم فقد كان الثأر الشخصي عند عرب الجاهلية قاعدة العقاب وكان هذا ملائماً لغرور العرب واعتزازهم بالقوة، ورغم أن قبول الدية عندهم كتعويض عن الاقتصاص والانتقام كان اختيارياً لا , إنه كان يُعد في الغالب عاراً و دليلاً عن الضعف أو الجبن، إذ كان لا يقبل به إلاّ من كان لا يتمكن من الثأر لنفسه ولا ينتمي إلى قبيلة قوية تناصره وتساعده على ذلك، فهذه كانت عقيدة العرب في الجاهلية لذا كان من عاداتهم وأعرافهم ما يسمى بينهم بالاعتذار وتوضيحه أن صاحب الثأر كان يُطلق سهماً في الفضاء فإذا رجع السهم أحمر كان معنى ذلك أنه يجب أن يثأر وأن تساعده القبيلة على الثأر وأن لا يقبل من ثم بالدية وهذا نادراً لأنه يفترض أن يمر في نفس اللحظة طير في الفضاء وأن يصيب السهم هذا

(١) سورة الدخان ـ الآية ٣٧.

الطير بحيث يرجع أحمر اللون مبللاً بدمه فيكون ذلك موجباً على من أطلقه بأن يطالب بالثأر، أما إذا رجع السهم أبيض – وهذا ما كان يحصل غالباً – فيكون ذلك عذراً لقبول الدية " [١].

فسهم الاعتذار كان إذن ذريعة لحفظ الكرامة في الظاهر ولتخفيف تهمة الجبن أو الضعف عمن يريد قبول الدية خلافاً للتقاليد الشائعة.

وإذا كانت البادية تفتقر إلى سلطة مركزية موحدة لم يكن فيها أيضاً قضاء مركزي بشكل محاكم رسمية تفصل في الخصومات والمظالم وتحافظ على الحقوق وتُنفذ الواجبات والالتزامات، بل كان قضاؤهم فطرياً يقوم به غالباً شيخ القبيلة بما له من سلطة أدبية على أفرادها عن طريق ما نسميه إليوم بالتسويات العشائرية، وكان قضاؤهم أحياناً تحكيماً اختيارياً يفوض إلى بعض حكمائهم وكهانهم وفيما عدا ذلك لم يكن عند عرب الجاهلية قضاة أو محاكم على الطريقة التي أدخلها الإسلام فيما بعد " [٢].

الفرع الثاني: نظام الحكم

من الواضح أنه لم يُذكر في كتب التاريخ عن أي أساس لنظام الحكم في ذلك العهد وبالتالي لا يمكن أن يعرف ما هى علاقة الحاكم بالمحكوم إلاّ أنه من المعلوم أن " النظام البدوي القبلي عند أهل الجاهلية ونفورهم عند قبول التسلط عليهم وعدم خضوعهم لملك أو سلطان واحد يوحدهم ويجمع بينهم إلاّ إذا كانت له الغلبة والنفوذ حتى يتسنى له أن يجمع متفرقي القبائل" [٣].

---

(١) الدكتور إبراهيم أحمد العدوي ـ مرجع سابق ـ ص٧٠ـ ٧٢.

(٢) المرجع السابق ـ نفس الصفحة.

(٣) المحامي صبحي محمصاني ـ مقدمة في إحياء علوم الشريعة ـ الطبعة الأول =

وإذا نظرنا إلى أنظمة الحكم التي عاشها العرب قبل الإسلام " نجد البعض منها عاش مع البدو في الجهات الصحراوية مثل نجد وأطراف الحجاز، حيث كانت القبيلة على صغرها هي الوحدة السياسية التي يرتبط أفرادها برباط الدم والعصبية ونظراً إلى أن القبائل تعتبر وحدات مستقلة كانت البلاد مقسمة إلى مناطق نفوذ متعددة كل منطقة تسيطر عليها القبيلة التي لها الغلبة على تلك المنطقة"[١].

ورغم ذلك فأنه يمكن القول بوجود نظام للحكم " كمثل الذي نراه في التكوينات القبلية، ونظام الحكم هنا يمكن أن نصفه بأنه نظام رئاسي يقوم على قاعدة شعبية قوامها كل أفراد القبيلة أو التجمع القبلي (في حالة وجود كيان سياسي يضم أكثر من قبيلة) ولكنه مع ذلك يميل إلى الصفة الطبقية "[٢].

ورغم ذلك تستقل كل قبيلة بقيادة منفردة تتمثل في حاكم القبيلة "وحاكم القبيلة أو التجمع القبلي هنا هو الشيخ أو السيد، والأساس الذي يقوم عليه حكمه ليس هو الوراثة وإنما هو الاختيار الذي قد يكون انتخاباً أو إجماعا من القبيلة أو التجمع القبلي ولنا أن نتصور أنه يتم في حدود رؤساء الأُسر والأقوام (الأحياء) التي يتكون منها هذا الكيان القبلي إذا أدخلنا في اعتبارنا حرص العرب على النقاء الأُسري في العصر السابق للإسلام حين لم

= دار العلم للملايين - بيروت - ١٩٦٢م - ص١٦٣.

(١) الدكتور محمد فوزي لطيف نويجي - مسئولية رئيس الدولة في الفقه الإسلامي - دار الجامعة الجديدة للنشر - الطبعة الأولى - ٢٠٠٥م - ص٦.

(٢) لطفي عبد الوهاب يحي - مرجع سابق - ص ٢٥٨.

تعرف القبائل العربية في البداية نظام الحكم بما لها من مؤسسات" [١].

الواقع أن الجزيرة العربية " عرفت قبل الإسلام ضروباً من الطغيان والاستبداد لا تقل عن ضروبه المشهورة التي عرفت في الشعوب الأخرى، وأن قبائل من العرب الحاضرة والبادية قد سادها ملوك يعتزون بالأمر والنهي بين رعاياهم بغير وازع ولا معترض، ويقيسون عزتهم بمبلغ اقتدارهم علي إذلال غيرهم واستطالتهم علي من يدعي العزة سواهم" [٣].

وإن كان هناك عناصر كاملة في الدولة تتمثل في أن يكون هناك بقعة من الأرض تعد الإقليم وجماعة من السكان يمثلون أهل القبيلة وقائد وحاكم لهذه الجماعة وهو يمثل السيد أو الزعيم ولكن لابد لمن يكون في هذا المنصب أن يكون مؤهلاً " والصفات التي تؤهل السيد لمنصبه في السيادة أو الرئاسة هى صفات مستوحاة من حاجة القبيلة ومن ظروفها أساساً فليس عليها معوّل كبير دون شك، إذ أنها مؤشر إلى التجربة والحكمة في مجتمع كانت العلاقات فيه تتعرض للغارات المتبادلة لأوهى الأسباب" [٣].

ونجد أن الحروب قد تدوم لعقود من الزمن ومثال ذلك حرب داحس والغبراء ومعركة ذي قار، ورغم ذلك فإنه ليس بقاعدة ثابتة أن يكون ذو خبرة في الحرب.

وإن كان لنا أن نتصور وجود سادة أو رؤساء للقبائل دون اشتراط تقدم السن إذا كانت التجربة أو الحكمة في التصرف متوفرة في الشخص المرشح

(١) لطفي عبد الوهاب يحي - المرجع السابق - ص ٢٥٨.
(٣) عباس العقاد - مرجع سابق - ص ١٨.
(٣) لطفي عبد الوهاب يحي - مرجع سابق - ص ٢٥٨ وما بعدها.

للرئاسة، كذلك كانت الشجاعة والحلم والكرم والثروة والحرص على مصالح القبيلة من المـؤهلات الرئيسية للسيد، فالشجاعة مؤهل أساسي في مجتمع الغارات المتبادلة، والكرم لا يقل عنـه ضرورة في مجتمع معرض للظروف الجغرافية القاسية التي قد تؤذي بالزرع والضرـع أو تـؤدي إلى نـدرة العشب إذا حلت بالمنطقة فترة جفاف طويلة وقد كان ذلك وارداً في شبه الجزيرة "[1].

والسؤال الذي يطرح نفسه هو ما مدى تمتع المجتمعات البدائية في حقها لإنتخاب من يريد أن يكون سيداً لها ؟ وهل عرفت شيئاً من الديمقراطية في تبادل دور السيد في القبيلة أم أن الأمر يكون بصورة دائمة قائماً على التوارث ؟

فنجد أنه " قد يحدث في بعض الأحيان أن يكون السيد الجديد ابناً للسيد القديم ولكن هذا لم يكن معناه أن هناك ابتعادا عن النظام الإنتخـابي أو الإختيـاري المـذكور أو اقترابـاً مـن النظـام الوراثي وإنما يكون ناتجاً عن توفر صفات الرئاسة بحكم الصدفة أو الواقع في إبن السـيد السـابق فيحاول جاهداً أن يرد عن نفسه ما قد يوجه إليه من اتهام بوراثة السيادة ويسـتنكر مثـل هـذا الاتهام.

ويرجع ذلك إلى روح احترام أراء أفراد القبيلة في حقها لاختيار من يقوم برئاسـتها ومـن هنـا يتضح لنا أن هنـاك نوعـا مـن الحريـات كانـت تمـنح للمحكـومين تتمثـل في حريـة إبـداء الـرأي والمشاركة في السلطة والشورى، فهل كان ذلك حكرا للرجال دون النساء ؟

(١) لطفي عبد الوهاب يحي ـ مرجع سابق ـ ص ٢٥٨ وما بعدها.

نجد " أن المصادر قد أوردت نماذج من النساء اللاتي شغلن منصب الرئاسة لمجتمعات قبلية عربية" [١].

فقد ورد في القران الكريم قصة ملكة سبأ مع سيدنا داود عليه السلام في قوله تعالى: ﴿ قِيلَ لَهَا ادْخُلِي الصَّرْحَ فَلَمَّا رَأَتْهُ حَسِبَتْهُ لُجَّةً وَكَشَفَتْ عَنْ سَاقَيْهَا قَالَ إِنَّهُ صَرْحٌ مُمَرَّدٌ مِنْ قَوَارِيرَ قَالَتْ رَبِّ إِنِّي ظَلَمْتُ نَفْسِي وَأَسْلَمْتُ مَعَ سُلَيْمَانَ لِلَّهِ رَبِّ الْعَالَمِينَ﴾[٢].

كما ذكر المؤرخون أنه في القرن الثامن قبل الميلاد قد ورد في النقوش الآشورية عن وجود احتكاكات سياسية وعسكرية بين الملك الآشوري ونجلات بيليسر الثالث (٧٤٤-٧٢٧ق م)" [٣].

ونخلص من السرد السابق إلى أن العلاقة التي تربط بين الحاكم والمحكوم في القبائل العربية القديمة في شبة جزيرة العرب قبل الإسلام إنها كانت تعتمد علي نوعية السلطة الموجودة في المنطقة المعنية كلاً بحسب تكوينها السياسي سواء كانت ممالك أو إمارات أو تجمعات سكانية قبلية فالعلاقة في حالتها الأولي التي ذكرت أي الممالك تكون علاقة تابع أو متبوع فيحصل الملك علي كافة الصلاحيات والسلطات التي توجد لدي الملوك بطبيعة تملكهم لأراض المملكة وما فيها من رعايا وتقل الحقوق والحريات لدي المحكوم حيث لا يحق لهم ابداء الرأي أو المشورة إلا إذا

(١) لطفي عبد الوهاب يحي ص ٢٥٨ وما بعدها.
(٢) سورة النمل - الآية ٤٤.
(٣) لطفي عبد الوهاب يحي - مرجع سابق - ص ٣.

كانوا من المقربين الخواص كما لا يحق لهم تولي وظائف إدارية تنفيذية.

أما فيما يتعلق بالإمارات فهي لا تختلف كثيراً عـن سـابقتها وإن كانت تطلـق عـلي الرقعـة الجغرافية الأقل مساحة ولا يعـد ذلك الطابـع الأعـم في التمييـز بينها إذ تعد مجرد تسميات مترادفة لمدلول واحد وعليه تكون العلاقة بين الحاكم والمحكوم مشابهة لما سبق أن نوهنا عنها في الممالك وأما فيما يتعلق بتحديد العلاقة بـين الحاكم والمحكوم في القبائل والعشائر التي لم ترتقي لتصير دولة كبيرة أو إمارة فإن العلاقة تحكمها الأعراف وطبيعة الحياة كانت تجعل مـن عادات وتقاليد أفراد العشيرة ضابطاً يهتدون بـه في تنظيم حيـاتهم واكثر مـن ذلك فإن القيم الداخلية التي تنفرد بها القبائل كانت تعطي نماذج من مناقب تتسـم بـالمروءة والكرم والوفاء كانت تقلل في داخلهم روح التعادي وتشحذ فيهم الهمم للتعاضد والتناصر واحترام سيد العشيرة وكانت تسودهم روح الشورى وحق إبداء الرأي.

تلك هي العلاقة بين الحاكم والمحكوم التي حاولنا ان نجسدها من خـلال تصفحنا للعديد من الدراسات التي عنيت بهذا الأمر وإن كان يغلب عليها الجانب التاريخي وقليلاً مـن التعمـق السياسي علي انه كانت بعض الدراسات قد عنيت بالنواحي السياسية للقبائل العربية ومع قلتها إلا إننا نحاول أن نزيد من تسليط الضوء علي تلك الجوانب موضحين سياسة الدولة في الجاهلية.

حيث ورد أنه " لم يكن للعرب دولة في جاهليتهم إلا مـا كان في اليمن مـن دولة التبابعـة ممن لا يدخل في بحثنا، وإنما نريد بسياسة الدولة عنـدهم القواعـد التي كانت تـدور عليهـا أحكامهم ومعاملاتهم لحفظ علاقاتهم السياسـية وآدابهم الاجتماعيـة مـما يقـوم مقـام القـوانين الإدارية والسياسية الدولية في

الأمم المتمدنة" [١].

ونبدأ بالنظر إلى الشخص الذي كان يقوم بتولي زمام الأمور في القبيلة فقد ذكر أن " الرياسة عندهم أو الإمارة إنما ينالها أهل العصبة والجاه، وإذا تساوت العصبية في جماعة قدموا الأكبر سناً، ولذلك كان لفظ " الشيخ " عندهم يدل علي الشيخوخة والرياسة معاً، وإذا أشكل عليهم الإنتخاب لأي سبب عمدوا إلى الاقتراع. وكذلك إذا إجتمعت عدة قبائل في محالفة علي حرب، واحتاجوا إلى من يرأسهم جميعاً فإنهم يقترعون بين أهل الرياسة" [٢].

أما لقب الأبناء " فيطلق عادة علي أبناء الفرس خاصة من كان في اليمن، وكان أول دخول الفرس اليمن علي أيام خسرو الأول الملقب بانو شروان (٥٣١ - ٥٧٩م) استجابة لاستنجاد سيف إبن ذي يزن الحميري بسبب توالي غارات الأحباش علي اليمن، فأرسل حملة قوية طردت الأحباش، ثم عاد هؤلاء الأخيرون مرة أخرى فأرسل الفرس قوة أخرى طردت الأحباش من اليمن بصورة نهائية واستقرت الحامية الفارسية في اليمن حتى جاء الإسلام فاسلم قائدها باذان ورجالها وأبناؤهم الذين عرفوا بالأبناء، أطلق لفظ (الأبناء) أيضاً علي أولاد أنصار الدولة العباسية الأول، والتسمية اختصار لعبارة (أبناء الدولة) " [٣].

أما عن طريقة اختيار قائدهم فانه من: " وقعت عليه القرعة أسندوا إليه

---

(١) الدكتور عز الدين فودة ـ مرجع سابق ـ ص٢٥٦ ـ ٢٥٧.
(٢) لطفي عبد الوهاب يحي ـ مرجع سابق ـ ص ٤.
(٣) المرجع السابق ـ ص٣.

الرياسة وذلك هو شأن بدو العرب وهم معظمهم وأما حضرهم في مكة فالرياسة فيهم لسادن الكعبة.

وكان في كل قبيلة بالجاهلية بيوتات تشتهر بالرئاسة والشرف فتمتاز عن سائر القبيلة وتكون الرياسة فيها " كبيت هاشم بن عبد مناف من قبيلة قريش وبيت آل حذيفه بن بدر الفزازي من قيس، وبيت آل زرارة بن عدي بن تميم، وبيت آل زي الجدين بن عبد الله بن همام من شيبان، وبيت بني الديان من بني الحارث بن كعب من اليمن. وقد امتازت هذه البيوتات علي قبائلها بالشرف، لتوالي ثلاثة أباء منها في الرياسة علي الأقل ولأهل البيوتات نفوذ علي سائر أهل القبيلة، وكان أهل السياسة من رجال المسلمين ويلاحظون ذلك في تولية الحكام ومن هذا القبيل توصية إبن عباس للحسن بن علي " ولأهل البيوتات تصطلح بهم عشائرهم "[(١)].

والأمير البدوي مع سلطته المطلقة لا يستبد في أحكامه، ويغلب أن يستشير أهل بطانته وخاصته علي أنه لم يكن يحتجب علي أحد ولا يمتهن أحداً يجالس جميع الناس ويخالطهم، رفيعهم ووضيعهم، وهم لا يعرفون ألقاب التفخيم ولا نعوت التملق فإذا خاطب البدوي أميره ناداه باسمه وطالبه بحقه، بعبارات تشف عن عزة النفس، وإباء القيم أو هي أنفه البداوة علي انهم كانوا يتكلمون علي الأسنان، والأمير يخاطب رعاياه بألقاب الوقار كالأب والعم والخال والابن أو ابن الأخ علي ما تقتضيه الأسنان والأنساب، وظل ذلك شأنهم في صدر الإسلام ينادون الخليفة باسمه ويحاجونه في شؤونه حتى إذا تحضروا احتجبوا وتكبروا فاتسع الفاصل بين المحكوم

(١) الدكتور عز الدين فودة ـ مرجع سابق ـ ص٢٥٧.

والحاكم " [1].

ومن ذلك نخلص الي ان الممالك العربية ليست هي إلا مجتماعات قبلية أيضًا، خضعت لحكم ملكي واصبح الرعايا تابعين لشخص الملك وتكاد تنعدم عندهم الحقوق السياسية والتي لايقابلها آى التزام من قبل الملك.

(١) الدكتور عز الدين فودة ـ مرجع سابق ـ ص٢٥٧.

الباب الأول

الالتـزامات السياسية للحاكم والمحكوم

في الفقه الإسلامي والنظم السياسية المعاصرة

الباب الأول

الالتزامات السياسية للحاكم والمحكوم في الفقه الإسلامي والنظم السياسية المعاصرة

تمهيد وتقسيم:

لايمكن معرفة الالتزامات والحقوق السياسية للحاكم والمحكوم الا بعد ان نتفحص النظم والسياسات المتبعة في كُلٍ من الفقه الاسلامي والانظمة الوضعية المعاصرة ومن خلال تلك النظريات نتلمس ما يلتزم به الحاكم وما يستحقه من المحكومين من حقوق وما يلتزم به المحكومين ومالهم من حقوق من الحاكم وذلك في مختلف الانظمة المتعارف عليها في العصر ـ الحالي وما ارسته الشريعة الغراء من مبادئ اساسية وتجارب في هذا المنوال.

وعلى هذا الاساس فان هذا الباب يشتمل على فصلين هما:

الفصل الأول: مبادئ النظم السياسية في الفقه الإسلامي

الفصل الثاني: مبادئ النظم السياسية في الدول المعاصرة

الفصل الأول

مبادئ

النظم السياسية في الفقه الإسلامي

تمهيد وتقسيم:

لقد عنى الفقهاء في أزمنة متقدمة بدراسة (السياسة الشرعية) والتي أُصطلح على تسميتها حديثاً بالنظم السياسية، وهى التي تتناول تنظيم الحكم في الدولة وتحديد التزامات وواجبات الحاكم تجاه المحكوم والعكس.

وعلى ذلك فإن دراستنا لهذا الفصل سوف تنصب على مبادئ النظم السياسية (السياسة الشرعية) في الفقه الإسلامي(Islamic Doctrine) ، وسوف نتناوله في ثلاثة مباحث نخصص الأول لمعرفة نظرية السلطة العليا في الدولة الإسلامية، وذلك من حيث تعريف المصطلحات التي تُطلق على من يتولى زمام الأمور في الدولة مثل: الخليفة، الإمام والحاكم، ثم نتطرق في ذات المبحث إلى الأساس الذي اعتمد عليه في وضع أو تعيين حاكم للدولة، ثم نتناول في المبحث الثاني علاقة الحاكم والمحكوم، ثم نكرس المبحث الثالث لدراسة المعارضة (الخروج على الإمام) في الفقه الإسلامي.

المبحث الاول

نظرية السلطة العليا في الدولة الإسلامية

(Supreme power Theory)

وأساس وجو بها

تمهيد وتقسيم:

إن الخليفة والسلطان والملك والأمير والحاكم على اختلاف مدلولاتها اللغوية ترمي في الشرع إلى معنى واحد، وهو قيادة الأمة أي: ممارسة السلطة في المجتمع الإسلامي، إلا أن لفظي - الخلافة والإمامة - قد سادا في الخلافة الإسلامية في عهدها الأول.

وتحتوي كتب الفقه الإسلامي على عدة مسميات تُطلق على من يتولى زمام الأمر في الدولة الإسلامية، مثل (الخليفة والحاكم والإمام وغيرهم) على أن " لقب الخليفة كان أكثر شيوعاً في نظام الحكم الإسلامي , وأصبحت الخلافة تعني الدول الإسلامية، وصارت الأبحاث عند المسلمين تنصب عليها " [(١)]، وانطلاقاً من قوله تعالى: ﴿ يَا دَاوُودُ إِنَّا جَعَلْنَاكَ خَلِيفَةً فِي الْأَرْضِ فَاحْكُمْ بَيْنَ النَّاسِ بِالْحَقِّ﴾[(٢)]، وقوله تعالى: ﴿ وَعَدَ اللَّهُ الَّذِينَ آمَنُوا مِنْكُمْ وَعَمِلُوا الصَّالِحَاتِ لَيَسْتَخْلِفَنَّهُمْ فِي الْأَرْضِ كَمَا اسْتَخْلَفَ

(١) الدكتور محمود الخالدي - معالم الخلافة في الفكر السياسي الإسلامي - دار الجيل - بيروت - الطبعة الأولى - ١٩٨٤م - ص٢٢.

(٢) سورة صٓ - الاية ٣٦.

الَّذِينَ مِنْ قَبْلِهِمْ وَلَيُمَكِّنَنَّ لَهُمْ دِينَهُمُ الَّذِي ارْتَضَى لَهُمْ وَلَيُبَدِّلَنَّهُمْ مِنْ بَعْدِ خَوْفِهِمْ أَمْنًا يَعْبُدُونَنِي لَا يُشْرِكُونَ بِي شَيْئًا وَمَنْ كَفَرَ بَعْدَ ذَلِكَ فَأُولَئِكَ هُمُ الْفَاسِقُونَ﴾[١].

وعليه فإن تعريفنا سوف نناقش فيه كل من الخلافة والإمامة والحاكم، ثم أوضح بعد ذلك أساس وجوب تنصيب الحاكم وذلك باعتبارها التجسيد التاريخي لممارسة السلطة في المجتمعات الإسلامية، وذلك على النحو التالي:

المطلب الأول

تعريف الخلافة والإمامة والحاكم

الفرع الأول

الخلافة في اللغة والاصطلاح

أولاً: الخلافة في اللغة

الخلافة " مصدرخلف، يقال خلفه في قومه يخلفه خلافةً فهو خليفة "[٢].

ومنه قوله تعالى: ﴿وَوَاعَدْنَا مُوسَى ثَلَاثِينَ لَيْلَةً وَأَتْمَمْنَاهَا بِعَشْرٍ فَتَمَّ مِيقَاتُ رَبِّهِ أَرْبَعِينَ لَيْلَةً وَقَالَ مُوسَى لِأَخِيهِ هَارُونَ اخْلُفْنِي فِي قَوْمِي

(١) سورة النور ـ الآية ٥٥.

(٢) ابن منظور ـ مرجع سابق ـ ٩/ ٨٤.

وَأَصْلِحْ وَلَا تَتَّبِعْ سَبِيلَ الْمُفْسِدِينَ ﴾ (١).

والخلافة " النيابة عن غير إما لغيبة المنوب عنه وإما لموته وإما لعجزه وإما لتشريف

المستخلف " (٢).

وعلى هذا الوجه الأخير استخلف الله أولياءه في الأرض قال تعالى:

﴿ وَهُوَ الَّذِي جَعَلَكُمْ خَلَائِفَ الْأَرْضِ ﴾ (٣) وأيضاً قال تعالى: ﴿ وَيَسْتَخْلِفُ رَبِّي قَوْمًا

غَيْرَكُمْ ﴾ (٤) والخلائف جمع خليفة، وخُلفاء جمع خليفة قال تعالى:

﴿ يَا دَاوُودُ إِنَّا جَعَلْنَاكَ خَلِيفَةً فِي الْأَرْضِ ﴾ (٥) وكذلك قال تعالى: ﴿ وَاذْكُرُوا إِذْ

جَعَلَكُمْ خُلَفَاءَ مِنْ بَعْدِ قَوْمِ نُوحٍ ﴾ (٦).

والخلافة هي الإمارة والخليفة هو الخليفي، وفي حديث عمر بن الخطاب رضي الله عنه :

" لولا الخليفي لأذنت " و في رواية " لأطلقت الآذان " و قال أحد الفقهاء: " جاز أن يُقال للأئمة

خلفاء الله في أرضه" (٧).

---

(١) سورة الأعراف ـ الآية ١٤٢.

(٢) محمد عبد الرؤوف المناوي ـ التوفيق على مهمات التعاريف ـ دار الفكر المعاصر ـ بيروت ـ ١٤١٠هـ ـ الطبعة الأولى ـ تحقيق: الدكتور محمد رضوان الداية ـ ١/ ٣٢٢.

(٣) سورة الأنعام ـ الآية ١٦٥.

(٤) سورة هود ـ الآية ٥٧.

(٥) سورة ص ـ الآية ٢٦.

(٦) سورة الأعراف ـ الآية ٦٩.

(٧) ابن منظور ـ مرجع سابق ـ ٩/ ٨٤.

٦٧

وقد "روي أن أعرابياً قال لأبي بكر الصديق رضي الله عنه : أنت خليفة رسول الله صلى الله عليه وسلم ؟ قال: لا قال: فما أنت ؟ قال: أنا الخالف بعده ـ قال ابن الأثير[1]: ذلك تواضعاً و هضماً من نفسه حين قال له: أنت خليفة رسول الله صلى الله عليه وسلم ، أي أن الخليفة هو الذي يقوم مقام الذاهب ويسد مسده، والخالف هو الذي لا غناء عنه ولا خير فيه"[2].

ثانيا: الخلافة في الاصطلاح

اختلفت التعاريف عند الفقهاء لمصطلح الخليفة، وذلك بحسب الوجهة التي ينظر بها إلى الخلافة من حيث كونها مظهراً دينياً أو سياسياً أومختلطاً. و إن كانت تلك التعريفات كلها تنصب في إطار واحد يعطي الخليفة صلاحية إدارة دفة الحكم في الدولة الإسلامية، والاهتمام بشئونها بصورة عامة.

وقد عرفت[3] أيضا بأنها "استحقاق تصرف عام على المسلمين"[4],

---

(١)   هو أبو الحسن، علي بن محمد بن عبد الكريم بن عبد الواحد الشيباني المعروف بـإبن الأثير الجـزري (ت ٥٦٣هـ) (انظر أسد الغابة -٦٢/١).

(٣)   أحمد بن عبد الله القلقشندي ـ مآثر الأنافة في معالم الخلافة ـ الطبعة الثانية ـ مطبعة حكومة الكويت ـ الكويت ـ ١٩٨٥ م ـ تحقيق عبد الستار أحمد فراج القلقشندي ـ ١ /١٤.

(٣)   هذا التعريف ينسب للكمال بن همام وهو أحد علماء الحنفية ومن مؤلفاته فتح القـدير (انظر: خـير الدين الزركلي ـ الإعلام ـ قاموس تراجم لأشهر الرجال والنساء من العرب والمستعربين والمستشرقين ـ دار العلم للملايين ـ بيروت ـ لبنان ـ الطبعة السابعة ـ مايو١٩٨٦م ـ ١٣٤/٧).

(٤)   الإمام كمال الدين محمد بن عبد الواحد الشهير بإبن الهمام ـ المسامرة في شرح=

والباحث يري أن هذا التعريف قد قصر تصرف الخليفة في إطار المسلمين مع العلـم بـأن الدولـة الإسلامية قد تقطنها جماعات أخرى غير مسلمة مثل: أهل الذمة , ويكون الخليفة مسئولاً عـنهم أيضاً وتحت إمارته , الأمر الذي يجعل هذا التعريـف لا يسـتوعب تلـك الجماعـات ممـن تحـت ولايته.

وذهب القلقشندي[1] إلى أن الخلافة " هي الولاية العامة على كافة الأمة"[2]. وأقف فى هذا التعريف عند عبارة (الولاية العامة)، حيث يتبادر إلى الذهن إن الخليفة بمفرده تكون له الولاية العامة، الأمر الذي يخرج مبدأ الشورى من أعماله، ولما كانت تلك الأخيرة لها ما يسندها فى إقامة الدولة الإسلامية على أساسها امتثالاً لأمر الـلـه في قوله تعالى: ﴿وَشَاوِرْهُمْ فِي الْأَمْرِ﴾[3] فإن القول بإعطاء الخليفة الولاية العامة دون التقيد بذلك المبدأ يجعل للإمام سلطات تتنافى مع ذلك الأساس.

كما ذكر الأمام الجويني[4]: " الخلافة رئاسة تامة، وزعامة عامة تتعلق

= المسايرة ـ بدون طبعة ـ بدون دار نشرـ ص١٤١.

(١) هو أحمد بن عبد الـلـه بن على بن أحمد الفزاري القلقشندي ـ ولد عام (٧٥٦هـ) في قلقشنده من قرى العقيقة و توفي بالقاهرة عام (٨٢٠هـ) و مـن تصـانيفه صـبح الأعشىـ وحيلـة الفضـل. (انظـر: الأعـلام للزركلى ـ المرجع السابق ـ ص١٧٢).

(٢) القلقشندي ـ مرجع سابق ـ ص ٨.

(٣) سورة آل عمران ـ الآية ١٥٩.

(٤) هوعبد الملك بن عبد الـلـه بن يوسف بن محمد العلامة إمام الحرمين ضياء الدين أبو المعالي بن الشيخ أبي محمد الجويني ـ رئيس الشافعية بنيسابور مولده في المحرم سنة عشرة وأربعمائة وتفقـه والـده وأتى على جميع مصنفاته وتوفي أبـوه ولـه عشرـون سـنة فأقعـد مكانـه للتـدريس فكـان يـدرس ويخـرج إلى مدرسة البيهقي =

بالخاصة والعامة في مهمات الدين والدنيا متضمنها حفظ الحوزة ورعاية الرعية وإقامة الـدعوة بالحجة والسيف وكف الجنف والحيف والانتصاف للمظلومين من الظالمين واستيفاء الحقوق من الممتنعين وإيفاؤها على المستحقين" [1].

كما ذهب إبن خلدون إلى تعريفها بقوله: " هي حمل الكافة على مقتضى النظر الشرعي في مصالحهم الأخروية والدنيوية الراجعة إليها، إذ أحوال الدنيا ترجع كلها عند الشارع إلى اعتبارهـا بمصالح الآخرة، فهي في الحقيقة خلافة عن صاحب الشرع في حراسة الدين و سياسة الدنيا به" [2].

ويلاحظ الباحث أن هذا التعريف وشموله لا يعدو في حقيقته إلا أن

= حتى حصل أصول الدين وأصول الفقه على أبي القاسم الإسفراييني الاسكاف وخرج في الفتنة إلى الحجاز وجاور بمكة أربع سنين يدرس ويفتي ويجمع طـرق المـذهب ثم رجع إلى نيسابور وأقعـد للتدريس بنظامية نيسابور واستقام أمور الطلبة وبقي على ذلك قريبا من ثلاثين سنة غير مزاحم ولا مدافع مسلم له المحراب والمنبر والتدريس ومجلس الوعظ وظهرت تصانيفه وحضر درسه الأكابر والجمع العظيم من الطلبة وكان يقعد بين يديه كل الطبقات الكبرى كان من الفقهاء المشهورين والصلحاء المتورعين يحكى أن لسانه كان لا يفتر عن قول لا إله إلا الـله ولم يبرح يفتي ويدرس ويصنف ويكتب انظـر: (أبـو بكـر بن أحمد بن محمد بن عمر بن قاضي شهبة ـ طبقات الشافعية ـ:: عالم الكتب ـ بيروت ـ الطبعة الأولى ـ١٤٠٧هـ تحقيق: الدكتور الحافظ عبد العليم خان ٢٥٥/٢).

(١) عبد الملك بن عبد الـله بن يوسف الجويني أبو المعالي ـ غيـاث الأمم والتيـاث الظلـم ـ دار الـدعوة ـ الإسكندرية ـ الطبعة الأولى ـ ١٩٧٩م تحقيق الدكتور فؤاد عبد المنعم والدكتور مصطفي حلمي ـ ١٥/١.

(٢) إبن خلدون ـ المقدمة ـ مرجع سابق ـ ١٩١/١.

يكون تفسيراً لما عرفه الماوردي.

ويقول الأيجي[١]: "هي خلافة الرسول صلى اللـه عليه وسلم في إقامة الديـن بحيث وجـب اتباعه على كافة الأمـة "[٢].

كما عرفها الإمام الماوردي[٣] "الإمامة موضوعة لخلافة النبوة في حراسة الدين وسياسة الدنيا به"[٤].

(١) هو عبد الرحمن بن أحمد بن عبد الغفار بن أحمـد الأيجـي الشـيرازي الشـافعي الملقـب بعضـد الـدين (٧٠٨ ـ ٧٥٦ هـ) عالم مشارك في العلوم العقلية والأصلين والمعاني والبيان والنحـو والفقـه وعلـم الكـلام. من مؤلفاته: الرسالة العضدية في الوضع، الفوائد الغياثية في المعاني. والبيان، شرح منتهى السول والأمل في علمي الأصول والجدل، المواقف في علم الكلام، وتحقيق التفسير في تكثير التنوير. انظـر(أبـو بكـر بـن أحمد ـ مرجع سابق ـ ١٠٧/٦)، (للدكتور عمـر رضـا كحالـة ـ معجـم المـؤلفين ـ تـراجم مصـنفى الكتـب العربية ـ دار إحياء التراث العربي ـ بيروت ـ ١١٩/٥).

(٢) عضد الدين عبد الرحمن بن أحمد الأيجـي ـ المواقـف ـ دار الجيـل ـ بـيروت ـ الطبعـة الأولى، ١٩٩٧م ـ تحقيق: الدكتور.عبد الرحمن عميرة ـ٥٧٤/٣.

(٣) هو أبو الحسن علي بن محمد بن حبيب البصري المعروف بالماوردي (٣٦٤هـ - ٩٧٥م) فقيـه، أصـولي، مفسر، أديب، سياسي. درس بالبصرة وبغداد، وولي القضاء ببلدان كثـيرة، وبلـغ منزلـة عنـد ملـوك بنـي بويه،. من تصانيفه: الحاوي الكبير في فروع الفقه الشافعي في مجلدات كثيرة، تفسـير القـران الكـريم، أدب الدين والدنيا، الأحكام السلطانية، وقوانين الوزارة ـ (أبو بكر بن أحمد ـ مرجع سابق ـ ص١٥٢).

(٤) علي بن محمد بن حبيب البصري الماوردي ـ الأحكام السلطانية والولايات الدينية ـ المكتبـة التوفيقيـة مصر ـ ـ تحقيق: محمد فهمي السرجاني ـ الطبعة الأولى ص٥.

وذهب بعض المحدثين[1] إلى " أن وضع تعريف لمنصب الخلافة، أوالخليفة يقتضي النظر إلى الغاية التي من أجلها فرض اللـه سبحانه وتعالى على المسلمين أن يقيموا دولة، بمعنى أن يكون للأمة جهاز للحكم، وإذا ما أمعنا النظر ودققناه واستقرأنا واقع الدولة الإسلامية سنجد أن الدولة كانت تتولى أمرين هما:

١)   العمل على تطبيق أحكام الشرع

٢)   العمل على حمل الدعوة الإسلامية خارج حدود الدولة إلى العالم كافة "[2]

ونضيف إلى ذلك وظيفة أخرى هي التعاون بين الجماعات البشرية في مختلف المجالات الاقتصادية والاجتماعية وغيرها.

ثالثا: التعريف المختار

وفي اعتقاد الباحث أنه من الأدق والأصوب أن نعرف الخلافة بأنها: (رئاسة عامة على المسلمين المقيمين في الدولة الإسلامية وغيرهم من أصحاب الديانات الأخرى، وذلك لإقامة أحكام الشرع الإسلامي على الكافة وإعمار الدنيا لتحقيق غاية الشرع فيها).

وهذا التعريف في تقديري يمثل طموح الأمة المسلمة في إقامة الدولة الإسلامية الكبرى، وإعادة الإسلام إلى عهده الأول. حيث إن تعريف الخلافة أو الإمامة لا يمكن أن يجرد من مهامه المنوطة به، وأهم تلك المهام هي إقامة الدين في حياة المجتمع وتهيئة المناخ السليم في الحياة الدنيا.

---

(١)   الدكتور محمود الخالدي ـ مرجع سابق ـ ص٣٠.
(٢)   المرجع سابق ـ نفس الصفحة.

الفرع الثاني

التعريف اللغوي والاصطلاحي للإمامة

أولاً: التعريف اللغوي للإمامة

الإمامة في اللغة " مصدر من الفعل(أم) تقول " أمهم وأم بهم: تقدمهم، وهى الإمامة: والإمام كل من ائتم به قوم كانوا على الصراط المستقيم أو كانوا ضالين، وقد قالت طائفة في قوله عز وجل ﴿ يَوْمَ نَدْعُوا كُلَّ أُنَاسٍ بِإِمَامِهِمْ﴾[1] أي بكتابهم، وقال آخرون: بنبيهم وشرعهم، وقيل: بكتابه الذي أحصى فيه عمله، وسيدنا رسول الله صلى الله عليه وسلم إمام أمته وعليهم جميعاً الإتمام بسنته التي مضى عليها ورئيس القوم أمهم، والإمام ما ائتم به من رئيس وغيره، والجمع أئمة، وفي التنزيل العزيز قوله تعالى ﴿ فَقَاتِلُوا أَئِمَّةَ الْكُفْرِ﴾[2] أي قاتلوا رؤساء الكفر وقادتهم الذين ضعفاؤهم تبع لهم[3].

ونجد أن الأزهري [4] أكثر القراء قرءوا أئمة الكفر بهمزة واحدة وقرأ

---

(١) سورة الإسراء ـ الآية ٧١.

(٢) سورة التوبة ـ من الآية ١٢.

(٣) ابن منظور ـ مرجع سابق ـ ٢٢/١٢.

(٤) هو محمد بن محمد بن أحمد بن عبد القادر بن عبد العزيز السنباوى الأزهري، المعروف بالأمير: عالم بالعربية، من فقهاء المالكية. ولد في ناحية سنبو بمصر ـ (١١٥٤م) وتعلم في الأزهر وتوفى بالقاهرة (١٢٣٢م). أكثر كتبه حواش وشروح، أشهرها ـ (حاشية على مغني اللبيب لإبن هشام) في العربية مجلدان، =

بعضهم أئمة بهمزتين وقيل وكل ذلك جائز.

قال إبن سيده [1] وكذلك في قوله تعالى ﴿ وَجَعَلْنَاهُمْ أَئِمَّةً يَدْعُونَ إِلَى النَّارِ ﴾[2] أي من تبعهم فهو في النار يوم القيامة" [3].

وقال الجوهري [4] "الإمام الذي يُقتدى به وجمعه أئمة، وأصله أأممة على أفعلة مثل إناء وآنية، وإله وآلهة، فأدغمت الميم فنقلت حركتها إلى ما قبلها، فلما حركوها بالكسر جعلوها ياء، وقُرىء ايمة الكفر [5].

= ومنها ـ (الإكليل شرح مختصر خليل) في فقه المالكية، و(حاشية علي شرح الزرقاني علي العزية) و (المجموع) وشرحه (وضوء الشموع علي شرح المجموع) وغيرهم ـ انظر الأعلام ـ مرجع سابق ـ ٧١/٧ ـ انظر أيضا تاريخ الجبرتي ـ ٢٨٤/٤ و فهرس الفهارس ٩٢/١. وفهرس المؤلفين ـ ص٢٦٠.

(١) هوأبوالقاسم عبد الله بن أحمد بن علي بن صابر بن عمر السلمي يعرف بابن سيده ـ كتب الكثير واستورق وحدث باليسيرة. انظر: (أبي القاسم علي بن الحسن بن عبدالله الشافعي ـ تاريخ مدينة دمشق ـ دار الفكر ـ بيروت ـ ١٩٩٥م تحقيق: محب الدين أبي سعيد عمر بن غرامة العمري ـ ٣٩/٢٧.

(٢) سورة القصص ـ من الآية ٤١.

(٣) ابن منظور ـ مرجع سابق ـ١٢ / ٢٥.

(٤) هو أبو نصر إسماعيل بن حماد الجوهري (٣٩٣هـ ـ ١٠٠٣هـ)، لغوي، من الأئمة، أشهر كتبه (الصحاح) وله كتب في العروض ومقدمة في النحو أصله من فاراب. انظر (الزركلي ـ مرجع سابق ـ ٣١٣/١).

(٥) ابن منظور ـ مرجع سابق ـ١٢ / ٢٥.

ثانياً: التعريف الإصطلاحي للإمامة

ذكرنا أن مصطلح الخلافة والإمامة فى نظر أهل الفقه من المصطلحات المترادفة أي بمعنى أن المقصود منها هو (من يتولى زمام الأمر فى الدولة المسلمة) ولذا ولعدم التكرار فان ما جاء فى تعريف الخلافة عند الفقهاء ينسحب على تعريف الإمامة أيضاً وأن كان للإمام معناً آخر عند الفقهاء حيث أن هنالك نوعين من الإمامة إحداهما صغرى وهي إمامة الصلاة وأخرى كبري وتلك ما نعنيها فى هذا المقام.

والواقع أن عقد الصلة بين إمامة الصلاة وإمارة المسلمين لم تحدث إلاّ في عصر متأخر، فحينما قال الشيعة بولاية علي (كرم الله وجهه) ونص النبي صلى الله عليه وسلم عليه، التمس أهل السنة الدلائل والإشارات من النبي صلى الله عليه وسلم التي تُنبئ بخلافة أبي بكر رضي الله عنه فكان قياسهم إمارة المسلمين على إمامة الصلاة.

وبالرغم من الترادف اللغوي بين الخلافة والإمامة، إلاّ أن الصلة معقودة بينهما في نظر أهل السنة بتشبيه الخلافة بالصلاة للرد على عقائد الشيعة ونقضها ودحضها.

ولعل لفظ الإمامة ساد عند الشيعة بقصد توضيح أن هذا اللفظ يستند إلى أساس عقائدي أو أيديولوجي[1]، حيث يقول التفتازاني [2]: (كانوا يذهبون إلى

(١) الدكتور أحمد محمود صبحي - نظرية الإمامة لدى الشيعة الإثني عشرية - دار المعارف بمصر ١٩٦٩م - ص٢٢.

(٢) سعد الدين مسعود بن عمر التفتازاني - عالم, أصولي. نحوي - من مؤلفاته (شرح المقاصد , وشرح المواقف) - توفى سنة (٧٩١هـ) - انظر: (إسماعيل باشا البغدادي - كشف الظنون - استانبول - المثني - بغداد - بدون طبعة =

أن الإمامة أخص من الخلافة، فالإمام عندهم لا يعني إلاّ صاحب السلطة الواقعة، وقد يكون غير ذي حق أو يؤيد الحق مركزه الواقعي، ففي هذه الحالة يتساوى مع الإمام " [1].

وعلى ذلك نجد أن مصطلح الخلافة بوصفها رئاسة عليا للدولة الإسلامية قد قال به فقهاء السنة، أما مصطلح الإمامة فأول من قال به هم فقهاء المذهب الشيعي، ثم أخذه عنهم بعض فقهاء السنة، وكلٌ من المصطلحين يحمل مضامين مختلفة من حيث تنصيبه وسلطاته وعلاقته بالأُمة، ولذلك يجب بيان هذه الاختلافات رغم اختلاف الفهم والمدلول لديهما، ونذكر من أهل السنة من عرف الإمامة كما سبق وأن أسلفنا ما ورد عن الماوردي بأن (الإمامة موضوعة لخلافة النبوة في حراسة الدين وسياسته الدنيا" [2].

ويقول التفتازاني " الإمامة رئاسة عامة في أمر الدين والدنيا خلافة عن النبي صلى الله عليه وسلم ، ويصف الأيجي الإمامة بأنها خلافة الرسول صلى الله عليه وسلم في إقامة الدين وحفظ حوزة الله حيث يجب اتباعه من كافة الأُمة [3].

أما الجانب الشيعي فلقد وضع الإمام الرضي تعريفاً جامعاً ومفهوماً يبين الإمامة على حسب الاعتقاد الشيعي فيقول:

= بدون تاريخ نشر -٥٦/١).

(١) الدكتور يحيى إسماعيل - منهج السنة في العلاقة بين الحاكم والمحكوم - دار المعارف بمصر - ١٩٨٦م - ص٢٤٣.

(٢) الماوردي - مرجع سابق - ص٤.

(٣) الدكتور أحمد صبحي - مرجع سابق - ص٢٥.

الإمامة " منزلة الأنبياء وإرث الأوصياء، الإمامة خلافة الله وخلافة الرسول صلى الله عليه وسلم والإمامة زمام الدين ونظام المسلمين وصلاح الدنيا وعز المؤمنين، الإمامة أمر الإسلام النامي وفرعه السامي وبالإمامة تمام الصلاة والزكاة والحج والصيام وتوفير الفيء والصدقات وإمضاء الحدود والأحكام ومنع الثغور والأطراف، الإمام يحل حلال الله ويحرم حرام الله ويقيم حدود الله ويذب عن دين الله الإمام المطهر من الذنوب المبرأ من العيوب المخصوص بالعلم المرسوم بالحلم، الإمام واحد دهره لا يدانيه أحد ولا يعادله عالم ولا يوجد منه بدل،ولا له مثل ولا نظير، مخصوص بالفضل كله من غير طلب منه ولا اكتساب، بل اختصاص من المتفضل الوهاب، لقد رامو صعباً وقالوا إفكاً إذ تركوا أهل بيته عن بصيرة ورغبوا عن اختيار الله ورسوله إلى اختيارهم، والقرآن ينادي: ﴿وَرَبُّكَ يَخْلُقُ مَا يَشَاءُ وَيَخْتَارُ مَا كَانَ لَهُمُ الْخِيَرَةُ﴾[1] فكيف لهم اختيار الإمام ؟ عالم لا يجهل، وداع لا يتكل مخصوص بدعوة الرسول صلى الله عليه وسلم ، إن العبد إذا اختاره الله لأمور عباده، شرح صدره، وأودع قلبه ينابيع الحكمة وألهمه العلم إلهاما، فلم يع بجواب ولا يحيد فيه عن الصواب، فهو معصوم قد أمن من الخطأ والزلل والعار، يخصه الله بذلك ليكون حجته على عباده وشاهد على خلقه، و الله أمر بطاعتهم ونهى عن معصيتهم وهم بمنزلة رسول الله صلى الله عليه وسلم إلاّ أنهم ليسوا بأنبياء، ولا يحل لهم من النساء ما حل لأنبياء فأما ما خلا ذلك فهم

(١) سورة القصص ـ الآية ٦٨.

بمنزلة رسول الله صلى الله عليه وسلم "[1].

ويرى الباحث أن عهد التدقيق في المسميات والألقاب قد اندثر، وذلك لأن الأهم الاهتمام بالمضامين وليس بالشكليات حتى يختلف الناس عليها ويحدث بينهم التحـزب والانشقاق وذلك لان هنالك تحديات جسام تواجه الامة الاسلامي فلا معنى ان يختلف المسلمين على تلك الجزيئات وترك عظائم الامور.

ثالثا: لفظ الإمامة في القران الكريم

ورد لفظ الإمامة في القران الكريم في العديد من الآيات منها قوله تعالى: ﴿وَإِذِ ابْتَلَى إِبْرَاهِيمَ رَبُّهُ بِكَلِمَاتٍ فَأَتَمَّهُنَّ قَالَ إِنِّي جَاعِلُكَ لِلنَّاسِ إِمَامًا قَالَ وَمِنْ ذُرِّيَّتِي قَالَ لَا يَنَالُ عَهْدِي الظَّالِمِينَ﴾[2].

قد جاء في تفسير الجلالين: جاعلك للناس إماما، أي قدوة في الدين. وقوله تعالى: ﴿ وَمِنْ ذُرِّيَّتِي﴾ أي أولادي أجعلهم أئمة: ﴿ قَالَ لَا يَنَالُ عَهْدِي الظَّالِمِينَ ﴾ بإمامة ﴿ الظَّالِمِينَ﴾ الكافرين منهم دل على انه ينال غير الظالم كما ورد في قوله تعالى: ﴿ وَالَّذِينَ يَقُولُونَ رَبَّنَا هَبْ لَنَا مِنْ أَزْوَاجِنَا وَذُرِّيَّاتِنَا قُرَّةَ أَعْيُنٍ وَاجْعَلْنَا لِلْمُتَّقِينَ إِمَامًا﴾[3]

أي:أئمة يقتدى بنا من

(١) الدكتور أحمد صبحي ـ المرجع السابق ـ ص٢٥.
(٢) سورة البقرة ـ الآية ١٢٤.
(٣) سورة الفرقان ـ الآية٧٤.

بعدنا " [1].

وقال البخاري: أي " أئمة نقتدي بمن قبلنا، ويقتدي بنا من بعدنا " [2] وأيضاً وردت في قوله تعالى: ﴿وَجَعَلْنَا مِنْهُمْ أَئِمَّةً يَهْدُونَ بِأَمْرِنَا﴾ أي أئمة يؤتم بهم في الخير في طاعة الله في اتباع آمره ونهيه، ويقتدى بهم، ويتبعون عليهم " [3].

الفرع الثالث

التعريف اللغوي والاصطلاحي للحاكم

أولاً: الحاكم (Rulers) في اللغة

الحاكم " مشتقة من حكم ويقال حكم الله سبحانه وتعالى أحكم الحاكمين وهو الحكيم له الحكم سبحانه وتعالى وقال الأزهري "من صفات الله الحكم والحكيم والحاكم، ومعاني هذه الأسماء متقاربة و الله أعلم بما أراد بها وعلينا الإيمان بأنها من أسمائه، وقال إبن الأثير[4] في أسماء الله تعالى الحكم والحكيم وهما بمعنى الحاكم وهو القاضي فهو فعيل بمعنى فاعل أو هو الذي

(1) جلال الدين محمد بن أحمد المحلي وجلال الدين عبد الرحمن بن أبي بكر السيوطي ـ تفسير الجلالين ـ دار الحديث ـ القاهرة ـ الطبعة الأولى ـ ٢٤/١.

(2) أبو عبد الله محمد بن إسماعيل الجعفي المشهور بالبخاري ـ الجامع الصحيح المختصر ـ الطبعة الثالثة ـ دار إبن كثير , اليمامة ـ بيروت ـ ١٤٠٧هـ ـ تحقيق:الدكتور مصطفى ديب البغا ـ ٢٦٥٤/٦.

(3) المرجع السابق ـ نفس الصفحة.

(4) أبو الحسن على بن محمد بن عبد الكريم بن عبد الواحد الشيباني المعروف بابن الأثيرالجزرى توفي في ٥٦٣هـ (انظر: أسد الغابة).

يحكم الأشياء ويتقنها فهو فعيل بمعنى مفعل "[1] وفى قوله تعالي: ﴿قَالَ رَبِّ احْكُمْ بِالْحَقِّ وَرَبُّنَا الرَّحْمَنُ الْمُسْتَعَانُ عَلَى مَا تَصِفُونَ﴾[2].

وذكر إبن الأثير ايضا أن " الحكمة عبارة عن معرفة أفضل الأشياء بأفضل العلوم، ويقال لمن يحسن دقائق الصناعات ويتقنها حكيم، والحكيم يجوز أن يكون بمعنى الحاكم مثل قدير بمعنى قادر، وعليم بمعنى عالم "[3].

قال الجوهري:

الحكم " الحكمة من العلم و الحكيم العالم وصاحب الحكمة وقد حكم أي صار حكيما. قال النمر بن تولب:

وأبغض بغيضك بغضا رويداً إذا أنت حاولت أن تحكما

أي إذا حاولت أن تكون حكيماً والحكم العلم والفقه "[4]

ومنها قوله تعالى ﴿وَآتَيْنَاهُ الْحُكْمَ صَبِيًّا﴾[5].

(1) ابن منظور ـ مرجع سابق ـ ١٤٠/١٢. انظر أيضا: الزبيدى ـ مرجع سابق ـ٧٦٧٤/١.
(2) سورة الأنبياء ـ الآية١١٢.
(3) أبوالسعادات المبارك بن محمد الجزري ـ النهاية في غريب الأثر ـ المكتبة العلمية ـ بيروت ـ ١٣٩٩هـ ـ ١٩٧٩م ـ تحقيق: طاهر أحمد الزاوى ـ محمود محمد الطناحي ١٠٢٣/١.
(4) ابن منظور – مرجع سابق ـ ١٤٠/١٢.
(5) سورة مريم ـ الاية١٢.

وذكر الراغب الاصفهاني بان " حكم أصله منع منعاً الإصلاح، ومنه سميت اللجام حكمة الدابة فقبل حكمه - ويقال حاكم وحكام لمن يحكم بين الناس"[1].

والحاكم "هو منفذ الأمر، مأخوذ من أحكم بمعنى قضى عليه وحكم فيه، والحكم:هو القضاء وأصله المنع. يقال: حكمت عليه , بكذا أي منعته منه، فلم يقدر على الخروج على ذلك "[2].

وقد ذكر الرازي إن الحكم هو " القضاء، وقد حكم بينهم يحكُم، بالضم حُكماً وحكم له وحكم عليه، والحكم أيضاً الحكمة من العلم، والحكيم العالم وصاحب الحكمة والحكيم أيضاً المتقن للأمور وقد حكم من باب ظرف أي صار حكيماً وأحكمه فاستحكم أي صار محكماً والحكم بفتحتين الحاكم وحكمه في ماله تحكيماً إذا جعل إليه الحكم فيه فاحتكم عليه في ذلك واحتكموا إلى الحاكم " [3].

لم يفرد الفقهاء تعريفاً خاصاً للحاكم، وكانت التعاريف تنصب على الأمام والخليفة، ولعل ذلك يرجع إلى أن الحاكمية لله الواحد الأحد يقول تعالى:﴿ إِنِ الْحُكْمُ إِلَّا لِلَّهِ يَقُصُّ الْحَقَّ وَهُوَ خَيْرُ الْفَاصِلِينَ﴾[4]، وقوله

---

(١) أبو القاسم حسين بن محمد المعروف بالراغب الأصفهاني ـ المفردات في غريب القران ـ دار المعرفة لبنان ـ تحقيق: محمد سيد كيلاني ـ ص١٢٦.

(٢) مجد الدين بن يعقوب الفيروز ابادى ـ القاموس المحيط ـ مؤسسة الرسالة ١٤٠٧ هـ ـ الطبعة الثانية ١٤١٥/١.

(٣) محمد بن أبي بكر بن عبد القادر الرازي ـ مختار الصحاح ـ مكتبة لبنان ناشرون ـ بيروت ـ ١٤١٥هـ ـ تحقيق: محمود خاطر ـ ٦٢/١.

(٤) سورة الأنعام ـ الاية٥٧.

تعالى: ﴿ثُمَّ رُدُّوا إِلَى اللَّهِ مَوْلَاهُمُ الْحَقِّ أَلَا لَهُ الْحُكْمُ وَهُوَ أَسْرَعُ الْحَاسِبِينَ﴾[1]،

وأيضا قوله تعالى: ﴿وَهُوَ اللَّهُ لَا إِلَهَ إِلَّا هُوَ لَهُ الْحَمْدُ فِي الْأُولَى وَالْآخِرَةِ وَلَهُ الْحُكْمُ وَإِلَيْهِ تُرْجَعُونَ﴾[2].

ولذلك فما من سلطان يحكم إلا بأمره وإرادته سبحانه وتعالى، ويكون حكمه امتداداً لمن يخلفه من خليفة سابق حتى نصل إلى خليفة رسول الله صلى الله عليه وسلم والذي خلف النبي صلى الله عليه وسلم في رعاية شئون المسلمين.

المطلب الثاني

أساس وجوب الإمامة

تباينت الآراء حول وجوب الإمامة فذهب البعض إلى أن أنها واجبة، وأنكر البعض هذا الوجوب ووقف فريق آخر موقفا وسطاً بين الوجوب والإنكار وعليه نبحث تلك الآراء تباعاً.

الرأي الأول: وجوب الإمامة

وقد ذكر الإمام الماوردي:" إن عقد الإمامة لمن يقوم بها في الأمة واجب بالإجماع، واختلف في وجوبها ـ هل وجبت بالعقل أم بالشرع ؟ فقالت طائفة[3]: وجبت بالعقل لما في طباع العقلاء من التسليم لزعيم

(١) سورة الأنعام ـ الآية ٦٢.
(٢) سورة القصص ـ الآية ٧٠.
(٣) تلك الطائفة هي المعتزلة الزيدية وهي فرق من الشيعة ـ راجع الدكتور ـ محمد يوسف موسى ـ نظام الحكم في الإسلام ـ ص ٢١.

يمنعهم من التظلم ويفصل بينهم في التنازع والتخاصم، ولولا الولاة لكانوا يعيشون في فوضى.

وقالت طائفة[1]: أخرى بل وجبت بالشرع دون العقل، لأن الإمام يقوم بأمور شرعية قد كان مجوزاً في العقد أن لا يرد التعبد بها، فلم يكن العقل موجباً لها، إنما أوجب العقل أن يمنع كل نفسه من العقلاء عن التظلم والقاطع ويأخذ بمقتضى العدل في التناصف والتواصل، فيتدبر بعقله لا بعقل غيره، ولكن جاء الشرع بتفويض الأمور إلى وليه في الدين"[2].

وعلى ذلك نحاول أن نستعرض بشيء من الإيجاز الآراء التي استند عليها من ذهب إلى وجوب الإمامة بالشرع حيث انبنى إسنادهم إلى القران الكريم والسنة المطهرة وإجماع الصحابة وأخيراً القواعد الفقهية.

١/ من الكتاب

يقول تعالى: ﴿يَا أَيُّهَا الَّذِينَ آمَنُوا أَطِيعُوا اللَّهَ وَأَطِيعُوا الرَّسُولَ وَأُولِي الْأَمْرِ مِنْكُمْ فَإِنْ تَنَازَعْتُمْ فِي شَيْءٍ فَرُدُّوهُ إِلَى اللَّهِ وَالرَّسُولِ إِنْ كُنْتُمْ تُؤْمِنُونَ بِاللَّهِ وَالْيَوْمِ الْآخِرِ ذَلِكَ خَيْرٌ وَأَحْسَنُ تَأْوِيلًا﴾ [3].

وهذه الآية توضح أن الله سبحانه وتعالى قد فرض علينا طاعة أولي

---

(١) تلك الطائفة هم أهل السنة ـ راجع ـ نظام الحكم في الإسلام ـ المرجع السابق ـ نفس الصفحة.
(٢) الماوردي ـ مرجع سابق ـ ص ٥.
(٣) سورة النساء ـ الآية ٥٩.

الأمر وهم الأئمة المتآمرون علينا[1]، هذا وقد جاء في تفسير ابن كثير﴿ أَطِيعُوا اللَّهَ﴾ أي اتبعوا كتابه ﴿وَأَطِيعُوا الرَّسُولَ﴾ أي خذوا بسنته﴿ وَأُولِي الْأَمْرِ مِنكُمْ﴾ أي في ما أمركم به من طاعة الله لا في معصية الله"[2].

كما ذهب ابن حزم[3] إلى أن آية الأمراء دليلٌ على وجوب الإمامة[4].

٢ - من السنة

قد روى عن عدي بن عدي الكندي قال بينا أبو الدرداء يوما يسير شاذا من الجيش إذ لقيه رجلان شاذان من الجيش، فقال: يا هذان إنه لم يكن ثلاثة في مثل هذا المكان إلا أمروا عليهم، فليأتمر أحدكم قائلاً أنت يا أبا الدرداء قال بل أنتما سمعت رسول الله صلى الله عليه وسلم يقول ما من وإلى ثلاثة إلا لقي الله مغلولة يمينه فكه عدله أو غله جوره" [5] وقد جاء أيضاً بلفظ إذا كنتم ثلاثة في سفر فأمروا أحدكم. ذاك أمير أمره رسول الله صلى الله عليه وسلم .

(١) الماوردي - مرجع سابق - ص ٥.

(٢) أبو الفداء إسماعيل بن عمر بن كثير الدمشقي - تفسير القرآن العظيم - دار الفكر - بيروت - ١٤٠١هـ - ١ / ٥١٩.

(٣) إبن حزم: هو علي بن أحمد بن سعيد بن حزم الظاهري وهو أحد أئمة الإسلام في الأندلس ولد بقرطبة، ومن مؤلفاته المحلى - الأحكام من أصول الأحكام - الفصل فى الملل والأهواء والنحل (االزركلي - مرجع سابق - ٥٩/٥).

(٤) أبو حاتم محمد بن حبان بن أحمد التميمي - صحيح ابن حبان - الطبعة الثانية - مؤسسة الرسالة - بيروت - ١٤١٤هـ - تحقيق شعيب الأرنؤوط -٣٨٣/١٠.

(٥) صحيح ابن حبان - مرجع سابق -١٠ /٣٨٣.

وقد روي عن الرسول صلى اللـه عليه وسلم " إذا كان ثلاثة في سفر فليؤمروا عليهم أحدهم ذاك أمير أمره رسول اللـه صلى اللـه عليه وسلم "[1].

وإن كانت تلك الأحاديث من الرسول صلى اللـه عليه وسلم قد وجدت حكم الحرمة في وجود ثلاثة أشخاص دون أن يؤمروا أحدهم فمن باب أولى أن تكون الحرمة أشد لجموع المسلمين إذا لم يسمح لهم بتولي أمورهم، الأمر الذي يجعل وجوب تنصيب الإمام أمراً شرعياً واجباً على الأمة الإسلامية تؤثم إذا لم تقم بتنصيبه.

وقد أكد ذلك ما رواه إبن عباس رضي اللـه عنه عن النبي صلى اللـه عليه وسلم قال " من كره من أميره شيئا فليصبر فإنه من خرج من السلطان شبرا مات ميتة جاهلية"[2].

وهذا الحديث يؤكد ما ذهب إليه أنصار مذهب الوجوب، ذلك أن البيعة لا تكون إلا لمن يتولى رئاسة الدولة، وهي واجبة بنص الحديث على كل مسلم، بدليل وضعه في حالة عدم وجود بيعة أو خروجه عن السلطان فإنه يموت ميتة الجاهلية.

٣ - إجماع الصحابة

من الثابت أن الصحابة قد أجمعوا على توليّه أبى بكر الصديق رضي اللـه عنه الخلافة بعد وفاة النبي صلى اللـه عليه وسلم ، وذلك بالبيعة الأولى ثم بالبيعة العامة أي أن

(١) حديث غريب من الأعمش تفرد به القاسم بن مالك انظر - أبو نعيم أحمد بن عبد اللـه الأصفهاني - حلية الأولياء - دار الكتاب العربي - بيروت - ١٤٠٥ هـ - الطبعة الرابعة - ١٧٢/٤.
(٢) البخارى - مرجع سابق - ٢٥٨٨/٦.

صحابة رسول الـلـه صلى الـلـه عليه وسلم عند وفاتـه بـادروا إلى بيعـة أبي بكـر الصـدي رضي الـلـه عنه وتسليم الأمر إليه في جميع أمورهم، وهكذا في كل عصر من بعد لم يترك الناس فوضى في عصر من العصور واستـقر ذلك إجماعاً.

٤ - المعقول

ما لا يتم الواجب إلاّ به فهو واجب، وبعبارة أخري إن ما لا يتوصل إلى الواجـب إلا بـه فهـو واجب. و الملاحظ لطبيعة الحياة البشرية يري أنه لا تستقيم الحياة بدون رئاسـة عـلى المجتمـع حتى لا يطغى فيه قوي على ضعيف، و لا تنتهك فيه حرمات، الأمر الذي جعل تلك الرئاسة أمراً حتمياً لحياة الأفراد لا سيما المجتمع المسلم الذي ينعم بوجـود المـنهج المسـطر مـن عنـد الـلـه تبارك وتعالى في كتابة الكريم وسنة رسول الـلـه صلى الـلـه عليه وسلم وآثار صحابته رضـوان الـلـه عليهم [(١)].

ويرى الباحث أن فقهاء السنة قد ذهبوا إجماعاً إلى أن الواجب عـلى المسـلمين هـو تطبيـق أحكام الشريعة في مجتمعهم، وهذه الأحكام هـي قواعـد لتنظـيم سـلوك الأفـراد تتمتـع بدرجـة عالية من الالتزام وذلك نسبة لمصدرها وهو الوحي، والأفراد والجماعة لا يكونون دائمـاً منصـاعين لأحكام القانون، فلا بد من وجود سلطة تحملهم على الالتزام، ومن هنا اصبحت الخلافـة واجبـة على المسلمين حتى يستطيعوا الوفاء بالواجب الأساسي، وهـو الالتـزام بأحكـام الشريـعة، ولـذلك أصبحت الخلافة واجبة لارتباطها بذلك الواجب.

(١) ابن خلدون ـ المقدمة ـ مرجع سابق ـ ٥١٩/٢.

الرأي الثاني: أنصار مذهب الجواز

ذهب بعض الفقهاء[1] من المعتزلة إلى جواز الإمامة ولهم في ذلك تفصيل، إذ يرون أنه يجوز عقدها في أيام الاتفاق والسلامة، أما في أيام الفتنة (The Revolt) فلا.

وقد ذُكر[2] أن الأمة إذا اجتمعت كلمتها وتركت الظلم والفساد احتاجت إلى إمام يسوسها، وإذا عصت وفجرت وقتلت إمامها لم تعقد الإمامة لأحد في تلك الحال.

ويبدو أن هذا الرأي لا يستقيم عقلا إذ إن الأمة تكون في أشد الحاجة إلى من يسوسها في وقت الفتن والأزمات إذ عليها أن تبادر بأسرع وقت إلى تنصيب من يرأسها، وذلك إذا ما خلا منصب الحاكم لكي يقوم بوقف الفتنة والمعاصي والفجور، ولنا في خلافة أبي بكر الصديق رضي الله عنه خير شاهد على ذلك، عندما بدأت بذور الفتنة تدب في أواسط المسلمين، متمثلة في منع إخراج الزكاة وإنكارهم لها، فكان موقفه المشهور في حسم ذلك الأمر بحد السيف، مما يؤمن على أن وجود الخليفة في وقت الفتنة أمرٌ واجبٌ.

(١) منهم: أبو بكر عقبة بن عبد الله الأصم الهاشمي من المعتزلة المتوفى (٢٠٠ هـ) وله تصانيف عديدة، روى عن عطاء وحميد بن هلال وسالم، وروى عنه إبن المبارك وأبو قبيصة ومعقل، (إبن زهرة الحلبي - غنية النزوع - ص ٤١٣).

(٢) هذا القول ينسب إلى هاشم بن عمر الفوطي - من المعتزلة - وهو أحد أنصار مذهب جواز الإمامة وله تفصيل في ذلك تم إيضاحه.

الرأي الثالث: أنصار مذهب الإنكار

ذهبت النجدات [1] إلى إنكار وجود الإمام حيث قالوا: " لا حاجة للناس إلى إمام قط، وإنما عليهم أن يتناصفوا فيما بينهم فإن رأوا أن ذلك لا يتم إلا بإمام يحملهم عليه فأقاموه جاز " [2].

وقد قال عنهم إبن حزم: هذه الفرقة ما نرى بقى منهم أحد، وقد تابع ذلك الرأي ضرار الأصم وهشام الغوطى من المعتزلة، من المعاصرين علي عبد الرازق وعبد الحميد متولى، حيث جاء في كتابه ـ مبادئ نظام الحكم الإسلامي ـ ما يدعم تلك الفرق، و ذلك بوصفه للخلافة بأنها ليست من الإسلام " [3].

والباحث يرى أن نظاماً كنظام الإسلام والذي لم يترك صغيرة ولا كبيرة إلا وضع لها حلاً ـ سواءً كان تفصيلاً أم مجملاً ـ ليس بعاجز على أن يُعالج مثل تلك المسألة والمتعلق بامر يهم الكافة والتي لا يختلف اثنان على أهميتها.

(١) النجدات ـ فرقة من فرق الخوارج من أصحاب نجدة بن عامر الحنفى، و قيل عاصم، واشتهر عنهم أنهم يعطون العذر بجاهلات الناس في الحكم الاجتهادي لذا سموا بالنجدات العذرية ـ راجع: محمد بن عبد الكريم بن أبي بكر أحمد الشهرستاني ـ الملل والنحل ـ دار المعرفة ـ بيروت ١٤٠٤هـ ـ تحقيق: محمد سيد كيلاني ـ ١٢٠/١).

(٢) أبو محمد على بن أحمد بن سعيد بن حزم الظاهري ـ الفصل فى الملل و الأهواء و النحل ـ مكتبة الخانجى ـ القاهرة ـ ٧٨/٤.

(٣) الدكتور عبد الحميد متولى ـ مبادئ نظام الحكم في الإسلام ـ الطبعة الأولى ـ دار المعارف ـ ص٥٤٨.

المبحث الثاني

العلاقة بين الحاكم والمحكوم

الفقه الإسلامي

تمهيد وتقسيم:

للحديث عن العلاقة بين الحاكم والمحكوم في الفقه الإسلامي نجد أن أهم رباط لتلك العلاقة يكمن في يمين البيعة، والتي من خلالها تبدأ العلاقة بينهما، ولما كانت البيعة هي الأساس الأول الذي تمت به تولية الخلافة في الفقه الإسلامي، وهي التي تمثل أهم التزام يلقي علي عاتق المحكوم لتنفيذه شرعاً، فسوف نبدأ بها البحث في هذا المطلب، ثم نبحث بعد ذلك الطرق الأخرى التي يتم بها تولي الخلافة، وهى طريقة الاستخلاف والعهد والخلافة التي تأتي عن طريق الغصب والاستيلاء، وأخيراً إمارة النص التي قال بها أهل الشيعة، ويمتد البحث في علاقة الحاكم والمحكوم الي مسألة الشروط المعتبرة في شخص من ينصب إماما على المسلمين، وقد اختلف في بعضها واتفق على البعض الآخر، وقسم الفقهاء هذه الشروط إلى شروط انعقاد وأفضلية.

ثم تقتضي العلاقة بين الحاكم والمحكوم أن نتطرق إلى بحث مسألة عزل الإمام، حيث أن تولي الخلافة من تركها - بأي من مسببات العزل أو الاعتزال - من الأشياء القدرية يعطيها الله لمن يشاء، وينزعها ممن يشاء - مصداقا لقوله تعالى: ﴿قُلِ اللَّهُمَّ مَالِكَ الْمُلْكِ تُؤْتِي الْمُلْكَ مَنْ تَشَاءُ وَتَنْزِعُ الْمُلْكَ مِمَّنْ تَشَاءُ وَتُعِزُّ مَنْ تَشَاءُ وَتُذِلُّ مَنْ تَشَاءُ بِيَدِكَ الْخَيْرُ إِنَّكَ

عَلَى كُلِّ شَيْءٍ قَدِيرٌ﴾[1].

وعلى ذلك فإن هناك مسببات تؤدى إلى عزل الإمام، كما أن العزل يتم بعدة وسائل يجب التعرف عليها، وأخيراً فإن أهم ما يكون من التزامات الحاكم تكمن في اختصاصاته، والتي نتناولها في ختام هذا المبحث.

وعليه سوف نتطرق الي تلك الموضوعات تباعاً في المطالب التالية:

المطلب الأول

طرق انعقاد الخلافة

الفرع الأول

طريقة الاختيار (البيعة)

مفهوم البيعة

البيعة مشتقة من كلمة البيع " والبيعة الصفقة على إيجاب البيع وعلى المبايعة والطاعة والبيعة المبايعة والطاعة، وقد تبايعوا على الأمر كقولك اصفقوا عليه، وبايعه عليه مبايعة عاهده وبايعته من البيع"[2].

والبيعة لشخص هى التي تمنحه ثقة تولي زمام الأمر في الدولة أي بمعنى مباركة الأمر له، وإطلاق يده في السلطة، وإعلان الإذعان له بالطاعة وعدم منازعته الأمر.

وقد أورد لها إبن خلدون تعريفاً شاملاً يعتقد الباحث أنه قد أوضح فيه

(١) سورة آل عمران ـ الآية ٢٦.
(٢) ابن منظور ـ مرجع سابق ـ ٢٦/٨.

معناها بصورة دقيقة تعطي المعني الاصطلاحي لها، وقد جاء فيه بأنها " العهد على الطاعة، كان المبايع يعاهد أميره على أنه يسلم له النظر في أمر نفسه وأمور المسلمين لا ينازعه في شيء من ذلك، ويطيعه فيما يكلفه به من الأمر على المنشط والمكره " [(١)].

ثم أورد كيفية المبايعة فقال " وإنهم كانوا إذا بايعوا الأمير وعقدوا عهده جعلوا أيديهم في يده تأكيداً للعهد، فأشبه ذلك فعل البائع والمشتري فسمي بيعة مصدر باع وصارت البيعة مصافحة بالأيدي " [(٢)].

ونجد أن هذا مدلولها في عرف اللغة ومعهود الشرع، وهو المراد في الحديث في بيعة النبي صلى الله عليه وسلم ليلة العقبة وعند الشجرة، حيث ورد هذا اللفظ، ومن بيعة الخلفاء ومنه أيمان البيعة " فقد كان الخلفاء يستحلفون على العهد ويستوعبون الأيمان كلها لذلك فسمي هذا الاستيعاب(ايمان البيعة) وكان الإكراه فيها أكثر وأغلب" [(٣)].

ولهذا لما أفتى مالك رضي الله عنه بسقوط يمين الإكراه أنكرها الولاة عليه ورأوها قادحة في أيمان، البيعة ووقع ما وقع من محنة الإمام مالك رضي الله عنه ، وأما البيعة المشهورة لهذا العهد فهي تحية الملوك الكسروية من تقبيل الأرض أو اليد أو الرجل أو الذيل، أطلق عليها اسم البيعة التي هي العهد على الطاعة مجازاً لما كان هذا الخضوع في التحية والتزام الآداب من

---

(١) عبد الرحمن بن محمد بن خلدون الحضرمي ـ تاريخ إبن خلدون ـ الطبعة الخامسة ـ دار القلم ـ بيروت ـ ١٩٨٤م ـ ٢٦١/١.

(٢) المرجع السابق ـ نفس الصفحة.

(٣) إبن خلدون ـ التاريخ ـ مرجع السابق ـ ٢٦١/١.

لوازم الطاعة وتوابعها، وغلب فيه حتى صارت حقيقة عرفية واستغنى بها عن مصافحة أيدي الناس " [١].

وقد ذهب أهل السنة والجماعة والمعتزلة والخوارج إلى أن تنصيب الإمام حق للأمة عن طريق البيعة، وقد قسم الفقهاء البيعة إلى:

١ - بيعة الانعقاد

هي التي تجعل من الشخص المبايع صاحب سلطان، له حق الطاعة والنصرة والانقياد"[٢] ، وقد كانت بيعة أبي بكر الصديق رضي الله عنه في(ثقيفة بني ساعدة) بيعة انعقاد، حيث ذكرالإمام الشوكاني " أن الصحابة لما استخلفوا أبابكر انعقدت له الخلافة بإجماع الحاضرين، ومعلوم أن من الصحابة من غاب قبل وفاة النبي صلى الله عليه وسلم إلى بعض البلدان ومن حاضري المدينة، من لم يحضر البيعة ولم يعتبر ذلك مع اتفاق الأكثرية"[٣].

وقد ذكرالأمام النووي " إن الإمامة تنعقد بالبيعة، والأصح بيعة أهل الحل والعقد"[٤] الذين يتيسر

(١) إبن خلدون ـ المقدمة ـ مرجع سابق ـ ٢٠٥/١.

(٢) الايجي ـ مرجع سابق ـ ٨/ ٣٥٢.

(٣) محمد بن علي بن محمد الشوكاني ـ إرشاد الفحول إلى تحقيق علم الأصول ـ دار الفكر ـ بيروت ـ الطبعة الأولى ـ ١٤١٢ هـ ـ تحقيق: محمد سعيد البدري ـ ص ٨٩.

(٤) أهل الحل والعقد: وهم طائفة مخصوصة من المسلمين، وقد سماهم البعض " أهل الاختيار" كما سماهم إبن حزم (فضلاء الأمة) انظر ـ أبو محمد علي بن أحمد بن سعيد بن حزم الظاهري ـ الفصل في الملل والأهواء والنحل ـ القاهرة ـ دار المعرفة ـ الطبعة الثانية ـ١٩٧٥م ـ ١/ ٦٧.

اجتماعهم"[1].

اما الماوردي فقد وضح طريقتها فقال: " فإذا اجتمع أهل الحل والعقد للاختيار تصفحوا أحوال أهل الإمامة الموجودة فيهم شروطها، فقدموا للبيعة منهم أكثرهم فضلاً وأكملهم شروطاً، ومن يسرع الناس إلى طاعته ولا يقفون عن بيعته، فإذا تبين لهم من بين الجماعة من هداهم الاجتهاد إلى اختياره عرضوها عليه، فإن أجاب إليها بايعوه عليها وانعقدت ببيعتهم له الإمامة، ولو لم يُجب إليها لم يجبر عليها، لأنها عقد مراضاة واختيار لا يدخله إكراه ولا إجبار وعدل عنه إلى من سواه من مستحقيها"[2].

٢ - بيعة الطاعة

وتأتي بعد بيعة الانعقاد وهي أن جموع المسلمين يعلنون فيها إنقيادهم وخضوعهم وطاعتهم للإمام، وتكون تلك البيعة هي بيعة الطاعة، ووفقاً رأي الجمهور في مسألة وجوب الإمامة فإن هذه البيعة تكون واجبة في حق أي مسلم امتثالاً لقول النبي صلى الله عليه وسلم " من مات وليس في عنقه بيعة مات ميتة جاهلية"[3].

وقد أمر بها سيدنا عمر بن الخطاب رضي الله عنه بعد بيعة أبي بكر الصديق رضي الله عنه في بني ساعدة، حيث قام بعد ذلك أمام جموع المسلمين فحمد الله وأثنى عليه بما هو أهله، ثم قال: " إن الله قد جمع أمركم على خيركم، صاحب

(١) شمس الدين محمد بن أبي العباس أحمد حمزة بن شهاب الدين الرملي - نهاية المحتاج إلى شرح المنهاج - المكتبة الإسلامية - بدون طبعة - بدون تاريخ نشر - ٧/ ٣٩.

(٢) الماوردي - مرجع سابق - ص ٧ – ٨.

(٣) مسلم - مرجع سابق - ١٢/ ٢٤٠.

رسول الـلـه صلى الـلـه عليه وسلم ثاني اثنين إذ هما في الغـار فقومـوا فبـايعوه، فبـايع النـاس أبابكر بيعة بعد بيعة الثقيفة "[١].

كما قسمت البيعة إلى بيعة عامة وبيعة خاصة:

ونجد أن البيعة بهذا التقسيم قد أوردهـا صـاحب مختصرـ سـيرة الرسـول في بيعـة أبـوبكر الصديق وهي مشابهة لما تم سرده في بيعة الطاعة ونحيل ما ذكر إلى الحاشية "[٢]

(١) إبن هشام أبي محمد عبد الملك بن هشام بن أيوب الحميري المعافري البصري ـ السيرة النبوية ـ الطبعـة الثانية ١٤١٠هـ ـ تحقيق مصطفي السقا إبراهيم وعبد الحفيظ شلبي ـ ٣٠٠/١ ـ وقد رواه إبـن اسـحق عن أنس بن مالك.

(٢) حيث ورد أنـه " ولما بويـع أبو بكر في السقيفة وكان الغد جلس أبو بكر على المنبر فقـام عمـر قبـل أبي بكر فتكلم فحمد الـلـه وأثنى عليه بما هو أهله ثم قال: أيها الناس إني قد قلت لكم بـالأمس مقالـة مـا كانت وما وجدتها في كتاب الـلـه ولا كانت عهدا عهده إلي رسول الـلـه صلى الـلـه عليـه وسـلم ولكنـي قد كنت أرى أن رسول الـلـه صلى الـلـه عليه وسلم سيدبر أمرنا - يقول: يكون آخرنـا - وإن الـلــه قـد أبقى فيكم كتابه الذي به هدى رسوله صلى الـلـه عليه وسلم فإن اعتصمتم به هـداكم الـلــه لمـا كـان هدى له رسوله إن الـلـه قد جمعكم على خيركم ـ صاحب رسول الـلـه صلى الـلــه عليـه وسـلم، وثـاني اثنين إذ هما في الغار - فقومـوا فبايعوه، فبايع الناس أبا بكر البيعة العامة بعد بـيعة السقـيفة ثـم تكلم أبو بكر رضي الـلـه عنه فحـمد الـلـه وأثنى عليه بالذي هو أهله ثم قال: أما بعد أيها الناس فـإني قد وليت عليكم ولسـت بخيركم فـإن أحسـنت فـأعينوني وإن أسـأت فقومـوني الصـدق أمانـة والكـذب خيانة والضعيف فيكم قوي عندي حتى أريح عليه حقه إن شاء الـلـه والقــوي فـيكم ضـعيف عنـدي حتى آخذ الحـق منه إن شاء الـلـه، لا يـدع قوم الجهاد في سبـيل الـلـه إلا=

الـفرع الثـاني

الاستخلاف(العهد)

لقد عرف المجتمع الاسلامى طريقة العهد لتولى أمور المسلمين، ويكون ذلك بأن يعهد الخليفة القائم أمر المسلمين من بعده لشخص يختاره حال حياته وقد تبنى هذه الطريقة كثيرٌ من العلماء منهم الماوردى والنووي وابن حزم والقلقشندي وابن قتيبة والرافعى [1] وغيرهم، وقد كانت هناك حجج صاغها من قال بهذه الطريقة لتولى زمام الحكم تتلخص فى الآتي:

١) انه ليس هناك نص شرعي أو إجماع يمنع عقد الخلافة بالاستخلاف وبها قال ابن حزم"[2].

٢) إن الصحابة قد اجمعوا على جواز نصب الخليفة عن طريق الاستخلاف وهذا ما ذهب إليه الماوردى والنووي.

٣) قياساً على استخلاف النبي صلى الله عليه وسلم على جيش مؤته فإذا فعل النبي صلى الله عليه وسلم ذلك فى الإمارة جاز مثله فى الخلافة وبها قال أيضا الماوردى

= ضربهم الله بالذل، ولا تشيع الفاحشة في قوم قط إلا عمهم الله بالبلاء، أطيعوني ما أطعت الله ورسوله فإذاعصيت الله ورسوله فلا طاعة لي عليكم ".انظر: (سليمان بن سمحان - مرجع سابق - ١/١٩٥).

(١) أبو القاسم عبد الكريم الرافعى القزوينى (٥٥٧-٦٢٣هـ) وهو من كبار الشافعية وكان له مجلس بقزوين لتفسير الحديث ومن مؤلفاته - المحرر فى الفقه - انظر(الزركلي - مرجع سابق - ٤/ ١٧٩).

(٢) ابن حزم - مرجع سابق - ٤/١٦٩.

والنووي" [1]

وإن أول من سن العهد والاستخلاف في الدولة الإسلامية هو الخليفة أبو بكر الصديق رضي الله عنه حين عهد بها إلى أمير المؤمنين عمر بن الخطاب رضي الله عنه ، ومن ثم صار هذا العهد و الاستخلاف النموذج الثاني لتولي الخلافة في الفقه الإسلامي.

فلقد تخوف الخليفة أبي بكر الصديق رضي الله عنه من حدوث الفتن بين المسلمين من بعده، لا سيما وأن الإسلام ما زال في بداية انتشاره، ويدعم ذلك الفهم "أنه لما حضر أبا بكر رضي الله عنه الوفاة دعا عمر رضي الله عنه فقال: اتق الله يا عمر، واعلم إن لله عملا بالنهار لا يقبله بالليل وعملا بالليل لا يقبله بالنهار، وإنه لا يقبل نافلة حتى تؤدى فريضة، وإنما ثقلت موازين من ثقلت موازينه يوم القيامة باتباعهم الحق في دار الدنيا وثقله عليهم، وحق لميزان لا يكون فيه إلا الحق أن يكون ثقيلا وإنما خفت موازين من خفت موازينه باتباعهم الباطل وحق لميزان لا يكون فيه إلا الباطل أن يكون خفيفا وان الله ذكر أهل الجنة فذكرهم بأحسن أعمالهم وتجاوز عن سيئاتهم، فإذا ذكرتهم قلت إني لا أخاف إلا الحق به، وإن الله ذكر أهل النار وذكرهم بأسوأ أعمالهم ورد عليهم أحسنها فإذا ذكرتهم قلت: إني لأرجو ألا أكون مع هؤلاء ليكون العبد راغباً راهباً لا يتمنى على الله، ولا يقنط من رحمته، فإن أنت حفظت وصيتي فلا يك غائب أحب إليك من الموت ولست تعجزه" [2].

(١) الماوردى ـ مرجع سابق ـ ص٩. انظر ايضاً: (الايجى ـ مرجع سابق ـ ٨/ ٣٥٢).
(٢) الحافظ بن عساكر ـ تاريخ دمشق ـ دار الفكر ببيروت ـ ١٩٩٨م =

وهذه الوصية والنصح تعد أنموذجاً خالداً ليعتبر به كل من يقدّم شخص لتولي أمرٍ من أمور المسلمين، وتعد واجباً والتزاماً على الحاكم لكي يقوم به ولا يتسع مجال البحث لسرد كامل الوصية ونحيل ما تبقي منها إلى الحاشية"[1].

هذا وقد ورد عن محمد بن سعد بإسناده أن جماعة من الصحابة دخلوا على أبي بكر رضي الله عنه لما عزم على استخلاف عمر رضي الله عنه ، فقال له قائل منهم: ما أنت قائل لربك إذا سألك عن استخلافك عمر علينا وقد ترى غلظته، فقال أبو بكر رضي الله عنه : أجلسوني، أبالله تخوفونني خاب من تزود من أمركم بظلم، أقول: اللهم إني استخلفت عليهم خير أهلك، أبلغ عني ما قلت لك من وراءك، ثم اضطجع ودعا عثمان بن عفان رضي الله عنه ، وقال: اكتب بسم الله الرحمن الرحيم، هذا ما عهد أبو بكر في آخر عهده بالدنيا خارجا منها وعند أول عهده بالآخرة داخلا فيها، حيث يؤمن الكافر ويوقن الفاجر ويصدق الكاذب، إني استخلفت بعدي عمر بن الخطاب فاسمعوا وأطيعوا فإني لم آل الله ورسوله ودينه ونفسي وإياكم إلا خيرا، فإن عدل فذاك

= ٤١٤/٣٠.

(١) وزاد سيدنا أبو بكر رضي الله عنه قوله " وإن لم تحفظ وصيتي فلا بك غائب أبغض عليك من الموت وقال بعد قوله أن يكون خفيفا وانما جعلت آية الرجاء مع آية الشدة لكي يكون المؤمن راغباً راهباً وإذا ذكرت أهل الجنة قلت لست منهم وإذا ذكرت أهل النار قلت لست منهم وذلك أن الله عز وجل ذكر أهل الجنة وذكرهم بأحسن أعمالهم وذكر أهل النار وذكرهم بأسوأ أعمالهم وقد كانت لهؤلاء سيئات ولكن الله تجاوز عنها وقد كانت لهؤلاء حسنات ولكن الله تعالى أحبطها، فدعا.انظر (المرجع السابق ـ نفس الصفحة).

الظن به وعلمي فيه، وإن بدَّل فلكل امرئ ما اكتسب، والخير أردت، ولا علم لي بالغيب وسيعلم الذين ظلموا أي منقلب ينقلبون، والسلام عليكم ورحمة الله وبركاته " [1]. وهنا تظهر حجة الخليفة أبي بكر رضي الله عنه في إقناع المتخوفين من تولي عمر بن الخطاب رضي الله عنه الخلافة.

وقد أكدت رواية محمد بن سعد ما روته السيدة عائشة رضي الله عنها حيث قالت " دخل ناس على أبي بكر رضي الله عنه فقالوا تولي علينا عمر وأنت ذاهب إلى ربك فماذا تقول له ؟ قال: أجلسوني أجلسوني، أقول وليت عليهم خيرهم" [2].

وفي اعتقاد الباحث أن طريقة تولي الخلافة عن طريق العهد وإن كان لها ما يسندها في الأثر إلا أنها لا تماثل طريقة البيعة في تنصيب الحاكم إذ أن الأخيرة تقوم على أساس مبدأ الشورى بين المسلمين في أمر يعد من أخطر المسائل التي تعني قيام الدولة الإسلامية وذلك لأن رأي الفرد وأن كان في عهد الصحابة أمثال أبي بكر الصديق رضي الله عنه يقوم على أساس الحيطة والحزر في أن يستقيم أمر الدولة الإسلامية وهي في مهدها،وبما يتمتع به هؤلاء الأبرار من سمو في مراتب الإيمان والبعد عن هوى النفس، بيد أنه في العهود اللاحقة له وخاصةً في هذا العصر الذي قلّ ما نجد ذلك السمو الروحي، والحرص على أمر الدولة الإسلامية، فكان لزاماً أن يكون أمر

(١) أبو جعفر أحمد بن عبد الله بن محمد المشهور بالطبري ـ الرياض النضرة في مناقب العشرة ـ الطبعة الأولى ـ دار الغرب الإسلامي ـ بيروت ـ ١٩٩٦م ـ تحقيق ـ عيسى عبد الله محمد مانع الحميري ـ ٢ /٢٤٣.

(٢) الحافظ إبن عساكر ـ مرجع سابق ـ ٢٥٠/٤٤.

تنصيب الحاكم مردود إلى بيعة الأمة الإسلامية متمثلة في أهل الحل والعقد عن طريق الشورى والجرح والتعديل، لاسيما وأن أمة محمد صلى الله عليه وسلم لا تجتمع على ضلال الأمر الذي يضمن لنا حسن اختيار قائد لهذه الأمة يخاف الله فيها ويبسط الأمن والعدل.

العهد للأبناء

أما عن توريث الخلافة للأبناء فقد ذكر أنه " وفي سنة خمسين فتحت قوهستان [1] عنوة، وفيها دعا معاوية بن أبي سفيان رضي الله عنه أهل الشام إلى البيعة بولاية العهد من بعده لإبنه يزيد فبايعوه، وهو أول من عهد الخلافة لإبنه، وأول من عهد بها في صحته، ثم إنه كتب إلى مروان بالمدينة أن يأخذ البيعة فخطب مروان فقال: " إن أمير المؤمنين رأى أن يستخلف عليكم ولده يزيد سنة أبي بكر وعمر، فقام عبد الرحمن بن أبي بكر الصديق رضي الله عنه فقال بل سنة كسرى وقيصر، إن أبا بكر وعمر لم يجعلاها في

(١) قوهستان: بضم أوله ثم السكون ثم كسر الهاء، وسين مهملة، وتاء مثناة من فوق، وآخره نون، وهو تعريب كوهستان، ومعناه موضع الجبال لان كوه هو الجبل بالفارسية وربما خفف مع النسبة فقيل القهستاني، وأكثر بلاد العجم لا يخلو عن موضع يقال له قوهستان لما ذكرنا، وأما المشهورة بهذا الإسم فأحد أطرافها متصل بنواحي هراة ثم يمتد في الجبال طولا حتى يتصل بقرب نهاوند وهمذان وبر وجرد، هذه الجبال كلها تسمى بهذا الإسم، وهي الجبال التي بين هراة ونيسابور، وأكثر ما ينسب بهذه النسبة فهو منسوب إلى هذا الموضع، وفتحها عبد الله بن عامر بن كريز في أيام عثمان بن عفان سنة ٢٩ للهجرة. (الحموي ـ معجم البلدان ـ ٤ /٤١٦).

أولادهما ولا في أحد من أهل بيتهما "[1].

وعلى ذلك فقد وجدت فكرة عهد الخلافة لإبنه معارضة شديدة من قبل بقية الصحابة، إلا إنه لم ييأس فأخذ يدعو إلى بيعته، وقد تمت له البيعة"[2].

إلا أن غلبة الشوكة كانت أقوى من أصوات الحق فانتصر معاوية لإبنه وقلده السلطة من بعده فكانت هذه هي بداية توارث الإمارة في العصر الإسلامي.

(١) عبد الرحمن بن أبي بكر السيوطي ـ تاريخ الخلفاء ـ الطبعة الأولى ـ مطبعة السعادة ـ مصر ١٣٧١ هـ ـ تحقيق: محمد محي الدين عبد الحميد ١ /١٩٦.

(٢) وقد ذُكر أنه عندما " حج معاوية سنة إحدى وخمسين وأخذ البيعة لإبنه فبعث إلى إبن عمر فتشهد وقال: أما بعد يا إبن عمر انك كنت تحدثني أنك لا تحب أن تبيت ليلة سوداء ليس عليك فيها أمير، وإني أحذرك أن تشق عصا المسلمين أو تسعى في فساد ذات بينهم فحمد إبن عمر الله وأثنى عليه ثم قال: أما بعد فانه قد كان قبلك خلفاء لهم أبناء ليس إبنك بخير من أبنائهم فلم يروا في إبنائهم ما رأيت في إبنك ولكنهم اختاروا للمسلمين حيث علموا لخيار وانك تحذرني أن أشق عصا المسلمين، ولم أكن لأفعل وانما أنا رجل من المسلمين فإذا اجتمعوا على أمر فإنما أنا رجل منهم فقال: يرحمك الله فخرج إبن عمر ثم أرسل إلى إبن أبي بكر فتشهد ثم أخذ في الكلام فقطع عليه كلامه وقال انك لوددت أنا:::: وكلناك في أمر إبنك إلى الله وأنا و الله لا نفعل، و الله لتردن هذا الأمر شورى في المسلمين أو لنعيدها عليك جذعة ثم وثب ومضى ـ انظر (السيوطي ـ تاريخ الخلفاء – مرجع سابق ـ ١ /١٩٦).

الـفرع الثـالث

إمارة الغلبة والغصب والاستيلاء

جاء في الصحاح: غلب من باب ضرب غلبـة وغلبـاً أيضـاً بفـتح الـلام فـيهما، وغالبـه مغالبـة وغلاباً بالكسر، وتغلب على البلد، استولى عليه قهراً، والغلبة القهر"[١].

الغصب " مصدرغصبته أغصبه بكسر الصاد غصباً، واغتصبه وغصـبته عـلى الشيـء وغصـبته منه واغتصبه، والشيء مغصوب قال أهل اللغة الغصب أخذ الشيء ظلما وفي الشرع هو الاستيلاء على حق الغير عدوانا "[٢].

والغصب لغة: أخذ الشيء ظلماً وشرعاً الاستيـلاء على حـق الغير عدوانا ةً"[٣].

وقال الفراء " استولى على الأمر و استولى إذا غلب عليه "[٤] وقد ذكر إبن القـيم أن" معنـى الإستيلاء في اللغة المغالبة "[٥].

---

(١) الرازي ـ مختار الصحاح ـ مرجع سابق ـ ١٩٩/١.

(٢) أبو زكريا يحيى بن شرف بـن مـري النـووي ـ تحريـر ألفـاظ التنبيـه ـ دار القلـم ـ دمشـق ١٤٠٨هـ ـ الطبعة الأولى ـ تحقيق عبد الغني الدقر ـ ١ / ٢١٠.

(٣) محمد عبد الرؤوف المناوي ـ التوقيف علي مهمات التعاريف ـ دار الفكـر المعـاصر ـ دمشـق ـ الطبعـة الأولى ـ تحقيق: دكتور محمد رضوان الداية ـ ١ / ٥٣٨.

(٤) ابن منظور ـ مرجع سابق ـ ٢٠٢/١.

(٥) محمد بن أبي بكر بن القيم الجوزية ـ حاشية إبن القيم على سنن أبي داود ـ =

أما الإمام الماوردي فقد عرفها قائلاً: " تعنى إمارة الاستيلاء التي تعقد عن اضطرار أن يستولي الأمير بالقوة على بلاد يقلده الخليفة إمارتها ويفوض إليه تدبيرها وسياستها فيكون الأمير باستيلائه مستبداً بالسياسة والتدبير، والخليفة بإذنه منفذاً لأحكام الدين ليخرج من الفساد إلى الصحة ومن الحظر إلى الإباحة، وهذا وان خرج عن عرف التقليد المطلق في شروطه وأحكامه الفقهية من حفظ القوانين الشرعية وحراسة الأحكام الدينية"[1].

ولقد ذهب بعض الفقهاء والعلماء إلى جواز نصب الخليفة عن طريق (القهر والغلبة والاستيلاء)، وقد سميت (بالبيعة القهرية) جاء ذلك في روضة الطالبين للنووي حينما عرفها موضحاً الكيفية التي يتم بها أخذ الخلافة عنوة من الخليفة القائم فقال: " فهو قهر صاحب الشوكة، فإذا خلا الوقت عن إمام فتصدى لها من هو أهلها وقهر الناس بشوكته وجنوده بغير بيعة أو استخلاف انعقدت بيعته، ولزمت طاعته لينظِّم شمل المسلمين ويجمع كلمتهم " [2].

أما عن انطباق شروط الإمامة عليه فقد ذكر الأمام النووي " ولا يقدح في ذلك كونه جاهلاً أو فاسقاً في الأصح" [3].

وإذا انعقدت الإمامة بالشوكة والغلبة لواحد ثم قام آخر فقهر الأول

= دار الكتب العلمية ـ بيروت ـ الطبعة الثانية ـ ١٤١٥ هـ ـ ٩ /٢٥٨.

(١) الماوردى ـ مرجع سابق ـ ١ /٣٣.

(٢) النووي ـ مرجع سابق ـ١٠ /٤٧.

(٣) المرجع السابق ـ نفس الصفحة.

بشوكته وجذوته انعزل الأول وصار الثاني إماماً ومما يشاطر ذلك الرأي الإمام القلقشندي حيث قال: " لينظم شمل الأمة وتتفق الكلمة"[١].

وذكر أن[٢] هذا الرأي للإمام أحمد بن حنبل في إحدى الروايتين عنه حين قال: " من غلب عليهم بالسيف حتى صار خليفة، وسمي أمير المؤمنين فلا يحل لأحد يؤمن بالله واليوم الآخر أن يبين ولا يراه إماماً براً كان أو فاجراً"[٣].

ويتعارض في تلك المسألة اعتباران يجب التوفيق بينهما، الأول متمثل في استقرار الدولة الإسلامية ومنع الفتن والاضطرابات، والثاني يتجلى فيما إذا كان هنالك حاكم مستبد بسلطانه لا يراعي فيه حق الله ولا حق العباد، وانسحب ذلك على المساس بالعقيدة الإسلامية، أو تمخض عنه إلغاء إحدى الأركان الأساسية في الإسلام، وبذلك تكون سلطة ذلك الغاصب لا غبارعليها، وعلى المسلمين أن يقوموا ببيعته ضاربين بالاعتبار الأول عرض الحائط. " أما إذا ما كان الحاكم القائم متقيد بتعاليم الشريعة الإسلامية فإن سلطان الغاصب في هذه الحالة لا يكون له أساساً مقبولاً حتى ولو كان هنالك ضعف في سياسته حيث يمكن معالجة ذلك عن طريق الشورى"[٤].

---

(١) القلقشندي ـ مرجع سابق ـ ٨٥/١.

(٢) هذا الزعم منسوب إلى أبي يعلي الفراء صاحب الأحكام السلطانية.

(٣) أبو يعلي محمد بن الحسين الفراء الحنبلي ـ الأحكام السلطانية ـ مطبعة مصطفي البابي الحلبي وأولاده ـ القاهرة ـ الطبعة الثانية ـ ١٩٦٦م ـ ص ٢٣ـ ٢٤.

(٤) علي بن أبي علي بن محمد بن سالم الآمدي ـ غاية المرام في علم الكلام ـ دار النشر المجلس الأعلى ـ القاهرة ١٣٩١هـ ـ تحقيق حسن محمود عبد اللطيف=

هذا وقد قسم الفقهاء إمارة الاستيلاء إلي أقسام هي:

الأول: أن يكون المستظهر بعدته صالحاً للإمامة على كمال شرائطها.

الثاني: أن لا يكون مستجمعاً للصفات المعتبرة جمع ولكن كان من الكفاية.

الثالث: أن يستولي من غير صلاح لمنصب الإمامة ولا اتصاف بنجدة وكفاية"[1].

الـفرع الرابـع

إمــارة النـص

أما في قول تنصيب الإمامة عن طريق النص ـ ويعنى ذلك أن أساس وجـوب الخلافـة يثبـت للخليفة استناداً إلى نص الشارع على وجوبها ـ فقد قيل في حكم ثبوته من انتفائه ـ أي النص ـ " انه لو ثبت النص من الشارع على إمام لم يشك مسلم في وجوب الاتباع على الإجـماع، فـان بـذل السمع والطاعة للنبي واجب باتفاق الجماعة، وإن لم يصح النص فاختيار من هو من أهل الحـل والعقد كاف في النصب والإقامة وعقـد الإمامة"[2].

وقد اختلفت المذاهب فى هذا الشان " فذهبت الإمامية إلى أن النبي صلى اللـه عليه وسلم

= ص ٣٧٤.

(١) أبو المعالي عبد الملك بن عبد اللـه بن يوسف الجـويني ـ غيـاث الأمـم والتيـاث الظلـم ـ دار الـدعوة ـ الإسكندرية الطبعة الأولى ـ ١٩٧٩م ـ تحقيق: ـ الدكتور فؤاد عبد المـنعم والـدكتور مصـطفي حلمـي ـ ٢١٩/١.

(٢) الجويني ـ مرجع السابق ـ ٢١٩/١.

نص على (علي كرم الـلـه وجهه) في الإمامة وتولي الزعامـة، ثـم تحزبـوا أحزاباً فـذهبت طوائـف منهم إلى أن الرسول صلى الـلـه عليه وسلم نص على خلافته على رؤوس الأشهاد نصاً قاطعاً لا يتطرق إليه مسالك الاجتهاد ولا يتعرض له سبيل الاحتمالات وتقابل الجائزات، وشفى في محاولة البيان كل غليل واستأصل مسلك كل تأويل، وليس ذلك النص مما نقله الأثبات والرواة الثقاة من الأخبار التي يلهج بها الآحاد وينقلها الأفراد، كقوله من كنت مولاه فعلي مولاه وقوله لعـلي أنـت مني بمنزلة هارون من موسى إلى غيرهما " (١).

ونجد أن هذا الرأي قد اتسم بالمغالاة حيث تمادى أنصاره إلى القـول " كفـرت الأمـة بكـتم النص.

كما ذهبت فرق من الزيدية إلى أن الرسول صلى الـلـه عليه وسلم مـا نـص عـلى معـين في الخلافة، ولكنه ذكر بالمرامز والملامح والمعاريض والصرايح الصفات التي تقتضي الإمامة استجماعها فكانت متوافية في علي دون من عداه " (٢)

وفي اعتقاد الباحث أن هذا الخلاف فى مسالة الإمامة هو أساس الخلاف بـين الشـيعة وأهـل السنة، ولما كان هذا الخلاف قد استفاضت فيه الآراء والأقلام، وظل كلٌ منهما ممسـكاً بمـا لديـه من اعتقادات وأفكار يحيطها بحججه وبراهينه، فلا أجد مجالاً متسعاً لمناقشتها ونشير فى عجالـة إلى بقية الآراء فى هذا الموضوع.

وقد ذهب أبو يعلى وغـيره فى تسـاؤل حـول خلافـة أبي بكـر رضي الـلـه عنـه هـل ثبتـت باختيار المسلمين له، أو بالنص الخفي عن النبي صلى الـلـه عليه وسلم أو النبيين.

(١) الجويني - غياث الاسم - المرجع السابق - ٢٣/١.
(٢) المرجع السابق - نفس الصفحة.

أما قول جمهور العلماء و الفقهاء وأهل الحديث والمتكلمين كالمعتزلة والأشعرية وغيرهم فذكروا ثبوتها بالاختيار، والثابت بالنص الخفي هو قول طوائف من أهل الحديث والمتكلمين، ويروى عن الحسن البصري وبعض أهل هذا القول يقولون بالنص الجلي، وأما قول الأمامية إنها ثبتت بالنص الجلى على (علي كرم الله وجهه) وقول الزيدية أنها بالنص الخفى عليه وقول الراوندية أنها بالنص على العباس " [1].

والحق فيما ذهب إليه من أن " هذه أقوال ظاهرة الفساد عند أهل العلم والدين وأن يدين بها إما جاهل وإما ظالم وكثير ممن يدين بها زنديق والتحقيق فى خلافة أبي بكر رضي الله عنه وهو الذي يدل عليه كلام الامام أحمد بأنها انعقدت باختيار الصحابة ومبايعتهم له و أن النبي صلى الله عليه وسلم أخبر بوقوعها على سبيل الحمد لها و الرضى بها، وأنه أمر بطاعته وتفويض الأمر إليه و أنه دل الأمة و أرشدهم إلى بيعته " [2].

فقد دلل على ذلك بأوجه ثلاثة هي الخبر والأمر والإرشاد الثابت من النبي صلى الله عليه وسلم .

وقيل إن الأول: ما روي عن سعيد بن المسيب انه سمع أبا هريرة رضي الله عنه يقول سمعت رسول الله صلى الله عليه وسلم يقول " بينما أنا نائم رأيتني على قليب عليها دلو، فنزعت منها ما شاء الله ثم أخذها إبن أبي قحافة فنزع بها ذنوباً أو ذنوبين وفي نزعه و الله يغفر له ضعف ثم استحالت غرباً فأخذها إبن

(١) الجويني ـ مرجع سابق ـ ٢٣/١.

(٢) أبو العباس احمد بن عبد الحليم بن تيميه ـ الخلافة والملك ـ مكتبة ابن تيمية ـ بدون تاريخ نشر ـ تحقيق: عبد الرحمن محمد قاسم الجندي ـ ٤٧/٣٥.

الخطاب فلم أر عبقرياً من الناس ينزع نزع عمر بن الخطاب حتى ضرب الناس بعطن " (١).

كما " أن النبي صلى الـلـه عليه وسلم قال: ذات يوم من رأى منكم رؤيا ؟ فقال رجـل: أنـا رأيت كأن ميزانا نزل من السماء فوزنت أنت وأبو بكر فرجحت أنت بـأبي بكـر ووزن عمـر وأبـو بكر فرجح أبو بكر ووزن عمر وعثمان فرجح عمر ثم رفع الميزان فرأينا الكراهية في وجـه رسـول الـلـه صلى الـلـه عليه وسلم "(٢).

وكقوله: ادعي لي أباك وأخاك حتى أكتب لأبي بكر كتاباً لا يختلف عليه الناس من بعدي، ثم قال يأبى الـلـه والمؤمنون إلا أبا بكر، " فهذا إخبار منه بأن الـلـه والمـؤمنين لا يعقـدونها إلا لأبي بكر الذي هم بالنص عليه وكقوله أري الليلة رجلاً صالح كان أبا بكر نيط برسول الـلـه، وقوله: " خلافة النبوة ثلاثون سنة ثم تصير ملكاً " (٣).

وأما الثانية فكقوله: " اقتدوا باللذين من بعدى أبي بكر وعمر " و قوله: "

---

(١) البخارى ـ مرجع سابق ـ ١٣٤٠/٣.

(٢) أبو داود سليمان بن الأشعث السجستاني الأزدي ـ سنن أبي داود ـ دار الفكر ـ تحقيـق: محمـد محيـي الدين عبد الحميد ـ ٦١٩/٢. انظر ـ محمد بن عيسى أبو عيسى الترمذي السلمي ـ الجامع الصحيح سنن الترمذي ـ دار إحياء التراث العربي - بيروت ـ تحقيق: أحمد محمد شاكر وآخرون ـ ٥٤٠/٤. انظـر أيضـا أبو عبدالله محمد بن يزيد القزويني ـ سنن ابن ماجـه ـ دار الفكـر ـ بـيروت ـ تحقيـق: محمـد فـؤاد عبد الباقي ـ أحمد بن حنبل ـ مرجع سابق ـ ٧٦/٢. و قال الشيخ الألباني: صحيح.

(٣) صحيح مسلم ـ مرجع سابق ـ ١٤٥٢/٣.انظر ايضاً: احمد بن حنبل ـ مرجع سابق ـ٢٢١/٥.

عليكم بسنتي وسنة الخلفاء الراشدين المهديين من بعدي " [1]، و قوله للمرأة التـي سـألته إن لم أجدك قال: " فآتي أبا بكر"، وقوله لأصحاب الصدقات: إذا لم تجدوه أعطوها لأبي بكر، ونحو ذلك.

والثالث تقديمه له فى الصلاة وقوله: " سدوا كل خوخة فى المسجد إلا خوخة أبي بكر " [2]

وغير ذلك من خصائصه ومزاياه وهذه الوجوه الثلاثة الثابته بالسنة ودلّ عليها الـقران.

فالأول فى قوله ﴿ وَعَدَ اللَّهُ الَّذِينَ آمَنُوا مِنْكُمْ وَعَمِلُوا الصَّالِحَاتِ لَيَسْتَخْلِفَنَّهُمْ فِي الْأَرْضِ كَمَا اسْتَخْلَفَ الَّذِينَ مِنْ قَبْلِهِمْ وَلَيُمَكِّنَنَّ لَهُمْ دِينَهُمُ الَّذِي ارْتَضَى لَهُمْ وَلَيُبَدِّلَنَّهُمْ مِنْ بَعْدِ خَوْفِهِمْ أَمْنًا يَعْبُدُونَنِي لَا يُشْرِكُونَ بِي شَيْئًا وَمَنْ كَفَرَ بَعْدَ ذَلِكَ فَأُولَئِكَ هُمُ الْفَاسِقُونَ﴾[3].

والثاني قوله: ﴿ وَسَيَجْزِي اللَّهُ الشَّاكِرِينَ ﴾ وكقوله: ﴿ وَسَيُجَنَّبُهَا الْأَتْقَى﴾[4] وقوله: ﴿وَمَنْ يُطِعِ اللَّهَ وَالرَّسُولَ فَأُولَئِكَ مَعَ الَّذِينَ أَنْعَمَ اللَّهُ

(١) سنن أبي داود ـ مرجع سابق ـ ٦١٠/٢
(٢) الترمذي ـ مرجع سابق ـ ٤٤/٥. ابن ماجه ـ مرجع سابق ـ ١٥/١. قال: أبو عيسى هذا حديث صحيح.
(٣) سورة النور ـ الآية ٥٥.
(٤) سورة الليل ـ الآية ١٧.

عَلَيْهِمْ مِنَ النَّبِيِّينَ وَالصِّدِّيقِينَ وَالشُّهَدَاءِ ﴾[1].

والثالث قوله: ﴿ وَالسَّابِقُونَ الْأَوَّلُونَ مِنَ الْمُهَاجِرِينَ وَالْأَنْصَارِ وَالَّذِينَ اتَّبَعُوهُمْ بِإِحْسَانٍ رَضِيَ اللَّهُ عَنْهُمْ وَرَضُوا عَنْهُ وَأَعَدَّ لَهُمْ جَنَّاتٍ تَجْرِي تَحْتَهَا الْأَنْهَارُ خَالِدِينَ فِيهَا أَبَدًا ذَلِكَ الْفَوْزُ الْعَظِيمُ ﴾[2].

ونخلص من ذلك أن ثبوت صحة خلافته ووجوب طاعته بالكتاب والسنة والإجماع، وان كان انعقادها بالإجماع والاختيار.

المطلب الثاني

شروط تولي الإمامة

الفرع الأول

شروط الانعقاد

أولاً: الإسلام

لا يتصور عقلا أن يكون خليفةً للمسلمين من غير المسلمين ينصبونه من تلقاء أنفسهم، إلا أنه قد يحدث ذلك عن طريق الغزو وقد أورد الله سبحانه وتعالى في قوله: ﴿ وَلَنْ يَجْعَلَ اللَّهُ لِلْكَافِرِينَ عَلَى الْمُؤْمِنِينَ سَبِيلًا ﴾[3].

وقد علل ذلك الامام الجويني " بان يكون مسلماً ليراعي مصلحة

(١) سورة النساء ـ الاية ٦٩.
(٢) سورة التوبة ـ الآية ١٠٠.
(٣) سورة النساء ـ الآية ١٤١.

المسلمين والإسلام، وليحصل الوثوق بقوله ويصح الركون إليه فإن غير المسلم ظالم "[١]، وقد قال الـلـه تعالى: ﴿ وَلَا تَرْكَنُوا إِلَى الَّذِينَ ظَلَمُوا فَتَمَسَّكُمُ النَّارُ وَمَا لَكُمْ مِنْ دُونِ اللَّهِ مِنْ أَوْلِيَاءَ ثُمَّ لَا تُنْصَرُونَ﴾[٢] واضاف ايضاً الامام الجويني" إن الـلـه لا يجعل لهم سبيلا يمحو به دولة المؤمنين، ويذهب آثارهم ويستبيح بيضتهم كما جاء في صحيح مسلم من حديث ثوبان[٣] عن النبي صلى الـلـه عليه وسلم قال:

"وإني سألت ربي ألا يهلكها بسنة عامة وألا يسلط عليهم عدوا من سوى أنفسهم فيستبيح بيضتهم، وان ربي قال: يا محمد، إني إذا قضيت قضاء فانه لا يرد وإني قد أعطيتك لأمتك ألا أهلكهم بسنة عامة وألا أسلط عليهم عدواً من سوى أنفسهم فيستبيح بيضتهم ولو أجتمع عليهم من بأقطارها حتى يكون بعضهم يهلك بعضاً ويسبي بعضهم بعضاً " [٤].

وقد أورد القرطبي أيضاً:

(١) الامام الجويني ـ مرجع سابق ـ ١ / ٤٥٢.

(٢) سورة هود ـ الآية ١١٣.

(٣) هو أبو عبد الـلـه ثوبان بن بجدد، مولى النبي صلى الـلـه عليه وسلم ، وصحبه في السفر وحضر وفاته و روى عن النبي صلى الـلـه عليه وسلم . توفي عام (٥٤ ه) انظر: ابن حجر العسقلاني ـ الإصابة في تمييز الصحابة مطبعة النهضة بمصر ـ تحقيق البجاوي ـ بدون تاريخ نشر ـ ١/ ٢٠٤ ـ رقم الحديث ٩٦٧، أسد الغابة ١ / ٢٤٩، تهذيب التهذيب ٢ / ٢٨. انظر: سنن أبي داود ١ /٢٧٣ ـ رقم الحديث ١٠٣٨، سنن إبن ماجة ٣٨٥/١ ـ رقم الحديث ١٢١٩، مسند أحمد ٥ / ٢٨٠، السنن الكبرى للبيهقي ٢ / ٣٣٧.

(٤) القرطبي ـ مرجع سابق ـ ٧ /١٠.

" إن اللـه سبحانه لا يجعل للكافرين على المؤمنين سبيلا منـه إلا أن يتواصـوا بالباطـل ولا يتناهوا عن المنكر ويتقاعدوا عن التوبة فيكون تسليط العدو من قبلهم[1] كما قال تعالى: ﴿ وَمَا أَصَابَكُمْ مِنْ مُصِيبَةٍ فَبِمَا كَسَبَتْ أَيْدِيكُمْ وَيَعْفُو عَنْ كَثِيرٍ﴾[2].

وقال ابن العربي [3] " ويدل عليه قوله عليه السلام في حديث ثوبان حتى يكون بعضهم يهلك بعضاً ويسبي بعضهم بعضاً، وذلك أن حتى غاية فيقتضي ظاهر الكلام انه لا يسلط عليهم عدوهم فيستبيحهم إلا إذا كان منهم إهلاك بعضهم لبعض وسبي بعضهم لبعض وقد وجد ذلك في هذه الأزمان بالفتن الواقعة بين المسلمين فغلظت شوكة الكافرين، واستولوا على بلاد المسلمين حتى لم يبق من الإسلام إلا أقله فنسأل اللـه أن يتداركنا بعفوه ونصره ولطفه " [4].

وعليه فلا تنعقد إمامة الكافر على أي أنواع الكفر أصلياً كان أو مرتداً لأن المقصود من الإمام أن يراعى أمور المسلمين والقيام بنصرة الدين، ومن لا يكون مسلماً لا يراعى مصلحة الإسلام والمسلمين " [5].

(١) القرطبي - المرجع السابق ـ ١٠/٧.
(٢) سورة الشورى ـ الآية ٣٠.
(٣) أبو بكر محمد بن عبد اللـه بن محمد بن عبد اللـه ابن العربي الأندلسي- الإشبيلي المالكي ـ ولد عام (٤٦٨هـ) ـ صاحب التصانيف ـ وتفقه بالإمام أبي حامد الغزالي والفقيه أبي بكر لشاشي ـ انظر: (سير أعلام النبلاء ـ ١٩٧/٢٠).
(٤) ابن العربي ـ مرجع سابق ـ ٤١٩/٥.
(٥) القلقشندي ـ مرجع سابق ـ ٣٥/١.

ثانياً: البلوغ

وتعني سن التكليف الشرعي " فلا تنعقد إمامة الصبي لأنه مولى عليه والنظر في أموره إلى غيره، فكيف يجوز أن يكون ناظراً في أمور الأمة على انه ربما أخل بالأمور قصداً لعلمه بعدم التكليف " [١].

ولأن الصبي تكون ولايته على أبيه أو على من يكون وصياً عليه بعد والده، إذ إنه في كل الأحوال لا يستطيع أن يباشر تصريف شؤونه، فكيف عليه أن يصرف أمور المسلمين.

ثالثاً: العقل

العقل يعتبر من أهم شروط تولي الخلافة، فلا تصح خلافة المجنون ولا ناقص العقل.

وقد ذكر الشيزري[٢]:

أن العقل وصف شريف وخلق عظيم لا يبطل حقاً ولا يحق باطلاً وهو عبارة عما يستفاد من التجارب بمجاري الأحوال، وقيل هو العلم بجواز الجائزات واستحالة المستحيلات، ومن نتائجه الفكرة السليمة والنظر الثاقب في حقائق الأمور ومصالح التدبير " [٣].

وقال إبن المعتز [٤] " العقل غريزة تربتها النوائب و بأيدي العقول تمسك

(١) العلامة الحلي ـ مرجع سابق ـ ١/ ٤٥٢.

(٢) هو عبد الرحمن بن عبد اللـه بن نصر بن عبد الرحمن الشيزري- توفى عام (٥٨٩ م)

(٣) القلقشندي ـ مرجع سابق ـ ٣٥/١.

(٤) أبو العباس المعتز عبد اللـه بن محمد المعتز بالله إبن المتوكل إبن المعتصم =

أعنة النفوس عن إتباع الهوى".

وقال ايضا في هذا الخصوص:

خير مواهب الملك العقل وشر مصائبه الجهل: وكان يقال: الجاهل يعتمد على أمله والعاقل يعتمد على عمله، وقيل نظر العاقل بقلبه وخاطره ونظر الجاهل بعينه وناظره، العاقل من نفسه في تعب والناس منه في راحة، والأحمق من نفسه في راحة والناس منه في تعب"[1].

ومن وصية موسى بن سعيد العنسي لإبنه:

يعد رفيع القوم من كان عاقلا   وإن لم يكن في قومه بحسيب

إذا حل أرضا عاش فيها بعقله   وما عاقل في بلدة بغريب"[2]

ويروى أيضا عن علي بن أبي طالب كرم الله وجهه أنه كان ينشد هذه الأبيات ويترنم بها: [3]

= ابن الرشيد العباسي،: الشاعر المبدع، ولد وتوفي في (٢٤٧ -٢٩٦ هـ)، و أولع بالأدب، كان يقصد فصحاء الأعراب ويأخذ عنهم، وصنف كتبا منها " الزهر والرياض " و " البديع " و " الآداب " و " طبقات الشعراء " انظر (الزركلي - مرجع سابق - ٤/ ١١٨).

(١) القلقشندي - مرجع سابق - ٣٥/١.

(٢) أحمد زكي صفوت - جمهرة خطب العرب في عصور العربية الزاهرة - المكتبة العلمية - بيروت - ٢١١/٢.

(٣) شهاب الدين محمد بن أحمد أبي الفتح الأبشيهي - المستطرف في كل فن مستظرف - دار الكتب العلمية - بيروت - ١٤٠٦هـ - الطبعة الثانية - تحقيق: مفيد محمد قميحة - ٣٨/١.

إن المكـــــارم أخـــــلاق مطهـــــرة فالعقـــل أولـــها والديـــــن ثانيـــــها
والعلـــم ثالثهـــا والحلـــم رابـــعها والجـــود خامســـها والعـــرف ســـاديها
والـــبر ســـــابعها والصـــبر ثامنهـــا والشـــكر تاســـعها واللـــين عاشيــــها
والعـــين تعلـــم مـــن عينـــي محـــدثها إن كـــان مـــن حزبهـــا أو مـــن أعاديهـــا
والـــنفس تعلـــم أني لا أصـــدقها ولســـــت أرشـــد إلا حـــين أعصـــيها

وكان يقال(١):

الناس ثلاثة عاقل وأحمق وفاجر، فأما العاقل فإن الدين شريعته والحلم طبيعته والرأي الحسن سجيته، إن كلم أجاب وان نطق أصاب وإن سمع العلم وعى وإن حدث الفقه روى، وأما الأحمق فإن تكلم عجل، وان حدث وهل، وإن استُنزل عن رأيه نزل، وأما الفاجر فان أمنته خانك وإن حدثته

(١) هذه الحكمة منسوبة إلى أيوب بن القرية ـ وقد عاصر الحجاج بن يوسف وقد ناظره طويلا ـ وقيل إنه لما أراد قتله قال له: العرب تزعم أن لكل شيء آفة، قال: صدقت العرب أصلح الله الأمير، قال: فما آفة الحلم، قال: الغضب، قال: فما آفة العقل ؟ قال: العجب قال: فما آفة العلم ؟ قال: النسيان، قال: فما آفة السخاء ؟ قال: المن عند البلاء، قال: فما آفة الكرام ؟ قال: مجاورة اللئام، قال: فما آفة الشجاعة ؟ قال: البغي، قال: فما آفة العبادة ؟ قال: الفترة، قال: فما آفة الذهن ؟ قال: حديث النفس، قال: فما آفة الحديث ؟ قال: الكذب، قال: فما آفة المال ؟ قال: سوء التدبير، قال: فما آفة الكامل من الرجال ؟ قال: العدم، قال: فما آفة الحجاج بن يوسف ؟ قال: أصلح الله الأمير لا آفة لمن كرم حسبه وطاب نسبه وزكا فرعه، قال: امتلأت شقاقا، وأظهرت نفاقا، اضربوا عنقه فلما رآه قتيلا ندم. وكان قتله سنه ٨٤هـ انظر ـ جمهرة خطب العرب ـ مرجع سابق ـ ٣٤٨/٢.

شانك، وإن استكتم أمراً لم يكتم، وإن علم علما لم يعلم " [1].

وقال المبارك الطبري: ليس العاقل الذي يحتال للأمر الذي غشيه حتى لا يقع فيه، بل العاقل الذي يتحذر الشدائد قبل الوقوع فيها حتى لا يقع، وقال فيروز حصين: إذا أراد الله تعالى أن يزيل عن عبد نعمة كان أول ما يغير منه عقله " [2].

رابعاً: الحرية

ويشترط في الإمام " أن يكون حراً فان العبد مشغول بخدمة مولاه لا يتفرغ للنظر في مصالح المسلمين، ولأن الإمامة رياسة عامة والعبد مرؤوس وهى من المناصب الجليلة فلا تليق به، وعليه فلا تنعقد إمامة من فيه رق " في الجملة سواء القن [3] والمبعض والمكاتب [4] والمدبر والمعلق

(١) الأبشيهي - مرجع سابق -٣٨/١.

(٢) المرجع سابق - نفس الصفحة.

(٣) القن هو العبد المتعبد ويجمع على الأقنان وهو الذي في العبودية إلى آباء. (العين - مرجع سابق - ٢٧/٥).

(٤) المكاتب هو العبد يكاتب على نفسه بثمنه فإذا سعى وأداه عتق، وفي حديث بريرة أنها جاءت تستعين بعائشة رضي الله عنها في كتابتها، قال إبن الأثير: الكتابة أن يكاتب الرجل عبده على مال يؤديه إليه منجما، فإذا أداه صار حرا. قال: وسميت كتابة بمصدر كتب لأنه يكتب على نفسه لمولاه ثمنه، ويكتب مولاه له عليه العتق، وقد كاتبه مكاتبة، والعبد مكاتب، قال: وإنما خص العبد بالمفعول لأن أصل المكاتبة من المولى وهو الذي يكاتب عبده، إبن سيده كاتبت العبد أعطاني ثمنه على أن اعتقه، وفي التنزيل العزيز ﴿ وَالَّذِينَ يَبْتَغُونَ الْكِتَابَ مِمَّا مَلَكَتْ أَيْمَانُكُمْ فَكَاتِبُوهُمْ إِنْ عَلِمْتُمْ فِيهِمْ خَيْراً وَآتُوهُمْ مِنْ مَالِ اللَّهِ الَّذِي آتَاكُمْ ﴾ - (سورة النور: من الآية ٣٣) معنى الكتاب والمكاتبة أن يكاتب الرجل عبده أو أمته على مال =

عتقه بصفة - لان الرقيق محجور للسيد فأموره تصدر عن رأي غيره فكيف يستصلح لولاية أمور الأمة " [1].

خامساً: الذكورة

ومن شروط الإمامة " أن يكون ذكراً ليهاب وليتمكن من مخالطة الرجال ويتفرغ للنظر فان المرأة ناقصة العقل " [2] فلا تنعقد إمامة المرأة وقد احتج على ذلك بما رواه البخاري من حديث أبي بكرة رضي الله عنه أنه " قال نفعني الله بكلمة سمعتها من رسول الله صلى الله عليه وسلم أيام الجمل بعد ما كدت أن ألحق بأصحاب الجمل فأقاتل معهم، قال: لما بلغ رسول الله صلى الله عليه وسلم أن أهل فارس ملكوا بنت كسرى، قال: لن يفلح قوم ولو أمرهم امرأة " [3] زاد الترمذي والنسائي فلما قدمت عائشة البصرة ذكرت قول رسول الله صلى الله عليه وسلم ، فعصمني الله تعالى به

= بنجمه عليه ويكتب عليه، انه إذا أدى نجومه في كل نجم كذا وكذا فهو حر، فإذا أدى جميع ما كاتبه عليه فقد عتق وولاؤه لمولاه الذي كاتبه، وذلك أن مولاه سوغه كسبه الذي هو في الأصل لمولاه، فالسيد مكاتب والعبد مكاتب إذا عقد عليه ما فارقه عليه من أداء المال، سميت مكاتبة لما يكتب للعبد على السيد من العتق إذا أدى ما فورق عليه؛:: ولما يكتب للسيد على العبد من النجوم التي يؤديها في محلها وأن له تعجيزه إذا عجز عن أداء نجم يحل عليه (انظر: ابن منظور - مرجع سابق - ١/٧٠٠).

(١) مغني المحتاج - مرجع سابق - ٧٣/٣.

(٢) الأبشيهي - مرجع سابق ٣٨/١.

(٣) محمد بن عيسى أبو عيسى الترمذي السلمي - الجامع الصحيح سنن الترمذي - دار إحياء التراث العربي - بيروت - تحقيق: أحمد محمد شاكر وآخرين - ٥٢٧/٤.

والمعنى في ذلك " أن الإمام لا يستغني عن الاختلاط بالرجال والمشاورة معهم في الأمور والمرأة ممنوعة من ذلك، ولأن المرأة ناقصة في أمر نفسها حتى لا تملك النكاح فلا تجعل إليها الولاية على غيرها "(١).

سادساً: العلم

ويشترط العلم فيمن يتولي سلطة الحكم فلا يعقل ان يتولي امر المسلمين من اتصف بالجهل وقد علل ذلك بأن " يكون عالماً ليعرف الأحكام ويعلم الناس فلا يفوته الأمر، وعليه بالاستفتاء والمراجعة،لأن بالعلم ترتفع مكانة الإمام ويكون أكثر خشوعاً وطاعة إلى الله(٢).

والمولي عز وجل يقول: ﴿ إِنَّمَا يَخْشَى اللَّهَ مِنْ عِبَادِهِ الْعُلَمَاءُ﴾(٣)، وايضا قول الله تعالى ﴿ يَرْفَعِ اللَّهُ الَّذِينَ آمَنُوا مِنْكُمْ وَالَّذِينَ أُوتُوا الْعِلْمَ دَرَجَاتٍ وَاللَّهُ بِمَا تَعْمَلُونَ خَبِيرٌ﴾(٤).

ونجد أن " العلم بأحكام الدين وضبط أصول الشريعة واجب على كل مسلم وعلى الملوك أشد وجوباً، لافتقارهم إلى إقامة الحدود الشرعية بما يستحق كل جان منهم على الوجه الشرعي، وأخذ الحقوق من وجوهها

(١) القلقشندي ـ مرجع سابق ـ ٣١/١.
(٢) عبد الرحمن بن عبد الله بن نصر بن عبد الرحمن الشيزري ـ المنهج المسلوك في سياسة الملوك ـ مكتبة المنار ـ الزرقاء ـ ١٩٨٧م ـ تحقيق عبد الله الموسى ١٧٨/١.
(٣) سورة فاطر ـ الاية٢٨.
(٤) سورة المجادلة ـ الاية١١.

وصرفها في أربابها وجهاتها ليتحقق منهم العدل الذي قامت به السماوات والأرض ومتى كان الملك جاهلاً كان تدبيره هدما لقواعد المملكة "[1].

وعلى ذلك فإنه لا محال " أن الملك إذا كان خاليا من العلم ركب هواه وتخبط ما يليه إذ لا تحجبه فكرة سليمة ولا تمنعه حجة صحيحة، ويكون كالفيل الهائج في البلد القفر لا يمر بشيء إلا تخبطه، وإذا كان الملك عالماً كان له من علمه وازع يقمع هواه ويميل به إلى سنن الحق كالفيل الهائج إذا خرج من البلد القفر إلى الأنيس ذللته السلسلة وقهره الكلوب حتى يحمل عليه الأثقال "[2].

وقال إبن عباس رضي الله عنه : إن سليمان بن داود عليهما السلام خيره الله تعالى بين العلم والملك فاختار العلم فأعطاه الله تعالى العلم والملك جميعا.

وقد أوصى ملك من ملوك اليمن ولي عهده فقال اتق من فوقك يتقيك من تحتك وكما تحب أن يفعل بك فافعل برعيتك، وانظر كل حسن فافعله واستكثر من مثله وكل قبيح فارفضه، وبالنصحاء يستبين لك ذلك، وخيرهم أهل الدين وأهل النظر في العواقب، واستكثر من العلم فإنه أساس التدبير وما ليس له أساس فمهدوم، وانما رأيت الملوك تولي من ثلاثة أمور، فاحسم عنك واحداً واحكم اثنين، وهي إتباع الهوى وتولية من يستحق وكشف أمور الرعية، فإنك إن ملكت هواك لم تستأثر ولم تعمل إلا بالحق، وإن وليت المستحق كان عوناً لك على ما تحب ولم تضع على يديه الأمور وإذا تناهت إليك أمور، رعيتك عاش الوضيع وحذر الرفيع وأمسك الظالم وأمن

(١) الشيزري ـ مرجع سابق ـ ١٧٨/١.

(٢) نفس المرجع ـ نفس الصفحة.

المظلوم"[1].

ولأهمية العلم وفضله وأثره في إصلاح الحاكم والمحكوم أسرفت في تبيينه إثراء للمعرفة وتشجيعاً للبحث.

سابعاً: العدالة

ويشترط في الإمام أن يكون عدلا، فإن الفاسق ظالم ولا يجوز الركون إليه والمصير إلى قوله للنهى عنه في قوله تعالى ﴿ وَلَا تَرْكَنُوا إِلَى الَّذِينَ ظَلَمُوا﴾ [2] ولان الفاسق ظالم فلا ينال مرتبة الإمامة لقوله تعالى

﴿ قَالَ إِنِّي جَاعِلُكَ لِلنَّاسِ إِمَامًا قَالَ وَمِنْ ذُرِّيَّتِي قَالَ لَا يَنَالُ عَهْدِي الظَّالِمِينَ ﴾ [3].

ثامناً: الشجاعة

أن يكون شجاعاً ليغزو بنفسه ويعالج الجيوش ويقوى على فتح البلاد ويحمي بيضة الإسلام و أن يكون ذا رأي.

والشجاعة تعد من أحمد الأوصاف التي تلزم الملك أن يتصف بها ضرورة وإن لم تكن له طبعاً فيتطبع بها ليحسم بهيبته مواد الأطماع المتعلقة بقلوب نظرائه، ويحصل منه حماية البيضة ورعاية المملكة، والذب عن الرعية، وحقيقة الشجاعة ثبات الجأش وذهاب الرعب وزوال هيبة

---

(١)   الشيزري ـ مرجع السابق ـ ١٧٨/١.

(٢)   سورة ـ الآية ١١٣.

(٣)   سورة البقرة ـ الاية ١٢٤.

الخصم أو استصغاره عند لقائه، ولا بد أن يتقدم هذا رأي ثاقب ونظر صائب، وحيلة في التدبير وخداع في الممارسة "[1].

فقد روى عن أبي هريرة رضي الله عنه قال: قال رسول الله صلى الله عليه وسلم "الحرب خدعة"[2].

تاسعاً: الكفاية الجسمانية والنفسية

ويشترط " أن يكون صحيح السمع والبصر والنطق ليتمكن من فصل الأمور، وهذه الشرائط غير مختلف فيها، و أن يكون صحيح الأعضاء كاليد والرجل والأذن، وبالجملة اشتراط سلامة الأعضاء من نقص يمنع من استيفاء الحركة وسرعة النهوض"[3].

الفرع الثاني

الشروط الثانوية

أولاً القرشية

اشترط بعض الفقهاء في الإمام " أن يكون من قريش لقوله صلى الله عليه وسلم الأئمة من قريش وهو أظهر قولي الشافعية وخالف فيه الجويني مع أنه لا خلاف في أن أبا بكر احتج على الأنصار يوم السقيفة به وبذلك أخذت الصحابة بعده.

النسب: يجب أن يكون الخليفة قرشياً، ويشمل ذلك كل من كان من ذرية

(١) الشيزري - مرجع سابق - ٣٦٤/١.
(٢) مسلم - مرجع سابق - ١٣٦٢/٣.
(٣) الشيزري - مرجع سابق - ٣٦٤/١.

قريش التي تنسب إلى جدها الأول النضر بن كنانة، الملقب بقريش[1].

ولقد كان " لهذه القبيلة في الجاهلية نفوذ كبير بين العرب من الناحية الدينية والأدبية وبعد انتشار الإسلام في أنحاء الجزيرة، وخاصة بعد فتح مكة وعفو النبي صلى الله عليه وسلم عن القرشيين زاد نفوذهم زيادة عظيمة، وخاصة لكون النبي وكبار صحابته كانوا من قريش، وقد تأكد هذا النفوذ نهائياً بتولي أبي بكر الخلافة الذي كان معناه الاعتراف بسلطة قريش، وكان الخلفاء الأربعة الراشدون قرشيين أيضاً، وكذلك الأمويون والعباسيون "[2].

هذا وقد أوضح إبن خلدون الحكمة التي بموجبها اشترط الفقهاء القائلون بالنسب القرشي وذلك في قوله: " الأحكام الشرعية كلها لابد لها من مقاصد وحكم تشتمل عليها وتشرع لأجلها، ونحن إذا بحثنا عن الحكمة في اشتراط النسب القرشي ومقصد الشارع منه لم يقتصر فيه على التبرك بوصله النبي صلى الله عليه وسلم كما هو في المتصور، وإن كانت تلك الوصلة موجودة والتبرك بها حاصلاً، لكن التبرك ليس من المقاصد الشرعية كما علمت، فلا بد إذن من المصلحة في اشتراط النسب وهي المقصودة من مشروعيتها، وإذا سبرنا وقسمنا لم نجدها إلا اعتبار العصبية التي تكون بها الحماية والمطالبة، ويرتفع الخلاف والفرقة بموجبها لصاحب المنصب فتسكن إليه الملة وأهلها، وينتظر حبل الألفة فيها، وذلك أن قريشاً كانوا عصبة مُضر أصلهم

(١) النضر، هو الجد الثالث عشر للنبي صلى الله عليه وسلم ، والجد التاسع لأبي بكر والرابع عشر لعمر وعثمان، والثالث عشر لعلي.

(٢) الدكتور عبد الرازق أحمد السنهوري ـ فقه الخلافة وتطورها ـ الهيئة المصرية العامة للكتاب ـ الطبعة الثانية ـ ص ١٠٤.

أهل الغلب منهم، وكان لهم علي سائر مُضر العزة بالكثرة والعصبية والشرف، فكان سائر العرب يعترف لهم بذلك ويستكينون لغلبهم، فلو جعل الأمر في سواهم لتوقع افتراق الكلمة بمخالفتهم وعديم انقيادهم ولا يقدر غيرهم من قبائل مُضر أن يردهم عن الخلاف، ولا يحملهم علي الكرة فتتفرق الجماعة، وتختلف الكلمة، والشارع محذر من ذلك حريص على اتفاقهم ودفع التنازع والشتات بينهم لتحصل اللحمة والعصبية وتحسن الحماية، بخلاف ما إذا كان الأمر في قريش لأنهم قادرون على سوق الناس بعصا الغلب إلى ما يراد منهم " [1].

وأجد نفسي متفقاً مع هذا التحليل الشامل في توضيح الحكمة من اشتراط القرشيين، والذي نلخصه في أن مراد الشارع بهذا الشرط في تلك المرحلة من الدعوة الإسلامية هو غلبة وكثرة قريش علي سائر القبائل العربية، وأن المراد لم يكن منصباً علي مجرد أن تكون القيادة في قريش استناداً للتبرك بالنبي صلى الله عليه وسلم ، وعلى ذلك يمكن أن نلخص من ذلك المبدأ في أن القيادة الإسلامية يجب أن تترك لمن يكون مؤيداً بنفوذ واتباع يشكلون الغلبة والقوة والقدرة على القيادة نفسها.

ثانياً: الأفضلية

اجتمع الجمهور على أن " من اجتمع خصال الأهلية فيه ولم يكن فضولاً أو كان على رأي انعقدت له الولاية ولزم الباقين المتابعة على المبايعة إذا كانوا معترفين بأهليته لها، ولا يجعل ذلك طريقاً إلى عدم انعقاد كل بيعة وتطرق الخلل وانتشار المفاسد فلا يقوم للدين نظام أبداً، وفي فتح هذا الباب

(١) إبن خلدون ـ المقدمة ـ مرجع سابق ـ٢١٥/١ - ٢١٦.

من إعتراض الأهوية والأغراض ما لا خفاء به " [١].

كما ذهب أيضاً فى هذا الخصوص فيما يتعلق بالرد علي من افترى على واقعة عزوف سيدنا علي رضي الله عنه أبتدأ عن بيعة أبى بكر رضي الله عنه " بأن من يعتقد صحة خلافة أبي بكر رضي الله عنه مع أحقيته فيكون تخلفه عن البيعة ومفارقة الجماعة ونزع دنقة الطاعة عدولاً عن الحق وماذا بعد الحق إلا الضلال، وهو رضي الله عنه مبرءٌ عن ذلك ومنزه عنه ولا يعتقد صحتها فيكون قد أقر على الباطل لأنه رضي الله عنه أقر الطير على وكناتها ولم يظهر منه نكير على فعلهم لا بقول ولا بفعل مع قوة إيمانه وشدة بأسه وكثرة ناصره وكفى بفاطمة بنت رسول الله صلى الله عليه وسلم والعباس عم رسول الله صلى الله عليه وسلم وبني هاشم بأجمعهم ظهيراً ونصيراً، مع ما أسس له رسول الله صلى الله عليه وسلم من القواعد في العقائد وأن موالاته من موالاته ومحبته من محبته والدعاء لمن والاه وعلى من عاداه، ومع ذلك كله لم يظهر عنه ما يقتضيه حال مثله من إنكار الباطل بحسب طاقته فلو كان باطلاً للزم تقريره الباطل واللازم باطل إجماعاً فالملزوم كذلك، والقول بأن سكوته كان تقية كما يزعم الروافض باطل عريق في البطلان فإن مقتضى ذلك إما ضعف في الدين أو في الحال والأول باطل " [٢].

ولقد أحسن القائل إنصافاً للحق فى هذا الأمر وإن كان الدخول فيه ـ فى حق أولئك الرجال ـ لأمر يجب تجنبه وعدم الخوض فيه.

(١) إبن خلدون ـ المقدمة ـ مرجع سابق ـ٢١٥/١ - ٢١٦.
(٢) المرجع سابق ـ نفس الصفحة.

ثالثاً: عدم الحرص عليها

جاء في مختار الصحاح " الحرص هو الجشع وقد حرص على الشيء يحرص بالكسر حرصا فهو حريص، و الحرص الشق و الحارصة الشجة التي تشق الجلد قليلا وكذا الحرصة بوزن الضربة " [1].

كما ورد في لسان العرب " الحرص شدة الإرادة والشره إلى المطلوب

قال الجوهري: " الحرص الجشع، وقد حرص عليه يحرص ويحرص حرصاً و حرصاً وحرص حرصاً، وقول أبي ذؤيب ولقد حرصت بأن أدافع عنهم فإذا المنية أقبلت لا تدفع عداه بالباء لأنه في معنى هممت والمعروف حرصت عليه".

وذكر الأزهري " قول العرب حريص عليك معناه حريص على نفعك، قال: واللغة العالية حَرَصَ يَحْرِصُ وأما حَرِصَ يَحْرَصُ فلغة رديئة قال: والقراء مجمعون على ولو حَرَصت بمؤمنين ورجل حَرِيصٌ من قوم حَرَصَاء و حِرَاص وإمرأة حَرِيصة من نسوة حِرَاص و حَرَائص " [2].

والمعني هنا عدم الطمع في تولى الإمامة وقد روي عن عائشة رضي الله عنها عن عاصم بن عمر رضي الله عنه قال " قال عمر رضي الله عنه من يحرص على الإمارة لم يعدل فيها " [3].

وقد روي عن أبي موسى الأشعري رضي الله عنه أنه قال " أتيت رسول الله صلى الله عليه وسلم

(١) الرازي ـ مختار الصحاح ـ مرجع سابق ـ ١/ ٥٥.
(٢) ابن منظور ـ مرجع سابق ـ ١١/٧.
(٣) سير أعلام النبلاء ـ مرجع سابق ـ١٢ /٩٤.

ومعي رجلان من قومي فانتهينا إليه ومعه مسواك يستاك به، فسألاه العمل فقال يا أبا موسى ألهذا جئتم ؟ قال: قلت: يا رسول الله، و الله ما لهذا جئت ولا أطلعاني على ما في أنفسهما، قال: فرأيته رفع يده العليا بسواكه وقال و الله لا نعطيها من طلبها منكم فبعثني وتركهما "[1].

كما ورد في الصحيحين" عن النبي صلى الله عليه وسلم : أن قوماً دخلوا عليه فسألوه ولاية: فقال: إنا لا نولي أمرنا هذا من طلبه: وقال لعبد الرحمن بن سمرة: يا عبد الرحمن، أتسأل الإمارة فإنك إن أعطيتها من غير مسألة أعنت عليها وان أعطيتها عن مسألة وكلت إليها "، أخرجاه في الصحيحين البخاري ومسلم.

وقال صلى الله عليه وسلم : " من طلب القضاء واستعان عليه وكل إليه، ومن لم يطلب القضاء ولم يستعن عليه انزل الله إليه ملكاً يسدده "، رواه أهل السنن فإن عدل عن الأحق الأصلح إلى غيره لأجل قرابة بينهما أو ولاء عتاقة أو صداقة أو موافقة في بلد أو مذهب أو طريقة أو جنس كالعربية والفارسية والتركية والرومية، أو لرشوة يأخذها منه من مال أو منفعة، أو غير ذلك من الأسباب، أو لضغن في قلبه على الأحق، أو عداوة بينهما فقد خان الله ورسوله والمؤمنين، ودخل فيما نهى عنه في قوله تعالى: ﴿ يَا أَيُّهَا الَّذِينَ آَمَنُوا لَا تَخُونُوا اللَّهَ وَالرَّسُولَ وَتَخُونُوا أَمَانَاتِكُمْ وَأَنْتُمْ تَعْلَمُونَ﴾[2] ثم قال

(١) سليمان بن داود أبو داود الفارسي البصري الطيالسي ـ مسند الطيالسي ـ دار المعرفة ـ بيروت ـ ٧٢/١. وقد وروى هذا الحديث أيضاً يحيى بن سعيد عن قرة عن حميد بن هلال عن أبي بردة عن أبي موسى.

(٢) سورة الأنفال ـ الآية ٢٧.

﴿ وَاعْلَمُوا أَنَّمَا أَمْوَالُكُمْ وَأَوْلَادُكُمْ فِتْنَةٌ وَأَنَّ اللَّهَ عِنْدَهُ أَجْرٌ عَظِيمٌ﴾[1] فإن الرجل لحبه لولده أو لعتيقه قد يؤثره في بعض الولايات أو يعطيه مالا يستحقه فيكون قد خان أمانته، وكذلك قد يؤثره زيادة في ماله أو حفظه بأخذ مالا يستحقه أو محاباة من يداهنه في بعض الولايات، فيكون قد خان الله ورسوله وخان أمانته، ثم إن المؤدي للأمانة مع مخالفة هواه يثبته الله فيحفظه في أهله وماله بعده، والمطيع لهواه يعاقبه الله بنقيض قصده فيذل أهله ويذهب ماله "[2].

ومن المعلوم أن أعظم ما يبتلى به المرء هو أن تعهد إليه مسئولية العباد في شؤون حياتهم لعظمة التكليف وثقل الأمانة، حيث يقول المولى عز وجل ﴿ إِنَّا عَرَضْنَا الْأَمَانَةَ عَلَى السَّمَاوَاتِ وَالْأَرْضِ وَالْجِبَالِ فَأَبَيْنَ أَنْ يَحْمِلْنَهَا وَأَشْفَقْنَ مِنْهَا وَحَمَلَهَا الْإِنْسَانُ إِنَّهُ كَانَ ظَلُومًا جَهُولًا﴾[3].

وقد كان بعض الحكماء والعقلاء ينأون بأنفسهم عن تحمل أمانة التكليف، ونذكر في ذلك ما ورد عن إمام المحدثين بالأندلس القاضي فيره[4] حينما ألزمه أمير المسلمين علي بن يوسف بن تاشفين ـ بتقلده

---

(١) سورة الأنفال ـ الآية ٢٨.

(٢) أحمد بن عبد الحليم بن تيمية الحراني ـ السياسة الشرعية في اصلاح الراعي والرعية ـ دار المعرفة ـ بدون تاريخ ـ ١٢/١.

(٣) سورة الأحزاب ـ الآية ٧٢.

(٤) أبوعلي الحسين بن محمد بن فيره بن حيون بن سكرة الصدفي السر قسطي توفي في ربيع الأول سنة ٤١٥ عن ستين سنة، ولهذا الرجل فضائل كثيرة ورحلة إلى المشرق لقي فيها جماعة، وعمل له القاضي عياض مشيخة في عدة أجزاء كتبت=

القضاء بمرسية في شرقي الأندلس وفى ذلك قصةً طويلة [1] لا يتسع المقام لإدراجها.

= هذا منها، وكانت بخط أبي عبيد اللـه الأشيري انظر:(ياقوت بن عبد اللـه الحموي أبو عبد اللـه - معجم البلدان - دار الفكر- بيروت -١٠/٣١٠).

(١) تقلد القضاء على كره منه في سنة ٥٠٥هـ ثم استعفى من القضاء فلم يعفه فاختفى مدة وخضع حتى أعفاه وهو مغضب عليه فكتب إبن فيره إلى أمير المسلمين كتابا يقوم فيه بعذره وضمنه حديثا ذكره بإسناد له عن إبراهيم بن أبي عبلة، قال: بعث إلى هشام بن عبد الملك، وقال: يا إبراهيم إنا قد عرفناك صغيرا واخترناك كبيرا فرضينا سيرتك وحالك، وقد رأيت أن أخالطك بنفسي وخاصتي وأشركك في عملي، وقد وليتك خراج مصرَ فقلت: أما الذي عليه رأيك يا أمير المؤمنين فالله تعالى يجزيك ويثيبك وكفى به جازيا ومثيبا، وأما الذي أنا عليه فما لي بالخراج مصر، وما لي عليه قوة، قال: فغضب حتى اختلج وجهه وكان في عينيه قبل، فنظر إلى نظرا منكرا. ثم قال لي: لتلين طائعا أو لتلين كارها، قال: فأمسكت عن الكلام حتى رأيت غضبه قد انكسر وسورته قد طفئت، فقلت: يا أمير المؤمنين، أتكلم. قال: نعم، قلت: إن اللـه سبحانه وتعالى قال في كتابه الكريم: ﴿ إِنَّا عَرَضْنَا الْأَمَانَةَ عَلَى السَّمَاوَاتِ وَالْأَرْضِ وَالْجِبَالِ فَأَبَيْنَ أَنْ يَحْمِلْنَهَا وَأَشْفَقْنَ مِنْهَا وَحَمَلَهَا الْإِنْسَانُ إِنَّهُ كَانَ ظَلُومًا جَهُولًا﴾ [سورة الأحزاب الآية ٧٢] فو اللـه يا أمير المؤمنين ما غضب عليهن إذ أبين ولا أكرههن إذ كرهن، وما أنا بحقيق أن تغضب علي إذ أبيت أو تكرهني إذ كرهت قال فضحك هشام حتى بدت نواجذه ثم قال يا إبراهيم أبيت إلا فقها، قد رضينا عنك وأعفيناك قال فأجابه أمير المسلمين بما آنسه وحضه على الرجوع إلى إفادة الناس ونشر العلم.

المطلب الثالث

عــزل الخليـفــة

الـفـرع الأول

مسببات العزل

أولاً: الكفر والردة بعد الإسلام

لقد ذكرنا أن من شروط الإمام الإسلام فإذا ظهر على الإمام كفر بواح[1] حـق عـلى الرعيـة إقالته وعزله الإمامة.

وقد ذهب الآيجي والجرجاني إلى أن " للأمة خلع الإمام وعزله بسبب يوجبه، مثل أن يوجد منه ما يوجـب اختـلال أحـوال المسـلمين وانتكـاس أمـور الـدين، كـما كـان لهـم نصـبه وإقامتـه لانتظامها وإعلائها، وإن أدى خلعه إلى احتمال أدنى الضررين"[1]

وقد أخرج الشيخان في صحيحيهما عن عبادة بن الصامت رضي الله عنه " قال: بايعنا رسول الـلـه صلى الـلـه عليه وسلم على السمع والطاعة في منشطنا ومكرهنا وعسرنا ويسرنا وأثرة علينا، وأن لا ننازع الأمر أهله، قال: إلا أن تروا كفراً بواحاً عندكم فيه من الـلـه برهان"[3].

وفي صحيح مسلم من حديث عوف بن مالك الأشجعي رضي الله عنه قال: سمعت

---

(١)   كفر بواح أي ظاهر باد لا لبس فيه.
(٢)   الايجي والجرجاني - مرجع سابق - ٨ / ٣٥٣.
(٣)   صحيح البخاري - ٦/ ٢٥٨٨ - صحيح مسلم ٣/١٤٧٠.

رسول الله صلى الله عليه وسلم : يقول " خيار أئمتكم الذين تحبونهم ويحبونكم وتصلون عليهم ويصلون عليكم وشرار أئمتكم الذين تبغضونهم ويبغضونكم وتلعنونهم ويلعنونكم " قالوا " قلنا يا رسول الله: أفلا ننابذهم عند ذلك قال: لا ما أقاموا فيكم الصلاة، لا ما أقاموا فيكم الصلاة، إلا من ولي عليه والا فرآه يأتي شيئاً من معصية الله فليكره ما يأتي من معصية الله ولا ينزعن يداً من طاعة "[١].

ونجد أن من دلائل الفسوق والعصيان ترك الصلاة فقد جاء أيضاً من حديث " أم سلمة رضي الله عنه أن رسول الله صلى الله عليه وسلم قال: سيكون أمراء فتعرفون وتنكرون فمن عرف بريء ومن أنكر سلم، ولكن من رضى وتابع، قالوا يا رسول الله: أفلا نقاتلهم قال لا ما صلوا "[٢].

ورغم ذلك فقد أوصى الرسول صلى الله عليه وسلم بالصبر على أفعال الحكام دراءً للفتن، فقد أخرج الشيخان في صحيحيهما من حديث إبن عباس رضي الله عنه قال: قال رسول الله صلى الله عليه وسلم : من رأى من أميره شيئا فكرهه فليصبر، فانه ليس أحد يفارق الجماعة شبراً فيموت إلا مات ميتة جاهلية "[٣].

وقد روي " عن زيد بن محمد رضي الله عنه عن نافع رضي الله عنه قال: جاء عبدالله بن عمر رضي الله عنه إلى عبدالله بن مطيع حين كان من أمر الحرة في زمن يزيد بن معاوية فقال اطرحوا لأبي عبدالرحمن وسادة فقال إني لم آتك لأجلس أتيتك

---

(١) صحيح مسلم ـ المرجع السابق ـ ٣ /١٤٨٢.
(٢) المرجع سابق ـ نفس الصفحة.
(٣) المرجع السابق ـ ٣ / ١٤٧٨.

لأحدثك حديثا سمعت رسول الله صلى الله عليه وسلم يقول " من خلع يدا من طاعة لقي الله يوم القيامة لا حجة له ومن مات وليس في عنقه بيعة مات ميتة جاهلية"[1].

والأحاديث في هذا الشأن كثيرة، فهذه النصوص تدل على منع القيام عليه ولو كان مرتكبا لما لا يجوز إلا إذا ارتكب الكفر الصريح الذي قام البرهان الشرعي من كتاب الله وسنة رسوله صلى الله عليه وسلم عليه " وقد دعا المأمون والمعتصم والواثق إلى بدعة القول بخلق القرآن وعاقبوا العلماء من أجلها بالقتل والضرب والحبس وأنواع الإهانة، ولم يقل أحد بوجوب الخروج عليهم بسبب ذلك، ودام الأمر بضع عشرة سنة حتى ولي المتوكل الخلافة فأبطل المحنة وأمر بإظهار السنة "[2].

وأجد نفسي في هذا الموقف غير متفق مع ما ذهب إليه صاحب أضواء البيان حيث إن الرعية في ذلك العهد كان ينتابهم الخوف والوهن فسكوتهم لا يعني إقرار بأفعال هؤلاء الخلفاء، إذ نجد إن من شروط الحاكم أيضا أن يكون عادلاً فإن كان ظالماً وجب على الرعية الخروج عليه لأن العدالة أساس الحكم.

وقد أجمع جميع المسلمين على أنه لا طاعة لإمام ولا غيره في معصية الله تعالى، وقد جاءت بذلك الأحاديث الصحيحة الصريحة التي لا لبس فيها ولا مطعن، كحديث إبن عمر رضي الله عنهما أن رسول الله صلى الله عليه وسلم قال:

(١)   صحيح مسلم ـ ١٤٧٨/٣.رقم الحديث ـ ١٨٥١.

(٢)   محمد الأمين بن محمد بن مختار الجكني الشنقيطي أضواء البيان ـ دار الفكر للطباعة ـ بيروت ـ ١٤١٥هـ. تحقيق: مركز البحوث والدراسات ـ ٣٠/١.

السمع والطاعة على المرء المسلم فيما أحب وكره ما لم يؤمر بمعصية فإن أُمر بمعصية فلا سمع ولا طاعة أخرجه الشيخان وأبو داؤود.

وقد روي عن علي كرم الله وجهه، قال: بعث رسول الله صلى الله عليه وسلم سرية وأمر عليهم رجلاً من الأنصار، وأمرهم أن يطيعوه فغضب عليهم وقال: أليس قد أمر النبي صلى الله عليه وسلم أن تطيعوني، قالوا: بلى، قال: قد عزمت عليكم لما جمعتم حطباً وأوقدتم ناراً ثم دختم فيها، فجمعوا حطباً فأوقدوا، فلما هموا بالدخول فقام ينظر بعضهم إلى بعض، قال بعضهم: إنما تبعنا النبي صلى الله عليه وسلم فراراً من النار، أفندخلها ؟ فبينما هم كذلك إذ خمدت النار وسكن غضبه، فذكر للنبي صلى الله عليه وسلم فقال: (لو دخلوها ما خرجوا منها أبدا إنما الطاعة في المعروف) (1).

وعلى ذلك فإن الطاعة العمياء تعد عدم فهم للنصوص الشرعية وخروج عن مقاصد الشرع.

فقد روي عن عبد الله بن مسعود رضي الله عنه قال: قال رسول الله صلى الله عليه وسلم :" إنه سيلي أمركم من بعدي رجال يطفئون السنة ويحدثون البدعة، ويؤخرون الصلاة عن مواقيتها ـ قال إبن مسعود: كيف بي إذا أدركتهم ؟ قال: ليس ـ يا إبن أم عبد ـ طاعة لمن عصى الله، قالها ثلاث مرات " (2).

(1) صحيح البخاري ٦ / ٢٦١٢ ـ رقم الحديث ٦٧٢٦ ـ راجع صحيح مسلم ٣/ ١٤٦٩ رقم الحديث ١٨٤٠. متفق عليه.

(2) مسند الإمام أحمد ـ مرجع سابق ٥ /٣٠١. رقم الحديث ٣٧٩ ـ أخرجه أحمد وقال إسناد صحيح.

ثانياً: ترك الحكم بما أنزل الـلـه

أنزل المولى عز وجل العديد من الآيات التي تحذر من عدم الحكم بما أنزله تشريعا للعباد، ونورد هذه الآيات حتى نتبين خطورة الحكم بما لم ينزل به الـلـه، حيث قال تعالى في تبيين أحكام القصاص وعدم الحكم بها﴿ وَكَتَبْنَا عَلَيْهِمْ فِيهَا أَنَّ النَّفْسَ بِالنَّفْسِ وَالْعَيْنَ بِالْعَيْنِ وَالأَنْفَ بِالأَنْفِ وَالأُذُنَ بِالأُذُنِ وَالسِّنَّ بِالسِّنِّ وَالْجُرُوحَ قِصَاصٌ فَمَنْ تَصَدَّقَ بِهِ فَهُوَ كَفَّارَةٌ لَهُ وَمَنْ لَمْ يَحْكُمْ بِمَا أَنْزَلَ اللَّهُ فَأُولَئِكَ هُمُ الظَّالِمُونَ﴾ (١)

وقوله تعالى﴿ وَلْيَحْكُمْ أَهْلُ الإِنْجِيلِ بِمَا أَنْزَلَ اللَّهُ فِيهِ وَمَنْ لَمْ يَحْكُمْ بِمَا أَنْزَلَ اللَّهُ فَأُولَئِكَ هُمُ الْفَاسِقُونَ﴾(٢).

قال إبن زيد كل شيء في القران ورد بلفظ فاسق فهو كاذب إلا قليلاً وقرأ قول الـلـه ﴿ إِنْ جَاءَكُمْ فَاسِقٌ بِنَبَأٍ فَتَبَيَّنُوا﴾ (٣) فهو كاذب قال الفاسق هاهنا كاذب " (٤).

وقوله تعالى:﴿ وَأَنْزَلْنَا إِلَيْكَ الْكِتَابَ بِالْحَقِّ مُصَدِّقًا لِمَا بَيْنَ يَدَيْهِ مِنَ الْكِتَابِ وَمُهَيْمِنًا عَلَيْهِ فَاحْكُمْ بَيْنَهُمْ بِمَا أَنْزَلَ اللَّهُ وَلا تَتَّبِعْ

(١) سورة المائدة - الاية ٤٥.
(٢) نفس السورة - الاية ٤٧.
(٣) سورة الحجرات - من الآية ٦.
(٤) السيوطي - الدر المنثور - ٩٤/٣.

أَهْوَاءَهُمْ عَمَّا جَاءَكَ مِنَ الْحَقِّ...﴾[1]. ولقد فسر الرازي قوله تعالى:

﴿فَاحْكُمْ بَيْنَهُمْ بِمَا أَنْزَلَ اللَّهُ﴾ [2] يعني فاحكم بين اليهود بالقرآن والوحي الذي نزله الله تعالى عليك، ولا تتبع أهواءهم عما جاءك من الحق، معللاً ذلك بما روي أن جماعة من اليهود قالوا تعالوا نذهب إلى محمد صلى الله عليه وسلم لعلنا نفتنه عن دينه، ثم دخلوا عليه وقالوا: يا محمد قد عرفت أنا أحبار اليهود وأشرافهم، وإنا إن اتبعناك اتبعك كل اليهود، وإن بيننا وبين خصومنا حكومة فنحاكمهم إليك فاقض لنا ونحن نؤمن بك فأنزل الله تعالى هذه الآية[3].

وقد أكد المولى عز وجل بقوله: ﴿وَأَنِ احْكُمْ بَيْنَهُمْ بِمَا أَنْزَلَ اللَّهُ وَلَا تَتَّبِعْ أَهْوَاءَهُمْ وَاحْذَرْهُمْ أَنْ يَفْتِنُوكَ عَنْ بَعْضِ مَا أَنْزَلَ اللَّهُ إِلَيْكَ فَإِنْ تَوَلَّوْا فَاعْلَمْ أَنَّمَا يُرِيدُ اللَّهُ أَنْ يُصِيبَهُمْ بِبَعْضِ ذُنُوبِهِمْ وَإِنَّ كَثِيرًا مِنَ النَّاسِ لَفَاسِقُونَ﴾ [4].

إن كانت هذه خطورة عدم الحكم بما أنزل الله فإن استحقاق العزل يكون واجباً في حق أي خليفة ينكث عن أمر الله ويتخلى عن تطبيق أحكامه.

(١) سورة المائدة - من الآية ٤٨.
(٢) الرازي - مرجع سابق - ١٢ /١١.
(٣) أنظر القلقشندي - مرجع سابق -٣٦/١.
(٤) سورة المائدة الاية - ٤٩.

ثالثاً: الفسق

كما ذكرنا سلفاً فإن من شروط تولي الإمامة العدالة فلا تنعقد إمامة الفاسق " وهو المتابع لشهوته المؤثر لهواه من ارتكاب المحظورات والإقدام على المنكرات لأن المراد من الإمام مراعاة النظر للمسلمين، والفاسق لم ينظر في أمر دينه فكيف ينظر في مصلحة غيره " [١].

ولقد شهدت الخلافة الإسلامية تولي من إتصف بالفسق منهم " الوليد بن يزيد بن عبد الملك بن مروان بن الحكم الخليفة (الفاسق) أبو العباس، ولد سنة تسعين، فلما احتضر أبوه لم يمكنه أن يستخلفه لأنه صبي فعقد لأخيه هشام وجعل هذا ولي العهد من بعد هشام، فتسلم الأمر عند موت هشام في ربيع الآخر سنة خمس وعشرين ومائة، وكان فاسقا شريباً للخمر منتهكاً حرمات الله، أراد الحج ليشرب فوق ظهر الكعبة فمقته الناس لفسقه وخرجوا عليه فقتل " [٢].

الفرع الثاني
وسائل العزل

أولاً: القتال

والسؤال الذي يطرح نفسه هل يجوز قتال الحاكم الكافر أو المرتد أو الفاسق؟

وبالرجوع إلى قوله تعالى: ﴿ .... وَلَا تَقْتُلُوا النَّفْسَ الَّتِي حَرَّمَ اللَّهُ

---

(١)   السيوطي ـ الدر المنثور ـ مرجع سابق ـ ٢٥٠/١.

(٢)   المرجع سابق ـ نفس الصفحة.

إِلَّا بِالْحَقِّ ذَٰلِكُمْ وَصَّاكُم بِهِ لَعَلَّكُمْ تَعْقِلُونَ﴾ [(١)].

نجد أن الاستثناء الوارد على حرمة قتل النفس هو أن يكون القتل بالحق وقد ذكر " في قتل النفس أن الأصل هو الحرمة وحله لا يثبت إلا بدليل منفصل، ثم إنه تعالى لما بين أحوال هذه الأقسام الخمسة أتبعه باللفظ الذي يقرب إلى القلب القبول فقال " ذلكم وصاكم به" لما في هذه اللفظة من اللطف والرأفة، وكل ذلك ليكون المكلف أقرب إلى القبول ثم أتبعه بقوله " لعلكم تعقلون " أي لكي تعقلوا فوائد هذه التكاليف ومنافعها في الدين والدنيا " [(٢)].

ولتبين ذلك الحق، فقد روى عن عمار بن ياسر رضي الله عنه قال: قال: " رسول الله صلى الله عليه وسلم لا يحل دم المؤمن إلا في إحدى ثلاث النفس بالنفس والثيب الزاني والمرتد عن الإيمان " [(٣)].

وقد " ورد في بعض الأدلة أسباب أُخر لإباحة قتل المسلم غير الثلاث المذكورة على اختلاف في ذلك بين العلماء، من ذلك المحاربون إذا لم يقتلوا أحداً عند من يقول بأن الإمام مخير بين الأمور الأربعة المذكورة في قوله أن يقتلوا أو يصلبوا أو تقطع أيديهم وأرجلهم من خلاف أو ينفوا من

(١) سورة الأنعام - من الآية ١٥١.

(٢) فخر الدين محمد بن عمر التميمي الرازي الشافعي - التفسير الكبير - دار الكتب العلمية - بيروت - الطبعة الأولى - ١٤٢١هـ - ١٣ /١٩١.

(٣) نور الدين علي بن أبي بكر الهيثمي - مجمع الزوائد ومنبع الفوائد - دار الفكر- بيروت - ١٤١٢ هـ - ٢٥٣/٦.

الأرض"[1].

ثانياً: الطرق السلمية

كون ذلك عن طريق الاعتزال من قبل الإمام، وقد يرجع ذلك إلى زهده فى السلطة، أو لمرضه وعدم تحمله لأعباء الحكم،أو قد يكون تخليه عن السلطة راجع إلى ضغوط مورست عليه من قبل معارضيه.

الفرع الثالث

الخروج على الأئمة

أولاً: خطورة الخروج على الإمام

الخروج عن الطاعة تعد من أخطر الأمور التي نهى عنها الرسول صلى الله عليه وسلم ، حيث حذر من الخروج عن الطاعة والجماعة، وبين أنه أن مات ولا طاعة عليه لإمام مات ميتة جاهلية، فان أهل الجاهلية من العرب ونحوهم لم يكونوا يطيعون أميراً عاماً على ما هو معروف من سيرتهم، ثم ذكر الذي يقاتل تعصبا لقومه أو أهل بلده ونحو ذلك، وسمى الراية عمياء لأنه الأمر الأعمى الذي لا يدري وجهه، فكذلك قتال العصبية يكون عن غير علم بجواز قتال، هذا وجعل قتلة المقتول قتلة جاهلية سواء غضب بقلبه أو دعا بلسانه أو ضرب بيده، وقد فسر ذلك فيما رواه مسلم أيضاً عن أبي هريرة رضي الله عنه قال: قال رسول الله صلى الله عليه وسلم : " ليأتين على الناس زمان لا يدري القاتل في أي شيء قتل ولا يدري المقتول على أي شيء قُتل فقيل كيف يكون ذلك قال

(١) الشنقيطي ـ مرجع سابق ـ ٨٩/٣.

الهرج القاتل والمقتول في النار "[1].

ولعل ما يحدث في العراق بعد الغزو الأمريكي البريطاني لها هو عين ما تنبأ به الرسول صلى الله عليه وسلم حيث نجد أن القتل صار يحدث يومياً بصورة جماعية ولا يعرف المقتول لما قتل وذلك إن حدث في تفجير عبوة ناسفة في سوق، أو مركبة، أو مسجد، أو خلافه، ونسأل الله أن يجنب الأمة الإسلامية ذلك الهرج وبلادنا على وجه الخصوص، لا سيما وأن هنالك إرهاصات وتداعيات يخشى إن انجرف الناس والحكام وراءها أن تقودهم إلى ذلك، وليس ما يدور في غرب السودان بمنأى من أن يكون ذريعة لذلك، وهنا تبرز الحكمة والحنكة في إدارة دفة الحكم في البلاد، وأيضا نشير إلى من بيدهم السلاح إذا ما استفحل الأمر وخرج إلى من لا يؤمنون بالاحتكام إلى شرع الله.

وإذا ما أردنا أن نتعرف على أنواع الطرق التي يخرج بها علي الأمام فقد فسرها الرازي بأنها " إما من الأعداء الذين غرضهم الأموال كقطاع الطريق ونحوهم أو غرضهم الرياسة كمن يقتل أهل مصر الذين هم تحت حكم غيره مطلقا، وإن لم يكونوا مقاتلة أو من الخارجين عن السنة، الذين يستحلون دماء أهل القبلة مطلقا، كالحرورية الذين قتلهم علي كرم الله وجهه، ثم إنه صلى الله عليه وسلم سمى الميتة والقتلة ميتة جاهلية وقتلة جاهلية على وجه الذم لها والنهي عنها وإلا لم يكن قد زجر عن ذلك، فعلم أنه كان قد تقرر عند أصحابه أن ما أضيف إلى الجاهلية من ميتة وقتلة ونحو ذلك فهو مذموم منهي عنه، وذلك يقتضي ذم كل ما كان من أمور الجاهلية وهو

---

(١) صحيح مسلم - ٢٢٣١/٤.

المطلوب. ومن هذا ما أخرجاه في الصحيحين عن المعرور بن سويد قال: رأيت أبا ذر عليه حلة وعلى غلامه مثلها، فسألته عن ذلك فذكر أنه ساب رجلا على عهد رسول الله صلى الله عليه وسلم ، فعيره بأمه، فأتى الرجل النبي صلى الله عليه وسلم فذكر ذلك له، فقال له النبي صلى الله عليه وسلم إنك امرؤ فيك جاهلية، وفي رواية، قلت: على ساعتي هذه من كبر السن، قال: نعم هم إخوانكم وأخوالكم جعلهم الله تحت أيديكم، فمن كان أخوه تحت يده فليطعمه مما يأكل وليلبسه مما يلبس، ولا تكلفوهم ما يغلبهم فإن كلفتموهم فأعينوهم عليه [1].

في هذا الحديث أن كل ما كان من أمر الجاهلية فهو مذموم لأن قوله فيك جاهلية ذم لتلك الخصلة، فلولا أن هذا الوصف يقتضي ذم ما اشتمل عليه لما حصل به المقصود، وفيه، أن التعيير بالأنساب من أخلاق الجاهلية، وفيه أن الرجل مع فضله وعلمه ودينه قد يكون فيه بعض هذه الخصال المسماة بجاهلية ويهودية ونصرانية ولا يوجب ذلك كفره ولا فسقه.

ثانياً: الخارجون

ويطلق عليهم اسم الخوارج، وذلك لخروجهم عن الإمام القائم، وطبيعة وجود الخوارج فى المجتمع الإسلامي ترجع إلى أسباب وقد قيل: " إن الأوطان الكثيرة والقبائل والعصائب قل أن تستحكم فيها دولة، والسبب في ذلك اختلاف الآراء والأهواء، وإن وراء كل رأي منها هوى عصبية تمانع دونها، فيكثر الانقضاض على الدولة والخروج عليها في كل وقت، وان كانت ذات عصبية، لان كل عصبية ممن تحت يدها تظن في نفسها منعة

(١) الرازي ـ التفسير الكبير ـ مرجع سابق ـ ١٣ /١٩١.

وقوة"[١].

وأجد أن من السنن الكونية أن خلق الله الناس بألوان و أجناس مختلفة، ومن ذلك قوله:

﴿وَلَوْ شَاءَ رَبُّكَ لَجَعَلَ النَّاسَ أُمَّةً وَاحِدَةً وَلَا يَزَالُونَ مُخْتَلِفِينَ﴾[٢].

ويرجع هذا الاختلاف إلى عوامل كثيرة منها الجنس واللغة واللون والتعليم وفطرة المنشأة، ولعل بلادنا بمساحتها الواسعة وبتعدد قبائلها قد أوجدت ذلك الاختلاف، ولكن المحك الحقيقي للتعايش يكمن في وضع أهداف واحدة يجتمع عليها كل المقيمين في السودان، وبهذه الأهداف العليا المتفق عليها تكون المعايشة بين القبائل المختلفة، ويمكن إن تكون تلك الأهداف العامة في شكل وثيقة دستورية، وتجعل ذلك أساسا للحكم يهتدي به من يكون الحاكم في البلاد حتى يخرج السودان من نفقه المظلم ما بين التهديدات الخارجية والأطماع الدولية للدول الاستكبارية، ولعل تلك الدول وعلى رأسها الولايات المتحدة الأمريكية هي خيراً نموذج للتعايش السلمي بين خليط من أجناس البشر، إذ العبرة في استقرارها في ما تملكه من دستور تنظم به مسيرة بلادهم على مدار حقبة من الزمان، ولا يفتقر السودان وأهله إلى ذلك الوعي ولا إلى القدرة على التنظيم الدقيق لشئون حياتهم، إذا ما قدر وضع ذلك الدستور، وللأمانة العلمية فإن ما تم وضعه في الدستور الانتقالي لم يتم به تراضٍ تام بين أبناء الوطن الواحد رغم أنه قد عالج العديد من الإشكاليات السياسية في الدولة فلا مناص من التغيير فيه

(١) إبن خلدون ـ المقدمة ـ مرجع سابق ـ١/ ١٦٤.
(٢) سورة هود الآية ١١٨.

إذا ما قدر التوحد على صيغة تلم وتجمع شمل السودانيين.

ومن أنواع الخوارج الروافض، وقد ورد فيهم عن رسول الله صلى الله عليه وسلم عدة أحاديث نذكر منها ما روت أم سلمة عن رسول الله عليه الصلاة والسلام: كان عليه السلام عندي يوماً إذ أتاه علي وفاطمة معا ليرياه ويسألاه، فرفع عليه السلام رأسه وقال يا علي: أبشرك ورهطك بالجنة لكنه يخرج بعدك قوم يدعون حبك والإخلاص إليك، ويجرون الشهادة على ألسنتهم ويقرأون القران هؤلاء هم الرافضة، فإذا ما أدركتهم فجاهد فيهم لأنهم مشركون كفرة، قال: علي كرم الله وجهه يا رسول الله ما علامتهم قال الرسول صلى الله عليه وسلم لا يقيمون صلاة الجماعة، ولا يحضرون صلاة الجمعة، ولا يؤدون صلاة الجنازة ويطعنون في السلف "[1].

ثانياً: المحاربون

وهم الذين يحملون السلاح في وجه السلطان وهنا نسلط الضوء على تلك الجماعات المحاربة إبان الفتنة التي تولدت بعد مقتل سيدنا عثمان بن عفان رضي الله عنه " فلقد اختلف أهل الأهواء في قتال علي كرم الله وجهه ومن حاربه على أقوال ـ أما الخوارج فتكفر الطائفتين المتقاتلتين جميعاً، وأما

(1) نظام الملك حسين الطولسي ـ سياست نامه ـ دار الثقافة ـ قطر ـ الطبعة الثانية ـ ١٤٠٨هـ ـ تحقيق: يوسف حسين بكار ـ ٢٠٦/١. وقد ورد في المعجم الأوسط بأنه لم يرد هذا الحديث عن عطية عن أبي سعيد عن أم سلمة إلا سوار بن مصعب (راجع: أبو القاسم سليمان بن أحمد الطبراني ـ المعجم الأوسط ـ دار الحرمين ـ القاهرة ـ ١٤١٥هـ ـ تحقيق: طارق بن عوض الله بن محمد وعبد المحسن بن إبراهيم الحسيني ـ ٦/ ٣٥٤).

الرافضة فتكفر من قاتل علياً مع المتواتر عنه من انه حكم فيهم بحكم المسلمين ومنع من تكفيرهم، ولهم فى قتال طلحة والزبير وعائشة ثلاثة أقوال: أحدها: تفسيق الطائفتين لا واحدة بعينها، وهو قول عمرو بن عبيد وأصحابه، والثاني: تفسيق من قاتله إلا من تاب، ويقولون إن طلحة والزبير وعائشة تابوا، زوهذا مقتضى ما حُكِي عن جمهورهم كأبي الهزيل وأصحابه وأبي الحسين وغيرهم، وذهب بعض الناس إلى تخطئته في قتال طلحة والزبير دون قتال أهل الشام، ففي الجملة أهل البدع من الخوارج والروافض والمعتزلة ونحوهم يجعلون القتال موجبا لكفر أو لفسق"[1].

وأما أهل السنة فمتفقون على عدالة القوم ثم لهم فى التصويب والتخطئة مذاهب: "أحدها أن المصيب علي كرم اللـه وجهه فقط، والثاني: الجميع مصيبون، والثالث المصيب واحد لا بعينه، والرابع: الإمساك عما شجر بينهم مطلقا مع العلم بأن علياً وأصحابه هم أولى الطائفتين بـالحق، كما فى حديث أبي سعيد لما قال النبي صلى اللـه عليه وسلم " تمرق مارقة على حين فرقة من المسلمين فيقتلهم أولى الطائفتين بالحق "[2].

ونجد أن حكم قتال الخارجين على الإمام وهذا فى حرب أهل الشام والأحاديث تدل على أن حرب الجمل فتنة و أن ترك القتال فيها أولى فعلى هذا نصوص أحمد و أكثر أهـل السـنة، وذلـك الشجار بالألسنة والأيدي أصل

(١) أبو القاسم الطبراني ـ مرجع سابق ـ ٦/ ٣٥٤.
(٢) أبو العباس أحمد بن عبد الحليم بن تيمية الحراني ـ مجموع الفتاوى ـ بدون طبعة ـ بدون تاريخ ـ٥١/٣٥.

لما جرى بين الأمة بعد ذلك في الدين والدنيا، فليعتبر العاقل بذلك وهو مذهب أهل السنة والجماعة.

وقد سئل شيخ الاسلام إبن تيمية رحمه الله " عن طائفين من الفلاحين اقتتلتا فكسرت إحداهما الأخرى وانهزمت المكسورة، وقتل منهم بعد الهزيمة جماعة فهل يحكم للمقتولين من المهزومين بالنار، و يكونون داخلين فى قول النبي صلى الله عليه وسلم القاتل والمقتول فى النار أو لا ؟ وهل يكون حكم المنهزم حكم من يقتل منهم فى المعركة أو لا ؟ فأجاب: الحمد لله إن كان المنهزم قد انهزم بنية التوبة عن المقاتلة المحرمة لم يحكم له بالنار، فإن الله يقبل التوبة عن عباده و يعفو عن السيئات، وأما إن كان انهزامه عجزاً فقط و لو قدر على خصمه لقتله فهو فى النار"[1].

وقد أيد قوله بحديث النبي صلى الله عليه وسلم " إذا التقى المسلمان بسيفيهما فالقاتل والمقتول في النار. قيل يا رسول الله: هذا القاتل فما بال المقتول ؟ قال: إنه أراد قتل صاحبه"[2].

وفسر ذلك بأنه "إذا كان المقتول فى النار لأنه أراد قتل صاحبه، فالمنهزم بطريق الأولى، لأنهما اشتركا فى الإرادة والفعل، والمقتول أصابه من الضرر ما لم يصب المهزوم، ثم إذا لم تكن هذه المصيبة مكفرة لإثم المقاتلة فلأن لا تكون مصيبة الهزيمة مكفرة أولى، بل إثم المنهزم المصر على المقاتلة أعظم من إثم المقتول فى المعركة واستحقاقه للنار أشد لأن

(١) ابن تيميه ـ مجموع الفتاوى ـ مرجع سابق ـ٣٥/٥١.
(٢) المرجع السابق ـ نفس الصفحة.

ذلك انقطع عمله السيئ بموته، وهذا مصر على الخبث العظيم " [١].

ولهذا قالت طائفة من الفقهاء " إن منهزم البغاة يقتل إذا كان له طائفة يأوي إليها، فيخاف عوده بخلاف المثخن بالجرح منهم، فإنه لا يقتل وسببه أن هذا إنفك شره و المنهزم لم ينفك شره، وأيضاً فالمقتول قد يقال إنه بمصيبة القتل قد يخفف عنه العذاب و أن كان من أهل النار، ومصيبة الهزيمة دون مصيبة القتل فظهر أن المهزوم أسوأ حالاً من المقتول إذا كان مصراً على قتل أخيه، ومن تاب فإن الله غفور رحيم [٢].

ثالثاً: البغاة

البغي هو " التعدي وبغى عليه استطال، وبابه رمى، وكل مجاوزة وإفراط على المقدار الذي هو حد الشيء فهو بغي " [٣].

والبغاة " جمع باغٍ من البغي وهو الظلم، وفي غاية البيان والمراد من البغاة الخوارج، ولهذا في المبسوط سمي هذا الباب بباب الخوارج " [٤].

وقد جاء في المصباح المنير " وبغى على الناس بغياً ظلم واعتدى فهو باغ والجمع بغاة، وبغى سعى بالفساد ومنه الفرقة الباغية لأنها عدلت عن

(١) ابن تيميه ـ ٥١/٣٥.

(٢) المرجع السابق ـ نفس الصفحة.

(٣) الرازي ـ مختار الصحاح ـ مرجع سابق ـ٢٤/١.

(٤) قاسم بن عبد الله بن أمير علي القونوي – أنيس الفقهاء في تعريفات الألفاظ المتداولة بين الفقهاء - الطبعة الأولى ـ دار الوفاء ـ جدة ١٤٠٦ هـ ـ تحقيق: الدكتور أحمد بن عبد الرزاق الكبيسي ـ١٨٧/١.

القصد وأصله من بغى الجرح إذا ترامى إلى الفساد"[1].

وقد اختلف الفقهاء في قتال البغاة على ثلاثة أراء: فقال قائلون " لا يتبع من يولى منهم ولا يغنم أموالهم ولا يجهز على جرحاهم، وقال قائلون بل يتبع من ولى منهم ويجهز على جرحاهم ويغنم أموالهم، وقال قائلون يغنم ما حوى سكرهم وما لم يكن في سكرهم من أموالهم لم يغنم، كما اختلفوا في دفن البغاة وتكفينهم والصلاة عليهم وسبى زراريهم فقال قائلون: يدفن قتلاهم ويكفنون ويصلى عليهم ولا تسبى ذراريهم، وقال قائلون لا يدفنون ولا يصلى عليهم ولا يكفنون، وتسبى ذراريهم، وهذا قول الخوارج وغيرهم"[2]. وأيضاً إختلفوا في قتل البغاة غيلة " فمنهم من أجاز ذلك ومنهم من لم يجز الغيلة، وكان في المعتزلة رجل يقال له عباد بن سليمان يرى قتل الغيلة في مخالفيه إذا لم يخف شيئاً، وقد ذهب إلى هذا قوم من الخوراج وقوم من غلاة الروافض "[3].

نجد أن بعضا من الفقهاء " يرى أن أهل البغي الذين يجب قتالهم هم الخارجون على الإمام بتأويل سائغ لا الخارجون عن طاعته، وآخرون يجعلون القسمين بغاة وبين البغاة والتتار فرق بيِّن.

فأما الذين لا يلتزمون شرائع الإسلام الظاهرة المتواترة فلا خلاف في وجوب قتالهم، فإذا تقررت هذه القاعدة فهؤلاء القوم المسئول عنهم

(١) المصباح المنير ـ مرجع سابق ـ ٥٧/١.
(٢) أبوعلي بن إسماعيل الأشعري ـ مقالات الإسلاميين باختلاف المصلين ـ مطبعة الدولة ـ استنبول ١٩٣٠م ـ ٤٦٥/١.
(٣) الأشعري ـ مرجع سابق ـ ٤٦٥/١.

عساكرهم مشتمل على قوم كفار من النصارى والمشركين، وعلى قوم منتسبين إلى الإسلام وهم جمهور العسكر ينطقون بالشهادتين إذا طلبت منهم، ويعظمون الرسول، وليس فيهم من يصلى إلا قليل جداً وصوم رمضان أكثر فيهم من الصلاة والمسلم عندهم أعظم من غيره.

كما سئل الشيخ إبن تيمية عن البغاة والخوارج " هل هي ألفاظ مترادفة بمعنى واحد أو بينهما فرق ؟ وهل فرقت الشريعة بينهما في الأحكام الجارية عليهما أو لا وإذا أدعى مدع أن الأئمة اجتمعت على أن لا فرق بينهم إلا في الإسم وخالفه مخالف مستدلاً بأن أمير المؤمنين علياً رضي الله عنه فرق بين أهل الشام وأهل النهروان فهل الحق مع المدعي أو مع مخالفه؟

فأجاب الحمد لله: أما قول القائل إن الأئمة إجتمعت على أن لا فرق بينهما إلا في الاسم فدعوى باطلة و مدعيها مجازف، فإن نفي الفرق إنما هو قول طائفة من أهل العلم من أصحاب أبي حنيفة و الشافعي وأحمد وغيرهم مثل كثير من المصنفين في قتال أهل البغي، فإنهم قد يجعلون قتال (أبي بكر رضي الله عنه) لمانعي الزكاة و قتال (علي كرم الله وجهه) الخوارج و قتاله لأهل الجمل وصفين إلى غير ذلك من قتال المنتسبين إلى الإسلام من باب قتال أهل البغي"[1].

ثم مع ذلك فهم متفقون على أن مثل طلحة و الزبير ونحوهما من الصحابة من أهل العدالة لا يجوز أن يحكم عليهم بكفر ولا فسق بل مجتهدون إما مصيبون وإما مخطئون، وذنوبهم مغفورة لهم و يطلقون القول

---

(١)   الأشعري ـ مرجع سابق ـ ٤٦٥/١.

بأن البغاة ليسوا فساقا " [١].

فقد اختلف السلف والأئمة فى كفرهم على قولين مشهورين مع اتفاقهم على الثناء على الصحابة المقتتلين بالجمل وصفين والإمساك عما شجر بينهم

وأيضاً فالنبي صلى الله عليه وسلم أمر بقتال الخوارج قبل أن يقاتلوا، وأما أهل البغي فان الله تعالى قال فيهم ﴿ وَإِنْ طَائِفَتَانِ مِنَ الْمُؤْمِنِينَ اقْتَتَلُوا فَأَصْلِحُوا بَيْنَهُمَا فَإِنْ بَغَتْ إِحْدَاهُمَا عَلَى الْأُخْرَى فَقَاتِلُوا الَّتِي تَبْغِي حَتَّى تَفِيءَ إِلَى أَمْرِ اللَّهِ فَإِنْ فَاءَتْ فَأَصْلِحُوا بَيْنَهُمَا بِالْعَدْلِ وَأَقْسِطُوا إِنَّ اللَّهَ يُحِبُّ الْمُقْسِطِينَ ﴾ [٢].

فلم يأمر بقتال الباغية إبتداءً فالاقتتال إبتداءً ليس مأموراً به، و لكن إذا اقتتلوا أمر بالإصلاح بينهم ثم إن بغت الواحدة قوتلت، ولهذا قال من قال [٣] من الفقهاء أن البغاة لا يبتدئون بقتالهم حتى يقاتلوا، وأما الخوارج فقد قال النبي صلى الله عليه وسلم فيهم: أينما لقيتموهم فاقتلوهم فإن فى قتلهم أجراً عند الله لمن قتلهم يوم القيامة، وقال لئن أدركتهم لأقتلنهم قتل عاد، وكذلك مانعوا الزكاة فإن الصديق والصحابة إبتدأوا قتالهم، قال: الصديق رضي الله عنه و الله لو منعوني عناقاً كانوا يؤدونها إلى رسول الله صلى الله عليه وسلم لقاتلتهم عليه، وهم يقاتلون إذا امتنعوا من أداء الواجبات وإن أقروا بالوجوب، ثم تنازع الفقهاء فى كفر من

(١)   الأشعري ـ ٤٦٥/١.
(٢)   سورة الحجرات ـ الآية٩.
(٣)   هذا قول النسفي انظر: تفسير النسفي ـ بدون طبعة ـ بدون تاريخ ـ ٧٢/٢.

منعها وقاتل الإمام عليها مع إقراره بالوجوب على قولين، هما روايتان عن أحمد، كـالروايتين عنـه في تكفير الخوارج، وأما أهل البغي المجرد فلا يكفرون باتفاق أئمة الدين فإن القرآن قد نص عـلى إيمانهم وإخوتهم مع وجود الاقتتال والبغي"[١].

رابعاً: أهل الحق

يثور جدلٌ حول أهل الحق بما يعرفون وذلك فى إبان الفتة التي تصيب المسـلمين، وقـد ورد فى هذا الشان أقوال كثيرة فقد ورد عن عبد اللـه بن هبيرة[٢]" قال: " من أدرك الفتنـة فليكسر رجله فان انجبرت فليكسر الأخرى"[٣].

وهذه المقولة تدل على تجنب الخوض فى الفتن.

وهنالك العديد الاحاديث تحث علي تجنب الخوض في الفتب والبعد عنها وفيها مـدعاتاً الي وحدة الامة الإسلامية وتماسكها فقد حزر النبي صلى اللـه عليه وسلم ومن حدوث الفتن وتنبـأ بها في العديد من الاحاديث الوارده عنه صلى اللـه عليه وسلم ونذكر منها:

فقد روي عن أبي طاووس عن أبيه قال: قال رسول اللـه صلى اللـه عليـه وسـلم : " خـير الناس في الفتن رجل أخذ برأس فرسه يخيف العدو ويخيفونه، أو رجل

(١) ابن تيميه ـ مجموع الفتاوى ـ مرجع سابق ـ ٥٣/٣٥.

(٢) عبد اللـه بن هبيرة بن أسعد السبئي بفتح المهملة والموحدة ثم همـزة مقصـورة الحضرمي أبـو هبـيرة المصري ثقة من الثالثة مات سنة ست وعشرين وله خمس وثمانون متن.

(٣) نعيم بن حماد المروزي ـ الفتن ـ مكتبة التوحيد – القـاهرة ـ الطبعـة الأولى، ١٤١٢هـ ـ تحقيـق: سـمير أمين الزهيري ـ ١٩٠/١.

معتزل يؤدي حــق اللـه عليـه" ^(١).

وايضا في حديث حذيفه رضي اللـه عنه قال: سمعت رسول اللـه صلى اللـه عليه وسلم يقول: تعرض الفتن على القلوب كالحصير عوداً عوداً، فأي قلب أشربها نكت فيه نكتة سـوداء، وأي قلب أنكرها نكت فيه نكتة بيضاء حتى تصيرعلى قلبين على أبيض مثل الصفا فلا تضره فتنـة مادامت السماوات والأرض، والآخر أسود مرباد كالكوز مجخيا ^(٢) لا يعرف معروفاً ولا ينكر منكراً إلا ما أشرب من هواه " ^(٣).

وروي عن إبن خيثم رضي اللـه عنه أن رسول اللـه صلى اللـه عليه وسلم قال: خـير الناس في الفتن رجل يأكل من فيء سيفه في سبيل اللـه، ورجل في رأس شـاهقة يأكل مـن رسـل غنمه " ^(٤).

كما عن عوف بن مالك الأشجعي رضي اللـه عنه قال:

قال لي رسول اللـه صلى اللـه عليه وسلم : " أمسك ستاً قبل الساعة، أولها: وفاة نبيكم صلى اللـه عليه وسلم قال: فبكيت والثانية: فتح بيت المقدس، والثالثة: فتنـة تـدخل كل بيت شعر ومدر، والرابعة: موتان في النـاس كقعـاص الغنم، والخامسـة: أن يفـيض فـيكم المـال حتـى يعطى الرجل المائة دينار فيتسـخطها، والسادسة: هدنـة تكون " ^(٥).

---

(١)   الترمذي ـ ٤٧٣/٤.

(٢)   ذكر الحديث مجخيا والمعنى: مائلا.

(٣)   صحيح مسلم ـ ١٢٨/١.

(٤)   الزهيري ـ مرجع سابق ـ ١ /٩٣.

(٥)   وقد ورد الحديث بألفاظ أخرى في حلية الأولياء عن عوف بن مالك الأشجعي قال: =

المطلب الرابع

التزامات الإمام

من المعلوم أن الحياة البشرية متشعبة وجوانبها متعددة ومختلفة وبحسب أنها تدخل في مهمة رئيس الدولة (Chief of state) من رعايتها والإهتمام بها، فإن وظائفه تكون بنفس الدرجة من التشعب، وعليه فإن التزامات واختصاصات الإمام تكون إذا ما تركت له بمفرده في غاية الصعوبة فلا يستطيع أن يقوم بها. ولذا فانه يقوم بتفويض سلطاته إلى أفراد ووزراء ومساعدين وقادة وسفراء لينوبوا عنه في تصريف شئون العباد، ولنا في رسول الله صلى الله عليه وسلم خير شاهد، حيث ولى رسول الله صلى الله عليه وسلم عتاب بن أُسيد [1] على مكة، وولى أبو بكر رضي الله عنه خالد بن الوليد رضي الله عنه على الشام، وعثمان بن أبي العاص رضي الله عنه على الطائف.

وتُعد مسألة التفويض أو التعيين من أولى اختصاصات الإمام، ولما كانت بقية اختصاصات الإمام تخص الرعية فإنها تُعد بمنزلة حقوق للرعية

= أتيت النبي صلى الله عليه وسلم وهو في خيمة من أدم، فتوضأ وضوءا مكينا وقال: يا عوف، اعدد ستا بين::: يدي الساعة، قلت وما هي يا رسول الله ؟ قال: موتي، فوجمت لها قال: قل إحدى ؟ قلت: إحدى، قال: والثانية: فتح بيت المقدس، والثالثة: موتان فيكم كعقاص الغنم، والرابعة: إفاضة المال حتى يعطى الرجل مائة دينار فيظل يتسخطها، وفتنة لا تبقى بيتا ـ راجع (حلية الأولياء ـ ٥ /١٢٨).

(١) عتاب بن أسيد: و يكنى أبا عبد الرحمن، أسلم يوم الفتح، استعمله النبي صلى الله عليه وسلم على مكة حيث صرف عنها بعد الفتح و سنه يومئذ عشرون سنة، توفي في اليوم الذي توفي فيه أبو بكر الصديق أي في سنة ١٣ هـ ـ انظر الاستيعاب ٣/ ١٢٦ ـ و الأسماء و اللغات ـ ٣٨٨/١ ـ شذرات الذهب ـ ٢٦/١.

على السلطان[1].

وهي عشرة نتناولها بإيجاز:

أولاً: حماية راية الإسلام والزودعنه

نعلم جميعاً أن تلك الدعوة الإسلامية هي التي استشهد من أجلها خير الصحابة حتى تسطع أنوارها في الربوع الإسلامية لتضيء حياتنا، فكانت تلك هي من أهم اختصاصات الإمام في أن يقوم بالدفاع عن العقيدة، وذلك بجهاد المشركين وبردع المرتدين، وذلك بأن يُعد الجيوش ويدربهم على القتال حتى يكونوا على أتم الاستعداد لمقابلة أعداء الإسلام، والذين ما انفكوا يتربصون بالدعوة الإسلامية ويحاولون بشتى الطرق النيل منها، فإذا ما بقيت عين الإمام ساهرة وبصيرته نافذة وشوكته غالبة فلن يتمكن أعداء الله من نيل مرادهم.

ثانياً: حفظ الدين

ويكون ذلك على أصوله المقررة و قواعده المحددة " و رد البدع والمبتدعين، أيضاً حجج الدين و نشر العلوم الشرعية و تعظيم العلم و أهله، ورفع منارته، ومخالطة العلماء الأعلام النصحاء لدين الإسلام ومشاورتهم في موارد الأحكام و مصادر النقض و الإبرام. قال تعالى: مخاطباً نبيه محمد صلى الله عليه وسلم ﴿وَشَاوِرْهُمْ فِي الْأَمْرِ﴾[2] قال الحسن البصري: كان و الله غنياً

(١) الإمام بدر الدين بن جماعة - تحرير الأحكام في تدبير أهل الإسلام - رئاسة المحاكم الشرعية والشئون الدينية بدولة قطر - الطبعة الاولي - ١٩٨٥م - ص ٨٧.

(٢) سورة آل عمران - الاية ١٥٩.

عن المشاورة لكن أراد أن يسنن لهم"[(١)].

ثالثاً: إقامة شعائر الإسلام

مناط بالإمام أن يحث الرعية على إقامة شعائر الإسلام، والمتمثلة في إقامة الصلاة، وجباية الزكاة، وتجهيز الحجيج، والاهتمام بالأعياد والجمع والجماعات، والاهتمام بأمر الصيام والفطرة والأضحية وكل ما يتعلق بالمناسك الإسلامية.

رابعاً: فصل القضايا والأحكام

وذلك بتولية الولاة والقضاة لتطبيق الأحكام الشرعية بين الخصوم، ولا يتولى إلا الثقاة من أهل العلم والعدالة والأمانة حتى يضمن سلامة أحكامهم.

خامساً: إقامة الحدود الشرعية

وذلك بأن يساوى بين القوى والضعيف والوضيع والشريف، وذلك أُسوة برسول الله صلى الله عليه وسلم بعدم الشفعة في حد من حدود الله، حيث روى عن عائشة رضي الله عنها قالت: إن قريشاً أهمهم شأن المرأة المخزومية التي سرقت فقالوا: من يكلم فيها رسول الله صلى الله عليه وسلم ؟ فقالوا: ومن يجترئ عليه إلا أسامة بن زيد حب رسول الله صلى الله عليه وسلم ، فكلمه أسامة فقال: رسول الله صلى الله عليه وسلم : أتشفع فى حد من حدود الله ؟ ثم قام منا فخطب ثم قال: " إنما أُهلك الذين من قبلكم أنهم كانوا إذا سرق الشريف تركوه، وإذا سرق منهم الضعيف أقاموا عليه الحد وأيم الله لو أن فاطمة بنت محمد سرقت لقطعت يدها "[(٢)].

---

(١) انظر: إبن الجوزى - ٤٨٨/١ - الطبري - ١٠١/٤.

(٢) حديث صحيح أخرجه البخارى - ١٢ /٧٦ - الترمذى رقم ١٤٣ سنن أبوداؤد =

سادساً: إقامة فرض الجهاد

وذلك بتجهيز الجيوش استعداداً لخوض المعارك فى سبيل الـلـه و الدعوة إليه ومحاربة أي اعتداء من قبل أعداء الإسلام وامتثالا لقوله تعالى:

﴿وَأَعِدُّوا لَهُمْ مَا اسْتَطَعْتُمْ مِنْ قُوَّةٍ وَمِنْ رِبَاطِ الْخَيْلِ﴾ [1]. إذن الإعداد: " تهيئة الشيء للمستقبل، والمراد بالقوة في كل زمان بحسبانها"[2].

سابعاً: جباية الزكوات والجزية من أهلها

وكذلك أموال الفيء وصرف ذلك في مصارفه الشرعية و جهاته المرضية"[3].

ثامناً: النظر في أوقاف البر و صرفها فيما هي له من الجهات.

تاسعاً: النظر في الفيء و الغنائم و تقسيمها و صرف أخماسها إلى مستحقيها[4].

عاشراً: العدل في سلطاته

امتثالاً لقوله تعالى: ﴿إِنَّ اللَّهَ يَأْمُرُ بِالْعَدْلِ وَالْإِحْسَانِ﴾ [5].

= رقم ٤٣٧٣.

(١) سورة الأنفال ـ الاية ٦٠.

(٢) تفسير المنار ـ مرجع سابق ـ ص ١٠.

(٣) الماوردى ـ مرجع سابق ـ ص١٦.

(٤) المرجع سابق ـ نفس الصفحة.

(٥) سورة النحل ـ الاية ٩٠.

تلك هي الالتزامات والحقوق التي وردت في كتب الفقه ووجب على الحاكم أن يكفلها للرعية فإذا ما تقيد بها كانت بمنزلة صمام أمان من أي خروج عليه كما كانت له نجاه يوم القيامة.

المبحث الثالث

المعارضة ا لسياسية

(Opposition)

تمهيد وتقسيم:

إن فطرة اللـه التي فطر الناس عليها هي اختلاف أفكارهم وآرائهم ومعتقداتهم ولذلك عندما نتأمل التشريع الذي جاء به القران في نظام الحكم نجد أنه لم يتعرض للتفصيلات وأحكام الجزئيات التي تختلف فيها الأمم باختلاف أحوالها وأزمانها، وانما قد جاء بأسس مجملة وقواعد كلية لا تختلف فيها أمة (Nation) عن أمة، حيث لم يقرر القرآن شكلاً معيناً يجب أن تكون عليه الحكومة الإسلامية (Government Islamic)، ولم ينص علي كيفية تنظيم سلطاتها، وأنه قرر الأسس الثابتة التي يجب أن يقوم عليها نظام الحكم تحقيقاً للعدالة.

والسبب في ذلك أن مصالح الناس تختلف باختلاف البيئات والأزمان والأحوال، فرٌب قانون يحقق مصلحة في زمن ما، يثير مفسدة في زمان آخر أو لأمة أخرى، فلو شرع اللـه من القران أحكاماً مفصلة محدودة، لوقع المسلمون في الحرج لاسيما إذا وجدوا مصلحتهم تتناقض مع تعاليمه: لهذا كان من حكمة اللـه أن شرع من القران الأحكام الأساسية والمبادئ العامة التي لا تختلف باختلاف الزمان والمكان، وترك الفروع والتفاصيل تتصرف فيها كل أمة وفق ما تراه يحقق مصلحتها، على أن لا تشذ هذه الفروع من الأحكام الأساسية التي قررها القران " وعلى ذلك سوف نقسم دراستنا إلى المطالب التالية:

المطلب الأول

مفهوم المعارضة في الاصطلاح

لم أجد فيما إطلعت عليه من كتب ومراجع تعريف للمعارضة في الاصطلاح إلا ما عثرت عليه في موسوعة النظم والحضارة الإسلامية بأنها (عدم الموافق على قرار سبق اتخاذه أو مناهضة اتجاه لاتخاذ قرار معين) وقد عرفت المعارضة بمعناها الإصطلاحي الحالي في انظمه الحكم وقد عرفت بأنها " عدم الموافقة على قرار سبق اتخاذه أو مناهضه اتجاه لاتخاذ قرار معين "[1].

وأجد أن هذا التعريف لا يعطي صورة واضحة للمعارضة بمعناها الاصطلاحي والمتعارف عليه عملياً في الأنظمة السياسية التي نأخذ بها، حيث نجده قد قصر المعارضة على قرار سبق اتخاذه أو مناهضة اتجاه لاتخاذ قرار معين، في حين أن المعارضة يمكن أن تنصب على السياسات الكاملة لنظام الحكم في الدولة، كما يمكن أن نأخذ جزءاً من سياسات بعض من القائمين بأمر الدولة، هذا من جانب الجهة المعارضة فيمكن أن تتمثل في مجموعة من الأحزاب، قد تكون من مجموعة من الأفراد لا يشكلون حزباً، أو من فرد واحد من أفراد الدولة.

ويرى الباحث أن التعريف الأصوب لمصطلح المعارضة يجب أن ينصب على جميع جوانبها والمتمثلة في السياسة المعترض عليها والجهة المعارضة، بالإضافة إلى مشروعية اكتساب حقها في المعارضة ووسيلتها

(١) الدكتور أحمد شلبي ـ مرجع سابق ـ ص٩٠.

في مباشرة المعارضة مع بيان الهـدف منهـا. حيـث يمكـن تعريفهـا بأنهـا: (حريـة تمنح بموجب الدستور لحـزب أو أحزاب خارج السلطة الحاكمة وتمارس نشاطها السياسي والمتمثل في مراقبـة السلطة الحاكمة بالطرق المشروعة قانوناً، وذلك بغـرض تصـحيح مسـار نظـام الحكـم القـائم في الدولة).

مع الوضع في الاعتبار أن هذا التعريف ينطبق علي المعارضة المشروعة والمعترف بها من قبل الدولة.

ونجد المفهوم الحالي للمعارضة يكمن في وجود سلطة ذات سيادة يخضـع لهـا كافـة أفراد الدولة، ومع ذلك تكون هناك مجموعة أو مجموعات متحدة أو متفرقة تعارض سياسات الدولـة بوسائل مختلفة، وذلك بغـرض التأثير أو التغيير في نظام الدولة السياسي أو تغيير النظام السـياسي بنظام آخر، وبذلك يختلف مفهوم المعارضة في العصر الحالي من دولة إلى أخـري، ومـن نظـام إلى آخر حيث تقوم بعض الـدول بحمايـة المعارضـة، وذلك في وضع برامجهـا وأهـدافها وممارسـة نشاطها، وكل ذلك يكـون وفقـاً للقـانون بَيْـد أنـه في دول أخـرى تحـارب المعارضة ولا تمنحهـا الاعتراف من قبل الدولة، وتقابل كل مجموعة تحـاول أن تقوم بتكـوين نشـاط معـارض بالقهـر والحبس وخلافه.

وقد سبق القول عن معني المعارضة في الاصطلاح السـياسي الحـديث بأنهـا كلمـة قديمـة في الممارسة، فقد وجدت المعارضة في العالم منذ القدم، ولعلها أقدم من التـاريخ ذلك أنـه منـذ أن اختلفت العقول وجدت المعارضة، ولكنها لم توجد بمعناها السياسي المعاصر، إلا في الحقب التـي نشأ فيها

النظام البرلماني الانتخابي الدستوري، فكانت هناك أكثرية تحكم، وأقلية تعارض أو تؤيد وفقاً لما ترى من تصرفات الحكم، إلا أن المعارضة بمفهومها الحديث لا تعني الوقوف في وجه كل ما تفعله الأكثرية الحاكمة، وإنما تعني المراقبة وهذه المراقبة تترتب عليها النتائج التي تراها المعارضة: إما تأييداً، وإما تصحيحاً ونقداً.

ويترتب علي هذه النتائج إما منح الثقة إلى الأكثرية الحاكمة، أو حجبها عنها، ومن البديهي أن لا تولد المعارضة إلا في جو الحرية، وأن تفقد في النظام السياسي الذي لا يؤمن بالحريات السياسية "[1].

مدى شرعية معارضة أُولي الأمر (الحاكم)

ونقصد بأولياء الأمر حكام المسلمين ذلك لأن طاعتهم وعدم معارضتهم مأمور بها في القران الكريم لقوله تعالي: ﴿ يَا أَيُّهَا الَّذِينَ آمَنُوا أَطِيعُوا اللَّهَ وَأَطِيعُوا الرَّسُولَ وَأُولِي الْأَمْرِ مِنْكُمْ﴾ [2]

وكذلك ما أخرجه البخاري عن أنس رضي الله عنه أن رسول الله صلى الله عليه وسلم قال: "اسمعوا وأطيعوا وأن أُمِّر عليكم عبد حبشي كان رأسه زبيبة"[3].

فالواضح من هذا الحديث حث المسلمين على طاعة أولي الأمر إلا أن هذه الطاعة مقيدة فيما أمر الله به حيث يقول الرسول الله صلى الله عليه وسلم " لا طاعة في

(1) الأستاذ ظافر القاسمي – نظام الحكم في الشريعة والتاريخ الإسلامي – الكتاب الأول الحياة الدستورية ـ الطبعة الخامسة ـ دار النقاش ـ1985م ـ ص 87.

(2) سورة النساء ـ الآية 59.

(3) صحيح البخاري ـ 2612/6. ـ رقم الحديث ـ6723.

معصية الـلـه"[1] وعن أبي عبد الرحمن السلمي عن علي كرم الـلـه وجهه قال: بعث رسول الـلـه صلى الـلـه عليه وسلم سرية واستعمل عليهم رجلا من الأنصار فلما خرجوا وجد عليهم في شيئ قال: فقال لهم أليس قد أمركم رسول الـلـه صلى الـلـه عليه وسلم أن تطيعوني قالوا: بلى قال: فاجمعوا لي حطباً ثم دعا بنار فأضرمها فيه ثم قال: عزمت عليكم لتدخلوها قال: فقال لهم شاب منهم إنما فررتم إلى رسول الـلـه صلى الـلـه عليه وسلم من النار، فإن أمركم أن تدخلوها فادخلوها قال: اخرجوا إلى رسول الـلـه صلى الـلـه عليه وسلم فاخبروه، فقال لهم: لو دخلتموها ما خرجتم منها أبدا، إنما الطاعة في المعروف "[2].

وعليه فإن الطاعة المطلوبة أن يكون محلها مصلحة دنيوية أو دين لا تشكل و أولي الأمر في تلك الآية تشمل كل من ولي شيئا من أمر المسلمين سواء أكانت أماره كبري أم صغري، حيث أنزل المولي عز وجل قوله﴿ يَا أَيُّهَا الَّذِينَ آمَنُوا أَطِيعُوا اللَّهَ وَأَطِيعُوا الرَّسُولَ وَأُولِي الْأَمْرِ مِنْكُمْ﴾[3].

وعليه فإن هذه الآية تنسحب على كل من ولي شيئاً من أمور المسلمين فوجب على من ولي عليهم عدم معارضته إلا إذا كانت تلك الأمور المعارض فيها منصبة على معصية الـلـه ففي هذه الحالة لا تجب طاعته.

(١) صحيح مسلم ـ مرجع سابق ـ ١٤٦٩/٢.
(٢) أبو عبد الرحمن أحمد بن شعيب النسائي ـ المجتبى من السنن الشهير بسن النسائي ـ مكتب المطبوعات الإسلامية - حلب ـ الطبعة الثانية، هـ ١٤٠٦ ـ ١٩٨٦م ـ تحقيق: عبد الفتاح أبوغدة ـ ٧ /١٠٩.
(٣) سورة النساء ـ الآية ٥٩.

المـطلب الثـاني

تنظيم الأحزاب للمعارضة و مهامها

نتناول في هذا المطلب تنظيم الأحزاب السياسية والتي يناط بها أن تقـوم بمعارضـة السـلطة الحاكمة، ونتطرق فيه أيضاً إلى المهام التي تفرضها وظيفة (Function) المعارضة وذلك علي النحو التالي:

الـفرع الأول

أهمية المعارضة وضرورتها

إن الوظيفة الأساسية للأحزاب السياسية هـي انتقـاد سياسـات الحكومـة السـالبة وتصحيح مسارها حتى تطلع بدورها في إدارة دفة الحكم بالصورة المثلى، ومـن ذلك تتطلع المعارضـة إلى الوصول للسلطة عن طريق تنظيم معارضتها.

"والمعارضة في النظم الديموقراطية لها أهميـة كـبرى فعـلاوة عـلى أنها متفقـة مـع المنطق وطبيعة الأمور، كـذلك مـن حيـث وجود الـرأي والرأي المخالف وما يحققه وجود المعارضـة (المشروعة) من وسائل قانونية تسمح للتيار المعارض بـالتعبير عـن رأيـه، إضافة إلى ذلك فإن المعارضة تعتبر في الدول الديموقراطية جزءاً لا يتجزأ من النظام نفسه.

ومفـاد ذلك أن أي نظـام سـياسي (Political Regime) ليـس نظامـاً جامـداً لا يقبل أي تعديل أو تغيير، فكل النظم السياسية الديموقراطية تقوم علي أساس قبول الأغلبية لها، بحيـث إذا عبرت الأغلبية عن رفضها وأيدت رغبتها في تعديل أو تغيير، تعين وفقاً للمفاهيم الديموقراطية الاستجابة لتلك

الرغبات، وتلك هي فائدة المعارضة وما يدعو إلى ضرورة تنظيمها في النظم الديموقراطية، فهذه النظم ينبغي عليها أن تعترف دائماً وتشجع وجود برامج سياسية مختلفة عن برنامج الأغلبية الحاكمة، كما يتعين على هذه الأغلبية أيضاً قبول كل نقد موجه إليها من المعارضة، فبرنامج المعارضة، وما توجهه من نقد للحكومة يمثلان ضرورة لا مناص منها في كل نظام ديموقراطي " [(١)].

حيث يمكن للمعارضة استنادا لبرامجها، واعتمادا على ما تملكه من وسائل للضغط علي الحكومة أن تستجيب لرغبات الجماهير في التغيير والتعديل، دون أن تتعرض المؤسسات الدستورية لأي خطر، مما يترتب عليه إمكانية حدوث التغيير في نطاق (الشرعية) وهو ما يطلق عليه الفقه (استمرارية المؤسسات الدستورية) " [(٢)].

ويعد تنظيم المعارضة من أهم وظائف الأحزاب " وهذه الوظيفة ليست مجرد مجابهة، من أحزاب الأقلية لحزب (أو أحزاب) الأغلبية، ولكنها وظيفة محددة الأبعاد، تقتضي من حزب المعارضة، أن يقوم بتوجيه النقد للحكومة، على أن لا يكون هذا النقد مجرداً، بل مقروناً بالحلول البديلة التي يتضمنها برنامج متكامل، يمكن ترجمته إلى قرارات نافذة، إذا سنحت الفرصة للحزب المعارض أن يتولي الحكم " [(٣)].

---

(١) الدكتور عبد الحميد متولي ـ أزمة الأنظمة الديمقراطية ـ منشأة المعارف ـ الإسكندرية ـ الطبعة الثانية ـ ١٩٦٣م ـ ص٦٦.

(٢) المرجع السابق ـ نفس الصفحة.

(٣) المرجع السابق ـ نفس الصفحة.

ولا شك أن قيام المعارضة على هذا النحو لا يمكن أن يتم إلا إذا استندت إلى ما تتيحه لها النظم الديمقراطية من وسائل تساعد على نجاح المعارضة، وعلى الأخص ما تكفله هذه النظم من حماية للحريات العامة، كحرية الصحافة وحرية الرأي وحرية التجمعات والجمعيات والحصانة البرلمانية في مساءلة الحكومة " (١).

الفرع الثاني

المهام التي تفرضها وظيفة المعارضة

تفترض وظيفة المعارضة على الأحزاب، القيام بمهام ثلاث وهي:

أولاً: أن تقوم بنقد النظام السياسي الذي تقيمه الأحزاب الحاكمة

وينبغي أن يتم هذا النقد بحيث يتناسب والظروف الوطنية، ولا يؤدي للإخلال بالقواعد الشرعية الدستورية. ومن أمثلة النقد الذي لا يتناسب والظروف الوطنية، قيام الأحزاب بنقد سياسة الحكومة على أساس حلول مستوردة من النظم الأجنبية، وخاصة لو كان الرأي العام يرفض هذه الحلول، ولعل هذا هو أهم ما يوجه من نقد للأحزاب الشيوعية في دول أوربا الغربية" (٢).

ثانياً: أن تقوم بتقديم البدائل

وذلك أن يكون لها على وجه الخصوص برنامج صالح للتنفيذ. ومن

---

(١) الدكتور عبد الحميد متولي - المرجع السابق - ص ٦٦.

(٢) الدكتورة نبيلة عبد الحليم كامل ـ الأحزاب السياسية في العالم المعاصرـ دار الفكر العربي ـ بدون طبعة ـ ص ٨٤.

الملاحظ في هذا الصدد أن الأحزاب المعارضة عادة ما تنشط في هذا الصدد بعدة طرق، فهي إما أن تقدم برامج تقترح فيها تعديلات تؤدي إلى قلب أسس النظام (رأساً على عقب)، وبحيث لا تحتمل المؤسسات الدستورية أن يتم هذا التعديل بالطرق (المشروعة)، وإما أن تكتفي بتقديم برامج دعائية، لا تتضمن سوى مبادئ عامة براقة، لا تصلح لأنها لا توضع موضع التنفيذ" [١].

ذلك أن الأحزاب المعارضة في سعيها الدائب في الوصول إلى الحكم، تعمل على إكتساب أكبر قدر من الأصوات، لذلك فهي بالإضافة إلى مؤيديها تحاول أن تسلب الأغلبية أكبر قدر ممكن من الأصوات، لذلك تعمل المعارضة على إرضاء الجماعات المستاءة من الحكومة، والجماعات المرتدة وتأخذ في الاعتبار عند وضع برنامجها مطلب هؤلاء، فيأتي هذا البرنامج وكأنه عمل (دعائي) بمناسبة الانتخابات أكثر من أنه برنامجاً محدداً صالحاً لتنفيذه من قبل الحكومة التي تشكلها المعارضة ـ (إذا هي نجحت في الوصول إلى الحكم).

ثالثاً:

يتعين على الأحزاب أن تكون قادرة إذا هي وصلت إلى الحكم، على أن تتحمل مسؤليتها في استمرارية المؤسسات الدستورية وما يقتضيه ذلك من قيام كوادر الحكم، وقدرتها على المحافظة على كيان المؤسسات القائمة وإستمراريتها دون اضطراب " [٢].

---

(١)   الدكتورة نبيلة عبد الحليم كامل ـ مرجع سابق ـ ٨٤ وما بعدها.

(٢)   المرجع سابق ـ نفس الصفحة.

وهذا ما فشلت فيه الحكومات الديمقراطية في السودان، حينما تسلمت السلطة بعد حقب عسكرية رغم ما وضعت من تحالفات سياسية للمحافظة على الديمقراطية.

ويرجع ذلك إلى " أن ادعاء الأحزاب بأنها تعمل على وجود الانسجام الكلى والاتفاق العام بين أعضاء الأحزاب غير واقعي، لأنه يتناقض مع طبيعة السلوك الإنساني فالناس لا ينقسمون في تفكيرهم إلى مجموعات كبيرة، ولكنهم يحملون مختلف الألوان والأفكار، ولذا فإن الاتفاق الحزبي هو اتفاق سطحي، ومناهج الأحزاب هي مناهج غير مخلصة كما أن المناقشات الحزبية خالية من المبادئ " [(١)].

المطلب الثالث

أسباب المعارضة ودوافعها

تتعدد الأسباب والدوافع التي تولد المعارضة في الدولة ويمكن أن نقسم تلك الأسباب والدوافع إلى قسمين:

القسم الأول: دوافع نبيلة

وتكون في حالة أن يستبين فساد ظاهر في السلطة السياسية، يجعل خروج المعارضة منه ضرورة لمكافحة ذلك الفساد، أو أن يتم احتلال لتلك الدول من قبل دولة أخري، وهنا تتمثل المعارضة في صورة مقاومة سياسية (Political Resistance)، والمثال الأوضح لذلك المقاومة

(١) الدكتور توفيق عبد الغنى الرصاص ـ أسس العلوم السياسية في ضوء الشريعة الإسلامية ـ الهيئة المصرية العامة للكتاب ـ سنة ١٩٨٦م ـ ص ١٨٦.

الفلسطينية فقد" جاهد الشعب العربي جهاداً رائعاً زاخراً بأروع ألوان البطولة والتضحية طوال سنوات الانتداب البريطاني في وجه ثالوث الشر والبغي والعدوان المؤلف من الاستعمار والسياسة الغربية والصهيونية العالمية، فاحتفظوا لفلسطين بطابعها العربي وصانوا أراضيها وظلوا الأكثرية الساحقة من سكانها حتى ١٩٤٨م عندما غدرت بهم الخيانات، وعصفت بكيانهم المؤامرات وأرسلت في ديارهم المقدسة قواعد الرذيلة اليهودية(Judaism) الدخيلة "[1].

وهذا النوع من المعارضة يوجه إلى عدو محتل للأراضي ولا تنصب المعارضة أصلاً للفكر أو أسلوب الممارسة، وتكون تلك المعارضة مشروعة، وتصير مقاومة لأصل الوجود الحاكم وبهذا تخرج من مفهوم المعارضة السياسية موضوع دراستنا.

وقد تكون المعارضة أيضاً داخل النظام السياسي موجهة إلى حكومة وطنية رهنت إرادتها لقوي أجنبية تقوم بتنفيذ سياسات تلك الدولة، مما يضير بشعبها ودولتها، ويكون هدف الحكومة المحافظة على مقاليد الحكم فقط، والأمثلة على ذلك كثيرة في العصر الحالي كما قد يكون هنالك فساد سياسي مصاحب للقائمين بأمر الدولة سواء أكان ذلك في النواحي المالية أو الأخلاقية، مما يجعل هنالك أسباباً حقيقية تدفع الحادبين على مصلحة الدولة لمعارضتها لتغير ذلك الفساد، وبتر المفسدين، لاسيما إن تعلق الأمر بالحياد عن شرع الله علنا، كما يمكن أن يقتصر دور المعارضة على تقديم النصح إلى السلطة الحاكمة

(١) الأستاذ معين أحمد محمود ـ العمل الفدائي ـ الطبعة الأولى ـ١٩٦٩م ـ ص٧.

فقط دون أن يمتد إلى إرادة التغيير"[1].

القسم الثاني: دوافع غير نبيلة

في هذه الحالة تكون هنالك حكومة عاكفة على المصالح العامة، ويكون القائمون بأمر الدولة من ولاة الأمور الذين على درجة من الكفاية والأمانة والاقتدار، ومع ذلك تسعى جماعات إلى الإطاحة بتلك الفئة الحاكمة بدوافع مبعثها حب السلطة والغيرة والسياسة، وفي هذه الحالة يمكن أن نقول: إن تلك المعارضة ليست لها دوافع تبرر بها حق القيام بمناصبة السلطة الحاكمة العداء، إذ إن الهدف هو حب الاستيلاء على السلطة، وذلك لا يمت إلى المصلحة العامة بصلة أو أن تكون هنالك كراهية للقائمين بأمر الدولة من قبل بعض الجماعات، فتقوم على معارضتها على هذا الأساس، مبتغية إتباع الهوى دون النظر إلى المصلحة العامة.

كما يمكن تقسيم المعارضة في نوعيتها إلى عدة تقسيمات:

القسم الأول: معارضة مشروعة

وهي تلك المعارضة التي تنبثق من نظام ديمقراطي للحكم يسمح بنظام تعدد الأحزاب السياسية في الدولة، فتتألف الحكومة من حزب أو أحزاب داخلة في إئتلاف، ويكون خارج الحكومة حزب أو أحزاب أخرى معارضة لها، وعادة ما يرد النص على مشروعية المعارضة في ظل تلك الأنظمة في الدستور. ومن أمثلة ذلك مشروع دستور السودان في يناير ١٩٦٨م حيث نص في الباب الثالث والخاص بالحقوق والحريات الأساسية في المادة

(١) الأستاذ معين أحمد محمود ـ العمل الفدائي ـ الطبعة الأولى ـ١٩٦٩م ـ ص٧.

(٢٨) على الآتي:

" يكفل للمواطنين حق تكوين الأحزاب والنقابات والهيئات وفقاً للقيود المعقولة التي ينص عليها القانون، على أن تخطر كل منظمة تنطوي أهدافها أو وسائلها على مخالفة الحكم الشرعي الوارد في الفقرة الأولى من المادة السابقة " [١].

وكذلك نصت المادة السابعة من دستور السودان الانتقالي ١٩٨٥م على أن "يقوم النظام السياسي على حرية تكوين الأحزاب السياسية ويحمي القانون الأحزاب الملتزمة بالمثل والوسائل الديمقراطية الواردة في هذا الدستور" [٢].

ومؤخراً جاء دستور ٢٠٠٥م الانتقالي متضمناً في مواده حق إنشاء الأحزاب السياسية، حيث نصت المادة ٤٠ ـ ١ " يكفل الحق في التجمع السلمي، ولكل فرد الحق في حرية التنظيم مع آخرين، بما في ذلك الحق في تكوين الأحزاب السياسية والجمعيات والنقابات والاتحادات المهنية أو الانضمام إليها حمايةً لمصالحه " [٣].

والأمثلة على مشروعية المعارضة في الدساتير الديمقراطية كثيرة وعليه نقتصر ـ على ما سبق ذكره، ونخلص إلى أن النظام الديمقراطي يعطي حق معارضة السلطة الحاكمة بصورة منظمة في شكل أحزاب

(١) الأستاذ عبد الباسط صالح سبدرات ـ الدستور هل يستوي علي الجودي ـ ديسمبر ١٩٩٧م ص١١٩.
(٢) دستور السودان الانتقالي لعام ١٩٩٥ـ تعديل ١٩٩٧م ـ المادة السابعة.
(٣) دستور السودان الانتقالي لعام ـ ٢٠٠٥م.

سياسية يكفل لها جانب الحماية اللازمة لممارسة نشاطها السياسي، فيكون مـن مهامها مراقبـة أداء تلك الوزارات وتقويمها إذا ما حادت عن المصلحة العامة وذلك بكافة الوسـائل المشروعة والمتمثلة في الصحافة، والمناقشة في المنابر البرلمانية للأداء المعين للوزارة المعينة.

القسم الثاني: المعارضة في نظرالنظم الدكتاتورية (Despotism)

تعتبر معارضة السلطة الحاكمة غير مشروعة في الأنظمة الديكتاتورية (الشمولية) والأنظمـة الملكية، إلا أن الأخيرة لا تكون المعارضة محظورة فيها على إطلاقها، حيث هنالك أنموذج لملكيـة تقر نظام المعارضة وهي المملكة المتحدة، حيث لا يسمح فيهـا بقيـام أحـزاب سياسية مناهضـة للسلطة الحاكمة، وبذلك نجد أن المعارضة تمارس نشاطها بصورة سريـة غـير معلنـة، وتنقسـم المعارضة غير المشروعة بدورها إلى معارضة داخلية وخارجية.

أولاً: المعارضة الداخلية

حيث تمارس تلك المعارضة من داخل الدولة، في محاولة منها لتغيير نظام الحكم، وتتبع عدة وسائل في ممارستها لتلك المعارضة، حيث تقوم بتنظيم الاجتماعات السرية، وتوزيـع المنشـورات السياسية كما تقوم بتنظيم المظاهرات المناهضة للسلطة وغيرها من الوسائل المختلفة للمعارضة.

ثانياً: معارضة خارجية

وهي تلك المعارضة التي تمارس نشاطها من خارج إقليم الدولـة، وتكـون طريقـة مباشرتها للمعارضة عن طريق إقامة الندوات والمؤتمرات المعادية للنظام الحـاكم، وذلك في محاولـة منهـا لاستعداء المواطنين على السلطة

الحاكمة، وغالباً ما تجد تلك المعارضة الدعم المعنوي والمادي من الدولة التي تباشر منها معارضتها، وذلك لان هنالك اختلاف في سياسات الدولتين، أو كانت تلك الدولة من الدول التي تأخذ بنظام حماية اللاجئين السياسيين في دستورها.

كما يمكن أن تتخذ المعارضة غير المشروعة إحدى الوسيلتين:

أولاً: معارضة سلمية

قد تكون المعارضة غير المشروعة و تأخذ بالجانب السلمي في سبيل إقناع السلطة الحاكمة لتغير سياستها، ولا تلجأ إلى استعمال القوة العسكرية في تغيير نظام الحكم.

ثانيا: معارضة عسكرية

قد تلجأ المعارضة غير المشروعة إلى الطرق العسكرية وذلك بأن تقوم بتدريب كوادر عسكرية أو أن تحاول قلب نظام الحكم بوساطة قوات النظام الحاكم، وذلك بتجنيد الكوادر لذلك الغرض، كما يمكن أن تأخذ مجموعة من القوات النظامية من الدولة إلى دولة أخرى لتمارس تمرداً عسكرياً على السلطة الحاكمة، وغالباً ما تجد دعماً من دولة أخرى لإحداث التغيير في نظام الحكم في تلك الدولة. وتعد المعارضة العسكرية من أخطر أنواع المعارضة، وذلك لاستنزافها موارد الدولة البشرية والمادية، مما يؤدي إلى إضعاف البنيات التحتية للدولة و اقتصادها القومي، هذا وقد عانت معظم

الدول الأفريقية[1] من ويلات هذا النوع من المعارضة، ولا نذهب بعيداً فالمثال الأوضح هو ما كان يدور في جنوب السودان قبل اتفاقية السلام الأخيرة وما هو دائر حالياً في دارفور".

---

(١)   التقسيمات السابقة ـ انظر: رسالة ماجستير الباحث (المعارضة في الفكر السياسي الاسلامى ـ دراسة مقارنة)١٩٩٩م.

الفـصل الثـاني

مبادئ النظم السياسية

(Introductory Of Political Regime)

في الدول المعاصرة

تمهيد وتقسيم:

تتكون عبارة النظم السياسية ـ لغةـ من كلمتين هما: النظم والسياسة:

أما النظم فهي جمع نظام، والنظام هو ترتيب الأمور على نحو معين لتحصيل هدف محدد. أما السياسة فهي مشتقة من كلمة ساس، والسياسة هي القيام على الشيء بما يصلحه، فيقال هـو يسوس الدواب، بمعني أن يقوم عليها ويرعاها، والوالي يسوس رعيته [١].

وتوجد صلة كبيرة بين السياسة والسلطة، فالسياسة تتضـمن اسـتخدام السـلطة مـن جانـب الحكام ليتمكنوا من قيادة من يسوسون من لمحكومين تحقيقاً للمصلحة العامة للمجتمع.

على ذلك فأن " السياسة بوصفها مصطلحاً يحمل معنى بسيطاً ومعنى معقداً لهذا المفهـوم، وذلك يرجع لشيوع استعمال تلك الكلمة عند عامة الناس، والمعنى الضـيق الـذي نعنيـه في هـذا البحث هو عندما ترتبط بكلمة نظم لتكون نظماً سياسية، والتي بدورها تحمـل معيـارين أيضـاً، أحدهما ضيق والآخر واسع، والمدلول الضيق والتقليدي لتعبير النظم السياسية ويـراد بـه أنظمـة الحكم التي تسود دولة معينة، وتبعاً لذلك يكون هنالك ترادف بين

(١) ابن منظور ـ مرجع سابق ـ ٦/ ١٠٨.

تعبير النظم السياسية والقانون الدستوري، ذلك القانون الذي يتضمن مجموعة القواعد التي تتصل بنظام الحكم في الدولة فتستهدف تنظيم السلطات العامة فيها وبتحديد اختصاصاتها وكذلك العلاقة بينها، كما تبين حقوق وواجبات الأفراد في الدولة، فضلاً عن القواعد التي تحدد الفلسفة أو الأيديولوجية التي تتبناها. والمدلول الواسع لتعبير النظم السياسية يدخل في نطاق الدراسة الشاملة للفلسفات الاجتماعية والاقتصادية والسياسية لدولة ما، إذ إنه ليس هنالك ثمة شك في إن دراسة الأنظمة السياسية لا تقتصر على مجرد شرح أحكام الدساتير في الدول المختلفة والتعليق عليها كما وردت بالوثائق الدستورية إن وجدت، وإنما تمتد لتشمل نظم الحكم المطبقة من حيث الواقع في تلك الدول، وإن خالفت النصوص أو أضافت إليها، وتشمل على وجه الخصوص دراسة أنظمة الحكم الأساسية في العالم دراسة مقارنة، وتصنيفها وتكيّفها وتقييمها [١].

وتبعاً لذلك " يكون المقصود بالنظام السياسي لبلد من البلاد تبعاً للمعني الضيق والتقليدي، نظام الحكم فيه، وهو الذي يتناول تباينه والإلمام به علم "القانون الدستوري" ومن ثم كان هنالك ترادف بين النظام السياسي للدولة أو نظام الحكم فيها أو القانون الدستوري للدولة " [٢].

وقد أورد الدكتور شيرزاد أحمد النجار تعريفاً شاملاً استقاه من

(١)   الدكتور شيرزاد أحمد النجار ـ دارسات في علم السياسة ـ عمان ـ دار دجلة ـ الطبعة الأولي ـ ٢٠٠٥م ـ ص ١٩.

(٢)   الدكتور إبراهيم عبد العزيز شيحا ـ النظم السياسية والقانون الدستوري ـ منشأة المعارف ـ الإسكندرية ـ بدون تاريخ نشر ـ ص ٥.

البروفسير أيستين وهو أن " النظام السياسي هو تلك التفاعلات التي تحدث في المجتمع، والتي من خلالها يتم توزيع الموارد النادرة " القيم " سلطوياً. وأن الوظيفة الرئيسية للنظام السياسي هي التوزيع السلطوي للقيم في المجتمع، أي عملية صنع القرارات الملزمة، ويشير إلى التخلص من القرارات التي تعطي هذا أو تحرم ذاك، ويكون التخصص سلطوياً إذا انصاع الأفراد للقرارات أيا كان السبيل أو الدافع: الخوف من السلطة، المصلحة الذاتية، أو الاعتقاد بشرعية النظام "[(١)].

واتفق مع هذا التعريف في النتيجة التي توصل إليها، حيث أن النظم السياسية تقم بما تؤديه من وظيفة وقد حولها التعريف المذكور.

وبعد أن تم توضيح مدلول النظم السياسية والتي تهمنا في هذا البحث، وهو التزامات الحاكم والمحكوم التبادلية، والحقوق ولا تفهم إلا إذا ما تناولنا المبادئ الأساسية للنظم السياسية في الدول المعاصرة ومن ذلك نبدأ بدراسة الدولة من حيث تعريفها وأركانها وأشكالها.

ثم بعد ذلك نتناول نظم الحكم السياسية في الدول الحديثة المعاصرة، وأخيراً نتناول المبادئ العامة التي تقدم عليها الدول العاصرة وذلك في ثلاثة مباحث على التفصيل السابق ذكره.

(١) الدكتور شيرزاد ـ مرجع سابق ـ ص ١٩.

المبحث الأول
الـــدولـــــة
(The State)

تمهيد وتقسيم:

الإنسان بطبيعته كائن اجتماعي، وهذه فطرة غرسها الله فيه، ولذلك لا يستطيع أن يعيش بمعزل عن الآخرين، وحينما يزداد عدد الأفراد في منطقة ما يشكلون خلية اجتماعية يحتم عليهم فرضية وجودهم أن يتعايشوا فيما بينهم.

ولما كانت النفس البشرية أيضا مملوءة بحب الذات والسعي لإشباع جميع حاجياته الإنسانية، مما يجعل تلك الرغبات والحاجيات قد تصطدم برغبات الآخرين فكان لابد من وجود تنظيم لمسلك النفس البشرية حتى تتواءم مع الآخرين، ومن ذلك الطرح الفطري لنشأة الدولة نحاول في هذا المبحث أن نتناول تعريف الدولة ثم نتحدث عن أركانها، وذلك في مطلبين.

المطلب الأول
تعريف الدولة

يستخدم مصطلح الدولة في اللغة الدارجة عن عموم الناس لتوضح مفاهيم متعددة لديهم، " فهي تعني مجموعة منظمة قاعدتها الاجتماعية الأمة"[1] ويعد ذلك المدلول أوسع معاني الدولة، ومن ذلك نستطيع أن نقول

---

(١) الدكتورة سعاد الشرقاوي ـ النظم السياسية في العالم المعاصر ـ دار النهضة =

أن السودان ومصر والعراق دولة.

" وقد يكون الاستخدام لمعني أخص، ويكون المقصود منها السلطة الحاكمة مثل أن يقال أن الدولة تسيطر على وسائل الإنتاج أو إنها تفرض حظر التجوال"[١].

ونجد أن " تعريف الدولة لدى فقهاء النظم السياسية قد تعدد، وذلك لتعدد وجهات النظر في المعايير التي أخذ كل منهم زاوية منها في وضعه"[٢].

ونحاول أن نتناول بعض القوانين التي وردت بشأن الدولة، فقد عرفت بأنها: " تجمع بشري مرتبط بإقليم محدد ليسوده نظام اجتماعي وسياسي وقانوني موجه لمصلحته المشتركة، وتسهر على المحافظة على هذا التجمع سلطة مزودة بقدرات تمكنا من فرض النظام ومعاقبة من يهدده بالقوة"[٣].

ويعاب من جانبي على هذا التعريف بأنه قد وضع كل الحكومات على درجة واحدة من المسؤولية، وذلك فى قوله (وتسهر على المحافظة على هذا التجمع)، حيث يمكن أن تكون هنالك دولة ويسود في القائمين على أمرها روح الانهزام وعدم الجديد والسعي للمحافظة عليها ـ بل تترك لأطماع

= العربية ـ القاهرة ـ ٢٠٠٢ م ـ ص ٢٣.

(١) الدكتور أحمد شوقي ـ مبادئ النظم السياسية ـ وحدة طبع جامعة القاهرة بالخرطوم ١٩٨٧ ـ ص ٥.

(٢) الدكتور إبراهيم عبد العزيز شيحا ـ النظم السياسية ـ الدولة ومكوناتها ـ منشأة المعارف ـ الإسكندرية ـ ٢٠٠٦م ـ ص ١٦.

(٣) الدكتور ثروت بدوي ـ النظم السياسية ـ دار النهضة العربية ـ القاهرة ١٩٧٥م ـ ص ٢٨.

دول أقوى أخرى.

كما عرفت الدولة بأنها: " مجموعة من الأفراد تقطن بصفة دائمة في إقليم معين وتخضع لسلطة عليا " [١].

ولنتوقف في هذا التعريف على عبارة (بصفة دائمة)، إذ نصطدم بأن من طبيعة البشر- التنقل والهجرة كما أن إطلاق مدلول الدوام يعد من المستحيلات.

أما التعريف العلمي للدولة في إطار دراسة النظم السياسية والذي يساير المفاهيم السائدة في العالم المعاصر فهو كما عبر عنها الدكتور أحمد شوقي " هي تنظيم ذو شخصية اعتبارية يقوم على وجود شعب يقيم على إقليم معين، ووجود سلطة ذات سيادة تسيطر على هذا الشعب وهذا الإقليم" [٢].

فالدولة ليست كياناً مادياً متجسداً يمكن رؤيته أو لمسه مادياً، و إنما هي مجرد نوع من التنظيم يقوم على توافر ثلاثة عناصر، هي الشعب، والإقليم، والسلطة ذات السيادة , فمن اجتماع هذه العناصر الثلاثة يبرز تنظيم دائم يطلق عليه اسم الدولة , وتحقيقاً لدائمية هذا التنظيم ولتمكينه من العمل باسم مجموع الشعب بأكمله، فقد جري العمل على تقرير شخصية اعتبارية مستقلة لهذا التنظيم الذي يعرف بإسم الدولة بمعني إقامة تصور باعتبار هذا التنظيم شخصاً دائماً مستقلاً عن أشخاص الحكام والمحكومين، ويعد هذا الشخص هو المالك للسلطة ذات السيادة، وإن كان هذا الشخص بحكم

_____

(١)   الدكتور عبد الكريم علوان ـ النظم السياسية والقانون الدستوري ـ مكتبة دار الثقافة ـ عمان ـ الطبعة الأولى ـ الإصدار الثاني ـ ٢٠٠١ م ـ ص ١١.

(٢)   الدكتور أحمد شوقي ـ مرجع سابق ـ ص ٥.

طبيعته الافتراضية المحضة لا يمارس هذه السلطة إنما يمارسها نيابة عنه مجموعة من الأشخاص الذين يتكون منهم الجهاز الحاكم في الدولة " [1].

ولتدعيم ذلك الفهم الوارد من التعريف فإن هنالك نتائج تترتب على الاعتراف للدولة كتنظيم بشخصية اعتبارية مستقلة، وعليه فإن هذه الشخصية هي المالكة للسلطة، وهذه النتائج هي كما أوردها الدكتور أحمد شوقي.

ونجد" إن السلطة بوصفها ركناً من أركان الدولة لا تزول بزوال الأشخاص الحكام الذين يمارسون هذه السلطة، لأنها ليست أمراً تابعاً أو مملوكاً لهؤلاء الأشخاص، فوفاة رئيس الدولة مثلاً لا تعني أن الشعب قد تحرر من السلطة , وإنما تظل السلطة باقية ومنسوبة إلى هذه الشخصية الاعتبارية الدائمة المستقلة المسماة بالدولة، وكل ما هناك أنه يتعين إحلال رئيس جديد بدلاً من الرئيس السابق ليتولى ممارسة السلطة نيابة عن هذه الشخصية الاعتبارية " [2].

والباحث يجد أن هذه النتيجة هي محصلة طبيعية في منهج الحياة البشرية واستمرارية النمو البشري، وإحلال الخلف للسلف.

وذلك مصداقاً لقوله تعالي: ﴿ قُلِ اللَّهُمَّ مَالِكَ الْمُلْكِ تُؤْتِي الْمُلْكَ مَنْ تَشَاءُ وَتَنْزِعُ الْمُلْكَ مِمَّنْ تَشَاءُ وَتُعِزُّ مَنْ تَشَاءُ وَتُذِلُّ مَنْ تَشَاءُ بِيَدِكَ الْخَيْرُ

(١) الدكتور أحمد شوقي - مرجع سابق - ص ٦.

(٢) المرجع السابق - نفس الصفحة.

إِنَّكَ عَلَى كُلِّ شَيْءٍ قَدِيرٌ ﴾[١]

ونجد " إن الحكام عندما يمارسون السلطة فيصدرون القوانين والقرارات ويبرمون المعاهدات مع الدول الأخرى، فانهم يتصرفون باسم الشخص الاعتباري المعنوي المسمى بالدولة ونيابة عنه ومن ثم فإن هذه القوانين والقرارات والمعاهدات لا تنسب إلى هؤلاء الحكام وإنما تنسب إلى الدولة وترتبط بها، ومن ثم فإن وفاة هؤلاء الحكام واعتزالهم للحكم لا يؤدى إلى انقضاء هذه القوانين والقرارات والمعاهدات نظرا لبقاء الشخص المالك الأصلي للسلطة التي صدرت عنها هذه الأعمال "[٢].

ونجد إنه في بعض الدول التي تحكم بالنظام الملكي فإن هذه القوانين والقرارات تنسحب إلى الملك القائم بشئون الدولة.

كما " إن الدولة بوصفها تنظيماً يتمتع بشخصية اعتبارية مستقلة عن أشخاص الحكام والمحكومين، فإنه يمكن أن يتمتع بالحقوق ويلتزم بالالتزامات، وأن تكون له ذمة مالية مستقلة عن ذمة الحاكم والمحكومين، كما يمكن أن يبرم باسمها العقود مع الأفراد والمعاهدات مع الدول الأخرى التي ترتب له الحقوق والالتزامات، وإن كانت هذه العقود والمعاهدات يجرى إبرامها ليس بوساطة الدولة نفسها وإنما بوساطة الحكام الذين يخول لهم نظام الدولة السلطة فى ذلك نيابة عن الدولة " [٣].

وأيضا نجد أن بعض ثروات الدول التي تسيطر عليها ملكية حاكمة

(١) سورة آل عمران الاية ٢٦.
(٢) الدكتور احمد شوقى ـ مرجع سابق ـ ص ٧.
(٣) المرجع السابق ـ نفس الصفحة.

وتكون لهم فيها نصيب من تلك الثروات.

وتظل الحقوق والالتزامات الناجمة عن هذه المعاهدات والعقود قائمة في حق الدولة عـلى الرغم من زوال أشخاص الحكام الذين قاموا بإبرامها.

المـطلب الثـاني

أركان الدولة

للدولة ثلاثة أركان هي:(الشعب والإقليم والحكومة) ولكي نكون بصدد دولة بالمعنى الواسع لهذا المصطلح يجب أن توجد جماعة من الناس يعيشون على إقليم محدد، كما يجب أن ينتظم هؤلاء الناس تحت حكومة معينة يحدد الإقليم نطاق السلطة التي تمارسها هـذه الحكومـة عـلى الشعب،

وعليه نتناول أركان الدولة في الفروع التالية:

الـفرع الأول

الشـعب(People)

الدولة هي تنظيم لمجموعة بشـرية، ومـن ثم فـلا يتصـور قيـام دولـة بغـير مجموعـة مـن البشر[1]، ويطلق تعبير الشعب على المجموعة البشرية التي تتمتـع بجنسـية دولـة معينـة وفقـا للقوانين المنظمة للجنسية السائدة في هذه الدولة، ولا يعد الأجانب المقيمون على إقليم دولة ما جزءاً من شعب هذه الدولة على الرغم من خضوعهم لسلطة هـذه الدولة أثنـاء إقامتهم عـلى إقليمها، وذلك أن هؤلاء الأجانب يعدون جزءاً من شعب دولة أخرى تلتزم

---

(١)   الدكتور إبراهيم عبد العزيز شيحا ـ النظم السياسية ـ الدول والمكونات ـ مرجع سابق ـ ص١٧.

برعاية أمورهم أصلاً، كما أنهم يلقون معاملة قانونية مختلفة عن معاملة شعب الدولة في العديد من النواحي، كحرمانهم مثلا من الحقوق السياسية وإلزامهم مثلا بالتزامات خاصة من حيث الإقامة والتسجيل"[١].

ولا يشترط في شعب الدولة أن يصل تعداده رقما معينا، فقد يبلغ مئات الملايين كالصين والهند مثلاً، وقد لا يتجاوز مئات الآلاف كتسجيل دول في الخليج العربي مثلاً[٢].

ولا يشترط في شعب الدولة أن يكون أمة واحدة، ونقصد بالأمة مجموعة من البشر ـ تجمعهم الوحدة في العديد من العناصر، كاللغة والدين والأصل العنصري أو التاريخ المشترك على نحو يدفعهم إلى الشعور بالرغبة في الحياة في جماعة واحدة[٣].

ونجد هنالك العديد من الدول يتكون شعبها من أفراد لا يتحدثون لغة واحدة كسويسرا وكندا والسودان، وأن معظم الدول تتكون من شعوب متباينة الأديان والأصل العنصري، كما أن الدول الحديثة كالولايات المتحدة واستراليا وكندا تضم بين أفراد شعبها نسبة كبيرة من المهاجرين الذين لا يجمعهم أي تاريخ مشترك[٤].

(١)   الدكتور أحمد شوقي ـ مرجع سابق ـ ص ٨.
(٢)   الدكتور إبراهيم عبد العزيز شيحا ـ النظم السياسية والقانون الدستوري ـ مرجع سابق ـ ص ١٣٣.
(٣)   الدكتور أحمد شوقي ـ مرجع سابق ـ ص ٨.
(٤)   الدكتورة سعاد الشرقاوي ـ مرجع سابق ـ ٣٨ ـ راجع الدكتور إبراهيم عبد العزيز شيحا ـ النظم السياسية ـ الدولة والمكونات ـ مرجع سابق ـ ص ١٨ ـ راجع الدكتور أحمد شوقي ـ مرجع السابق ـ ص ٨١.

على أنه يلاحظ أن الشعب الذي تتباين لغاته وأديانه وتاريخه وعاداته، والذي تضمه دولة واحدة تحرص السلطة فيها على الابتعاد المطلق عن صور التفرقة في المعاملة بناء على الاختلافات المذكورة، يمكن أن يحقق له على مرور الزمن التوحد اللغوي والخلقي والتاريخي، ثم الرغبة في الحياة في جماعة فيحول بذلك شعب الدولة إلى أمة واحدة.

الفرع الثاني

الإقليم (Territory)

لا يتصور وجود دولة بدون أن تكون لها رقعة من الأرض تمارس فيها نشاطها ويستقر فيها شعبها "وأرض الدولة يجب أن تكون محددة وواضحة المعالم"[١].

على أن مساحة الأرض (لا يشترط فيها مساحة محددة فيمكن أن تكون مساحتها واسعة كالسودان والولايات المتحدة، وممكن أن تكون مساحة صغيرة كما في إمارة موناكو والكويت"[٢].

ويشتمل الإقليم على عناصر ثلاثة هي: الإقليم البري والبحري والجوي، ويكفل الإقليم البحري للدولة حماية شواطئها إلى امتداد معين " وقد ذهب بعض فقهاء القانون الدولي أن البحر الإقليمي يحدد بأقصى مساحة تبلغها قذائف المدافع من الشاطئ، وبالتالي تستطيع الدولة أن تسيطر عليها"[٣].

وأجد أن هذا المعيار غير منضبط حيث أن قذائف المدافع قد تغيرت في

(١) الأستاذ الدكتور ماجد راغب الحلو ـ النظم السياسية والقانون الدستوري ـ منشأة المعارف ـ ٢٠٠٥م ـ ص ٤٦.

(٢) المرجع السابق ـ نفس الصفحة.

(٣) المرجع السابق ـ نفس الصفحة.

قدرتها وأصبحت هنالك قذائف تصل إلى أكثر من مئات الكيلومترات ـ كما أن تعيين المياه الإقليمية ليست قاصرة على حماية الدولة ومقدرتها من السيطرة على إقليمها، وإنما أيضا هنالك فوائد تكمن في تحديد حقها في استخراج الثروات من البحار، وقد عبرت عن ذلك الدكتورة سعاد الشرقاوي بأن " أهمية البحار والمحيطات ترجع إلى اعتبارات اقتصادية وسياسية ـ قد ازداد الاهتمام بقوانين البحار خلال القرن العشرين ـ وعقدت الأمم المتحدة سلسلة من المؤتمرات لتقنين قواعد القانون الدولي المتعلق بالبحار، بدأت بمؤتمر الأمم المتحدة الأول لقانون البحار في جنيف ١٩٥٨م وما زالت جهودها متعلقة في هذا المجال ـ وفي نفس العام تم وضع اتفاقيات جنيف حول قانون البحار " [٤].

وكما أشرنا آنفا إلى أن الإقليم يشتمل على عناصر ثلاثة هي: الإقليم البرى والإقليم البحري والإقليم الجوي، ويكفل الإقليم البحري للدولة حماية شواطئها حتى امتداد معين حدد باثني عشر ميلا بحريا، كما يكفل الإقليم الجوى حماية إقليمها من أي اختراق بوساطة الطائرات، إذ يمتد إلى ما لا نهاية في الارتفاع، أما الإقليم البرى فهو موئل نشاط البشر المكونين لشعب الدولة. ويشترط لقيام الدولة توافر ركن الإقليم، فقد استقرت الأوضاع في العالم على أن تختص كل دولة بإقليم معين يعيش عليه شعبها، وتمارس الدولة سلطانها على كل من يقيم عليه، ويمتنع على الدول الأخرى أن تتعدى على هذا الإقليم، وقد ذهب نفر قليل من الفقهاء، مثل العميد ديبجي وسيرجون سيلي إلى أنه " لا يلزم لقيام الدولة وجود إقليم معين وانه يكفي

---

(١) الدكتورة سعاد الشرقاوي ـ مرجع سابق ـ ص ٤٢.

لقيام الدولة وجود شعب ثم قيام سلطة حاكمة لهذا الشعب "[1].

إلا أن هذا الرأي لا يمكن قبوله خاصة بعد اقتسام كل مساحات الكرة الأرضية بين الدول القائمة عليها، وذلك أنه حتى لو افترضنا جدلاً أن هنالك شعباً هائماً على وجهة في الأرض لا يستقر على إقليم معين ويخضع لسيطرة سلطة تحكمه، فإن هذا الشعب أينما حل فإنه سيحل على إقليم دولة لها سلطتها الحاكمة، والتي تفرض سلطانها على كل من يحل بإقليمها، وبالتالي فإن السلطة التي تمارس على هذا الشعب الدائم الترحال ستواجه في كل مكان بسلطة أخرى تفقد الصفة الأساسية التي يتعين أن تتصف بها السلطة في الدولة، وهي صفة السيادة التي تتطلب عدم خضوع سلطة الدولة لأية سلطة تعولها.

يعد تحديد الإقليم الأرضي لدي الدولة في غاية الأهمية، وذلك لارتباطه بالسيادة ولذلك نجد أن أغلب المنازعات بين الدول تقوم على تحديد الإقليم الأرضي لكل منها، فقد ذهبت العديد من الدول إلى بيان حدودها عن طريق الاتفاقات المتبادلة المجاورة أو الانتماء على ما يقرره العرف الدولي "[2]

وقد يكون إقليم الدولة " موحداً متصلاً كما هو الشان في أغلب دول العالم، وقد يكون مجزءاً تفصل بين أجزائه بحار كما هو الشأن في اليابان وبريطانيا، أو جبال كما هو الشأن في الاتحاد السوفيتي قبل سقوطه عام ١٩٩١م، أو أرضا تدخل ضمن إقليم دولة أخرى كما هو الحال في باكستان

(١) الدكتورة سعاد الشرقاوي - مرجع سابق - ص ٤٢.

(٢) الدكتور نعمان أحمد الخطيب - الوسيط في النظم السياسية والقانون الدستوري - الطبعة الأولي - الإصدار الثاني - دار الثقافة للنشر - ٢٠٠٤م - ص ٢٤.

قبل أن يستقل إقليمها الشرقي ليكون دولة بنجلاديش عام ١٩٧٢م، وكما كان الشأن في الجمهورية العربية المتحدة التي أقيمت بين عامي ١٩٥٨ ـ ١٩٦١ م من اتحاد مصر وسوريا "[١].

والسؤال الذي يطرح نفسه ماذا لو فقدت الدولة سيطرتها على أجزاء من إقليمها الأرضي لظروف قهرية، مثلاً؟: "نجد أنه قد استقر فقه القانون الدولي على أن فقدان الدولة السيطرة على إقليمها بصفة مؤقتة لظروف خارجية عن إرادتها لا يهدم كيانها ما دام تنظيمها السياسي قادراً على مباشرة اختصاصاتها على رعاياه وإدارته الموجودة في الخارج "[٢].

فالإقليم يعتبر ركناً أساسياً من أركان الدولة وهو يعد شرطاً لاستقلال السلطة السياسية، وذلك لأن الإقليم هو المجال أو النطاق الذي تباشر فيه الدولة سلطتها، ولا يمكن لسلطتين مستقلتين تتمتع كل منها بالسيادة أن تجتمعا معاً على إقليم واحد، لأن وجودهما معاً سيؤدي حتماً أن تقضي إحداهما على استقلال الأخرى "[٣].

ويشتمل إقليم الدولة التي تطل على البحار على إقليم أرضي، والمياه الإقليمية، والإقليم الجوي، أما الدول التي لا تطل على البحار فإن إقليمها

(١) أ.الدكتور ماجد راغب الحلو ـ مرجع سابق ـ ص ٤٧.

(٢) الدكتور محمد حافظ غانم ـ مبادئ القانون الدولي العام ـ الطبعة الرابعة ـ مطبعة نهضة مصر ـ ١٩٦٤ م ـ ص ٣٧٥.

(٣) الدكتور خالد الزغبي ـ مبادئ القانون الدستوري والنظم السياسية ـ الطبعة الأولي ـ عمان ـ ١٩٩٦م ـ ص ٨٨.

يشتمل على الإقليم الأرضي والإقليم الجوي فقط "[1].

١ - الإقليم الأرضي (Territory Land)

يتمثل الإقليم الأرضي في مساحات الأرض اليابسة التابعة للدولة ولا يشترط لقيام ركن الإقليم أن تبلغ مساحة الإقليم الأرضي الملايين من الأميال المربعة، مثل الولايات المتحدة، والسودان بينما توجد دول لا تتعدي مساحة إقليمها الأرضي بضعة أميال قليلة كأمارة موناكو والفاتكان.

ولا يشترط أيضاً أن يكون الإقليم الأرضي قطعة متصلة من الأرض، فاليابان والفليبين تتكونان من عدد من الجزر التي تفصلها عن بعضها مياه المحيط الهادي، وكذا فقد كانت الجمهورية العربية المتحدة التي قامت على إثر الوحدة بين مصر وسوريا في عام ١٩٥٨م تقوم على إقليم ارضي تفصل جزئيه مساحة كبيرة من الأرض تقوم عليها دول أخرى.

ويحدد الإقليم الأرضي للدول بحدود تفصل هذا الإقليم عن أقاليم الدول المجاورة، وقد تتمثل هذه الحدود في مظاهر طبيعية كالبحارأو الجبال أو الأنهار، وقد تتمثل في حدود اصطناعية من الأسلاك الشائكة أو الأسوار، وقد تتمثل في مجرد خطوط للطول أو العرض يتفق عليها في اتفاقات دولية، وتندرج ضمن الإقليم البحري المياه الداخلية من أنهار وبحيرات وخلجان"[2].

(١) الدكتور احمد شوقي ـ مرجع سابق ـ ص ٨١.
(٢) المرجع السابق ـ نفس الصفحة.

٢- الإقليم المائي

وهو " يشتمل إقليم الدولة التي تطل على البحار أو المحيطات بالإضافة إلى الإقليم الأرضي على إقليم مائي، يطلق عليها اسم المياه الإقليمية وتتمثل هذه المياه في المساحات المائية من البحار والمحيطات التالية مباشرة لكل شواطئ الدولة إلى مسافات ممتدة داخل البحر أوالمحيط، وهذه المسافات لم يتم التوصل إلى تحديدها تحديداً واحداً في مختلف الدول، فقد كانت محددة بوساطة القانون الدولي بثلاثة أميال" (٢).

ثم أخذت الدولة في التوسع في مساحة هذه المياه الإقليمية حيث حددتها بعض الدول بمسافة ١٢ ميلاً كما هو الحال في السودان، كما جاء في قانون البحر الإقليمي والجرف القاري (Plateou Continenta) لسنة ١٩٧٠م " (١).

كما حددتها دول أخرى بمسافة أكثر من ذلك. ولا تمارس أي دولة أخرى سلطتها على تلك المياه، ولا تقوم بأي نوع من أنواع الاستغلال للثروة الكامنة في هذه المياه إلا بإذن الدولة صاحبة المياه.

والجدير بالذكر أن هناك دول لا تتمتع بمياه إقليمية وهي الدول المحصورة في اليابسة بين مجموع دول أخرى كما هو الحال بالنسبة لجمهورية إفريقيا الوسطي وتشاد.

(١)   الدكتور احمد شوقي - مرجع سابق - ص ٨١.
(٢)   البحر الإقليمي" يقصد به البحر الإقليمي كما هو معروف في قانون البحر الإقليمي والجرف القاري لسنة ١٩٧٠م.

٣- الإقليم الجوي   (Territory Aviation)

الإقليم الجوي يتمثل في الفضاء الـذي يعلـو كـلا مـن الإقليمـين الأرضي والمـائي للدولة، دون التقيد في الأصل بارتفاع معين، غير أنه مع التقدم الذي أحرزته بعض الدول في مجال غزو الفضاء، ومع كثرة الأقمار والمركبات الصناعية السابحة في الفضاء، والتي لا تفتأ تتزايد يومـاً بعد يوم، بـات من المتصور تحديد النطاق الجوي لإقليم الدولة بارتفاعات معينة، وذاك في إطار تنظيم الملاحة الفضائية تنظيمـاً يمكن أن يشابه في حدود معينة تنظيم الملاحة المائية في أعلى البحار التي تخـرج عن نطاق السيادة الإقليمية للدول [٢].

يشتمل إقليم كل دولة على إقليم جوي يتمثل في طبقات الجوي التي تعلو الإقليمين الأرضي والمائي، وقد جرت القوانين الداخليـة للـدول وكـذا القانون الـدولي عـلى أن سـلطة الدولة تملك سيطرة كاملة على طبقات الجو التي تعلو إقليمهـا، فـلا يجـوز اسـتخدامها في الطيران بوسـاطة طائرات الدول الأخرى إلا بأذن مـن سـلطات الدولة صاحبة الإقليم، وقد عقـدت المعاهـدات الدولية المنظمة لذلك، أما استخدام طبقات الجو التي تعلو إقليم مختلف الدول عـلى ارتفاعـات شاهقة بوساطة الصواريخ، والأقمار الصناعية فإنه لم تستقر بشأنه أحكام ثابتة حتى الآن " [١].

ويشتمل إقليم الدولة " بالإضافة إلى الأقسام المتآلفة من الأقاليم الأنهار

---

(١)   أ. الدكتور ماجد راغب الحلو ـ مرجع سابق ـ ص ٤٨.

(٢)   المرجع السابق ـ نفس الصفحة.

والبحيرات في الدول التي يشتمل إقليمها على مثل هـذه الظواهر الطبيعية، وتمارس سلطات الدولة سيطرة كاملة على الأنهار والبحيرات في الدول التي تشترك فيها معها دولة أخرى، أما الأنهار والبحيرات التي تشترك فيها أكثر من دولة فإن سلطة كل دولة تمارس سيطرة كاملة على ما تضمه حدودها منها، أما من ناحية استغلال المياه فإنها تخضع لاتفاقات دولية بين الدول صاحبة الشان"[١].

الفرع الثالث

السلطة ذات السيادة

(Sovereignty power)

لقد سبق وأن علمنا أن الدولة تتكون من شعب يقطن في إقليم جغرافي معين، وعليه فإنه لابد من وجود سلطة سياسية (Political power) تمارس إدارة وحماية مكتسبات ذلك الشعب والإشراف عليه ورعاية مصالحه.

والسلطة السياسية أو الهيئة الحاكمة هي أهم عناصر تكوين الدولة، الأمر الذي دفع بعض الفقهاء إلى تعريف الدولة بها، وبالتالي قولـه بـأن " الدولـة تنظيـم لسـلطة القهـر وهـي عنـوان السلطة المطلقة " [٢].

ولا يكفي مجرد وجود سلطة على اعتراف الأفراد بها وقبولها بوجود

---

(١)   أ. الدكتور ماجد راغب الحلو ـ ص ٤٨.
(٢)   الدكتور ثروت بدوي ـ مرجع سابق ـ ص٣٠ ـ مترجم مـن Burdeau: Manuel de droit cons .
        P,١٥, ١٩١ـ (ouv. cit).

الدولة، بل يلزم أن تحصل هذه السلطة على اعتراف الأفراد بها وقبولهم، وبالتالي فأي سلطة لا تستند إلى إرادة الجماعة التي تحكمها تكون سلطة فعلية، لا تسمح كما يري الفقه الدستوري بقيام الدولة بالمعنى الحديث، وبالتالي فقيام الدولة أو تأسيس السلطة مرتبط برضاء الأفراد " [1].

إلا أن إرضاء الأفراد لا يعني أن سلطة الدولة يجب أن لا تستند إلى القوة، لأن هذه القوة لازمة وضرورة لابد منها لممارسة سلطانها، وبالتالي فتخلف القوة يعني فناء الدولة لأنه يعطي القوة المنافسة القدرة على الظهور وفرض وجودها على الإقليم " [2].

لا يشترط أن تتخذ هذه الهيئة ـ أي السلطة الحاكمة ـ شكلا سياسيا معينا , و إنما يجب أن تبسط سلطاتها على الإقاليم الذي تحكمه بما لا يسمح بوجود سلطة أخرى منافسة لها، و ذلك أنه لو وجدت سلطتان تتنافسان على إقليم واحد فلابد أن يقع الصراع بينهما، فإذا انتصرت إحداهما على الأخرى فستنفرد بممارسة السلطة على هذا الإقليم , وقد يتم تقسيم هذا الإقليم بينهما بينما إذا لم يسفر الصراع عن انتصار أحد الطرفين [3].

ويثور التساؤل حول ما إذا كانت هذه السلطة تتمتع برضاء مجموع الشعب حتى توصف بأنها سلطه سياسية أم لا ؟

(١) الدكتور ثروت بدوي ـ مرجع سابق ـ ص٣٠.

(٢) الدكتور إبراهيم شيحا ـ مبادئ الأنظمة السياسية ـ مرجع سابق ـ ص ٢٢.

(٣) الدكتور عبد الغني بسيوني عبد الله – النظم السياسية أسس التنظيم السياسي ـ دراسة مقارنة لنظرية الدولة والحكومة والحقوق والحريات العامة في الفكر الإسلامي والفكر المعاصر ـ منشأة دار المعارف ـ الإسكندرية ـ ١٩٩١م ـ ص ٣١.

يرى بعض فقهاء النظم السياسية " أنه لا يشترط أن تكون ممارسه هذه الهيئة الحاكمة برضاء مجموع الشعب، فكثيرا ما تبسط الحكومة سلطتها عن طريق القوة والردع، كما يحدث عند وقوع ثورة (Revolution) أو انقلاب، أو عند حدوث حرب أهلية، أو قلاقل أو اضطرابات تتولى إخمادها القوة " [١].

على أن قيام الحكومة السياسية دون رضاء الشعب قد يقصر من عمرها السياسي، وذلك لأن الشعوب دائما ما تنتفض إذا تسلطت عليها هيئة سياسية لا ترغب فيها، و يحدث تغيير في السلطة بأخرى يرتضيها الشعب، وعلى ذلك تمارس السلطة السياسية العنف (The violence) في صد مواجهات المواطنين لها إذا كان العنف السياسي لازماً أساسياً من مستلزمات الحكم الديكتاتوري، حيث أنه عن طريق العنف السياسي يتم إنهاء الخصوم السياسيين للنظام، وعن طريق العنف السياسي تتم تصفية كافة الحسابات السياسية ويمارس الإرهاب على الأفراد والجماعات والأجهزة لتطويعها في خدمة ودعم السلطة الدكتاتورية " [٢].

وبما أن العنف السياسي "- في النظام الدكتاتوري- يلزم أن يكون عنفا منظما فلا بد من الإنفاق السخي على أجهزة القمع و الإرهاب و الترويع لضمان استمرار النظام وإخضاع الجميع لرهبته و هيمنته باعتبار كل ذلك

(١) الدكتور عبد الغني بسيوني - المرجع السابق - ص ٢٢.

(٢) الأستاذ ميرغني النصري ـ مبادئ القانون الدستوري والتجربة الديمقراطية في السودان ـ الطبعة الأولى - ١٩٩٨م ـ ص ٤٥.

ركنا هاما من أركان النظام " [1].

ومن هذا يستبين أن قيام السلطة السياسية دون إرادة الشعب لا يجعلها تتمتع بالاستقرار السياسي، وان كان وجودها من الناحية الفعلية يكسبها الشرعية في العرف الدولي.

على ذلك " تتميز السلطة السياسية بعدة مميزات تتلخص في أنها سلطة عامة ذات اختصاص عام يتضمن كل نواحي النشاط البشرى في الدولة , كما أنها سلطة تسمو على جميع السلطات الأخرى و يخضع لها جميع أفراد الشعب، وتختص السلطة السياسية في الدولة باحتكارها القوة العسكرية المادية التي تجعلها قاهرة تسيطر على أرجاء الدولة , وهي لا تسمح بوجود أي تنظيمات أخرى "، تملك نفس القوة المادية والعسكرية التي توازي بها قوتها " [2].

---

(١)   الدكتور عبد الغني بسيوني ـ النظم السياسية أسس التنظيم السياسي ـ مرجع سابق ـ ص ٣٢.

(٢)   المرجع السابق ـ نفس الصفحة.

المبحث الثاني

النظم السياسية في الدول المعاصرة

تمهيد وتقسيم:

تعد الحكومة هي الوحدة الأولية التي توضع عند الباحثين في النظم السياسية لدراسة السلوك السياسي في الدول الحديث، وذلك في أشكالها المختلفة من النظم الرئاسية أو البرلمانية، كما أن العملية السياسية لاختيار أعضاء الحكومة تقودنا إلى بحث الإنتخاب (Election) ونظمه المختلفة، وبعد ذلك تكمن ضرورة دراسة توزيع السلطات في الدولة المعاصرة، وتلك الجزئيات المشار إليها هي التي تعطينا اللبنة التمهيدية لمعرفة التزامات وحقوق الحاكم تجاه المحكوم، وهي المحك الطبيعي الذي تقوم عليه دراستنا، إذ إن معرفة شكل الدولة ما إذا كانت رئاسية أو برلمانية أو خليط من الاثنين معاً تتضح من خلاله معرفة هذه العلاقة، والتي تربط بين الحاكم والمحكوم. كما أن إحدى مفردات هذه العلاقة والتي تتجلى في اختيار الحكومة " الحاكم " من قبل المحكومين يجعل لزاماً على الباحث أن يخوض في مسألة الإنتخاب، وأيضا السلطات الثلاثة التي تقوم عليها الدولة، وهي " تنفيذية ـ تشريعية ـ قضائية " تبرز من خلالها حقوق وواجبات المحكومين داخل الدولة، وعلى ذلك أقسم هذا المبحث إلى ثلاثة مطالب، حيث نتناول في أوله أشكال الحكومات في الدول المعاصرة، ونخصص ثانية للانتخاب ونظمه المختلفة، ونكرس الأخير لدراسة توزيع السلطات داخل الدولة.

المطلب الأول

أشكال الحكومات في الدول المعاصرة

نتناول في هذا المطلب أشكال الحكومات في الأنظمة الوضعية فأبدأ بالنظام الـديموقراطي في فرع أول ثم أتطرق للنظام الديكتاتوري في فرع ثانٍ، و ذلك على التفصيل التالي:

الـفرع الأول

مفهوم النظام الديمقراطي وصوره وخصائصه

أولاً: مفهوم النظام الديمقراطي (Democratic)

نجد أن مصطلح الديمقراطية يعد من المفاهيم القديمة، وقد نشأ في اليونـان القديمـة حيـث تقسم الكلمة إلى ديموي أو الشعب و قراطوي وهي تعني شكل لنظام الحكم في الدولة ويتمثل مفهومها الواسـع بمـا أورده الـرئيس الأمـريكي أبراهـام لنكـولن (١٨٠٩ –١٨٦٥م) قائلاً بـأن " الديمقراطية هي حكم الشعب من قبل الشعب ومن أجل الشعب " [١]

ونلاحظ من التعريف السابق أن المدن الإغريقية القديمة ـ وبالذات أثينا ـ قـد طبقـت هـذا المصطلح، حيـث " كانـت هـذه المـدن مقسـمة اجتماعيـا إلى فئتـين، فئـة الأرقـاء وهـم الأغلبيـة الساحقة من سكان هـذه المـدن، وفئـة المـواطنين الأحـرار ـ وهـم قلـة ـ الـذين كـانوا يتمتعـون وحدهم بالحقوق السياسية، وهكذا اقتصر مباشرة شئون السلطة السياسية على الفئة الثانية

---

(١)   الدكتور أحمد سعيفان ـ قاموس المصطلحات السياسية والدستورية والدولية ـ مكتبـة لبنـان نـاشرون ـ ٢٠٠٤م ـ الطبعة الأولى ـ ص ١٨٢.

دون الأولي، أي على الفئة الضئيلة من السكان الذين لم يكن يتجاوز عددهم وقتذاك عشرين ألفا، دون الغالبية الساحقة من الأرقاء والأجانب الموجودين بهذه المدن"(١).

ويتفق الباحث مع الدكتور عبد الكريم علوان حينما قال " وبعلمي وبعلم أي دارس لمفهوم الديمقراطية يلحظ أن تلك التجربة اليونانية القديمة لا تمت إلى الديمقراطية بصلة، وانما يمكن أن يطلق عليها حكماً أرستقراطيا، حيث تحرم الغالبية العظمي من المواطنين والأجانب من حق الممارسة السياسية، وتحظى بها طبقة صغيرة من أفراد المجتمع اليوناني. ولعل الفكرة أوالنظرية قد ظلت " في بطون المؤلفات وأذهان المفكرين حتى جاءت الثورة الفرنسية في سنة ١٧٨٩م التي خرجت بها من حيز القول إلى حيز الفعل، فأعملت المبدأ الديمقراطي وجعلته أساساً فعلاً لحكم الشعوب وضمنته في إعلان الحقوق الذي نص على أن السيادة كلها مركزة في الأمة وليس لأية هيئة أو لأي شخص استعمال سلطة لم تكن الأمة مصدرها "(٢).

وخلاصة الأمر أن المعنى الثابت للديمقراطية والذى يتفق معه الباحث هو كما عبر عنه الأستاذ الدكتور ماجد راغب الحلو " بان الديمقراطية هي أن يتولى الشعب حكم نفسه بنفسه، سواء أقام بذلك المواطنون مباشرة ودون وساطة من أحد، أم باشر عنهم مهمة الحكم ممثلون يختارون من بينهم، أم امتزجت هاتان الطريقتان فمارس النواب شئون الحكم مع مشاركة

(١) الدكتور إبراهيم عبد العزيز شيحا ـ النظم السياسية الدول والحكومات ـ مرجع سابق ـ ص ١٤٤.
(٢) الدكتور عبد الكريم علوان ـ مرجع سابق ـ ص ١٥٠.

المواطنين "[1].

ومما سبق يتضح لنا أن هنالك صوراً متعددة للممارسة الديمقراطية فهى إما أن تكون مباشرة أو نيابة أو خليط بين الاثنين " شبه مباشرة ".

ثانياً: صور النظام الديمقراطي

١ - الديمقراطية المباشرة

وتعني " أن يمارس السلطة جميع أفراد الشعب داخل الدولة دون وساطة أي هيئة نيابية، وتعد هذه هي الصورة المثلي للديمقراطية "[2] ونجد أن هذه الصورة في ممارسة الحكم في الصورة التي تغني بها جان جاك روسو[3].

(١) الأستاذ الدكتور ماجد راغب الحلو ـ مرجع سابق ـ ص ٢١٣.

(٢) المرجع السابق ـ نفس الصفحة.

(٣) جان جاك روسو ١٧١٢م ـ ١٧٧٨م ولد بجنيف من أسرة فرنسية الأصل بروتستانتي المذهب، وعهد به والده إلى أحد الحفارين كي يعلمه صناعته، وكان هذا الرجل فظاً قاسياً، فغادر روسو المدينة هرباً منه وهو في السادسة عشرة، وهام على وجهه يحترف شتى الحرف في سويسرا وإيطاليا، وبعد ثماني سنوات لقي في سافوي سيدة يسرت له شيئاً من الاستقرار، فاستطاع أن يكون نفسه إذ تعلم الموسيقي واللاتينية وقرأ الفلاسفة، وبعد خمس سنين قصد إلى باريس ثم غادر إلى البندقية، فكان كاتباً لسفير فرنسا فيها، وعاد إلى باريس وهو في الثالثة والثلاثين وأخذ يتردد على: الفلاسفة وبخاصة ديدرو من مؤلفاته: مقال العلوم والفنون ـ مقال في أصول التفاوت بين الناس. انظر: يوسف كرم ـ تاريخ الفلسفة الحديثة ـ الطبعة الخامسة ـ دار المعارف بالقاهرة ـ بدون تاريخ نشر ـ ص ٢٠٠.

حينما قال بأن الشعب يتولي مباشرة السلطة القضائية، بل ويتولي الشعب الفصل في القضايا الهامة" [1].

٢ - الديمقراطية شبه المباشرة

تتميز الديمقراطية شبه المباشرة بوجود ثلاثة مظاهر لها وهي، الاستفتاء الشعبي، والاعتراف الشعبي، والاقتراع الشعبي.

" ويقصد بالاستفتاء الشعبي أخذ رأي الشعب في موضوع من المواضيع كما يقصد بالاعتراض الشعبي إعطاء الحق لعدد معين من الناخبين في الاعتراض على قانون صادر من البرلمان في خلال مدة زمنية معينة، أما الاقتراع الشعبي يعني قيام عدد محدد من الناخبين باقتراح مشروع قانون أو فكرة معينة إلى البرلمان " [2].

بالإضافة إلى تلك المظاهر الثلاثة التي تقوم عليها الديمقراطية شبه المباشرة " فإنه توجد ثلاث وسائل أخرى غير متفق عليها ومتمثلة في إقالة النائب بوساطة الناخبين وحل الهيئة السياسية وعزل رئيس الدولة [3].

ومن خلال هذه الظاهرة نجد أن الديمقراطية شبه المباشرة تأخذ جزءاً من الديمقراطية المباشرة، والمتمثلة في بيانها بالاستفتاء الشعبي والاعتراف لهيئة نيابية تقوم مقام الشعب في ممارستها لسن القوانين ومراجعة الموازنة

(١) الدكتور عبد الكريم علوان ـ مرجع سابق ـ ص ١٥٥.
(٢) الدكتور عثمان خليل عثمان ـ القانون الدستوري ـ الكتاب الأول ـ في المبادئ الدستورية العامة الطبعة الثالثة ـ القاهرة ـ بدون تاريخ نشر ـ ص ٢١١ - ٢١٢.
(٣) المرجع السابق ـ نفس الصفحة.

العامة والبت في بقية المسائل السياسية، وعليه فإن تلك الصورة من الديمقراطية أقرب من الديمقراطية المباشرة وتتلاقى تلك الانتقادات المنطقية التي وجهت إلى النظام الديمقراطي شبه المباشر على أساس أن تطبيق هذا النظام يحتاج إلى وعي وإدراك كبيرين من جانب أفراد الشعب لكي يتكون لديهم رأي عام بشأن القوانين والموضوعات التي تطرح في الاستفتاءات الشعبية وغيرها من وسائل الديمقراطية شبة المباشرة، ولذلك فإن هذا النوع من الديمقراطية لا يصلح للتطبيق في الدول التي ينخفض فيها المستوى الثقافي ويقل الوعي لدي شعوبها، لأن الأغلبية الشعبية ستقع تحت تأثير الأقلية المستنيرة لتقودها إلى حيث تريد "[1].

٣ - الديمقراطية النيابية

تقوم الديمقراطية النيابية على أساس انتخاب الشعب لممثليهم في البرلمان، وذلك لفترة محددة وتتولى ممارسة السلطة نيابة عنهم في خلال تلك الفترة، وعلى هذا الأساس فإن " النظام النيابي يقوم على أركان نلخصها في الآتي:

أ - وجود هيئة نيابية متخصصة ذات سلطة فعلية

وهذا يعتبر أهم ركن من أركان النظام النيابي، وقد يكون الانتخاب لمجلس واحد، تختلف الدول في تسميته فتارة مجلس الشعب وأخرى مجلس النواب، وقد يطلق عليه اسم المجلس الوطني أو خلافه، وقد يتم انتخاب مجلسين كما هو الحال في بريطانية "[2].

(١) الدكتور عثمان خليل عثمان ـ مرجع سابق ـ ص ٣٠٤.

(٢) المرجع السابق ـ ص ٢١٤.

ب - تحديد مدة تنتهي فيها عضوية النواب في المجلس

وذلك يعد ضماناً لمراقبة أداء النواب داخل المجلس في خلال تلك المدة فإذا كان هنالك قصور في الأداء يمكن عدم تحديد دورة أخرى للعضو في دائرته الانتخابية "(1).

ج - تمثيل النائب للأمة بأسرها

وذلك بعد أن يتم انتخاب النائب فإنه يكون ممثلاً لكافة الأمة وليس للدائرة المعينة فحسب.

د - استقلال الهيئة النيابية عن الناخبين:

تمارس الهيئة النيابية مهامها باستقلال تام بعد انتهاء عملية الإنتخاب، ولا يحق لأفراد الشعب أن يتدخلوا في أعمالها، وهذا الركن هو الذي يميز تلك الصورة من سابقتها ـ الديمقراطية شبه المباشرة ـ حيث نجد في الأخيرة يقوم الشعب بحق الاستفتاء والاقتراع والاعتراف كما ذكرنا، أما في هذه الصورة فلا يملك الشعب إلا الانتظار حتى يأتي موعد الانتخاب الجديد لكي يعبروا عن إرادتهم في اختيار من يرونهم أكثر صلاحية "(1).

الفرع الثاني

أنواع أنظمة الحكم الديمقراطي

أولا: النظام الرئاسي (Presidential Regime)

نشأ النظام الرئاسي بنشأة الولايات المتحدة الأمريكية ووضع دستورها

---

(1) الدكتور عثمان خليل عثمان ـ ص ٣٠٤.

(٢) الدكتور عبد الغني بسيوني ـ النظم السياسية والقانون الدستوري ـ مرجع سابق ـ ص ١٥١.

في مؤتمر فلاديفيا عام ١٧٨٧م، ويعتبر هذا الدستور هو اقدم الدساتير الوضعية المكتوبة التي لا تزال تطبق منذ أواخر القرن الثامن عشر ـ حتى الآن، وقد حددت نصوص هـذا الدستور مـع الأعراف المتطورة المتصلة بتطبيقه خلال قرنين من الزمان معالم النظام الخاصـة التـي يتمتـع بهـا رئيس الدولة فيه، ونتحدث فيما يلي عن خصائص النظام الرئاسي، وتطبيقـه في الولايـات المتحـدة الأمريكي[١].

وعلى ذلك فإن " النظام الرئاسي على خـلاف النظـام البرلمـاني يعتمـد مبـدأ فرديـة السـلطة التنفيذية، كما يعتمد مبدأ الفصل التام بين السلطات وتكون على قدم المساواة"[٢].

ومن ذلك يمكن تحديد الدعائم التي يستند عليها النظام الرئاسي، وهي كما لخصها الـدكتور حسين عثمان محمد عثمان بانها " تتلخص في وجـود رئيس منتخب يجمـع بـين يديـه السـلطة التنفيذية مع الفصل الجامد بين السلطات"[٣].

ولعل الدكتور حسين عثمان لم يوفق في اختيار عبارة (يجمع بين يديه والسـلطة التنفيذيـة) وكان من الأوفق أن يذكر عبارة (يتمتع بصلاحيات السـلطة التنفيذية) حيـث أن الجمـع يكـون لأكثر من سلطة بينما هي سلطة

---

(١)   أ.الدكتور ماجد راغب الحلو ـ مرجع سابق ـ ص ٢٥٣.

(٢)   الدكتور إبراهيم عبد العزيز شيحا ـ النظم السياسية والقانون الدستوري ـ مرجع سابق ـ ص ٤١٩.

(٣)   الدكتور حسين عثمان محمد عثمان ـ النظم السياسية والقانون الدستوري ـ جامعة الإسكندرية ـ ١٩٩١م ـ ص ٢١١.

واحدة تلك التي ذكرها.

ثانياً: النظام البرلماني (The parliamentary regime)

لم ينشأ " النظام البرلماني طفرة واحدة وإنما كان وليد ظروف تاريخية وسوابق عرفية نشأت وتطورت واستقرت في إنجلترا " [١].

وعلى ذلك " تعد إنجلترا الموطن الأول للنظام البرلماني، ومن هذا نجد أن النظام البرلماني يعد أحد أنواع النظام النيابي، ويقوم على أساس المساواة والتعاون والتوازن بين السلطتين التنفيذية والتشريعية [٢]

والجدير بالذكر أن " للنظام البرلماني ثلاثة عناصر يقوم عليها وهي ثنائية الجهاز التنفيذي والتعاون بين السلطتين والتوازن بين السلطة " [٣].

ويضع النظام البرلماني أهمية قصوى للبرلمان نفسه، وذلك على أساس أنه " يعبر عن سلطة الشعب في نظم أي دولة، والدولة الحديثة تقوم على وجود عدد من المؤسسات الدستورية تعاون فيما بينها لتحقيق مصلحة المواطنين واهداف الدولة ـ ويعد البرلمان مؤسسة دستورية وديمقراطية تعبر عن إرادة الشعب في إدارة شئون الدولة، ولذا كان هو نظام الحكم النيابي"[٤].

---

(١) الدكتور كمال المنوفي ـ أحوال النظم السياسية المقارنة ـ شركة الريحاني للنشر والتوزيع ـ الطبعة الأولي ـ ١٩٨٧م ـ ص ٢٢٧.

(٢) الدكتور إبراهيم عبد العزيز شيحا ـ النظم السياسية والقانون الدستوري ـ مرجع سابق ـ ص ٤٠٢.

(٣) أ.الدكتور ماجد راغب الحلو ـ مرجع سابق ـ ص ٢٤٤.

(٤) الدكتور عبد الحميد متولي ـ القانون الدستوري والأنظمة السياسية ـ مرجع =

ويقوم النظام النيابي على اركان أساسية هي:

١ - ثنائيـة الجهـاز التنفيذي

وتعنى ثنائية الجهاز التنفيذي " الفصل بين منصب رئيس الدولة ورئيس السلطة التنفيذيـة، وعلى هذا الأساس تقع مسئولية كاملة على عاتق الوزراء في القيام بمهامهم، ويكونـون خاضعين لرقابة (Censorship) المجلس التشريعي في تغيير الآراء "[١].

٢ - عدم مسئول رئيس الدولة

نجد أن رئيس الدولة غير مسئول سياسياً وذلك لأن " القاعـدة العامـة السـائدة فى أي نظام برلماني أن رئيس الدولة لا يتولى سلطة تنفيذية فعلية، ولا يعتبر مركز ثقل في تسـيير دفـة الحكـم فى البلاد، ولهذا لا تقع على عاتقه أية مسئولية سواء كان ملكاً أم رئيساً للجمهورية "[٢].

ويترتب على هذه القاعدة نتيجتان:

الأولى: في عدم جوازانتقاد رئيس الجمهورية لانعدام مسئوليته و لأن الوزارة هي المسئولة.

الثانية: وجوب توقيع رئيس الوزراء و الوزير المختص بجوار توقيع رئيس الدولة، لأن الأوامر الصادرة عنه لا تخلي الوزارة من المسئولية.

= سابق ـ ص ٣١٦ ـ الدكتور نعمان أحمد الخطيب ـ مرجع سابق ـ ص ٣٧٤.

(١) الدكتور عبد الحميد متولي ـ القانون الدستوري والأنظمة السياسية ـ مرجع سابق ـ ص ٣١٦ ـ انظر ايضا: الدكتور نعمان أحمد الخطيب ـ مرجع سابق ـ ص ٣٧٤.

(٢) الدكتور سعاد الشرقاوي ـ مرجع سابق ـ ص ١٤٢.

٣ - التوازن والتعاون بين السلطتين التشريعية والتنفيذية:

ويعنى ذلك أن السلطة التنفيذية تخضع لرقابة السلطة التشريعية، وذلك فيما يتعلق بالسياسات والأداء والمحاسبة والاستجواب، كما لها حق سحب الثقة من الوزراء وإسقاطها - وفي مقابل ذلك فإن للوزراء حق حلَّ البرلمان "[١].

ونجد أن هذا الحق الأخير فيه شيئ من المغالاة وذلك لإعطاء حق حلَّ البرلمان للسلطة التنفيذية، والتي هي أصلاً تم انتخابها بوساطة الشعب، وعلى هذا الأساس فإن أعضاء البرلمان يشكلون أغلبية على أعضاء الحكومة، لذلك من الطبيعي أن يكون رأى الأغلبية البرلمانية بسحب الثقة من الحكومة لا يمكن أن يقابله حق حلَّ البرلمان من جانب السلطة التنفيذية.

ثالثاً: نظام حكومة الجمعية النيابية (Government)

نظام حكومة الجمعية " هو نظام استمد اسمه من الجمعية الوطنية التي قامت في فرنسا بوضع دستور ١٧٩٣م الذي أرسي قواعد هذا النظام "[٢].

وعلى ذلك يعد نظام حكومة الجمعية عبارة عن نمط في تنظيم السلطات العامة يخضع فيها الجهاز التنفيذي لإدارة الجمعية أو الجمعيات النيابية ومن سماته: تعيين وإقالة الحكومة، وشكل جماعي للسلطة، والانقياد لتوجيهات الجمعية، أي أن السلطات كلها ولا سيما السلطة التشريعية والسلطة التنفيذية

(١) الدكتور نعمان أحمد الخطيب ـ مرجع سابق ـ ص ٣٨٠.
(٢) الدكتور أحمد شوقي ـ مرجع سابق ـ ص ١٤٤.

تجمع في الجمعية وحدها ـ وتكون الحكومة مؤلفة ليس من وزارة ووزراء وإنما من منفذين لإرادة الجمعية ومفوضين منها "[1].

يقوم نظام حكومة الجمعية النيابية على أساس " تبعية السلطة التنفيذية للسلطة التشريعية وإدماجها فيها وعلى هذا الأساس فإن الدور الرئيسي في هذا النظام ينصب على عاتق السلطة التشريعية، وذلك لهيمنتها على السلطة التنفيذية ورقابتها التامة على أعمالها، وبذلك تنعدم المساواة بين السلطتين، حيث يعلو مركز السلطة التشريعية و يسمو على السلطة التنفيذية، وتصبح السلطة التنفيذية تابعة لها وخاضعة لإرادتها ومسئولة أمامها مسئولية كاملة"[2].

ونجد أن هذه القاعدة تقوم على فكرة " مبدأ إنجليزي يقول: الملك لا يخطئ " وبذلك يكون رئيس الدولة غير مسؤول مدى حياته إذا كان ملكاً، أو حدة رئاسته إذا كان رئيساً للجمهورية وعدم مسؤولية رئيس الدولة في هذا المجال قد تكون مطلقة وقد تقتصر على الجانب السياسي دون الجانب الجنائي"[3].

والحق يقال أن رئيس الدولة سواء أكان ملكاً أم رئيس جمهورية (President of the Republic) أو خلافة، فهو في نهاية الأمر بشر خلق خطاءٌ ولم تمنح العصمة لأحد لذلك فإن عملية المحاسبة في الأعمال غير الشرعية والتي يتم بها انتهاك القوانين المطبقة داخل الدولة، فهي عملية

(١) الدكتور أحمد سعيفان ـ مرجع سابق ـ ص ١٦٥.
(٢) المرجع السابق ـ نفس الصفحة.
(٣) الدكتور عبد الكريم علوان ـ مرجع سابق ـ ص ٢١٥.

حتمية يمثلها الضمير الإنساني العادل وتوفر للمواطنين حماية كاملة في مجتمعهم.

وعلى هذا الأساس فإن هنالك خصائص تميز نظام حكومة الجمعية منها:

١ - تركيز السلطة في يد البرلمان

" وذلك يعني دمج السلطتين التنفيذية والتشريعية في البرلمان، ولا يفصل بين تلك السلطة إلا عن طريق اختيار وزراء ورئيس الوزراء لتسيير دفة الحكم وفقاً لسياسات البرلمان.

٢- السلطة التنفيذية للبرلمان

ويعنى بذلك قيام البرلمان بالإشراف على أعضاء السلطة التنفيذية في جميع أعمالها، و لها حق المحاسبة و سحب الثقة منهم وتغييرهم و ليس هنالك حق يقابل ذلك من جهة السلطة التنفيذية كما في نظام حكومة البرلمان، " ويعد نظام حكومة الجمعية انعكاساً لمبدأ سيادة الأمة، وعدم إمكان تجزئتها، بحيث تعطي الهيئة المنتخبة الحق في تمثيل الأمة، والتعبير عن إرادتها، أما عندما لا تستطيع الهيئة المنتخبة القيام بجميع هذه الوظائف المختلفة ـ فإنها تعهد بالوظيفة التنفيذية إلى هيئة تكون في مركز التابع للسلطة التشريعية، وبالتالي فإن نظام حكومة الجمعية يكرس مفهوم تبعية السلطة التنفيذية إلى السلطة التشريعية، ولذلك سميت بحكومة الجمعية، أي الحكومة التي تعيَّن لتنفيذ سياسات الجمعية المنتخبة " [١]

(١) الدكتور ثروت بدوي ـ مرجع سابق ـ ص٣٠٠.

الفـرع الثـالث

أشكال الحكومات

الديكتاتورية ـ الشمولية ـ التوتاليتارية

(Totalitarianism)

لقـد استعمل هـذا المصـطلح بينتـو موسـوليني " (Bento Mussolini) ١٨٨٣ – ١٩٤٥م وذلك إلى للإشارة إلى الدولة الفاشية ـ وقد عرفها بارجراجودين (BLoodein) " بأن الشـمولية: " نظام حيث تكوم تقنيان متقدمة، وآليات للسلطة السياسية التي تمارس بـدون قيـود أو كـوابح من خلال قيادات مركزية لحركة نخبوية للتأثير في ثورة اجتماعيـة شـاملة تتضمن بناء الإنسـان على أسس إيديولوجية محددة معلنة من القيادة في وضعية عامة في جو مـن الإكـراه الجماعـي" [٢]

تتعدد أشكال الحكومات الديكتاتورية، و قد اختلف الرأي حول تعريف كل شكل من هذه الأشكال، وذلك لتغير الحكومة بتغير الظروف و الملابسات التاريخية تغيراً متواصلاً، وتنشـأ مـن خلال هذه التغيرات أشكال أو أنظمة سلطوية مختلفة تتخذ لها صوراً تاريخية ثابتة.

ويبدو بعض هذه الأنظمة مستقراً في بعض الأحيان، ولكنها تتعرض لقوى جديدة، يكون لها فعلها في تحويلها تحولاً بطيئاً أو سريعاً، فالتغير هو

---

(١)   الدكتور مالك عبيد أبو شهيوة، الدكتور محمـود محمـد خلـف، الـدكتور مصطفي عبد اللـه خشيم ـ الأيديولوجيا والسياسة ـ الدار الجماهيرية للنشر ـ ١٩٩٣ م ـ الطبعة الأولي ـ ص ٤٠٠.

سنة الأشكال والأنظمة السياسية، ولا ينجو من هذه السنة إلا النماذج الرئيسية التي تستمر استمرارا نسبياً والحقيقة هي أن الحكم لا تتولاه الأكثرية، ولا يمارسه جميع إبناء الشعب، ولكنه عمل تضطلع به دائماً الأقلية وتنشأ عنه معضلة دستورية حول علاقة الواحد بالأقلية.

ولكن المعضلة الأهم تتصل بعلاقة الأقلية الحاكمة بالأكثرية المحكومة. فان كانت الأقلية مسئولة تجاه الأكثرية كان الحكم دستورياً، وإذا لم تكن مسئولة كان الحكم قبلياً، ويعنى هذا أن الأقلية التي تحكم لابد أن يكون لها رئيس أو قائد. والحاكم الفرد لابد أن يكون ممثلاً لأقلية معينة، وحكم الأقلية هو حكم الطبقة أو العصبة أو الحزب، أي أنه حكم فئة ما، سواء كان الحكم ملكيا أو إمبراطورياً أو استبداديا جاء نتيجة انقلاب عسكري(Pronunciamiento) أو غيرها " (١).

وسوف نقصر البحث على نوعين هما الحكومة الملكية، وحكومة الثورة " العسكرية " باعتبارها الأكثر وجوداً في العصر الحديث.

أولاً: الحكم الملكي ((Regal power

نجد أن " المعنى الحرفي لكلمة ملك (Royalty)" مونارك " (٢) وتعنى السلطة المطلقة. ولكن الواقع يدل على أن سلطة الملك تختلف من نظام إلى لآخر اختلافا كبيراً. وتدل الكلمة أيضاً على اختلاف في المنزلة الاجتماعية بين الملك وسائر رعاياه. فللملك شأن خاص يتفرد به، ويحفظ له هذا الشأن في قانون الوراثة الذي يتناول العائلة المالكة، ويحدد لها امتيازاتها من جيل

---

(١) الدكتور مصطفي عبد الـلـه خشيم ـ مرجع سابق ـ ص ٤٠٠.
(٢) تعنى الحاكم الأوحد ـ انظر: كتاب تكوين الدولة للدكتور رو برت ن/ ماكيفر.

لآخر، ولذلك فإن الملكية هي من حيث الجوهر نظام حكم وراثـي"[١].

ونلاحظ أن هنالك أنظمة للحكم الملكي لا تقوم على الوراثـة، إنما يكـون الحكـم بنـاء عـلى انتخابات ونعني بالحكم هنا ممارسة السلطة التنفيذية ولـيس سـيادة الدولـة والمثـال التـاريخي لذلك هو الحكومة البريطانية، وعليه فإن " هنالك أشكالاً مختلفةً لنظـام الحكـم الملـكي نـذكرها فيما يلي:

الملكية المطلقة (Absolutism)

تكون سلطة الملك فيها غير مقيدة، ولا يشاركه فيها أحد، و قد كان هذا النـوع مـن الحكـم الملكي المطلق سائداً في أوائل عهد الإمبراطورية الرومانية، وفى العصور الوسـطى، وفى فرنسـا قبـل الثورة، وفى دول كروسيا وتركيا، وبدرجة أقل في بروسيا والمجر إلى القرن التاسـع عشرـ أمـا اليـوم فإنه ما يزال موجوداً في بعض دول آسيا وأفريقيا " [٢].

وهذا النظام لا تقبل به معارضة منظمة وذلك لقيامه على أساس أن الرعية تـابعون للملـك، وقد أطلق البعض على هذا النظام اسم " الملكيـة الاسـتبدادية " فيوصـف بـأن سـلطته شخصـية ومطلقة [٣].

ولكن الحقيقة هي أنه معتمد بالضرورة على حاشية مقربة من أخصائه، وليس من السهل أن يوجد أو أن يتصور حكم شخصي تعسفي لا يعول صاحبه على التأييد الفعال الذي يلقـاه مـن الطبقة العامة.

---

(١) الدكتور روبرت ن/ ماكيفر ـ تكوين الدولة ـ ترجمة الدكتور حسن صعب ـ دار العلم للملايـين بـيروت ـ بدون تاريخ نشر ـ ص١٩١.

(٢) الدكتور توفيق عبد الغنى الرصاص ـ مرجع سابق ـ ص٨٤.

(٣) الدكتور روبرت ـ مرجع سابق ـ ص١٩٢.

الملكيـــة المقيـــدة

" لا يعنى تقييد الملكية تحولها بالضرورة إلى ديموقراطية فللملكيات دائماً يقيدها الدستور، ولكم وضعت القيود على سلطان الملك لخير الطبقة الحاكمة أو لصالح الفئة الضعيفة والمثال على ذلك تطور الملكية في بريطانيا.

ولا تتحول الملكية إلى الديموقراطية إلا إذا أدت القيود المفروضة للحيلولة دون تدخل الملك تدخلاً مباشراً في وضع القرارات السياسية، وأصبحت هذه القرارات من ممثلي الشعب بكامله، فإذا بلغت القيود هذا الحد ساد الملك دون أن يحكم كما هو الحال في إنجلترا، حيث أصبح الملك رمزاً للوحدة، وبات أشبه شيئ برئيس فخري له شأنه خارج المعترك السياسي ولكن الملك يظل في هذا النظام " ينبوع الشرفية، ومانح الألقاب، ومحور البلاط"[1].

من هذا نخلص إلى أن الملكية نوعان إحداهما مطلقة يمارس السلطة التنفيذية في الدولة، والأخرى مقيدة لها الجانب السيادي فقط، بيد أن السلطة التنفيذية تكون بمعزل عن سلطان الملك الأمر الذي يخرج تلك الصورة من نطاق الحكومة الديكتاتورية إلى الديموقراطية.

ثانياً: حكومـة الثورة «العسـكرية» (G. insurrectionnel)

في البدء يجب أن نفرق بين الثورة وحكومة الانقلاب، يرى بعض رجال الفقه أن العبرة في التمييز بينهما تكمن في مصدر الحركة لا القائم

---

[1] الدكتور روبرت ـ مرجع سابق ـ ص١٩٢.

بها، " " فإذا كان القائم بها أحد الهيئات صاحبة الحكم أو السلطة: كرئيس الدولة ملكاً كان أو رئيس جمهورية أو رئيس وزارة أو وزير دفاع أو قائد جيش ففي هذه الحالة تعد انقلابا، أما إذا كان القائم بها هو الشعب فتعد ثورة"(١).

ويرى فريق آخر أن العبرة تكمُن فى الهدف " فإذا كان الهدف هو تغيير النظام السياسي أي تغيير نظام الحكم مثلاً " من النظام الاجتماعي أو النظام رأسمالي إلى نظام اشتراكي أو شيوعي " ففي هذه الحالة تطلق على الحركة اسم ثورة. أما إذا كان الهدف هو مجرد الاستئثار بالسلطة والفوز بكرسي الحكم فقط، ففي هذه الحالة يُعد انقلابا "(٢).

والباحث يعتقد أن الرأي الأخير هو الأصوب ذلك لان التغيير يقوم وفقاً للهدف منه سواء أكان قائماً على دافع ثوري أو شخصي.

وندلف بعد ذلك لتبين ملامح حكومة الثورة " الانقلاب " حيث تتصف تلك الحكومات بصفتين هما:

أولاً: الصفة المؤقتة

حيث تتولى السلطة بصورة مؤقتة إلى حين عودة النظام النيابي بعد وضع الدستور، وعادة ما تعلن هذه الحكومات عن فترة انتقالية منها ما يلتزم بتلك الفترة و منها ما يستمر في الحكم حتى يحدث تغييرٌ آخر.

(١) الدكتورعبد الحميد متولى ـ نظرات فى أنظمة الحكم فى الدول النامية ـ مرجع سابق - ص١٨٨.
(٢) المرجع السابق - نفس الصفحة.

ثانيا: تكريس السلطة

تقوم الحكومات الثورية بتجميع السلطة التنفيذية والتشريعية في قبضتها، لذلك هي حكومات ديكتاتورية، وقد تجد تلك الحكومة مبرراتها في تجميع السلطة إلا أنها تخشى دائماً من حدوث حركة ثورية مضادة.

ويترتب على حكومات الثورة نتائج قانونية هي:

١) تعطيل الدستور والعمل بالأحكام العرفية أو المراسيم الدستورية.

٢) تظل القوانين العاديةالجنائي والمدني وغيرها من القوانين سارية رغم تعطيل الدستور.

٣) تلغى الأحزاب السياسية ويحظر ممارسة أي نشاط سياسي.

ونجد أن الطابع المميز للحكومة العسكرية هو " اعتمادها على القوات المسلحة في تنفيذ الانقلابات تحت قناع فشل الحركة الدستورية السياسية باعتبار أن القوات المسلحة هي المؤسسة القومية التي تتصدى لإنقاذ البلاد، وبما أن الديكتاتورية العسكرية عُقدتها هي الديمقراطية فسرعان ما تُعلن أنها ستقوم بالإصلاحات اللازمة، ولكن الواقع المعاش يقول أن الديكتاتورية العسكرية عندما تمارس السلطة تصبح كل يوم أكثر تمسكاً و إصراراً على التشبث بالسلطة "[1].

والباحث يختلف مع ذلك الرأي، حيث أن التجربة أثبتت التزام بعض الحكومات العسكرية بتسليم السلطة للشعب ونشير هنا (للحكومة الانتقالية اثرالانتفاضة الشعبية عام ١٩٨٥م برئاسة المشير/ عبد الرحمن سوار

(١) الأستاذ ميرغني النصري - مرجع سابق - ص٩٩.

الذهب). كما أن هنالك بعض الحكومات تبدأ عسكرية وتتحول تدريجياً نحو الديمقراطية، والمتابع للأحداث السياسية الأخيرة في السودان يلاحظ ذلك التحول، وإن كان هذا التحول بطيئاً ووفقاً لضغوط أملتها التعقيدات السياسية في الدولة من مشاكل الجنوب، والصراعات في دار فور، ومنعاً للتدخل الدولي في البلاد، وتدويل (internationalization) [1] قضية دارفور لاستغلالها في أطماع أجنبية. إلا أن الأمر في نهايته صار واقعًا سياسيًا معترفًا به وأصبحت السلطة السياسية في السودان متشعبة بروح الديمقراطية وإتاحة بسط الرأي الآخر للأحزاب السياسية المعارضة.

(١) يشير التدويل بشكل شاسع وفي اللغة الدارجة إلى توسيع نزاع كان محدوداً مكانياً بمشاركة مباشرة أو غير مباشرة لدول أخرى غير الدولة المتحاربة الأصلية ـ تدل الكلمة أيضا علي النظام القانوني لمنطقة او إقليم يخرج علي الأقل جزئياً ـ من سلطان الصلاحية الإقليمية التامة لإحدى الدول ليوضع في نطاق القانون الدولي عن طريق توقيع الاتفاق المنظم لأحكام التدويل، ولقد طبق هذا النظام في طنجة باتفاقية ١٨ كانون الأول / ديسمبر ١٩٢٣م وفي منطقة السار التي فصلت من ألمانيا عام ١٩١٩م وبموجب اتفاق عقد بين هولندا وإندونيسيا في ١٥ آب أغسطس ١٩٦٢م، تمت إدارة أيريان الغربية خلال ستة اشهر من قبل سلطة تنفيذية مؤقتة للأمم المتحدة، لتعمل تحت رقابة مدير يعينه الأمين العام للأمم المتحدة باتفاق بين الدولتين المذكورتين ويظهر التدويل أحيانا كأنه حل لمطالب عدة دول أو شعوب في منطقة معينة (القدس مثلاً)، كما شهد حالياً اتجاه في تدويل الأماكن التي لم تتشكل بعد موضوعاً لتملك وطن وذلك بهدف التنمية الاقتصادية، الفضاء الخارجي، قاع البحار والمحيطات.أنظر: الدكتور أحمد سعيفان ـ مرجع سابق ـ ص ٨٧.

المـطلب الثـاني

الانتخاب ونظمه المختلفة

الـفرع الأول

الإنتخاب - (Election)

مفهومه وطبيعتة

عملية تنظيم الانتخابات في الدول الديمقراطية تعد من أهم المسائل التي تحظـى بـالتنظيم الشامل وهي تعد من اهـم التزامـات الحـاكم تجـاه المحكـومين وذلـك مـن كفالـة طرحهـا لهـم واتاحتها لمن كان اهلا لها.

والانتخاب " هو نمط لأيلولة السلطة يرتكز على اختيار المواطنين لممـثلهم أو لمنـدوبهم عـلى المستوي المحلي، الوطني أو المهني، أو هو نمط لمشاركة المواطنين في الحكم في إطار الديمقراطيـة التمثيلية "[1].

ويثور التساؤل لدى فقهاء النظم السياسية و القانون الدستوري حول طبيعة الانتخـاب مـن حيث كونه حقاً أم وظيفة تؤدى من قبل الأفراد، وتمخض عن هذا الاختلاف نظريتان هما[2].

النظرية الأولى

يرى البعض [3] أن الانتخاب هو حق طبيعي، أي أنه من الحقوق

---

(١) الدكتور أحمد سعيفان ـ مرجع سابق ـ ص ٥٣.

(٢) الدكتور محمد نصر مهنا ـ مرجع سابق ـ ص ٤٨٣.

(٣) دافع عن هذه النظرية سيز، واعتمد في دفاعه عنها علي فكرة سيادة الأمة، فالسيادة مملوكـة لشـخص الأمة في ظل تلك المفاهيم، ولا يمنح حق الإنتخاب =

الطبيعية التي فرضت على المشروع فرضا والتي اكتسبها الإنسان لمجرد كونه إنساناً، فهو يعد حقاً سابقاً على وجود المشروع الذي يريد تنظيم ذلك الحق فليس للشرع إذا أن يحرم أحدا من استعماله اللهم إلا عديمي الأهلية ومن في حكمهم.

النظرية الثانية

يري أصحابها أن [1] الانتخاب إنما هو بمنزلة أداء وظيفة عامة، فيقول أصحابها أن حق السيادة إنما تقرر للامة لا للفرد، إذا فحين يستعمل الفرد حق الانتخاب فهولا يستعمل حقاً من حقوقه الخاصة، بل حقاً للأمة يؤديه لحسابها، فهو إذا إنما يقوم بأداء خدمة عامة، فشأنه إذا شان من يقوم بوظيفة عامة، وبناء على ذلك فإن للشرع أن يخضع من الشروط ـ كشرط الكفاية وغيره ـ ما يكفل حسن أداء هذه الوظيفة العامة.

والباحث يتفق مع ما يراه الأستاذ بارتلمي من أن الانتخاب إنما هو عبارة عن سلطة قانونية، بمعني أنه إنما يستمد قوته من الناحية القانونية من قانون الانتخاب ذاته الذي يقرر هذا الحق وينظمه، فليس الانتخاب - في

= إلا لمن يكون قادراً من المواطنين علي القيام بمهمة أو الانتخاب لحساب الأمة، فالانتخاب وظيفة عامة شأنه شأن الوظائف العامة الأخرى، ومن ثم فهو يتطلب مؤهلات وقدرات، لذا فإن عدم منح هذا الحق إلا للمواطنين المؤهلين له يعتبر أمراً مشروعاً ـ انظر: دكتور سعاد الشرقاوي ـ مرجع سابق ـ ص ١٧٠.

(١) ترتبط هذه النظرية بفكرة السيادة الشعبية، وبآراء جان جاك روسو والتي تعتبر السيادة الشعبية هي مجموع السيادات والسلطات الفردية وعلي ذلك فإن الإنتخاب حق لكل مواطن له أن يستعمله أولا يستعمله انظر: الدكتور سعاد الشرقاوي ـ مرجع سابق ـ ص ١٧٠.

نظر القانون الوضعي - بمنزلة حق طبيعي لأفراد البشر فرض الاعتراف به على المشرع فرضاً " [1]

وهذا الرأي في الواقع لا يكاد يختلف في نتائجه عن الرأي القائل بان الانتخاب وظيفة: ذلك الرأي الذي يترتب عليه أن للشرع إذا شاء أن يأخذ بنظام الانتخاب المقيد (بشرط نصاب مالي أو شرط كفاية)، وذلك بخلاف الرأي الأول الذي يري أن المشرع عليه أن يأخذ بنظام العام (الذي سيأتي بيانه).

وإذا أمعنا النظر في بعض الدساتير نجد أن معظم الدول تعتبر أن الانتخاب حق، ونذكر على سبيل المثال الدستور الأردني لسنة ١٩٤٧ م وقد نص في الفصل الثاني في المادة ٣٠ - أ (لكل أردني حق انتخاب مجلس النواب) [2].

مشروع الدستور السوداني ١٩٩٨م قد جعل حق الإنتخاب واجباً"[3]، حيث أفرد ذلك في الفصل الثاني والذي جاء بعنوان الواجبات العامة ورعايتها في المادة (٣٥) على كل مواطن ممارسة الحقوق والحريات المكفولة له في ترشيد العمل العام، واختيار القيادات للمجتمع والدولة، وعلى

---

(١) ويضيف الأستاذ بارتلمي إلى ما تقدم قوله: بان هذه السلطة القانونية (أي الانتخاب) لم تقرر لصاحبها من أجل مصلحة فحسب وإنما تقررت كذلك بل وقبل ذلك من أجل الصالح العام، لذلك فإننا نجد أن الطلب بثبوت صفة الناخب يمكن تقديمه لا من الناخب ذاته فحسب، بل كذلك من أي مواطن آخر غير ذلك الناخب الذي يتعلق به ذلك الطلب.

(٢) راجع: الدستور الأردني لسنة ١٩٤٧م.

(٣) راجع: مشروع دستور جمهورية السودان لسنة ١٩٩٨م.

ذلك نجد أن الإنتخاب وفق هذا الدستور يعد واجباً على المواطنين وليس حقاً.

بيد أن " الدستور المصري لسنة ١٩٧١م قد أخذ بنظام التصويت الاختياري، فقد جاء في المادة (٦٢) للمواطنين حق الانتخاب والترشيح وإبداء الرأي والاستفتاء وفقاً لأحكام القانون، ومساهمته في الحياة العامة واجب وطني " [١].

وعموماً فإن غالبية الدساتير العربية تعتبر إن عملية الإنتخاب حق يمارسه المواطنون بحرية واختيار، مع أن رأيي يميل إلى اعتبار أن الإنتخاب واجب قانوني وشرعي تفرضه عليه مسئوليته في اختيار من يمثله في الحكم، وهذا في اعتقادي ما يوافق الشرع.

الـفـرع الثـاني

الأساليب المختلفة للانتخاب

الاقتراع العام و الاقتراع المقيد

تختلف فلسفة الدول وأساليبها في أخذها لنظم الانتخابات " وإذا كان الانتخاب يمثل أهم جانب من جوانب الحياة الديمقراطية وأخطرها، فإن الجزء الأكثر من هذه العملية هو الأسس والأساليب التي تتبناها الأنظمة المختلفة لتحقيق الغاية الرئيسية من تبني الانتخاب لتحقيق الديمقراطية " [٢].

ولما كانت الغاية السامية من نظام الانتخاب تكمن في إيجاد حكومة أو

---

(١)   راجع: دستور جمهورية مصر العربية لسنة ١٩٧١م.

(٢)   الدكتور نعمان أحمد الخطيب ـ مرجع سابق ـ ص ٢٨٠.

هيئة منتخبة على قدر من المسئولية تدير دفة الحكم على درجة عالية من القدرة لتقدم الدول فإن هنالك نوعين للانتخاب هما عام ومقيد.

أولاً: الانتخاب العام (S. Unirersel)

وهو الذي " يكفل تسيير حسن الانتخاب لأي من تمتع بالصلاحية القانونية لمباشرة الحقوق السياسية، وعليه فإن مبدأ الاقتراع العام إذا يعني أن لا تتضمن شروط الناخب شرطاً خاصاً سواء تعلق هذا الشرط بالعلم والكفاية أو كان متعلقاً بالثروة والنصاب المالي، وتعتبر مثل هذه الشروط متنافية مع مبدأ الاقتراع العام على أن هنالك شروط لابد من توفرها في الناخبين، ولا يمكن اعتبارها متنافية مع المبدأ وهي مثل الجنسية، الجنس، السن والاعتبار [(١)].

ونجد أن الدستور الانتقالي السوداني لسنة ٢٠٠٥م قد وضع شروطاً في الانتخاب بتولي منصب رئيس الجمهورية، تتمثل في تزكية عدد من الأشخاص كما يشترط دفع رسوم مالية وذلك تأكيداً للجدية " [(٢)].

واعتقد أن هذه الشروط تساهم في منع الترشح من قبل الأشخاص الذين لا تكون لهم الجدية الكافية لتولي هذا المنصب، حيث هو من المناصب التي لا تتحمل أن تكون مدعاة للترشح بدون مؤهلات مناسبة أو جدية.

ثانياً: الاقتراع المقيد (S. Restraint)

وهو الذي تم تقييد حق الاقتراع بعدة شروط تختلف من دولة إلى أخري

(١) الدكتور نعمان أحمد الخطيب ـ مرجع سابق ـ ص ٢٨٠.

(٢) راجع ـ دستور جمهورية السودان الانتقالي لسنة ٢٠٠٥م.

ومن نظام إلى آخر، وذلك كمن يشترط فيه أن يتم تقديم عدد من المزكين للشخص الناخب، أو

أن يشترط نصاباً مالياً وقد أشرنا إلى ذلك في الدستور الانتقالي السوداني لسنة ٢٠٠٥م، والغاية

من هذه الشروط هي " تطهر هيئة الناخبين من الغوغاء ومن السوقة " [١].

والباحث يتفق مع هذا الرأي، وذلك لأنه لابد من الجدية في شخص من يتقدم لشغل هذا

المنصب الحساس، إذ إن الأمر يعد من الأمور التي لا يُقبل فيها العبث أو الإستهتار.

الـفـرع الثـالث

نـظم الانـتخاب

أولاً: الانتخاب المباشر والانتخاب غيرالمباشر

يقصد بنظام الانتخاب المباشر (Direct Election) قيام " الناخبين أنفسهم باختيار النواب

أو الحكام من بين المرشحين مباشرة ودون وساطة، فالانتخاب المباشر يكون حينئذ على درجة

واحدة لا أكثر، يتحدد على أساسها النواب أو الحكام" [٢].

ونجد أن هذا النوع من الانتخاب يعد الأكثر ديمقراطية وعدالة، ويمنح كافة الأفراد في الدولة

حرية اختيار من يمثلهم في الحكم.

أما الانتخاب غير المباشر (Semi-direct Election) فيقصد به "

---

(١)   الدكتور عبد الكريم علوان ـ مرجع سابق ـ ص ١٨٣ - ١٨٤.

(٢)   الدكتور إبراهيم عبد العزيز شيحا ـ النظم السياسية ـ الـدول والحكومات ـ مرجع سابق ـ ص ١٦٣.

أن يقوم الناخبون باختيار مندوبين عنهم يتولون مهمة اختيار النواب أو الحكام، وبمعني آخر أن يتم اختيار الناخب للنائب أو الحاكم عن طريق شخص آخر هو المندوب وإن كـان هـذا النـوع من الانتخاب يفضل في المجتمعات المتخلفة (الأمية) فـإن هـذه النظـرة قـد انحسرت في الألفيـة الثالثة بانتشار التعليم والوعي السياسي " [١].

وقد أخذ الدستور الانتقـالي السـوداني لسـنة ٢٠٠٥ م في نظـام الانتخـاب المبـاشر، كـما أخـذ الدستور المصري في المادة (٨٨) من الدستور المصري الحالي المعدل بـأن " يحـدد القـانون الـدوائر الانتخابية ... وعدد أعضـاء مجلـس الشـعب المنتخـب ويكـون انتخـابهم عـن طريـق الإنتخـاب المباشر السري العام "، وهو نفس المبدأ الذي نص عليه قانون مباشرة الحقوق السياسية والقانون رقم (٣٨) لسنة ١٩٧٢م في شأن مجلس الشعب [٢].

ثانياً: الانتخاب الفردي والانتخاب بالقائمة

ومن حيث طبيعة ممارسة العملية الانتخابية فقد عرفت النظم الدستورية تقسيم الانتخاب إلى انتخاب فردي وانتخاب بالقائمة " الانتخاب الفردي (Individual Election)هو ذلك الـذي يختار الناخبون فيه نائباً واحداً عن كل دائرة من الدوائر الانتخابيـة الصـغيرة التـي تقسـم إليهـا البلاد، ومن أهم مزايا هذا النوع مـن الانتخـاب انـه لا يمـس حريـة الناخـب ولا المرشـح، فيـترك الناخب حراً في اختيار المرشح الذي يريد بناء على تقديره لكفايته،

(١) راجع ـ الدستور الانتقالي السوداني ـ لسنة ٢٠٠٥ م.
(٢) الدكتور نعمان أحمد الخطيب ـ مرجع سابق ـ ص ٣١٦.

يجبره على انتخاب من لا يروق له من المرشحين " [1].

والانتخاب الفردي هو الذي يختار الناخبون فيه عـدداً مـن النـواب لا يقـل في العـادة عـن ثلاثة: عن كل دائرة من الدوائر الانتخابية الكبيرة التي تقسـم إليهـا البـلاد، ويقـال أن مـن مزايـا الانتخاب بالقائمة أنه يجعل المنافسة بين الأحزاب تدور بين المبادئ والبرامج وليس بـين أشـخاص المرشحين، كما أنه يقلل من احتمالات إفساد ذمم الناخبين وشراء أصواتهم" [2].

واختلف مع هذا الرأي حيث إن شراء الذمم لا تكون منعدمة إذا كان الانتخاب قائمـاً عـلى نظام القوائم، حيث أن هنالك بعض الأحـزاب تلجـأ إلى تلـك الوسـائل غـير الشرعية في العمليـة الانتخابية، وذلك بشراء الأصوات ولا يحول نظام القوائم دون ذلك.

---

(١)   أ.الدكتور ما جد راغب الحلو ـ مرجع سابق ـ ص ١٥٠.

(٢)   المرجع السابق ـ نفس الصفحة.

المبحث الثالث

تقسيم

السلطات في الدولة المعاصرة

تمهيد و تقسيم:

يتطلب وجود دولة تتمتع بالشخصية القانونية الدولية أن تتوافر فيها ثلاث سلطات هي السلطة التنفيذية: والتي يناط بها " تنفيذ القوانين، وإدارة المرافق العامة بقصد إشباع الحاجات العامة " (١).

والسلطة التشريعية: وهي التي تقوم بوظيفة سن ومناقشة القوانين والتصويت عليها، وقد يطلق عليها أسماء مختلفة مثل " جمعية وطنية، مجلس النواب، برلمان، كونجرس، مجلس شعب، المجلس الوطني، الدومة، وغيرها " (٢).

والسلطة القضائية: والتي يناط بها تطبيق القانون على الحكومة والأفراد داخل الدولة.

وعلى هذا نقسم هذا المبحث إلى ثلاثة مطالب نتناول فيه كل سلطة بشي من الإيجاز غير المخل.

---

(١) الدكتور إسماعيل البدوي - اختصاصات السلطة التنفيذية في الدولة الإسلامية والنظم الدستورية المعاصرة - الطبعة الأولى - دار النهضة العربية - القاهرة - ١٩٩٣ م - ص ١٦.

(٢) الدكتور أحمد سعيفان - مرجع سابق - ص ٢٠٤.

المـطلب الأول

السلطة التنفيذية

(Executive power)

أولاً: تعريفها

السلطة التنفيذية " هي جهاز أو مجموعة أجهـزة (رئيس الدولـة، الوزاريـة وتسـمي أيضـا الحكومة) والتي تتمايز عن البرلمان بعددها القليل " [1]

هي السلطة المختصة بتنفيذ التشريعات و تعمل على تسيير المرافق العامة وانتظامها بحيث تكفل إشباع حاجات الناس" [2].

ويطلق فقهاء النظم السياسية عليها اسم الحكومة إلا أن هـذا المـدلول الإصـطلاحي يأخـذ ثلاثة معاني مختلفة " المعنى الواسع ويقصد به تلك الهيئات العليا الحاكمة التـي توجـه سياسـة الدولة: وهي السلطة التنفيذية والهيئة النيابية التي تتولى السلطة التشريعية (البرلمان أو مجلس الشـعب أو مجلـس الأمـة أو الجمعيـة التأسيسـية ...او المجلـس الـوطني الـخ)، كـما يقصد بالحكومة السلطة التنفيذية وحدها (أي رئيس الدولة سواء كان ملكاً أو رئيس جمهوريـة مـثلاً)، و ذلك هو المعنى الضيق الذي يقصده أساتذة الفقه الدستوري حين يقصدون هذا الاصطلاح، أما المعنى الأخير والأضيق فهو أن يقصد بهذا الاصطلاح (الوزارة وحدها) [3].

---

(١)   الدكتور أحمد سعيفان ـ مرجع سابق ـ ص ٢٠٥.

(٢)   الدكتور فتحي عبد الكريم ـ الدولة و السيادة ـ الطبعة الثانية ١٩٨٤م ـ مكتبة وهبة ـ ص ٢٢٢.

(٣)   الدكتور عبد الحميد متولي ـ الوسيط في القانون الدستوري ـ الطبعة الأولى =

ثانياً:التقسيمات المختلفة للسلطة التنفيذية

تختلف أنماط السلطة التنفيذية " بحسب شكل الحكومة وعرفت ثلاثة أنواع هي السلطة التنفيذية الفردية والمزدوجة والجماعية " [١].

١ - السلطة التنفيذية الفردية

ففي هذه الحالة يتولى السلطة التنفيذية فرد واحد و غالباً ما يكون ملكاً أو ديكتاتورياً أو إمبراطوراً " إلا أنه بحاجة لوجود مساعدين و معاونين في مهام الحكم ولكن ليس لهؤلاء الحق في مشاركته، أي في مقاسمته سلطة إصدار القرارات المتعلقة بشئون الحكم فهم لا يعدون (حكاماً) وإنما هم موظفون، وتقتصر مهمتهم على مجرد تحضير تلك القرارات أو تنفيذها، ولكن لا يشترط موافقتهم وتوقيعهم من أجل نفاذها وفردية السلطة التنفيذية تُعد من العوامل الأساسية في جعل السلطة قوية بعكس الحال حين يقتسم السلطة فردان أو عديد من الأفراد – حيث يفسر كل تقسيم أو توزيع للسلطة هو إضعافٌ لها " [٢].

ونظام فردية السلطة التنفيذية لا يقتصر علي النظام الديكتاتوري بل يمكن ان نجده في الأنظمة الديمقراطية والمثال على ذلك السلطات التي يتمتع بها رئيس الجمهورية في الحكومات الرئاسية " حيث يعهد بالسلطة التنفيذية إلى رئيس الدولة المنتخب خلال مدة رئاسية، فيمارسها عن طريق

= ١٩٥٦م ـ ص ٥٥.
(١) الدكتور ماجد راغب الحلو ـ مرجع سابق ـ ص ٢٠٩.
(٢) الدكتور عبد الحميد متولي – القانون الدستوري والأنظمة السياسية – مرجع سابق – ص٦٣.

مساعديه وتكون ممارسة اكثر جدوى وفعالية نظراً لفردية السلطة، وعدم وجود إعلانات المعونة في إطار الهيئة التنفيذية وفي نفس الوقت تخلو فردية السلطة من مخاطر التسلط والتعسف نتيجة لتأقيت السلطة ووجود الرقابة عليها خاصة من جانب هيئة الناخبين بالإضافة إلى السلطتين التشريعية والقضائية " [1].

وعلى ذلك فإن السلطة التنفيذية الفردية لها صورتان في الوقت الحاضر، أي بعبارة أخرى فإن السلطة التنفيذية الفردية توجد في ظل النظام الملكي أو الدكتاتوري، ونتناولهما تباعاً:

أ - الملكية المطلقة

تقوم الملكية المطلقة على " تركز سلطات الدولة كلها في يد فرد واحد يتولى منصبه بطريقة الوراثة، وما تركيز كل السلطات في يده إلا تفسيرٌ لكونه صاحب السيادة الفعلية في الدولة فهو لا يستمد السلطة من الشعب، وإنما من نفسه بوصفه هو الوحيد الذي يمارس السيادة فعلاً في الدولة"[2].

وعليه فإن السلطة في هذا النظام من الحكم لا تستند إلى الشعب، وإنما تصدر عن الله ومن ثم فهي سلطة مطلقة يُعفى الملك في ممارستها من المسئولية أمام أحد من البشر وليس على أفراد الشعب إلا الخضوع لهذه السلطة ذات المصدر الإلهي و إلا عُدوا خارجين على الدين"[3].

(١) الدكتور عبد الحميد متولي - المرجع السابق - ص ٢١٠.
(٢) الدكتور حسين عثمان محمد عثمان ـ النظم السياسية و القانون الدستوري ـ الدار الجامعية ١٩٩١م ـ بيروت ـ ص١٨٩.
(٣) المرجع السابق ـ نفس الصفحة.

ب - النظام الدكتاتورى

هو نظام حكم يمارس فيه السيادة الفعلية شخص واحد دون مشاركة من أحد، إلا أن الحكم في هذه الحالة يتم الوصول إليه عن طريق القوة، في حين أن نظام الملكية يتم الوصول فيه إلى الحكم عن طريق الوراثة - والديكتاتورية قد تكون عسكرية أو مدنية و هذا ما عبر عنه بالحكم الشمولي" [(١)].

ففي أنظمة الحكم الدكتاتوري يستأثر أحد الأفراد بالسلطة التنفيذية، بل وقد يضع يده على كافة سلطات الدولة، وقد يكون هذا الفرد ملكاً أو إمبراطوراً تلقى السلطة بالوراثة، وقد يكون مغتصباً قفز إلى السلطة بالقوة والعنف، أو بالمكر والخديعة، وما أكثر الانقلابات العسكرية التي يستولي بها قادتها على السلطة في الدول المتخلفة بحجة إصلاح الأحوال ومكافحة الفساد، فيستشهدون بالفساد القائم وما يقومون به هو أدهى وأمر"[(٢)].

وقد أوضح الدكتور عبد الحميد متولي عدة أسباب ترجع إلى ظهور النظام الديكتاتوري[(٣)] ونلخصها في الأتي:

١) الرغبة في الحفاظ على استقرار الدولة

حيث إن الكثير من الدول النامية تخشى أن يترتب على الأخذ بالنظام الديموقراطي بما يتضمنه من تعددية حزبية و حرية الرأي إلى انفصام عرى الوحدة الوطنية، وتهديد استقلال الدولة، ولهذا فإنها تفضل الأخذ

---

(١) الدكتور حسين عثمان محمد عثمان - المرجع السابق - ص١٩١.
(٢) الدكتور ماجد راغب الحلو - مرجع سابق - ص ٢١٠.
(٢) الدكتور عبد الحميد متولي - القانون الدستوري - مرجع سابق - ص٦٨.

بنظام ديكتاتوري حتى تكفل تحقيق الوحدة القومية و حماية استقلالها.

وبحق أجد نفسي متفقاً مع ما ذهب إليه الدكتور عبد الحميد متولي في هذا السبب، وذلك ما نتلمسه في الأوضاع الحالية في السودان، وذلك حينما سمح بالتعددية الحزبية وحرية الرأي فتنادت الأصوات في الجنوب إلى الحق في تقرير المصير والذي هو نواة الانفصال، مما يجعل الأطماع الدولية تتجه نحو البلاد، لا سيما وأنها تعلم أن هناك اختلافاً في الديانات والثقافات والأعراف بين أبناء الشعب الواحد فيما يهدد حقيقةً بشبح التشتت والتفرق بين ابناء الوطن الواحد.

٢) تأتي الحكومات الديكتاتورية نتيجة لخيبة الأمل التي تنتاب الشعب من انتظار الإصلاح لدى الحكومات الديموقراطية فتستبشر خيراً بالحكومة الجديدة.

وأيضا اتفق مع الدكتور عبد الحميد متولي في تلك النتيجة، والتي تمثل واقعا عايشه الشعب السوداني في الفترات الحزبية وأصيب بخيبة أمل في حدوث أي تغيير من واقعهم جعلته ينتظر قدوم أي حكومة عسكرية.

٣) كما أن قيام الحروب وظهور الأزمات تؤدى إلى الأخذ بالنظام الديكتاتوري، ذلك لأنه حينما يحل بالدولة خطر داهم في صورة أزمة مالية حادة أو عدوان خارجي أو اضطرابات داخلية نجد أن الشعب يرضى بالتنازل عن بعض حقوقه وحرياته إلى حكومة فردية قوية تركز السلطة في يدها حتى تتمكن من درء تلك الأخطار.

٤) كما أن عدم النضج السياسي من شأنه أن يؤدى إلى الديكتاتورية، وقد تحقق ذلك في بعض الدول (كدول أمريكا اللاتينية) التي اقتبست

الأنظمة الديموقراطية عن غيرها من البلاد العريقة في مزاولتها لتلك الأنظمة"[1].

٢ - ثنائية السلطة التنفيذية

وهي أن يتولى السلطة اثنان أي (فردان)، وهذا النوع لم يعرف له تطبيق إلا في عهد الإمبراطورية الرومانية القديمة من عام (٢٩ق.م - ٣٩٥م)، و قد كان يطلق على كل منها اسم القنصل وكان يجرى اختيارهم عن طريق الانتخاب، وفي هذه الحالة يكون هنالك اتفاق بين القنصلين على تسيير أمور الإمبراطورية.

وعيوب هذا النظام أنه يؤدى إلى عرقلة أعمال الدولة لإمكانية حدوث الخلاف بينهما مما قد يؤدى إلى انفصام الدولة.

وفي العصر الحديث أفرد لهذا النوع من السلطة التنفيذية مفهوماً تطبيقياً نجده يتمثل في سلطة تتكون " من عنصرين – فرد وجماعة – أي أن السلطة في هذه الحالة يصح أن تعد مزيجاً من نظامين هما: السلطة الفردية والجماعية، وهذا النوع يسمى بالنظام البرلماني"[2].

وهذا النظام قد طبق في السودان بعد الحكومة الانتقالية عام ١٩٨٥م، حيث أن " دستور السودان الانتقالى يقرر أن الدولة السودانية جمهورية برلمانية مما يعنى أن السلطة التنفيذية ثنائية التكوين تشكل من رأس الدولة ومن مجلس الوزراء، وحدد الدستور الكيفية التي يتم بها تكوين كل من مجلس رأس الدولة ومجلس الوزراء كما حدد الصلاحيات الدستورية

(١) الدكتور عبد الحميد متولي ـ القانون الدستوري ـ مرجع سابق ـ ص٦٨.
(٢) المرجع السابق ـ نفس الصفحة.

القانونية لكل منهما " [1].

قد تتكون السلطة التنفيذية من رئيس دولة غير مسئول سياسياً، ومجلس وزراء يسأل أمام البرلمان، وقد يكون رئيس الدولة مجرداً من السلطة الحقيقية التي يتولاها مجلس الوزراء، ويقال أن الرئيس يمارس السلطة عن طريق وزرائه، وهذا هو شأن الدولة البرلمانية الخالصة مثل بريطانيا حيث يملك الملك ولا يحكم، وقد يشترك رئيس الدولة مع الوزارة اشتراكاً حقيقياً في ممارسة السلطة التنفيذية بحكم الدستور، كما هو الشأن في أنظمة الحكم التي مزجت بين النظامين البرلماني والرئاسي، ومنها فرنسا في دستور عام ١٩٨٥م وجمهورية مصر العربية في دستور عام ١٩٧١م " [2].

٣ - السلطة التنفيذية الجماعية:

ويطلق هذا الوصف على السلطة التنفيذية " حين تتكون من هيئة قليلة العدد ذات صبغة جماعية أي لا يوجد بها رئيس ومرؤوسون و أن القرارات تصدر من الهيئة كلها " [3].

وتمتاز هذه السلطة بالمساواة بين جميع الأعضاء حيث لا يوجد رئيس ولا مرؤوس كما أنه بهذه الطريقة لا يملك أي من أعضاء هذه الهيئة سلطة إصدار قرار، ولا تكون القرارات إلا بأغلبية الهيئة، ويعاب عليها تعطيل أعمال الدولة لانتظار انعقاد الهيئة، وقد يستدعى الأمر سرعة البت فيه، مما يجعل هنالك خللاً في أعمالها، ومثالها " حكومة السلطة التنفيذية الجماعية

(١)   الأستاذ مرغني النصرى ـ مرجع سابق ـ ص٤٣٥.

(٢)   المرجع السابق ـ نفس الصفحة.

(٣)   الدكتور عبد الحميد متولي ـ القانون الدستوري ـ مرجع سابق ـ ص٦٧.

التي عرفت في عصر الثورة الفرنسية " [١].

من النادر أن تتكون السلطة التنفيذية من هيئة جماعية تمارس قيادة جماعية كتلك التي كانت تدعيها الدول الشيوعية ويكذبها الواقع، ومن الأمثلة القليلة التي تضرب على جماعية السلطة التنفيذية " المجلس الفيدرالي في سويسرا، وهذا المجلس ينتخبه البرلمان، ويتكون من سبعة أعضاء يختارون أحدهم رئيساً للجمهورية " [٢].

المطلب الثاني

السلطة التشريعية

السلطة التشريعية مناط بها وضع القوانين المختلفة لتسيير دفة الحكم في الدولة لرعاية مصالح المواطنين، وهي بذلك تقوم بوظيفتين هما مناقشة مشروعات القوانين ثم سنها للتطبيق، ويتم ذلك وفقا للدستور" لأنه مصدر الحقوق والحريات، والتشريع ينظم ممارستها، وفي سبيل ذلك يمكن أن تكون مصدرا لضماناتها، وهو في تحديده لهذه الضمانات يجرى الموازنة الضرورية بين احترام الحقوق والحريات، وبين حماية النظام العام المصلحة العامة والتي بدونها لا يمكن ضمان ممارسة هذه الحقوق والحريات " [٣].

والسلطة التشريعية تعد من أهم السلطات داخل الدولة، ويناط بها وضع

---

(١) الدكتور عبد الحميد متولي ـ القانون الدستوري ـ مرجع سابق ـ ص٦٧.

(٢) المرجع السابق ـ نفس الصفحة.

(٣) الدكتور أحمد فتحي سرور ـ الحماية الدستورية للحقوق والحريات ـ دار الشروق ـ القاهرة ـ الطبعة الأولى ـ ١٩٩٩م ـ ص ٥٩.

التشريعات المختلفة في الدولة وتعد " اللسان المعبر عن رغبات الرأي العام ممثلاً في مختلف اتجاهاته ورغباته ودوافعه ومصالحه.. ويتم اختيار أعضاء السلطة التشريعية عادة بأسلوب الانتخاب الشعبي المباشر، إذ إن تلك الإجراءات هي الكفيلة بأن تجعل الشعب هو المصدر النهائي للسلطات حقيقة واقعية "[1].

وهذه الحقيقة بالذات هي التي تدفع إلى سيطرة الاعتقاد بان للسلطة التشريعية مكانة خاصة بالنسبة إلى السلطتين التنفيذية والقضائية، وبمعني آخر فإنها تحتل مركز الصدارة في النظام السياسي متى كان مستنداً إلى الأساس الديمقراطي أما في النظم الديكتاتورية حيث تصبح الإرادة الفردية بمنزلة القوة المهيمنة على النظام السياسي والمصدر الأول للسلطة فيه، فإن دور السلطة التشريعية ينكمش إلى الحد الذي قد ينتهي بتلاشيها كلية، أو أن تصبح على احسن الفروض مجرد هيكل صوري لا يمارس دوراً أكثر من إضفاء نوع من الشرعية الزائفة على القرارات التي تنبع من إرادة الفرد والحاكم والديكتاتورية والفاشية والنازية التي قامت في كل من إيطاليا وألمانيا في الثلث الأول من القرن العشرين يصح أن تتخذ دليلاً ناصعاً يبرهن على صحة هذا الادعاء"[2].

ولي أن أضيف صوتي إلى هذا الرأي مشيراً إلى ما أتت به الألفية الثالثة من صور جديدة للنازية والفاشية لتمارس تلك المظاهر من القمع والإرهاب

---

(١) الدكتور ثروت بدوي ـ مرجع سابق ـ ص ٣٤٨.

(٢) الدكتور أحمد حامد الافندي ـ النظم الحكومية المقارنة ـ الكويت ـ وكالة المطبوعات ١٩٧٢م ـ ص ٤٥ ـ٤٧.

باسم الديمقراطية، وتختلف المستويات التي توجد فيها هذه الصور الجديدة من الأنظمة والمنظمات الدولية!! وعالمنا المعاصر يشهد أظلم فترات الذل والهوان بسبب تلك الممارسات النازية والكل يشاهد ويرى ما يحدث في العراق وفلسطين وأفغانستان ولبنان والصومال وما يجر إليه السودان حاليًا.

والسلطة التشريعية تختلف في تكوينها من دولة إلى أخرى، فقد تكون السلطة التشريعية في بعض الدول مكونة من مجلسين ومثالها السودان والولايات المتحدة الأمريكية، وقد تتكون من مجلس واحد كما الحال في العديد من الدول، وتختلف تسمية المجلس من دولة إلى أخرى، فمنها من يطلق عليه اسم مجلس الشعب، أو المجلس الوطني، أو الجمعية التأسيسية، أو مجلس النواب. وكل هذه المسميات تدل على أن المجلس يمثل الكيان الشعبي لجموع المواطنين في دولة ما، ومن ذلك نجد أن السلطة التشريعية قد تكون فردية أو ثنائية، وذلك على التفصيل السابق ذكره.

ولقد عرف السودان أول سلطة تشريعية بعد استقلاله في البرلمان الذي تم انتخابه عام ١٩٥٦م، ونتناول أهم السمات الواردة في هذا الدستور فيما يتعلق بالسلطة التشريعية:

يوجد مجلس واحد – السلطة التشريعية لكل السودان – يتكون من ٦٥ عضواً منتخباً و١٠ مرشحين و ١٢ أعضاء بحكم مناصبهم (المجلس التنفيذي) فيكون العدد الكلي ٨٧ عضواً، و يكون كل الأشخاص مؤهلين لعضوية الجمعية التشريعية إذا كانوا سودانيين ولا تقل أعمارهم عن ٣٠ سنة وسليمي العقل.

كما عرف السودان حاليا وفقا للدستورالانتقالي لسنة ٢٠٠٥م وجود

مجلسين هما المجلس الوطني ومجلس الولايات، كما تتمتع كل ولاية بمجلس تشـريعي خـاص بها " [1].

المطلب الثالث

السلـــطة القضـا ئية

مفهومها ووظيفتها

القضاء هو الذي يضع مبدأ حكم القانون موضع التنفيذ والاحترام، وليس هنالك مـن ينكـر قيمة حكم القانون كمتطلب أساسي يستلزم تطبيق الديمقراطية الحق في أي مجتمـع سـياسي، إذ في ظلـه يصبح المواطنون جميعـهم وبلا استثناء أمـام القانون سـواء " [2].

ويتركز الاختصاص الوظيفي للسلطة القضـائية في محاولـة تـوفير العدالـة الحقيقيـة للأفراد والعمل على حسم النزاعات التي تنشأ بين هؤلاء الأفـراد أنفسـهم أو بيـنهم وبـين أي هيئـة مـن الهيئات عامة كانت أو خاصة " [3].

وقد عرف ابن عابدين القضاء بأنه " فصل الخصومات وقطع المنازعات " [4].

---

(١)   انظر الدستور الانتقالي لسنة ٢٠٠٥م.

(٢)   سليمان محمد الطحاوي ـ النظم السياسية والقانون الدستوري ـ دراسة مقارنة ـ القاهرة   ١٩٨٨م ـ ص
       .١٧٤

(٣)   الدكتور محمد نصر ـ مهنا ـ في النظام الدسـتوري والسـياسي ـ المكـتب الجـامعي الحـديث ـ ٢٠٠٥م ـ
       الطبعة الأولى ـ ص ٣١٤.

(٤)   العلامة محمد علاء الدين ابن السيد محمد أمـين ابن السـيد عمـر الشـهير بـابن عابـدين ـ حاشـية رد
       المحتار على الدر المختار ـ دار الفكر للطباعة ـ بيروت =

والباحث يتفق - بتحفظ على الجزئية الوارده في عبارة (لمصالح الدنيا) حيث نجد ان القضاء تدخل في ولايته حماية الدين كمحاكمة المرتد وهو امر يتعلق بمسألة العقيدة والدين - مع التعريف الذي يذهبه إلى أن القضاء هو" إظهار الحكم الشرعي علي وجه الخصوص ممن له الولاية فيما يقع فيه النزاع لمصالح الدنيا وذلك علي سبيل الإلزام حسما للتداعي وقطعاً للنزاع" [(١)].

ونلاحظ أن هذا التعريف ينصب فقط علي القضاء الشرعي في الدول الإسلامية ولايمتد إلى القضاء بصورة عامة في جميع الدول وخاصة التي لاتطبق أحكام الشرع.

ومن هنا فإن القضاء ضروري أيضا لتسوية أي نزاع قد يحدث بين السلطة التشريعية والتنفيذية، لأن استيعاب مثل هذه النزاعات بين السلطات العامة في الدولة دون حسم قانوني لها، تقود في النهاية إلى تدمير أسس التفاهم بينهما وتعطيل علاقات التعاون المشترك الذي هو من ألزم الضروريات إذا ما كان على هذه السلطات أن تنهض بمسئولياتها الجسيمة على النحو المطلوب "[(٢)].

والقضاء من ناحية أخرى يعد ضماناً لصون الحرية السياسية ضد خطر الاستبداد الذي يمكن أن يهددها ويقضي عليها، فشعور الحاكم بغياب القانون

= ٣٥٢/٢.

(١) القاضي محمد خليفة حامد - النظام القضائي السوداني - الطبعة الأولى - الخرطوم٢٠٠٦م - ص٣٤.

(٢) الدكتور محمد نصر مهنا - مرجع سابق - ص ٣١٤.

يدفعه إلى انتهاك الحريات العامة والاعتداء عليها بلا أدني تخوف من عاقبة هذا الاستبداد. وبشكل عام فإنه ما من مجتمع غابت فيه كلمة القانون إلا ضاعت معه حريته السياسية فالحرية وحكم القانون صنوان متلازمان "[1].

ولا أتفق مع هذا الرأي على إطلاقه إذ إن من الأنظمة من يستغل عدم تطبيق مبدأ استقلال القضاة ليؤثر على أعمال السلطة القضائية لإباحة ممارساته الاستبدادية.

لهذه الاعتبارات كلها تنشئ الدول مرفق القضاء الذي تحاول جاهدة أن توفر له كل ما هو ضروري من ضمانات الاستقلال والاستقرار حتى يظل هذا المرفق الحارس على قيم العدالة وحكم القانون والحريات العامة، بعيداً تماماً عن كل ما يمكن أن يسيء إليه أو يهز ثقة الشعب فيه.

ولعل ذلك هو ما يجعل السلطة القضائية تتمتع بنوع من القوامة التي لا تحظى بها أي من السلطتين التشريعية او التنفيذية " [2].

استقلال القضاء:

وقد نص الإعلام العالمي لحقوق الإنسان (Human Rights) في مادته العاشرة، والتعاهد الدولي حول الحقوق المدنية و السياسية في مادته الرابعة عشرة فقرة أولى على وجوب أن يكفل لكل شخص محاكمة علنية عادلة أمام محكمة مستقلة مختصة تشكل بقانون، والقضاء المستقل ضروري للحصول على هذا الحق "[3].

---

(١)   الدكتور محمد نصر مهنا ـ المرجع السابق ـ ص ٣١٤.

(٢)   سليمان محمد الطحاوي ـ مرجع سابق ـ ص ٣١٥.

(٣)   راجع: الإعلام العالمي لحقوق الإنسان.

هذا وقد عرفت عبارة استقلال القضاة اللجنة الدولية للحقوق ومشروع المبا الذي ذكر " إن كل قاضى حر في أن يحكم فيما أمامه من وقائع طبقاً لإدراكه للحقائق ولفهمه للقانون بعيداً عن أي تأثير آخر بالترغيب أو الضغوط المباشرة أو غير المباشرة من أي جهة أو لأي قصد ـ وأن القضاء مستقل عن التنفيذ وعن التشريع، وأنه يمتلك حق التشريع المباشر، أو من خلال إعادة النظر فى كل المسائل ذات الصفة القضائية" [١].

هذا وقد أكد الدستور الإنتقالي لسنة١٩٨٥ م (دستور الانتفاضة) ـ مبادئ سيادة حكم القانون وأقر الدستور وفق المادة ١٢٥(١) منه أن المحكمة العليا هي حارسة الدستور وتختص كذلك بتفسير نصوص القانون"[٢]

أما الدستور الانتقالي لسنة ٢٠٠٥م فقد أفرد لحماية الدستور محكمة دستورية مستقلة.

وقد نص في قانون السلطة القضائية لسنه ١٩٨٦م على أن: تكون ولاية القضاء فى جمهورية السودان لسلطة مستقلة تسمى السلطة القضائية. أكد ذلك الدستور الانتقالي لسنة٢٠٠٥ م" [٣].

تكون السلطة القضائية مسئولة مسئولية مباشرة لدى رأس الدولة عن أداء أعمالها.

تكون للسلطة القضائية ميزانيتها المالية المستقلة و يصدر بها قرار من

(١) راجع: مجلة الحق - العدد الأول ـ ١٩٨٢م - ص٢٠٦.
(٢) محمد خليفة حامد ـ مرجع سابق ـ ص٥٥٦.
(٣) المرجع السابق ـ نفس الصفحة.

رأس الدولة بناء على توصية المجلس [1].

ومن الملاحظ أن هذه المادة قد أكدت على استقلال القضاة في السودان، ويبرز ذلك من إشرافها المباشر الذي يتولاه رئيس الدولة و ميزانيتها المالية المستقلة.

ومن خلال دراستنا للانظم السياسية المختلفة نجد ان علاقة الحاكم والمحكوم تتارجح بين منح الحرية السياسية للافراد في الدولة او من قمع هذه الحرية وذلك باختلاف نظام الحكم المطبق في الدولة.

---

(١)   راجع: الدستور الانتقالي لسنة ٢٠٠٥م وقانون السلطة القضائية لسنة ١٩٨٦م.

الباب الثاني

الالتزامـــــــات

السياسية للحاكم والمحكوم

في الفقه الإسلامي والقانون الدستوري

الباب الثاني

الالتزامات

السياسية للحاكم والمحكوم

في الفقه الإسلامي والقانون الدستوري

تمهيد وتقسيم:

لكي يتسنى لنا الوقوف على أرضية واضحة لدراسة القانون الدستوري، وذلك فيما يتعلق بعلاقة الحاكم والمحكوم في النظم الدستورية المعاصرة أولا، ثم ما انبثقت عنه الشريعة الإسلامية في وضع أسس تعد تشريعاً يحكم العلاقة السياسية بين الحاكم والمحكوم وهو القانون الإسلامي أو كما يطلق عليه الفقهاء المسلمون (الفقه) والذي يعد أوسع نطاق من القانون في التشريعات المعاصرة حيث أن القانون بمعناه الحديث يقصد به قسمان هما القانون العام والقانون الخاص أما الفقه الإسلامي فلا يقتصر على هذين القسمين بل هو أوسع نطاقاً من ذلك لأنه يتناول مسائل خارجه عن نطاق القانون بالمعنى المعروف في العصر الحديث كأحكام العبادات والطهارة وبعض قواعد الصحبة والأدب والسلوك والأخلاق والعقائد وغير ذلك لقوله عزّ وجلّ: ﴿مَا فَرَّطْنَا فِي الْكِتَابِ مِنْ شَيْءٍ﴾[1].

ورغم ذلك ايضاً نجد أن الفقهاء قد قسموا الفقه الإسلامي إلى قسمين هما: علم الأُصول وعلم الفروع والذي يتناوله هذا الأخير هو مصادر

(1) سورة الأنعام - الآية ٣٨.

التشريع: (القران، السنة، الإجماع، القياس، الاستصحاب، الاستحسان، شرع من قبلنا، سد الذرائع، العرف، المصالح المرسلة).

نجد أن أحكام الخلافة (نظام الحكم) تدخل في نطاق علم الفروع من أقسام الفقه الإسلامي والفقه في اللغة: العلم بالشيء والفهم له، كما يعني إدراك غرض المتكلم من كلامه، ومنه قوله تعالى: ﴿فَمَالِ هَٰؤُلَاءِ الْقَوْمِ لَا يَكَادُونَ يَفْقَهُونَ حَدِيثًا﴾[١].

وفي الاصطلاح الشرعي كما عرفه الإمام أبو حنيفة [٢] " هو معرفة النفس مالها وما عليها"[٣].

وإن كان فقهاء المسلمين لم يتحدثوا عن تقسيم للفقه الإسلامي في نطاق قواعد الحكم إلى قانون عام وخاص بل ساروا على بحث المسائل المتعلقة بهذين الفرعين معا دون تمييز كلا منهما عن الآخر فنجدهم يدرسون العقود مع الحدود إلى جانب قواعد الإدارة ونظام القضاء والولايات ومن بينهم ولاية الحكم ونظام الحكومة.

وعلى ذلك فان التمييز السائد عند فقهاء القانون الوضعي غير معروف لدى فقهاء الشريعة الإسلامية ولعل الأهمية التي يولونها فقهاء القانون الوضعي لقواعد القانون العام تندثر عند فقهاء الشريعة الإسلامية إذا أن

(١) سورة النساء - الآية ٧٨.

(٢) هو النعمان بن ثابت الكوفي مولدا والفارسي أصلا ولد سنة ٨٠هـ وتوفي سنة١٥٠ هـ

(٣) الدكتورعبد الكريم زيدان ـ المدخل لدراسة الشريعة الإسلامية ـ الإسكندرية ١٩٦٩م ـ ص/٦٢.

الاهتمام بسائر المسائل عندهم في مرتبة واحدة وهذا الفهم من وجهة نظرنا.

وعلى هذا الاساس قسم هذا الباب إلى فصلين هما:

الفصل الاول: الالتزامات السياسية للحاكم والمحكوم في القانون الدستوري وفقاً
                للأنظمة السياسية المعاصرة.

الفصل الثاني: الالتزامات السياسية للحاكم والمحكوم في القانون الدستوري وفقاً للفقه
                الإسلامي.

الـفصل الأول

الالتزامات

السياسية للحاكم والمحكوم

في القانون الدستوري

تمهيد وتقسيم:

إن مصطلح (القانون الدستوري) من المصطلحات المستخدمة حديثا نسبياً، رغم إنه قد عرفت في العصور السابقة للإسلام كلمة دستور (Constitution) التي كانت تعرف باسم (القانون) مثل قانون حمورابي، والدساتير الحديثة بصورتها المعروفة اليوم " قد ظهرت في عام ١٨٣٤م عندما قرر جيزو ـ والذي كان يعمل وزيراً للمعارف في عهد حكومة الملك لويس فيليب ـ تدريس مادة القانون الدستوري كمادة، مستحدثه في كلية الحقوق بجامعة باريس، وقد تقرر ذلك بالأمر الصادر في ٢٢ أغسطس عام ١٨٣٤م الذي نصّ على أن الغرض من تدريس هذا القانون هو شرح أحكام الوثيقة الدستورية وضمانات الحقوق الفردية وكذلك النظم السياسية التي قررتها الوثيقة المذكورة " [1].

وبما أن الدستور قد صار متعارفاً عليه دولياً بأنه الوثيقة التي تُحظى بالإحترام من قبل الكافة، ولا يجرؤ أحد على انتهاكها متعمداً إلا وقد قوبل برقابة ترده إلى الانقياد له، ومن هنا نحاول تسليط الضوء علي عدة

(١) الدكتور إبراهيم عبد العزيز شيحا ـ المبادئ الدستورية العامة ـ توزيع منشأة المعارف ـ بالإسكندرية ـ ٢٠٠٦م ـ ص١١.

موضوعات في المباحث التالية:

المبحث الأول: اساسيات لدراسة القانون الدستوري

المبحث الثاني: المبادئ الدستورية في الدول المعاصرة

المبحث الثالث: مصادر القانون الدستوري

المبحث الرابع: أنواع الدساتير

المبحث الخامس: أساليب نشأة ونهاية الدساتير

المبحث السادس: الرقابة على دستورية القوانين

المبحث الأول

أساسيات

لدراسة القانون الدستوري

تمهيد وتقسيم

من المسائل الأولية التي تبحث في دراسة القانون هي تقسيم القانون إلى قانون عام وقانون خاص، وذلك على أساس وجود الدولة أو عدم وجودها كطرف في العلاقات القانونية التي تنظمها تلك العلاقة، فإذا كانت الدولة باعتبارها صاحبة السيادة والسلطان طرفاً في العلاقة التي يحكهما القانون كان القانون عاماً أي القانون العام، أما إذا لم تكن الدولة طرفاً في هذه العلاقة فإن القواعد التي تحكمها هي قواعد القانون الخاص، وعلي هذا فالعلاقات التي ينظمها القانون العام هي التي تكون الدولة طرفاً فيها باعتبارها صاحبة السلطان والسيادة، أما العلاقات التي ينظمها القانون الخاص فهي التي لا تكون الدولة فيها بهذا الوصف"[١].

فالقانون الخاص يُعرف بأنه " مجموعة القواعد التي تنظم العلاقات بين الأفراد بعضهم ببعض، أو بينهم وبين الدولة، باعتبارها شخصاً عادياً كباقي الأشخاص، لا باعتبارها صاحبة سلطة وسيادة، بيد أن القانون العام يعرف بأنه " مجموعة القواعد التي تنظم العلاقات التي تكون الدولة طرفاً فيها باعتبارها صاحبة السلطان والسيادة "[٢].

(١) ا.الدكتور نعمان أحمد الخطيب ـ مرجع سابق ـ ص ٤٤٤.
(٢) المرجع السابق ـ نفس الصفحة.

الالتزامات السياسية للحاكم والمحكوم في الفقه الإسلامي والقانون الدستوري

وعلى ذلك فان القانون الدستوري يعد فرع من فروع القانون العام، وسوف نتنـاول فى هـذا المبحث تعريف القانون بصورة عامـة ثم تعريف القـانون العام ومـن ثـم تعريـف القـانون الدستوري وذلك في المطالب التالية:

المطلب الأول

تعريف القانون بصورة عامة

تعني كلمة قانون الخضوع لنظام ثابت كما تعني معنى الأصول فالأصل أن اصطلاح قـانون يطلق لغة على كل قاعدة أو قواعد مطردة يحمل اطرادها معنى الاستمرار والاستقرار والثبـات والنظام وبهذا المفهوم نسمع بقانون الجاذبية الأرضية وقانون نيوتن وقانون العرض والطلب أي إن كل علم له ثوابت رسخت من قاعدة ثابت وخلقت منها ذلك القانون الثابت وعليـه فان مجال هذه الكلمة بإطلاقها تدخل سائر العلوم التطبيقية والرياضيات والاجتماع وغيرهـا.

وعليه فان القانون " ضرورة استوجبتها طبيعة الإنسان المدنية وحاجته إلى أن يعيش دائما في مجتمع، والمجتمع لا يستقيم أمره إلا إذا سـاده النظـام، هـذا النظـام يتجسـد في قواعـد ملزمـة للأفراد تضعها السلطة وتطبقها ولو بالقوة عند الضرورة لتحدد وتنظم العلاقات والـروابط التـي تقوم بين الأفراد بعضهم ببعض أو بين الأفراد والمجتمـع الـذي يعيشـون فيـه أوبـين المجتمعـات بعضها ببعض " [1].

---

(1) الدكتورعبد الحميد متولي والدكتور سعد عصفور والدكتور محسن خليـل ـ القانون الدستوري والنظم السياسية منشأة المعارف بالإسكندرية ١٩٨٠ م ـ ص ٩.

وقد وردت للعديـد مـن التعريفـات تعريفـات للقـانون تتفـق في مضـمونها حيـث عُـرّف بأنـه: " مجموعة من القواعد القانونية العامة الملزمة، فهو بذلك يختلف عن قواعد الأخلاق والآداب، فيما يتميز به من قواعد عامة إجبارية، تكفل الدولة احترامها بالقوة عند الاقتضاء عن طريق توقيع جزاء عـلى مـن يخالفها "[1].

وكلمة قانون بمعناها الواسع " تطلق علي كل قاعدة مضطردة، لتعنـي في النهايـة الاسـتمرار والاستقرار وفقاً لنظام ثابت، وبهذا المعني الواسع يطلق القانون علي النظم التي تحكـم ظـواهر الطبيعة، فيقال قانون الجاذبية الأرضية، أو قانون الغليان، وقد استعمل ابن سينا لفـظ قـانون في معنى القاعدة الطبية، إذ سمى كتابه الطبي (القانون) " [2].

أما المعنى الدقيق للقانون فيقصد به " مجموعة القواعد الملزمة التي تحكـم سـلوك الأفـراد وعلاقاتهم في المجتمع، أو مجموعة القواعد التي تنظم الروابط الاجتماعية والتي يجبر الناس علي أتباعها، والهدف النهائي للقانون يبقـى محصـوراً بـين سـعيه إلى صـون حريـات الأفـراد وتحقيـق مصالحهم من ناحية، وحفظ كيان المجتمع وكفالة تقدمه وارتقائه من ناحيـة أخـرى، مـن خـلال مجموعة أساسـية، تصـور مـاهو كـائن ومـا يجـب أن يكـون والتـي يطلـق عليهـا لفـظ مـذهب (Doctrine) أو أيديولوجية "[3].

(1) الدكتور محمد رمزي الشاعر ـ النظرية العامة في القانون الدستوري ـ دار الفكر العربي ـ القاهرة ١٩٨٣ ـ ص ١٧.

(2) الدكتور حسن كبيرة ـ أصول القانون ـ الطبعة الثانية ـ ١٩٦٠م ـ دار المعارف بمصر ـ صفحة ١١.انظر ايضا: الدكتور محمود حلمي ـ موجز مبادئ القانون الدستوري ـ الطبعة الأولى ـ ١٩٨٣م ـ ص٩.

(3) الدكتور رمزي الشاعر ـ النظم السياسية ـ بدون طبعة ـ ١٩٨١م ـ ص٥.

أما عن معناه الاصطلاحي في مجال العلوم الاجتماعية وخاصة الدراسات القانونية فيراد به "مجموعة القواعد التي تحكم سلوك الأفراد وعلاقاتهم في المجتمع، أو مجموعة القواعد التي تنظم الروابط الاجتماعية والتي يجبر الناس على اتباعها "[1].

كما يمكن أن يطلق على معنى أخص من ذلك فيراد به: "مجموعة القواعد التي تنظم مسالة معينة في مجال معين فيقال قانون العمل وقانون المحاماة وقانون المهن الطبية ـ وعليه ينقسم القانون بمعناه العام إلى قانون خاص ويشمل القانون (المدني ـ والتجاري ـ العمل ـ الزراعي وغيرها) وقانون عام ويشمل (القانون الدولي العام ـ والقانون الدستوري والإداري والجنائي والمالي) "[2].

المطلب الثاني

تعريف القانون العام

يُعد القانون الدستوري من أهم أقسام القانون العام والذي يعرف بدوره " بأنه مجموعة القوانين التي تنظم العلاقات التي تكون الدولة طرفا فيها باعتبارها صاحبة السلطة والسيادة "[3].

بعبارة أخرى فان القانون العام يطلق على: "مجموعة القواعد التي تطبق

(١) أ.الدكتور نعمان احمد الطيب ـ مبادئ القانون الدستوري ـ جامعة مؤتة ـ ١٩٩٣ م ص ١٢.
(٢) الدكتور حسن كبيرة ـ مرجع سابق ـ ص ١١ وما بعدها.
(٣) أ.الدكتورنعمان احمد الطيب ـ مرجع سابق ـ ص/١٤.

على الدولة" (١).

وعلى ذلك " فإن معيار التفرقة بين القانون العام والقانون الخاص هو الصفة التي يدخل بها الشخص في العلاقة القانونية كما سبق وان أوضحنا، فالعلاقة التي تـدخل فيهـا الهيئـات العامـة تخضع لقواعد القانون العام أو الخاص بحسب ما إذا كانت تلك الهيئات تظهر في العلاقة بما لها من سلطات أم إنها نزلت إلى منزلة الأفراد العـاديين في تعاملها الخـاص، فقـد تـدخل الدولـة في عقود بيع أو إيجار وغيرهـا مـن العقود كتلـك التي يعقـدها الأفـراد فتخضـع لقواعـد القـانون الخاص" (٢).

أما إذا كانت تتعامل في العلاقة باعتبارها شخصية معنويـة (اعتباريـة) دون أن تكون ذات سلطة وسيادة فان العلاقة تكون داخلة في نطاق القانون الخاص أما من حيث الغـرض فنجد إن كان غرض العلاقة في تحقيق مصلحة عامة فيكون القانون عام " (٣).

وينقسم القانون العام إلى:

١ - القانون العام الخارجي

ويطلق علية اسم القانون الدولي العـام ويعـرف بأنـه مجموعـة القـوانين التـي تـنظم علاقات الدول فيما بينها وبين بعضها في حالات السلم والحرب.

---

(١)   الدكتور عبد الحميد متولي   ـ القانون الدستوري والأنظمة السياسية ـ القاهرة ـ١٩٦٤م ص/١٧.
(٢)   الدكتور محمود عاطف البنا ـ القانون الدستوري ـ بدون طبعة ـ جامعة القاهرة ـ ٢٠٠١م ـ ص/ ٨.
(٣)   المرجع السابق ـ نفس الصفحة.

٢ - القانون العام الداخلي

ويقصد به مجموعة القواعد القانونية التي تحكم العلاقات المتصلة بحق السيادة في الجماعة داخليا أو خارجيا، ويندرج فيها القانون الدستوري والإداري والجنائي والمالي.

المطلب الثالث

تعريف القانون الدستوري

أولاً: في اللغة

لم تذكر القواميس العربية القديمة كلمة دستور، لأنها كلمة فارسية معربة، وهي بالفارسية (دَستور) بفتح الدال، ولما انتقلت إلى العربية جعلها العلماء (دُستور) بضم الدال لأنه لا يوجد في العربية لفظة على وزن (فَعلول)[1].

والدُّسْتُورُ "بالضَّمّ: أَهمله الجَوْهَريّ وقال الصَنعانِيّ: هو اسم النُّسْخَة المَعْمُولَة للجماعَاتِ كالدَّفاترِ الَّتي منها تَحْرِيرُهَا ويُجْمَع فيها قوانِينُ الملك وضَوابِطُه فارسيّة مُعَرَّبَةٌ دَساتِيرُ. واستَعْمَله الكُتّابُ في الذي يُدِير أَمَر الملك تَجَوُّزاً. وفي مفاتيح العلوم لابْنِ كَمَال باشا: الدُّسْتور: نُسْخَة الجماعَة ثم لُقِّب به الوَزِيرُ الكَبِير الذي يُرْجَع إليه فيما يُرْسُم في أَحوال النَّاس لكَوْنه صاحبَ هذا الدَّفْتر. وفي الأَساس: الوَزِيرُ: الدُّسْتور. وأَصلُه الفَتْح وإِنَّما ضُمّ لَمَّا عُرّب لِيَلْتَحِق بأَوزَان العَرَب فليس الفَتْحُ فيه خطأً مَحْضاً كما زعمه

(١) محمد مرتضى- الحسينى الواسطي الزبيدى - تاج العروس - المطبعة الخيرية بالقاهرة - ١٣٠٧هـ- ٢٨٢٥/١.

الحَرِيرِيّ. ووَلِعَت العامّة في إطلاقه على معنَى الإِذْن" [1].

وقد ورد في تاج العروس بأن " الدستور الوزير الكبير الذي يرجع في أحوال الناس إلى ما يرسمه" [2].

أما في اللغة الفرنسية: فان كلمة دستور تعني التأسيس أو التكوين أو النظام ولا يخرج المعنى اللغوي للدستور في اللغة العربية عن ذلك المعنى إذ يقصد به النظام الأساسي للدولة " [3].

ثانياً: في الاصطلاح

يُعرف القانون الدستوري بأنه مجموعة من القواعد القانونية التي تنظم شكل الدولة ونظام الحكم فيها والسلطات العامة فيها واختصاصها وسلطتها وعلاقتها ببعضها البعض كما ينظم الحقوق والحريات للأفراد فيها.

ومن هذا التعريف نجد أن القانون الدستوري يبدأ أولاً بتوضيح شكل الدولة ما إذا كانت دولة موحدة أو اتحادية أو تعاقدية، كما انه يأتي في المرتبة الثانية ليبين شكل الحكم في الدولة إذا كان جمهورياً أو ملكياً أو شمولياً أو ديمقراطياً (Democracy) ويوضح السلطات الثلاثة فيها وهي التنفيذية ـ التشريعية ـ والقضائية، وعلاقتها ببعضها البعض واختصاصاتها، وأخيراً يبين حقوق وحريات الأفراد في الدولة.

وقد استخلصنا هذا التعريف من عدة تعريفات وضعها فقهاء القانون

---

(١) الزبيدى ـ مرجع سابق ـ ٢٨٢٥/١.

(٢) المرجع السابق ـ نفس الصفحة.

(٣) الدكتور عبد الغني بسيوني ـ القانون الدستوري ـ الدار الجامعية ١٩٨٧م ـ ص ١٤.

الدستوري حيث عرفها الدكتور محسن خليل بأنها " مجموعة المبادئ الأساسية المنظمة لسلطات الدولة والمبينة لحقوق كل الحكام والمحكومين فيها، والواضعة للأصول الرئيسية التي تنظم العلاقات بين مختلف سلطاتها العامة " [(١)].

كما عرفه الدكتور السيد صبرا بأنه "مجموعة القوانين التي تنظم قواعد الحكم وتوزع السلطات وتبين اختصاصات كل منها وتضع الضمانات الأساسية لحقوق الأفراد "، فيماعرفه الدكتور عبد الحميد متولي بأنه:

هو " ذلك الفرع من فروع القانون العام الداخلي الذي يبين نظام الحكم للدولة وعلى وجه الخصوص يبين كيفية تكوين السلطة التشريعية واختصاصاتها وعلاقتها بغيرها من السلطات " [(٢)].

ومن جملة هذه التعاريف نوضح مفردات ما يتضمنه تعريف القانون الدستوري في الآتي:

١) تبيين شكل الدولة.

٢) توضيح نظام الحكم فيها.

٣) تحديد السلطات العامة فيها وعلاقة بعضها ببعض واختصاصات كل واحدة منها.

٤) وضع الضمانات الأساسية لحقوق وحريات الأفراد في الدولة.

(١) الدكتور محسن خليل ـ مرجع سابق ـ ص ٩.

(٢) الدكتور عبد الحميد متولي ـ القانون الدستوري والأنظمة السياسية ـ القاهرة ـ١٩٦٤م ص/١٧.

المطلب الرابع

علاقة الدستور بالقوانين الأُخرى

يحتل القانون الدستوري مركز الصدارة بالنسبة للقوانين الأخرى حيث يتصف بالسمو، وذلك بخضوع كل القوانين الأخرى الموجودة في الدولة إلى أحكامه، ولا يمكن لأي قاعدة قانونية في أي قانون أخر أن تخالف أحكامه، بل أن جميع القوانين الأُخرى تستمد وجودها من الدستور، وبالتالي فان الدستور يوضع عادة بواسطة هيئة خاصة غير الهيئة التي تتولى وضع وإصدار القوانين العادية كما أنها تتبع إجراءات مختلفة عن الإجراءات التي تسلكها السلطة التشريعية في إصدارها للقوانين العادية، ومن ذلك نجد ترسيخ مبدأ سيادة الدستور والذي بدوره أعطى للقانون سيادته حيث تنص جميع الدساتير على أن سيادة القانون أساس الحكم وعلى حسب ما ذكرنا من أن سيادة القانون تستمد من سيادة الدستور وذلك لأنه يضع الأسس التي يقوم عليها القانون في كل فروعة ويسمو عليها بحكم مكانته وتخضع له جميع قواعده القانونية بحكم وحدة النظام القانوني الذي يعلوه الدستور، وبذلك تتدرج القواعد القانونية من حيث المرتبة فيتخذ منها الدستور وضعه الأسمى.

ورغم ذلك فان المجري العادي للحياة السياسية والاجتماعية لأي دولة قابل للتغير والتطور مما يجعل معه مبدأ سمو الدستور قابل للتغيير لأنه ما وضع إلا لتنظيم شئون الدولة، والسمو هنا ليس غاية في ذاته وانما وضع لضمان تطبيقه على الدولة والاستفادة من قوته.

المبحث الثاني

المبادئ

الدستورية في الدول الحديثة

تمهيد وتقسيم:

من المعلوم أن أي دولة لها هيئة قائمة تسمي بالسلطة السياسية وقد تعارفت الأنظمة السياسية على بعض المبادئ الدستورية التي تحرص دائما الأنظمة الديمقراطية على توافرها في نظام حكمها كما تحرص بعض الأنظمة الدكتاتورية (Dictatorship) على وجود بعض منها وتلك المبادئ هي مبدأ (الشرعية) مبدأ (السيادة) مبدأ (الفصل بين السلطات)، وسوف نتناولها فيما يلي بالتفصيل:

المطلب الأول

مبدأ الشرعية

من أهم المبادئ التي تحرص عليها السلطة السياسية مبدأ الشرعية و ذلك لأنه يمثل صمام أمان لاستمرار تلك السلطة حيث أن مبدأ الشرعية هو مبدأ يحقق في شرعية تكوين السلطة وفي شرعية ممارسة السلطة.

فأما من حيث تكوين السلطة فان كان تكوينها مطابقا لمبدأ السيادة الشعبية (Popular Sovereignty) أو صادرا عن الشعب، فان السلطة في هذه الحالة تتمتع بالشرعية الدستورية وهو مبدأ ديمقراطي يعني ديمقراطية تكوين السلطة و ديمقراطية الممارسة من داخلها وعلى هذا فان

مبدأ الشرعية من هذا المنطلق مبدأ يدرس ويهتم باتساق السلطة مع مبدأ السيادة الشعبية من حيث تطابقها أو اتفاقها معه وعلى هذا فان مبدأ الشرعية الدستورية هو وليد السيادة الشعبية.

وأما من حيث ممارسة السلطة فان كانت ممارستها طبقا لسيادة حكم القانون أي خضوع السلطة للقانون العادي فان السلطة ـ في هذه الحالة ـ تتمتع بالشرعية القانونية أو الشرعية العادية وتصبح السلطة حكومة قانونية"[١].

وعلى هذا فان مبدأ الشرعية يجد أهميته في خضوع أفراد الشعب لتلك السلطة الحاكمة واحترامهم لذلك المبدأ.

وتجدر الإشارة إلي أن مبدأ الشرعية في هذا الإطار قد يولد مبدأ آخر هو (مبدأ سيادة الشعب) الذي يولد بدوره السلطة السياسية التي تعطي بدورها الشرعية الدستورية للهيئة الحاكمة.

على أن مبدأ الشرعية هذا " قد يطرح جانبا رقم وجود دستور للدولة، وقد لا يوجد دستور للدولة وتكون هنالك إعمال لمبدأ الشرعية مثل (إنجلترا) وعلى هذا فان مبدأ الشرعية ذو طبيعة ثنائية: شرعية دستورية منفتحة على السيادة الشعبية و شرعية قانونية أو عادية منفتحة على سيادة حكم القانون، ومن هذه الزاوية فان الشرعية الدستورية هي مبدأ معني بالنظام السياسي في علاقته بمبدأ السيادة الشعبية، فان طابقت السلطة أو اتفقت مع هذا المبدأ صارت السلطة بحكم الواقع مستمدة وجودها من قوة

(١) الأستاذ ميرغني النصري ـ مرجع سابق ـ ص ١٩.

الاستبداد"[1].

وغالباً ما تلجأ الحكومات العسكرية حينما تتولى الحكم عن طريق (الانقلاب) إلي شرعية تستند إليها لتبرير حكمها وتطلق عليها اسم (الشرعية الثورية)، وعلى ذلك تعطي تلك الدولة شعورا بخضوعها للقانون.

حيث انه " لكي تسمى الدولة بالدولة القانونية يجب أن تخضع جميع الفئات الحاكمة للقواعد القانونية السارية وتتقيد بها شأنها في ذلك شأن المحكومين، ويعني ذلك خضوع جميع أوجه نشاط الدولة للقانون سواء في التشريع أو التنفيذ أو القضاء (magistracy)، ويختلف معنى خضوع الدولة للقانون ـ بهذا التحديد ـ عن السلطة الشرعية، إذ يلزم لهذه الأخيرة أن تستند إلي رضاء المحكومين وقبولهم لها، أياً كان مبعث هذا الرضا ومصدره، وبذلك لا يتطابق معنى الدولة القانونية مع تبرير سلطة الحكام على المحكومين، ولكنه قد يتلازم معه وقد لا يتلازم، ويحدث التلازم بين مشروعية السلطة والدولة القانونية إذا قامت السلطة علي أساس قبول المحكومين بالقواعد القانونية المعمول بها " [2].

والباحث يرى من ذلك الفهم ان السلطة الشرعية تحكم نفسها بمبدأ خضوع الدولة للقانون فهي بذلك توكد شرعيتها تجاه المحكومين وتحسس لديهم الشعور بهيبة السلطة وذلك من وحي احترامها للقانون، وقد يبدو

---

(١)   الأستاذ ميرغني النصري ـ مرجع سابق ـ ص ١٩.

(٢)   الدكتور عبد الغني بسيوني ـ النظم السياسية والقانون الدستوري ـ مرجع سابق ـ ص ١٢.

للناظر غير المتمعن لهذا الفهم بانه عبارة عن مدلولات فلسفية اخذ فيها فقهاء القانون مساحتا للتنظير الا أن الواقع المطبق في الحياة السياسية يعكس تلك المفاهيم بصورة جليه ومن ذلك تجد انه لا بد من بيان تعريفى ولو موجز لتلك الاراء الوارد من الفقهاء حيث تعرضت عدة نظريات لتفسير خضوع الدولة للقانون منها (نظرية القانون الطبيعي) [١] و(نظرية الحقوق الفردية) [٢] و (نظرية التحديد الذاتي) [٣] و(نظرية التضامن الاجتماعي) [٤].

لا يتسع المجال للخوض في تلك النظريات ومناقشتها، والذي نخلص

(١) ذهب الفقيهان، إلى أن إرادة الدولة ليست مطلقة في اتخاذ ما تراه من تصرفات، وإنها تخضع لقوة خارجة منها تعلو عليها وتسمو علي إرادتها يكشف عنها العقل البشري، وهي القانون الطبيعي. ترجع هذه النظرية إلي عهد قديم عندما أعلن أرسوان الطبيعة هي مصدر العدالة، و لهذا فان أرسو يعتبر الرائد الأول لهذه النظرية (انظر الدكتور عبد الغني بسيوني ـ النظم السياسية ـ أسس التنظيم السياسي ـ مرجع سابق ـ ص ١٦٢).

(٢) تقوم هذه النظرية علي أساس أن للفرد حقوق معينة، نشأت معه وتمتع بها في حياة العزلة الأولى السابقة على انضمامه إلي الجماعة السياسية وان الدولة لم تنشأ بعد ذلك إلا لحماية هذه الحقوق (راجع المرجع السابق ص ١٦٤).

(٣) قامت نظرية التحديد الذاتي للإرادة على أساس فكره جوهرية مفادها، أن الدولة لا يمكن أن تخضع لقيد من القيود إلا إذا كان نابعا من إرادتها الذاتية، وهذا هو الذي يكون سيادتها. (انظر: المرجع السابق ـ ص ١٦٥).

(٤) تقوم نظريه التضامن الاجتماعي على عده أسس ـ تتلخص في إنكار الشخصية المعنوية للدولة. وإنكار فكره السيادة، وبيان إنكار (د.يحي) عن القاعدة القانونية وعن التضامن الاجتماعي ـ راجع المرجع السابق ص١٦٧.

إليه إن أي سلطة سياسية لابد لها أن تخضع إلى مبدأ الشرعية أي أن تكون خاضعة لحكم القانون ولو كان ظاهرياً، حتى تكسب رضاء المحكومين وثقتهم.

المطلب الثاني

مبدأ السيادة

مبدأ السيادة من المبادئ الهامة وقد لا يتوافر هذا المبدأ إذا لم يكتمل تكوين الدولة بمعناها القانوني.

ويقصد " بالسيادة السلطة العليا في الدولة فأما الأولى فإنها تعني سيطرة الدولة على شعبها داخل إقليمها واما الثانية فإنها تعني حق الدولة في إنشاء علاقات مع الدول الأخرى والدفاع عن إقليمها في حالة وقوع اعتداء خارجي عليها " [(١)].

وبعبارة أخرى نجد " أن المظهر الداخلي للسيادة يعني أن يكون الجهاز الذي يمارس سلطة الدولة قادر على سلطة الأمر والنهي علي كل المقيمين داخل الدولة من أفراد وجماعات، أما المظهر الخارجي للسيادة يعني تمتع سلطة الدولة في المجال الخارجي بممارسة كافة الأنشطة الخارجية المتعارف عليها دوليا دون أن تلتزم بالخضوع للتوجيه من جانب أي دولة أخرى " [(٢)].

ويترتب على تمتع الدولة بالسيادة الكاملة عدة نتائج نوردها فيما يلي:

---

(١) الدكتور أحمد شوقي ـ مرجع سابق ـ ص ١٧.

(٢) المرجع السابق ـ نفس الصفحة.

أولاً: الإطلاق

ومعناه انه لا توجد أي سلطة شرعية فوق سلطة الدولة وبالتالي فليست هناك أية قيود قانونية لكل من سلطة الدولة في إصدار وتنفيذ القوانين.

ثانياً: الشمول

ومعناه أن الدولة تمارس سيادتها على جميع الأفراد والمؤسسات في الدولة في داخل حدودها، والاستثناء الوحيد هم المثلون الدبلوماسيون للدول الأُخرى فهم الذين يعفون من الخضوع لسيادة الدولة على أساس الاتفاقات الدولية مثل اتفاقية فينا لسنة ١٩٦١م (للقانون الدبلوماسي).

ثالثاً: الإستمرار

وهذا يعني أن سيادة الدولة تظل قائمة طالما أن الدولة ذاتها موجودة، وقد يتغير نظام الحكم أو القائمون عليه في الدولة ومع ذلك تظل السيادة مستمرة (الوضع في الصومال).

رابعاً: عدم القابلية للتجزئة

بمعنى انه لا يمكن أن يكون في الدولة أكثر من سيادة واحدة لان تجزئة السيادة معناها القضاء عليها، ويمكن توزيع السيادة على الأجهزة الحكومية المختلفة إلا أن السيادة تظل واحدة طالما أن الدولة تعد واحدة.

وبمعنى آخر أن الدولة لا تستطيع التنازل عن سيادتها وإلا قضت على نفسها، فالدولة والسيادة متلازمتان. إذ قد تتنازل الدولة عن جزء من إقليمها لدولة أخرى دون أن يؤثر ذلك على سيادتها " [1].

(١) الدكتور توفيق عبد الغنى الرصاص ـ مرجع سابق ـ ص ٢٩.

وبناء على ما تقدم فان مبدأ سيادة الدولة هو في حقيقية الأمر إقرار بذاتية الدولة وامتلاكها لزمام أمورها داخلياً و خارجياً، كما انه في نفس الوقت ـ أي مبدأ السيادة ـ تعبيراً لوجود سلطة عُليا في الدولة.

المطلب الثالث

مبدأ الفصل بين السلطات

يُعد مبدأ الفصل بين السلطات من المبادئ الأساسية في الدولة " وقد نادى بهذا المبدأ المفكر الفرنسي (مونتسكيو) في كتابه (روح القوانين)، ويقوم هذا المبدأ على أن تركيز أو جمع السلطات في يد واحدة ينتهي بإساءة استعمالها، فإذا كانت السلطة التي تضع القوانين هي نفسها التي تقوم على تنفيذها وتطبيقها على المنازعات لأدى ذلك إلى طغيان هذه السلطة واستبدادها " [(١)].

على أنه " في بعض الظروف الاستثنائية كخطر الغزو أو فتنة أو أزمة اقتصادية أو كارثة سيول و فيضانات تتعرض لها البلاد، قد يقتضي الأمر أن تجمع السلطة التنفيذية، بين اختصاصاتها واختصاص السلطة التشريعية لمواجهة هذه الظروف الطارئة، ومن الواضح أن هذا الجمع مقيد بوجود ظروف استثنائية تهدد مصالح البلاد وان يكون ذلك لفترة محددة " [(٢)].

وتوجد في الدولة ثلاث سلطات (تشريعية وتنفيذية وقضائية) ولكل منها اختصاصها ومهامها الذي يجعل بروز هذا المبدأ لعدم تداخل تلك السلطات

---

(١) الدكتور أبوبكر محمد أحمد أبوبكر ـ المدخل لدراسة العلوم القانونية ـ بدون طبعة ـ ١٩٩٤م ـ ص ٩.

(٢) المرجع السابق ـ نفس الصفحة.

في بعضها يعيق عمل الدولة.

وعليه يجب " على كل سلطة من السلطات العامة في الدولة أن تحترم القواعد التي وضعت في الدستور لممارسة اختصاصاتها بحيث لا تخرج على حدود هـذه الاختصاصات أوتعتـدى علـى اختصاصات أخرى، ولضمان تحقيق ذلك يجب أن تنحصر ـ مهمـة السـلطة التشـريعية فى سـن التشريعات والقوانين المختلفة وتقوم السلطة التنفيذية بتنفيذ هـذه القوانين تحقيقاً للمصـلحة العامة وادارة المرافق العامة والمحافظة علـى النظام العام ويعهد للسـلطة القضائية تطبيق القانون على المنازعات التي تُعرض عليها، هذا بالنسبة للناحية الموضوعية، كما تستقل كل سلطة بجهازها الخاص من الناحية الشكلية، بحيث لا يسـمح بتـداخل هـذه الأجهـزة وانـدماجها مـع بعضها البعض، هكذا تضمن كل سلطة استقلالها عـن السـلطة الأخرى ويتجسد هـذا المبـدأ فى الأنظمـة الديموقراطيـة بعكس الأنظمـة الشـمولية حيـث يجب أن تكـرس السلطة التنفيذيـة والتشريعية في يد الحاكم الفرد الديكتاتور ".

وقد يكون أكثر من ذلك بحيث تمتد سلطاته للتأثير على السلطة القضائية مما يجعلها تفقد إستقلاليتها في ممارسة تطبيق القانون.

المبحث الثالث

مصادر القانون الدستوري

تمهيد وتقسيم:

يُعد العرف الدستوري من أهم مصادر القانون الدستوري لأنه أقدم المصادر الرسمية للقواعد القانونية وللقواعد الدستورية بصفة خاصة فالعرف (Custom) يتكون مما اعتاده الناس واستقر في حياتهم من سلوك فهو مصدر طبيعي توحي به الفطرة للوصول إلى قواعد تنظم الحياة الاجتماعية وبجانب العرف نجد القانون المكتوب حيث انتشرت حركة الدساتير المكتوبة منذ القرن الثامن عشر حيث صدرت دساتير الولايات الأمريكية ثم الدستور الاتحادي ثم الدستور الفرنسي.

وعلى ذلك " تنقسم مصادر القانون الدستوري إلى قسمين الأول ـ المصادر الرسمية وتتمثل في التشريع والعرف الدستوري ـ بينما تنحصر المصادر التفسيرية في القضاء والفقه غير أن أهمية كل مصدر من هذه المصادر تختلف من وقت لآخر ومن بلد لآخر، وقد تزداد أهمية مصدر تفسيري فيتحول إلي مصدر رسمي، وقد يحدث العكس عندما تهبط أهمية أحد المصادر الرسمية وينقلب إلي مصدر تفسيري نتيجة لتأثير العوامل السياسية والاقتصادية والاجتماعية في المجتمع "[(١)].

وعلى سبيل المثال إذا كان دور الدين ضعيفاً في المجتمعات العرفية فإن له دوراً هاماً في البلاد الإسلامية، وقد يختلف هذا الوضع من بلد لآخر

(١) الدكتور عبد الكريم علوان ـ مرجع سابق ـ ص ٢٦٦.

ومن وقت لآخر وإذا كان القضاء يعتبر مصدراً تفسيرياً في دول النظم (اللاتيني) كفرنسا فإنه يحتل أهمية كبيرة كمصدر مباشر للقاعدة الدستورية عن طريق السوابق القضائية في دول النظم (الأنجلو سكسونية) كالمملكة المتحدة وبالنسبة للدول التي تعتبر القضاء مصدراً تفسيرياً فإن مكانته بحسب ما إذا كان القضاء يمارس عملية الرقابة القضائية أم لا " "[1].

المطلب الأول

التشريع الدستوري

المقصود بالتشريع، باعتباره مصدراً رسمياً للقواعد القانونية المدونة الصادرة من السلطة المختصة بذلك، وفقاً لإجراءات معينة " "[2].

نجد أن التشريع الدستوري في الأنظمة المعاصرة " يحتل مركز الصدارة لمصادر القانون الدستوري فقد كان العرف يُعد " المصدر الوحيد للقانون الدستوري حتى قامت الثورة الأمريكية في النصف الثاني من القرن الثامن عشر، ومنذ عام ١٩٧٦م بدأت بعض المستعمرات الإنجليزية في العالم الجديد تتخذ لها دساتير مكتوبة، ثم صدر دستور الولايات المتحدة الأمريكية الذي يعتبر عميد الدساتير المكتوبة في العالم ولا يزال مطبقاً منذ عام ١٧٨٧م وحتى الآن، وفي أعقاب الثورة الفرنسية التي اندلعت عام ١٧٨٩م، بعد صدورالدستور الأمريكي بعامين صدر أول دستور فرنسي مكتوب وهو دستور سنة ١٧٩١م، ومع ذيوع أفكار الثورة الفرنسية التي

---

(١)   الدكتور عبد الكريم علوان ـ مرجع سابق ـ ص ٢٦٦.

(٢)   المرجع السابق ـ نفس الصفحة.

جسـدتها في إعـلان حقـوق الإنسـان الشـهير(Eclaration of Human and Citizen Rights) ومع ازدهار الحركة الديمقراطية، وتفكك الإمبراطوريات الكبرى التي وضعت الحـروب حداً لها، أخذت الدساتير المكتوبة تنتشر في مختلف أرجاء البلاد حتى باتت بريطانيا تكاد تكون هي الدولة الوحيدة التي لا تزال وذلك تمسكاً منها بتقاليدها القديمة ـ تحتفظ بدستورها العُرفي"[١].

ونجد أن الدساتير المكتوبة " تصدر في الغالب من هيئة خاصة، وبإجراءات وأشـكال مغـايرة لإجراءات إصدار القوانين العادية، على أن هـذا لا يمنـع مـن وجـود دسـاتير تصـدر عـن المشرـع العادي وبإجراءات القوانين العادية وهي تسمي بالدساتير المرنة "[٢].

ولعـل " انتشارالدسـاتير المرنـة والتشرـيعات الدسـتورية يرجـع إلى ارتباطهـا بفكـرة ضـمان الحقوق الفردية ضد تسلط هيئات الدولة من ناحية، فضلاً عما تتسم به النصوص المكتوبـة مـن وضوح ودقة وتحديد من ناحية أخرى"[٣].

وخلاصة القول فإن الدولة الحديثة المعاصرة اكثر ما تتصف به هـو كونهـا دسـتورية تجعـل الدستور المكتوب هو القانون الأعلى الواجـب الاتبـاع مـن قبـل الكافـة حكامـاً ومحكـومين عـلى السواء، تسـتمد السـلطات العامـة منهـا سـندها الشرعي في الحكـم وهكـذا أصبحت الدسـاتير المكتوبة أو الوثائق

---

(١) الدكتور ماجد راغب الحلو ـ مرجع سابق ـ ص ٤٢٤ ـ ٤٢٥.
(٢) الدكتور محمود عاطف ألبنا ـ مرجع سابق ـ ص ٣٧.
(٣) الدكتور ماجد راغب علامة ـ مرجع سابق ـ ص ٤٢٥.

الدستورية المكتوبة المصدر الأول لقواعد القانون الدستوري التي تمثل طبقاً لمبدأ الشرعية اسمي القواعد القانونية، هذا المعني بدوره قد رتب عليه الاستاذ الدكتور نعمان أحمد الخطيب نتيجتين هما:

النتيجة الأولي

إن القاعدة القانونية تتدرج من حيث قوتها تبعاً لمكانة الهيئة التي تصدر عنها القاعدة القانونية، لذلك يمثل الدستور المرتبة الأولي يليه القانون العادي فالنظام (اللائحة).

فالنص الدستوري لا يلغيه أو يعدله إلاّ نص دستوري مماثل، والنص الدستوري يستطيع إلغاء تشريع عادي أو نظام وهكذا.

النتيجة الثانية

إذا كان مبدأ الشرعية قد رتب مبدأ تدرج القاعدة القانونية، فإنه أيضاً قد قيد السلطات الثلاث بما يمليه عليها الدستور ويتكفل بتحديده وضمانه وحمايته، وعلى هذا فلا يجوز للتشريع العادي أن يخالف أحكام الدستور وإلاّ كان باطلاً، وهكذا أيضاً النظام (اللائحة) الذي لا يجوز أن يتضمن من القواعد ما يخالف الدستور أو القانون العادي[١].

لقد انتشرت القاعدة الدستورية المكتوبة ولعل ذلك يعود إلى ارتباطها بفكرة ضمان الحقوق الفردية في مواجهة السلطة المطلقة ومحاولتها التعبير صراحة عن صاحب السيادة في الدولة"[٢].

(١) الأستاذ الدكتور نعمان احمد الخطيب ـ مرجع سابق ـ ٤٦٠.

(٢) المرجع السابق ـ نفس الصفحة.

من مزايا الدساتير المكتوبة الوضوح والدقة:

أهم ما يمتاز به التشريع المكتوب بصفة عامة والدستور المكتوب بصفة خاصة الوضوح والدقة، وهما دلالتان من أدلة استقرار المجتمع وانسجام القواعد القانونية فيه"[1].

لقد سيطر مفهوم الدولة الحارسة، وشاع في بلاد الديمقراطيات الغربية كمعطى من معطيات الأيديولوجية التحريرية (المذهب الفردي)، إلا أن فشله في تحديد الاستقرار وضمان حقوق وحريات الأفراد كان سبباً من أسباب عزوف كثير من الأنظمة السياسية عنه والسعي إلى الانتقال إلى مفهوم الدولة المتدخلة المتلائم مع سيادة المذهب الاجتماعي (الاشتراكي المعتدل)، هذا الانتقال لم يكن بالإمكان لولا تعبير الدساتير عن ذلك صراحة وإلزام السلطات العامة بضرورة كفالة ما يرتبه هذا الاتجاه من حقوق الأفراد "[2].

وقد قيل ايضا "بان الدستور المكتوب ضرورة لازمة في الدول الفدرالية الآخذة باللامركزية السياسية، وذلك لما يتطلب منها من تحديد وتوزيع الاختصاصات بين السلطة المركزية والولايات، تجنباً لتنازع الاختصاصات سواء كان إيجاباً أم سلباً"[3].

وأخيراً يرى الفقه " أن تدوين القواعد التي تبين نظام الحكم وتحديد

---

(١) الدكتور كمال الغالي - مرجع سابق - ص ١١٢ - انظر ايضا: الدكتور محمود حافظ - مرجع سابق - ص ٣٤٧.

(٢) الأستاذ الدكتور نعمان احمد الخطيب - مرجع سابق - ص ٤٦٢.

(٣) الدكتور محمود حلمي - مرجع سابق - ص١٢ - انظر ايضا: الدكتور جميل الشرقاوي - مرجع سابق - ص٩١.

السلطات العامة واختصاصاتها ضرورة لا غنى عنها للدولة حديثة النشأة والتكوين أو تلك التي تقوم على إبراز التغيرات الجوهرية في طبيعة الحكم"(١).

وأكثر من ذلك فقد ربط البعض أهمية القاعدة الدستورية المكتوبة بدرجة الوعي العام، فطالما لم يصل الوعي العام درجة تمكنه من تفهم التزاماته وحقوقه فتبقى القاعدة المكتوبة أكثر ضرورة وأهمية.

المطلب الثاني

العرف الدستوري

الفرع الأول

تعريف العرف الدستوري

نجد أن العرف بصورة عامة في القانون الخاص يُعرف بأنه " عبارة عن عادة أو قاعدة غير مكتوبة درج الناس أو الأفراد على اتباعها في معاملاتهم الخاصة ونشأ لديهم الشعور بان هذه العادة أو القاعدة أصبحت ملزمة وواجبه الاتباع "(٢).

ونعني بالعرف الدستوري " القواعد الدستورية العرفية التي تتعلق بشكل الدولة ونظام الحكم فيها، والتي تستمد من الاطراد والعادة، والعرف الدستوري يوجد في كل دولة قانونية، كما أن لكل دولة قانونية دستور ينظم

(١) الدكتور فؤاد العطار ـ النظم السياسية والقانون الدستوري ـ دار النهضة العربية ـ القاهرة ـ ص ٢٢٤.
(٢) المرجع السابق ـ نفس الصفحة.

شئون الحكم فيها سواء كان هذا الدستور مكتوباً أو غير مكتوب، أما الدستور العرفي فيقصد به الدستور الذي يستمد قواعده بصفة أساسية من العرف "[1].

وبعبارة أُخرى " فالدستور العرفي يواجه الحالة الفردية لإنجلترا حيث أن القواعد الأساسية لنظام الحكم فيها وهو النظام النيابي البرلماني قد ينشأ بناءاً علي أعراف مستقرة بدون دستور مكتوب أو مدون أما العرف الدستوري الذي نعنيه هنا هو العرف الذي يمكن أن ينشأ في الدول ذات الدساتير المدونة لإضافة بعض القواعد الدستورية للدستور المكتوب أو يقوم أحياناً ـ هذا العرف ـ بتعديل قاعدة دستورية مكتوبة"[2].

ولا يزال العرف رغم انتشار تدوين الدساتير في العالم الحديث " يقوم بدور لا ينكر في مجال القانون الدستوري أي جانب التشريع أو الدستور المكتوب، وذلك لأن هذا الأخير مهما بلغ من دقه وشمول لا يحيط بكافة قواعد نظام الحكم ونصوصه ليست دائماً تامة الوضوح كما أنه عادة ما يستجد من الأمور ما لم يكن في الحسبان"[3].

وعلي ذلك يمكن تعريف العرف الدستوري بأنه " تواتر العمل من جانب إحدى السلطات الحاكمة في الدولة في شأن من الشؤون الدستورية وفقاً

(١) الدكتور محمد رفعت عبد الوهاب ـ القانون الدستوري ـ مرجع سابق ـ ص ٣٨.
(٢) الأستاذ الدكتور عاطف محمود البنا ـ مرجع سابق ـ ص ٥١-٥٢.
(٣) الدكتور ماجد راغب الحلو ـ مرجع سابق ـ ص ٤٢٦.

لمسلك معين بحيث يكتسب هذا المسلك الصفة الملزمة " [1].

ولقد أورد الدكتور عبد الحميد متولي تعريفاً أكثر شمولاً فذكر بأنه " عبارة عن عادة درجت عليها هيئة حكومية في الشئون المتصلة بنظم الحكم في الدولة بموافقة (أو على الأقل) دون معارضة غيرها من الهيئات الحكومية ذات الشان ولتلك العادة في نظم تلك الهيئات الحكومية وضميرها القانوني بالقواعد الدستورية كقاعدة عامة " [2].

الباحث يتفق مع التعريف الذي اقتبسه الدكتور محمد رفعت عبد الوهاب من تلك التعاريف السابق لزيادته في الشمول والإيضاح والذي يقول: بان العرف الدستوري "عبارة عن عادة درجت إحدى السلطات الحاكمة على اتباعها في مسالة تتصل بنظم الحكم بموافقة أو على الأقل دون معارضة غيرها من السلطات والهيئات الحاكمة، وان يتحقق الشعور لدى هذه الهيئات الحاكمة ولدي الجماعة بان تلك العادة ملزمة وواجبة الاحترام " [3].

حيث يبدو لنا أن هذا التعريف قد شمل أركان العرف من مادي ومعنوي موضحا بحسب طبيعة العرف الدستوري التي تختلف عن العرف العادي في مجال القانون المدني.

---

(١) الدكتور إبراهيم عبد العزيز شيحا ـ المبادئ الدستورية العامة ـ مرجع سابق ـ ص ١٠١.

(٢) الدكتور عبد الحميد متولي ـ الفصل في القانون الدستوري ١٩٥٢ ـ ص ١٥٨ ـ وانظر مؤلفه ايضا ـ القانون الدستوري والأنظمة السياسية ـ الجزء الأول ـ الطبعة الثالثة ـ ١٩٦٤م ـ ص ٨٩.

(٣) الدكتور محمد رفعت عبد الوهاب ـ القانون الدستوري ـ مرجع سابق ـ ص ٤٠ / ٤١.

أما فيما يتعلق بتعريف العرف الدستوري كفرع من فروع القانون العام فنجد بأنه عبارة عن " عادة درجت إحدى السلطات أو الهيئات الحاكمة على إتباعها في مسالة تتصل بنظام الحكم، بموافقة أو (على الأقل دون معارضة) غيرها من السلطات أو الهيئات الحاكمة، وان يتحقق الشعور لدى هذه الهيئات الحاكمة ولدي الجماعة بان تلك العادة ملزمة وواجبة الاحترام"[1].

ومن هذا التعريف يتضح أن العرف الدستوري لا يخرج في معناه العام عن العرف الذي يعد مصدرا من مصادر القانون، ويكمن الفارق الوحيد في عبارة (بموافقة أو على الأقل دون معارضة غيرها من السلطات والهيئات الحاكمة) وهذا الفارق يبدو طبيعيًا متأتياً مع سمات العرف الدستوري الذي ينظم مسائل متعلقة بنظام الحكم في الدولة.

<h2 style="text-align:center">الـفـرع الـثـاني</h2>

<h3 style="text-align:center">أركان العرف الدستوري</h3>

كما أسلفنا فإن العرف الدستوري يقوم على ركنين أساسيين:

أولاً: الركن المادي

وهو عبارة عن " الأعمال والتصرفات الصادرة عن إحدى الهيئات الحكومية كالملك باعتباره سلطة تشريعية (Legislative power) أو سلطة تنفيذية أو كتلك الصادرة عن مجلس الأمة أو رئيس الوزراء فيما

---

(١)   الدكتور عبد الحميد متولي ـ القانون الدستوري والأنظمة السياسية ـ مرجع سابق ـ ص٨٩.

يتعلق بالشئون السياسة سيان كانت هذه الأعمال إيجابية أم سلبية " (١).

وبعبارة أُخرى فإن الركن المادي " يقصد بـه التصرفات والتطبيقـات العمليـة الصـادرة مـن إحدى الهيئات الحاكمة وقد يكون هذا التصرف تشريعاً وعملاً إدارياً أو مجرد تصرف مـادي يصدر من هيئة حكومية كالبرلمان والوزارة أو رئيس الدولة " (٢).

ويرى الباحـث أن مـدلول الـركن المـادي الأدق في العرف الدستوري هـو مـا يتماشى مـع التعريف والذي اتفقنا معه حيث انه يتمثل " في العادة والاعتبـار علـى مسلك معين أو إجـراء معين يتصل بنظام الحكم في الدولة، وقد أنشأت هذه العادة ودرجت عليها إحدى السلطات أو الهيئات الحاكمة، بموافقة أو على الأقل دون معارضة غيرها من السلطات أو الهيئـات الحاكمـة الأُخرى" (٣).

ومن هذا العرض لمضمون الركن المادي، نجد أن هذا الركن يتطلب عدة شروط هي:

التكرار أو الاعتياد، والعمومية، وأخيراً الاستقرار(٤) وسنتعرض لهذا

---

(١)   الأستاذ الدكتور نعمان أحمد الخطيب ـ مرجع سابق ـ ص ٤٦٥ ـ ٤٦٦.

(٢)   الدكتور عبد الكريم علوان ـ النظم السياسية والقانون الدستوري ـ مرجع سابق ـ ص ٢٩٥.

(٣)   الدكتور محمد رفعت عبد الوهاب ـ القانون الدستوري المبادئ الدستورية العامـة ـ دراسـة النظـام الدستوري المصري ـ مرجع سابق ـ ص ٤١.

(٤)   الدكتور محسن خليل ـ مرجع سابق ـ ص ٩٦ ـ انظر ايضا: الدكتور فؤاد العطار ـ مرجـع سـابق ـ ص ١٨٦ ـ الدكتور إبراهيم شيحا ـ النظم السياسية والقانون الدستوري ١٩٨٨م ـ مرجع سابق ـ ص ٨٧ ـ الـدكتور عبد الغني =

الشروط تباعاً كالتالي:

١- التكرار أو الاعتياد

العرف الدستوري " باعتباره عادة تتصل بنظام الحكم في الدولة، يتطلب تكرار التصرف أو السلوك موضوع هذه العادة، فالعادة أي الاعتياد على تصرف سياسي معين يشترط إذن تكرار هذا التصرف اكثر من مرة يمكن القول بوجود عادة دستورية أو قاعدة دستورية والأغلبية العظمى للفقه الدستوري تتطلب شرط التكرار"(١).

ومع ذلك فقد ذهب قليل من الكتاب " إلى عدم ضرورة شرط التكرار، إذ يرى البعض أن العرف يمكن أن ينشأ من تصرف واحد طالما أن هذا التصرف يعبر عن ضمير الجماعة "(٢).

ولكن هذا الاتجاه ضعيف في الفقه الدستوري الذي يتطلب تكرار التصرف لقيام العادة الدستورية ويكفي عندهم التصرف الأول الذي يبدأ منه العرف أو العادة ويضعون له أهمية كبرى - إذ انه يمثل السابقة الأولى التي تعد أساس ومنطق العرف - ولكن لابد أن يتأكد هذا التصرف أو المسلك الأول، وهذا لا يتأتى إلا إذا تكرر، لأن التصرف الوحيد لا يمكن أن

= بسيوني - القانون الدستوري - مرجع سابق - ص ٦١.

(١) الدكتور عبد الحميد متولي - القانون الدستوري والأنظمة السياسية - مرجع سابق - ص ٨٩.

(٢) الدكتور سعد عصفور - القانون الدستوري - ١٩٥٤م - ص ٨٥ - الدكتور طعمية الجرف - مرجع سابق - ص ١٠٦ - انظر ايضاً: الدكتور إبراهيم شيحا - مرجع سابق - ص ٨٨ - ٨٩.

ينشا عنه اعتياد أو عادة دستورية وعلى أية حال ليس ضرورياً إن يحدث التكرار مرات عديـدة، إذ يكفـي في رأي الفقـه الدسـتوري الغالـب أن يتكـرر التصرف مـرة واحـدة، أي يحـدث مـرتين فقط"[1].

وبذلك يشترط في العرف الدستوري التكرار واعتياد الهيئات الحاكمة عليه فأي تصرف سياسي معين لدولة ما ثم تكراره حتى يصير راسخا لدى تلك الـدول فانـه يمثـل الشرط الأول لتـوازن الركن المادي للعرف ـ والمثال على ذلك في لبنان أن العرف قد جري على أن يكـون رئـيس الدولـة مسيحياً ورئيس الوزراء مسلماً سنياً ورئيس المجلس التشريعي مسلماً شيعياً.

ويرى بعض فقهاء القانون الدستوري كما سبق وأن اشرنا إلى عـدم ضرورة اشـتراط التكـرار حيث يمكن أن يكون العرف ناتج عن تصرف واحد طالما أن هذا التصرف يعبر عن ضمير الجماعة ولكن هذا الاتجـاه ضـعيف في العـرف الدسـتوري الـذي يتطلـب تكـرار التصرف بقيـام العـادة الدستورية، ويشترط في التكرار أن يصدر من سلطة أو هيئه عامة حاكمة مثل السلطة التشريعية أو التنفيذية أو القضائية أو إحدى الهيئات الحكومية الأخرى.

٢- العمومية

ومعنى هذا الشرط هو "ان تكون العادة الدستورية محل قبول ورضـا، جميـع السـلطات أو الهيئات الحاكمة التي يعنينها أمر القاعدة العرفية، وبمعنى

---

(١) الدكتور عبد الحميد متولي ـ القانون الدستوري والأنظمة السياسية ـ مرجع سابق ـ ص ٩٠ ـ انظر ايضاً: الدكتور إبراهيم شيحا ـ مرجع سابق ـ ص ٨٩.

آخر أن يكون التصرف أو المسلك (العادة) الذي درجت عليه إحدى الهيئات الحاكمة قد لقي قبولاً وموافقة لدى الهيئات الحاكمة الأُخرى المعنية بالأمر، أو على الأقل ألاّ تعترض هذه الهيئات الحاكمة الأُخرى المعنية علي المسلك المتكرر من الهيئة الحاكمة الأولى، فإذا كانت العادة أو هذا المسلك قد لاقى اعتراضاً من هيئة حاكمة أُخرى على علاقة بهذا المسلك، فلا يتكون عرف دستوري أو لا تكون هذه العادة إطلاقاً عرفاً دستورياً لافتقار شرط العمومية"(١).

وكمثال على عادة في الميدان الدستوري لا تصلح لتكون عرفاً لاعتراض هيئة حاكمة أخرى ذات شان بالموضوع " يذكر الفقه المصري حالة إصدار الملك في ظل دستور١٩٢٣م علي تعيين وكيل أو رئيس الديوان الملكي بأمر ملكي يصدر منه وحده، دون توقيع رئيس الوزراء مع مخالفة ذلك للدستور المدون، فكان يمكن أن يتكون عرفاً دستورياً رغم هذه المخالفة للدستور المكتوب، في حالة موافقة أو عدم اعتراض الوزارة أو رئيسها، ولكن الذي حدث أنه في كل مرة كان رئيس الوزراء يعترض على هذا التصرف أو على هذه العادة، مما يحول دون تحولها إلى عرف دستوري ملزم أو قاعدة عرفية دستورية"(٢).

ويرى بعض الفقهاء " أن شرط العمومية ينسحب أيضا على جماعة الأفراد أو المواطنين، بمعنى أنه لا يكفي موافقة أو عدم اعتراض الهيئات

(١) الدكتور عبد الحميد متولي ـ القانون الدستوري والأنظمة السياسية ـ مرجع سابق ـ ص ٩٠.
(٢) الدكتور إبراهيم شيحا ـ مرجع سابق ـ ص ٨٩.

الحاكمة الأخرى على العادة أو القاعدة، بل من الواجب أيضا ـ حتى نكون بصدد عرفٍ دستوري ـ ألاّ تعترض جماعة الأفراد أي المحكومين"(١).

ففي منطق بعض الفقهاء أن السلطات الحاكمة هي المؤهلة لتشييد قواعد جديدة دستورية كعادات وسوابق، ولكن لكي تتحول تلك القواعد أو العادات إلى عرف ملزم لا بد ليس فقط عدم اعتراض السلطات الحاكمة الأخرى، بل أيضاً عدم إعتراض المحكومين أي رضائهم الضمني، وذلك على اعتبار أن الأفراد المحكومين لهم دائماً مصلحة مباشرة أو غير مباشرة فيما يراد تشييده أو تعديله من قواعد دستورية " (٢).

وقد ذهب رأي إلى أن اشتراط موافقة أوعدم اعتراض المحكومين " ليس ضرورياً إذا كانت القاعدة الجديدة أو العادة تتصل بعلاقة السلطات العامة فيما بينها دون ارتباط مباشر في علاقة هذه السلطات بالمحكومين، ولكن عدم اعتراض هؤلاء يصبح على العكس لازماً إذا كانت العادة الدستورية تمس مباشرة حقوق وحريات الأفراد" (٣).

والباحث يرى مع آخرين " أن اشتراط عدم اعتراض المحكومين من أفراد الجماعة يجب أن يكون ضرورياً في كل الحالات، أي حتى ولو كانت

---

(١)   الدكتور سعد عصفور ـ القانون الدستوري ـ مرجع سابق ـ ص ٨٣. انظر أيضا الدكتور محمد كامل ليلة ـ مرجع سابق ـ ص٣٩.

(٢)   المرجع السابق ـ نفس الصفحة.

(٣)   الدكتور رمزي الشاعر ـ القانون الدستوري ـ النظرية العامة والنظام الدستوري المصري ـ الطبعة الثانية ـ ١٩٨١م ـ ص ٨٥.

السلطات الدستورية لا تؤثر مباشرة في حقوق وحريات الأفراد"[١].

وذلك لانه حتى ولو كانت العادة أو السابقة لا تتصل مباشرة بحقوق وحريات الأفراد، وانما تقتصر على علاقة السلطات العامة فيما بينها، إلاّ أن المحكومين لابد وان يتأثر مركزهم وحرياتهم بالقاعدة الجديدة علي الأقل بطريقة غير مباشرة، لأن كل قواعد الدستور المكتوب، وما يلحق به من قواعد عرفية لابد وان تكون محل اهتمام المحكومين وتمس بشكل أو بآخر مصالحهم، ومن ثم يجب عدم اعتراضهم علي كل قاعدة جديدة وإلاّ لن تصبح تلك القاعدة عرفاً دستورياً ملزماً بحال[٢].

وخلاصة القول أن هذا الشرط يعني أن تكون العادة الدستورية محل قبول ورضا جميع السلطات أو الهيئات الحاكمة التي يعنيها أمر القاعدة العرفية، بعبارة أخرى أن يكون التصرف أو المسلك الذي درجت عليه إحدى الهيئات الحاكمة قد وجد قبول وموافقة لدي الهيئات الحاكمة الأخرى المعنية على المسلك المتكرر من الهيئة الحاكمة الأولى فإذا لقي اعتراض فلا تكون هذه العادة عرفا دستوريا.

---

(١) الدكتور سعد عصفور ـ القانون الدستوري ـ مرجع سابق ـ ص ٨٣ ـ انظر أيضا الدكتور محمد كامل ليلة ـ مرجع سابق ـ ص ٣٩ ـ الدكتور إبراهيم شيحا ـ مرجع سابق ـ ص ٩١ ـ ٩٢ ـ الدكتور عبد الغني بسيوني ـ القانون الدستوري ـ مرجع سابق ـ ص ٦٤.

(٢) الدكتور محمد كامل ليلة ـ مرجع سابق ـ ص ٣٩ ـ انظر ايضا: الدكتور إبراهيم شيحا ـ مرجع سابق ـ ص ٩١ ـ ٩٢ ـ الدكتور عبد الغني بسيوني ـ القانون الدستوري ـ مرجع سابق ـ ص ٦٤.

مثال لذلك:

في الفقه المصري " كان إصرار الملك في ظل دستور سنة ١٩٢٣م على تعين وكيل أو رئيس الديوان الملكي بأمر ملكي يصدر منه وحده دون توقيع رئيس الوزراء مع مخالفة ذلك للدستور المدون فكان يمكن أن يتكون عرفا دستوريا رغم هذه المخالفة للدستور المكتوب في حالة موافقة أو عدم اعتراض الوزارة أو رئيسها ولكن الذي يحدث انه في كل مرة كان رئيس الوزراء يعترض علي هذا التصرف أو العادة مما يحول دون تحويلها إلى قاعدة عرفية دستورية"[١].

٣- الاستقرار

وهو مرادف للثبات أي استقرار وثبات العادة الدستورية " هو شرط لتحولها إلى عرف قانوني ملزم، ويعني شرط الاستقرار والثبات أمرين، فمن ناحية أولى اطراد الهيئة أو الهيئات الحاكمة علي اتباع العادة أو القاعدة بصورة منتظمة بلا انقطاع، فلا يتحقق ذلك الاستقرار الذي يعني الاطراد والانتظام، لوان تلك العادة قد خولفت بعد تكرارها، ولو حدثت تلك المخالفة لمرة واحدة، فتلك المخالفة للقاعدة ينفي عنها الاستقرار ويمنع تحولها بالتالي إلى عرف ملزم"[٢].

ومن ناحية ثانية " فإن شرط الاستقرار والثبات يفيد أيضاً قدم العادة

(١)   الدكتور عبد الحميد متولي ـ القانون الدستوري والأنظمة السياسية ـ مرجع سابق ـ ص ٩.

(٢)   الدكتور محمد رفعت عبد الوهاب ـ القانون الدستوري ـ مرجع سابق ـ ص٤٥.

الدستورية من حيث الزمن، بان يستمر العمل بها مدة طويلة معقولة ما يؤكد استقرارها، ولكن لا يمكن تحديد عنصر المدة بطريقة قاطعة أي برقم محدد، فهي قد تطول لتصل عشرات السنين، وقد تقصر لمدة عشر سنوات فقط، بان تحدث السابقة الأولى في أحد الأعوام وتتبعها السابقة الثانية بعد عشر سنين على نحو يؤكد ثبات القاعدة الجديدة وتحولها إلى عرف " [(١)].

ثانياً: الركن المعنوي

لكي يتحقق وجود عرف دستوري ملزم " لا يكفي توافر الركن المادي بشروطه، بل لابد أيضاً من توافر ركن آخر معنوي ويقصد بالركن المعنوي بان يقوم في ذهن السلطات الحاكمة وفي ذهن الجماعة وضميرها، بان العادة أو السلوك قد أصبح قاعدة ملزمة واجبة الاتباع والاحترام، أي يتحقق الاعتقاد الراسخ بان تلك القاعدة العرفية قد أضحت ملزمة تماماً مثل قواعد الدستور المكتوب سواء بسواء " [(٢)].

تلك العقيدة الراسخة في الذهن والضمير بإلزامية العادة الدستورية يجب أن تقوم ليس فقط لدى الهيئات الحاكمة التي أنشأت بسلوكها تلك القبول، بل أيضاً لدى أفراد الجماعة أي المحكومين، وهذا يبرر لنا أهمية القبول الضمني من جانب المحكومين أو عدم اعتراضهم في تكوين الركن المعنوي

---

(١) الدكتور فؤاد العطار ـ مرجع سابق ـ ص ١٨٧.

(٢) الدكتور ثروت بدوي ـ مرجع سابق ـ ص ٨٤ ـ انظر ايضا: الدكتور محسن خليل ـ مرجع سابق ـ ص ٩٦ ـ الدكتور عبد الحميد متولي ـ القانون الدستوري والأنظمة السياسية ـ مرجع سابق ـ ص ٨٩ ـ الدكتور رمزي الشاعر ـ مرجع سابق ـ ص ٨٧.

للعرف الدستوري.

ولما كان " الاعتقاد في الذهن والضمير مسالة نفسانية ومعنوية، فإنه يقوم الدليل عليها إذا ما ثبت اطراد تطبيق القاعدة بانتظام وبدون انقطاع كلما جاءت مناسبات تطبيقها، على النحو الذي يؤكد ويكشف بوضوح عن العقيدة في إلزامها، سيما مع قبول ورضاء أفراد الجماعة مع سلطات الحكم كما سبق القول"[1].

الفرع الثالث

أنواع العرف الدستوري وقوته القانونية

هناك ثلاثة أنواع للعرف الدستوري هي العرف الدستوري المفسر والمكمل والمعدل نتناولها تباعاً:

أولاً: العرف الدستوري المفسر

ويقصد به ذلك العرف الذي يقتصر إثره على مجرد تفسير نص غامض أو مبهم في نصوص الدستور فهو فقط يوضح معنى النص الغامض ويبين كيفية تطبيقه.

وعلى ذلك نتفق مع من يري بأن" العرف المفسر لا ينشي قاعدة دستورية جديدة بل هو يستند إلى قاعدة أو نص دستوري موجود مسبقا في نصوص الدستور"[2].

(١) الدكتور رمزي الشاعر ـ مرجع سابق ـ ص ٨٧ ـ الدكتور إبراهيم شيحا ـ مرجع سابق ـ ص ٩٤.
(٢) الدكتور ثروت بدوي ـ القانون الدستوري وتطور الأنظمة الدستورية في =

وبناء على ذلك يعتبر " العرف الدستوري جزء من الدستور المدون الذي يفسره، فهو يلحق بالنص الدستوري ومن ثم فان الفقه يتفق على مشروعيته على اعتبار أنه ليس له وجود مستقل عن النص الذي يفسره"[1].

ومن أمثلة العرف المفسر:

ذلك " العرف الذي جرى عليه العمل في فرنسا في ظل دستور الجمهورية الثالثة لعام ١٨٧٥م ـ بالتسليم لرئيس الجمهورية بسلطة إصدار اللوائح التنفيذية، وذلك تفسيرا لنص المادة الثالثة من هذا الدستور، والتي نصت على أن رئيس الجمهورية يكفل تنفيذ القوانين ـ فكان دور العرف في هذا المثال تفسير لمضمون عبارة تنفيذ القوانين على نحو متسع بحيث تشمل بجانب الإجراءات الفردية إصدار اللوائح العامة التنفيذية كذلك"[2].

ثانياً: العرف الدستوري المكمل

ويقصد به ذلك العرف " الذي يقوم بتنظيم مسالة دستورية سكت عنها الدستور المكتوب أي بمعنى إنه يسد النقص الموجود في الدستور. ويختلف عن العرف المفسر بان لا يستند إلى نص موجود أصلا في الدستور بل يأتي بنص جديد يضاف إلى مواد الدستور"[3].

وقد اختلف الفقهاء في تحديد القيمة القانونية للعرف المكمل:

فيرى " الأغلبية مشروعيته، وذلك بأن له ذات القوة التي يتمتع بها

_____

=   مصر ـ ص ٧٣.

(١)   الدكتور ثروت بدوي ـ مرجع سابق ـ ص٧٣.

(٢)   الدكتور محمد رفعت عبد الوهاب ـ مرجع سابق ـ ص ٤٨.

(٣)   المرجع السابق ـ نفس الصفحة.

الدستور المكتوب، بإعتبار أن العرف المكمل يفسر ـ سكوت المشرـع الدستوري، ولا يخالف الدستورالمكتوب ولم يعدله إذا انه مثل العرف المفسر، حيث يقوم الأخير بتفسير الإرادة الصريحة للمشرع الدستوري، والعرف المكمل يقوم بتفسير الإرادة الضمنية للمشرع الدستوري.

ويرى الأقلية أنه لا يحظى بقيمة قانونية، لأنـه يعتبـر مـن قبيـل العـرف المعـدل بالإضافة للدستورالمكتوب، فهذا الاتجاه يرى أن العرف المكمل طالما يضيف إلى الدستور المكتـوب قاعـدة جديدة فهو يكون في حقيقته معدلاً للدستور"[1].

والباحث يتفق مع راى الأقلية لانه في حقيقتـه ـ اى للعـرف المكمـل ـ لايعـدو ان يكـون إلا عرفا معدل بالاضافة.

ثالثاً: العرف المعدل

ويقصد به ذلك العرف: الذي يعدل حكماً في إحكام الدستور أو الذي يعدل حكما في أحكام الدستور المكتوب وينقسم إلى نوعين وهما:

أ - العرف المعدل بالإضافة

يتضح من تسميته " بأنه يضيف قاعدة جديدة إلى نصوص الدستور القائم ومن ذلك فانه يشابه العرف المكمل، ولكن وجه الاختلاف في الأخير يفترض سكوت الدستور عـن تنظيم معـين، فيأتي العرف المكمل ليسد النقص ويضع التنظيم الذي سكت عنه الدستور، هـذا بينما العـرف المعدل بالإضافة يفترض ان الدستور قد أورد تنظيما محدداً لموضوع معين فيأتي العرف

---

(١)   الدكتور محمد رفعت عبد الوهاب - المرجع السابق ـ ص ٤٨.

المعدل لكي يضيف لهذا التنظيم الدستوري أحكاما من شأنها تعديل هذا التنظيم " [١].

ب - العرف المعدل بالحذف:

ومعناه إكمال نص من نصوص الدستور في التطبيق لفترة على نحو يسمح بـالقول بـأن هـذا النص قد سقط وتم حذفه نتيجة لعدم الاستعمال.

القوة القانونية أو الدستورية للعرف المعدل:

إذا كان إجماع الفقه الدستوري ينعقد على مشروعية العرف الدستوري المفسر، وعلـى قوتـه الدستورية، فإن تلك القوة يحظى بهـا العـرف الدسـتوري المكمـل لـدى الأغلبيـة العظمـي مـن الفقهاء، إلا أن شرعية العرف المعدل للدستور المكتوب وقوته محل جـدل وخـلاف، وعلـة هـذا الجدل " أن العرف المعدل يعدل نصاً دسـتوريًا مكتوبـاً وجامـداً ومـن ثم فهو يخالف النـص الدستوري، وهو أمر من الصعب قبوله من رجال القانون إذ أن نصوص الدستور أعلى تشـريع في الـدولة " [٢].

ويمكن تلخيص هذا ورده إلى اتجاهين هما:

الاتجاه الأول

هذا الاتجاه لا يقر بشرعية العرف المعدل للدستور ويستند هذا الرأي علي حجتين:

---

(١)   الدكتور محسن خليل ـ النظم السياسية والقانون الدستوري ـ الجزء الثاني ـ النظـام الدسـتوري في مصر ـ والجمهورية العربية المتحدة ـ ١٩٦٩م ـ ص ٦.

(٢)   المرجع السابق ـ نفس الصفحة.

أ)   إن تعديل الدستور الجامد ومعظم دساتير العالم مكتوبة وجامدة يتطلب إجراءات مشددة ومحددة أوضحتها نصوص الدستور، وهـذا يحـول دون إمكانيـة قيـام عـرف معـدل للدستور، وحتى في حال قيامه سيكون مخالفاً للقانون والدستور وغير مشروع"[1].

ب)   إن إجازة العرف المعدل للدستور وإعطائه قوة دستورية أمر يتعارض مع سيادة الشعب لأن الدستور هو الذي أوجد الهيئات الحاكمة ومن ثم لا يجوز لهـذه الهيئـات أن تنشـئ عرفاً مخالفا للدستور الذي أوجدها"[2].

الاتجاه الثاني

هذا الاتجاه يقر بمشروعية العرف المعدل، ويرى إن قيام مثل هذا العرف أمر طبيعـي نظـرا لأن العرف هو وليد أراد الأمة وضميرها " [3].

ولكن هذا الاتجاه الذي يقر بمشروعية العرف المعـدل انقسـم في داخلـه إلى قسـمين بشـان تحديد المرتبة القانونية للعرف المعـدل، وطرحـوا السـؤال التـالي: هـل لـه ذات القـوة القانونيـة لنصوص الدستور؟ أم أن له قوة قانونية أقل؟

ذهب الفريق الأول إلى أن للعرف المعدل فقط مرتبـة وقـوة التشريـعات العاديـة، ولاتصـل القوة لمرتبة النصوص الدستورية.

وذهب الفريق الثاني إلى إن العرف المعدل " يجب أن يكون في مرتبة

---

(١)   الدكتور محسن خليل ـ مرجع سابق ـ ص ٦.
(٢)   المرجع السابق ـ نفس الصفحة.
(٣)   الدكتور فؤاد العطار ـ مرجع سابق ـ ص ١٩.

الدستور وقوته القانونية " [(١)].

والباحث يتفق مع هذا الرأي لان العرف المعدل للدستور هو من إرادة الجماعة ويعبر عن وجدانها وروحها، وحيث إن الهيئات الحاكمة برضا وعدم اعتراض الأمة قد درجت على قاعدة عرفية تعدل نص دستوري فيجب إن تكون معها في مرتبة مساوية لنص الدستور.

المطلب الثالث

القضاء والفقه الدستوري

تمهيد وتقسيم:

يضطلع القضاء والفقه بدور لايستهان به في إرساء بعض القواعد للقانون الدستوري بالرغم من اختلاف طبيعة وظيفتهما.

فمن المعلوم " أن وظيفة القضاء هي تطبيق القانون علي المنازعات التي تعرض أمامه كما إنه من البديهي أن عمل رجال الفقه هو دراسة أحكام القانون والقيام بشرح وتحليل ما يعتريها من غموض ولكن ومع ذلك فإن هنالك دور للقضاء والفقه في نشاة القواعد الدستورية " [(٢)].

وعلى ذلك نتناولهما بالدراسة على النحو التالي:

(١) الدكتور فؤاد العطار - مرجع سابق ـ ص ١٩.

(٢) الدكتور نعمان أحمد الخطيب ـ مرجع سابق ـ ص ٤٧٨ ـ أنظر ايضا: الدكتور ماجد الحلو ـ مرجع سابق ـ ص ٤٢٧.

الـفرع الأول

القضاء الدستوري

(Constitutional Jurisdiction)

يقصد بالقضاء الدستوري مجموعة القواعد القانونية المستنبطة من أحكام المحاكم في المجال الدستوري " [1].

والباحث يرى أن هذا التعريف قاصر على القواعد المستنبطة من أحكام المحاكم في المجال الدستوري، والقضاء الدستوري بصفته مصدراً من مصادر القانون الدستوري يمكن أن يكون شامل للقواعد التي تفسرها المحكمة الدستورية، وذلك وفقاً للسلطات الممنوحة لها بموجب الدستور، فإذا رجعنا إلى نص المادة ١٧٥ من الدستور المصري نجدها تمنح المحكمة الدستورية حق تفسير التشريع حيث جاء فيها " تتولى المحكمة تفسير النصوص التشريعية على الوجه المبين من القانون " [2].

والمقصود بالقانون هنا قانون المحكمة الدستورية والذي نص في مادته ٢٦ " على أن تتولى المحكمة الدستورية العليا تفسير نصوص القوانين الصادرة من السلطة التشريعية والقرارات الصادرة من رئيس الجمهورية وفقاً لأحكام الدستور وذلك إذا أثارت خلافاً في التطبيق وكان لها من الأهمية ما يقتضي توحيد تفسيرها " [3].

وإذا كان "منهج التفسير يعمل على استخلاص المضمون القاعدي من

(١) الدكتور إبراهيم شيحا ـ مرجع سابق ـ ص ٩٤.
(٢) الدستور المصري لسنة ١٩٧١م.
(٣) الدكتور محمود عاطف ألبنا ـ مرجع سابق ـ ص ٦٧.

النص التشريعي، سواء بالوصول إلى خلو النص من أي قاعدة قانونية، أو بالوصول إلى تحديد محايد لمضمون القاعدة القانونية التي يعبر عنها النص فإن منهج التفسير الإنشائي الذي تبناه بعض القضاء الدستوري يهدف إلى إثراء المضمون القاعدي للنص بتوسيع نطاقه، وبعبارة أخرى فإن منهج التفسير المقيد لا يضفي جديداً علي المضمون القاعدي للنص التشريعي، وعلى العكس من ذلك، فإن منهج التفسير الإنشائي يسمح بإدخال عنصر جديد على النص التشريعي لكي يسمح بإنفاذه من حماة عدم الدستورية (Anti-Constitutionality) على نحو يجعله مطابقاً للدستور " [1].

الفرع الثاني

الفقه الدستوري

يقصد بالفقه الدستوري "مجموعة الشروح والآراء التي يصدرها علماء القانون بما يقومون به من تفسير للتشريعات وإبداء الرأي في مطابقة أحكامها للحاجات الاجتماعية أو عدم مطابقتها له، والتعليق على أحكام المحاكم، وتقصي قواعد العرف، و محاولة استنباط القواعد التي تؤخذ من مبادئ القانون الطبيعي وقواعد العدالة(Equity) وهو في ذلك كله لا يعد مصدراً رسمياً للقانون، لأن القضاء قد يأخذ في أحكامه بقواعد يستمدها من تفسيرات الفقه وشروحه، والمشرع كثيراً ما يستعين في وضع القوانين أو تعديلها بما يبديه الفقه من أراء أو اقتراحات، إلا أنه ـ أي الفقه ـ لا

(1) الدكتوراحمد فتحي سرور ـ الحماية الدستورية للحقوق والحريات ـ دار الشروق ـ الطبعة الأولي ـ ١٩٩٩م ـ ص ٢٥١.

يعتبر مصدراً رسمياً، بل هو مصدر تفسيري أو استثنائي "[1].

ومن هذا لا نجد هنالك فارق كبير ما بين الفقه والقضاء سوى أن الأخير قد تصير أحكامه بمثابة قواعد يمكن أن تدرج في الدستور.

وبهذا " يبقى للقضاء والفقه دور مادي وتفسير ملموس في مجال التشريع، بسبب ما يستوحي منها المشرع من مبادئ وحلول عند صياغته لقانون معين، وعند تفسيره لنص قانون قائم، وهذا التشابه في الدور بين القضاء والفقه لا ينفي ما يوجد بينهما من إختلاف "[2].

ويمكن أن نلخص تلك الإختلافات في أن الفقه يضع حلولاً عامة لمسائل معينة سواء حدثت أم لم تحدث، معتمداً علي نظريات قائمة بهدف التطور، أما القضاء فإنه لا ينصرف إلا للمسائل التي تعرض عليه، مبدياً رأيه بناءاً على المعطيات القانونية والاعتبارات العملية.

لذلك يصدق القول " بأنه إذا كان الفقه يمثل الناحية العلمية أو النظرية للقانون، فإن القضاء يمثل الناحية العملية أو التطبيقية فيه "[3].

(١) الدكتور جميل الشرقاوي ـ مرجع سابق ـ ص ١٢٧.
(٢) الدكتور نعمان أحمد الخطيب ـ مرجع سابق ـ ص ٤٢٧.
(٣) الدكتور سعد عصفور ـ مرجع سابق ـ ص ٣٣.

المبحث الرابع

أنواع الدساتير

تمهيد وتقسيم:

تتعدد الدساتير وتختلف أنواعها وذلك بإختلاف الزاوية التي ينظربها إلى تلك الأنواع وجرى في الفقه الدستوري تقسيم الدساتير إلى نوعين من حيث الشكل ومن حيث القوة فمن حيث الشكل تقسيم الدساتير إلى مكتوبة وغير مكتوبة ومن حيث القوة تنقسم إلى دساتير جامدة ومرنة وسوف نتناول تلك التقسيمات في المطالب التالية.

المطلب الأول

الدساتير المكتوبة والدساتيرغير المكتوبة

الفرع الأول

الدساتير المكتوبة

الدساتير المكتوبة هي " الدساتير التي توضح أحكامها في نصوص تشريعية مكتوبة سواء صدرت بوثيقة واحدة أو عدة وثائق دستورية مختلفة"[1].

وتعتبر ظاهرة الدساتير المكتوبة ظاهرة حديثة وهي وليدة الأفكار الديمقراطية والحركات السياسية التي اقترنت بفكرة الحرية (Liberty) وتقرير مبدأ السيادة الشعبية مستهدفة الحد من السلطات المطلقة للملوك

(١) الدكتورنعمان احمد الخطيب ـ مرجع سابق ـ ص ٩.

وتوزيعها بين السلطات الثلاث في الدولة.

هذا بالإضافة إلى أن كتابة الدساتير " تعد ثمرة حركة فكرية شهدها القرن الثامن عشر إذ رأى فيها مفكر وفلاسفة القانون الطبيعي والعقد الاجتماعي تجديدا حقيقياً للعقد الاجتماعي الذي انشأ الجماعة السياسية في نصوص صريحة واضحة " [١].

وعليه فان الدساتير المكتوبة مقصود بها " تلك الدساتير التي تكون قواعدها وأحكاها مكتوبة في تشريع أو تشريعات صادرة عن المشرع الدستوري في الدولة، إذن فان الدستور المدون هو الدستور المسجله قواعده بوثيقة رسمية صادره عن السلطة العليا في الدولة المناط بها وضع الدستور وتسمى السلطة التأسيسية الأصلية [٢]

ونلاحظ أن " الدستور المدون لا يمنع من ظهور عرف دستوري بجواره بصوره استثنائية ونجد انه " في العصور القديمة الوسطى كانت الدساتير العرفية غير المدونة هي السائدة في عموم الدولة وظهرت في نهاية القرن السابع عشر أول بداية للدساتير المدونة في الولايات الأمريكية فور استقلالها عن الإمبراطورية البريطانية وكان ذلك عام ١٧٧٧م حيث جاء وضع الدستور بواسطة ممثلي الشعب في مؤتمر فلادلفيا عام ١٧٨٧م ثم جاء بعده أهم دستور مدون آخر بفرنسا وهو دستور ١٧٩١م " [٣].

(١) الدكتور عثمان خليل ـ مرجع سابق ـ ص ٣٣.
(٢) المرجع السابق ـ نفس الصفحة.
(٣) الدكتور يحي الجمل ـ النظام الدستوري في جمهورية مصر ـ بدون طبعة ـ ١٩٧٤م ـ ص ٦٧.

ولا يشترط في الدستور المكتوب أن " تكون كافة أحكامه قد وردت في وثيقة أو عدة وثائق صادرة من المشروع الدستوري بل يكتفي أن تكون أغلب أحكامه قد صدرت بهذه الطريقة لان تقسيم الدساتير إلى دساتير مكتوبة ودساتير غير مكتوبة تقسيم نسبي فما من دستور إلاّ ويشمل أحكاماً مكتوبة وأخرى غير مكتوبة " [١].

من ناحية أخرى نجد انه " ما من دستور قد صدر مكتوباً ووصف بالدستور المكتوب إلا وقد أعقب صدوره ظروف وتطورات وممارسات دستورية تقضي- إلي نشأة قواعد دستورية مصدرها العرف أو القضاء، وبالتالي فإننا نجد وباستمرار أن يجانب النصوص الدستورية المكتوبة في الدساتير التي توصف بالمكتوبة توجد قواعد أخرى عرفية أو قضائية تسد ما يعتري هذه النصوص من نقص أو غموض وتحل ما يوجد بينها من تضارب " [٢].

وقد وضع فقهاء القانون الدستوري بعض المزايا للدساتير المكتوبة نورد منها:

١) " إن الدساتير المدونة أو المكتوبة تتسم بالثبات والوضوح مما لا يجعلها عرضة للتلاعب بشان تفسيرها خلافاً للدساتير العرفية التي يمكن أن يعتريها الشك والإبهام بشأن تفسير قواعدها مما يمنح بعض

(١) الدكتور نعمان أحمد الخطيب ـ مبادئ القانون الدستوري ـ مرجع سابق ـ ص٧٠.

(٢) الدكتور محسن خليل ـ مرجع سابق ـ ص ٧٣.

الحكام فرصة التهرب من أحكامها والتحايل عليها " [1].

٢) " الدساتير المكتوبة ضمانة هامة من ضمانات حقوق الأفراد وحرياتهم وهذا بالتالي يلقي واجباً واضحاً علي جميع السلطات باحترامها وعدم الاعتداء عليها بأي صورة ولو كان ذلك تحت تنظيمها ويعطي الأفراد القدرة علي التعرف علي حقوقهم والتمسك بها " [2].

٣) الدساتير المكتوبة ضرورية للدول الاتحادية وخاصة الدول والتي تطبق نظام الاتحاد المركزي (الفدرالي) حتى يسهل توزيع الاختصاصات فيما بين الحكومة الاتحادية وحكومات الولايات الداخلية في هذا الفرع من الاتحادات.

٤) سرعة إعداد الدساتير المكتوبة من أهم مزايا هذا النوع من الدساتير ولم يعد في عائلة الدساتير غير المدونة إلا دول قليلة جداً علي رأسها المملكة المتحدة.

الفرع الثاني

الدساتير غير المكتوبة

الدستور غير المكتوب تعبير اصطلح إطلاقه علي الدستور " إذا كان في أغلبه مستمداً من غير طريق التشريع كالعرف والقضاء بل إلى أحكام نشأت وتكونت عن طريق السوابق التاريخية التي اكتسبت مع الزمن قوة العرف الدستوري وينبني علي ذلك أن تصبح بمثابة القاعدة القانونية

(١) الدكتور إبراهيم عبد العزيز شيحا ـ النظم السياسية والقانون الدستوري ـ مرجع سابق ـ ص ٧٢.
(٢) الدكتور محسن خليل ـ مرجع سابق ـ ص ٧٣.

الأساسية الواجبة الاتباع ما لم تلغ أو تعدل بقاعدة مماثلة ويعد الدستور الإنجليزي "[١] أوضح مثال لهذا النوع من القوانين الدستورية إذ يكاد أن يكون هو " المثال الوحيد الذي يقول به الفقهاء للقوانين الدستورية العرفية في الدول المتقدمة "[٢].

ولعل السبب في أخذ الإنجليز بالدستور العرفي يرجع إلى " طبيعة الإنجليزي في ذاته والذي يميل إلى تطوير قواعده في هدوء دون عنف فهم يعرفون تماماً كيف يكيفون ويطورون مؤسساتهم الموروثة "[٣].

ولا يعني أن الدساتير غير المرنة لا ينشأ في ظلها بعض الوثائق الدستورية " فإنجلترا تعتبر من بلاد الدساتير العرفية بل وتعتبر المثل التقليدي لدولة ذات دستور غير مكتوب ومع ذلك فإن دستورها ينطوي علي بعض الوثائق الدستورية المدونة والتي لها أهميتها في حياة هذه الدولة ومن أمثلة هذه الوثائق العهد الأعظم عام ١٢١٥م وملتمس الحقوق ١٦٢٨م وقانون الحقوق عام ١٦٨٩م وقانون توارث العرش (Crown) عام ١٧٠١م وقانون البرلمان عام١٩١١م وقانون الوصايا علي العرش عام ١٩٣٧م "[٤].

---

(١) الدكتور خالد الزغبي ـ مرجع سابق ـ ص ٥٩.

(٢) الدكتور السيد صبرى ـ محكمة الوزارة ـ الطبعة الاولى ـ دار النهضة العربية ـ القاهرة ـ ١٩٩٩م ـ ص ٩٥.

(٣) الدكتور إبراهيم عبد العزيز شيحا ـ النظم السياسية والقانون الدستوري ـ مرجع سابق ـ ص ٥٩.

(٤) المرجع السابق ـ نفس الصفحة.

ويرى جانب من الفقه أن مزايا الدساتير غير المدونة هى:

١) يعبرعن ماضي الشعب ويربط هـذا الماضي بالحاضر، فهـو وليد تعاقب الأجيـال وروح الشعب بدون أي حاجة إلى تدوين.

٢) تمتاز بالمرونة وقابليتها لمسايرة التطورات السياسية والأحداث " (١).

المطلب الثاني

الدساتير المرنة والدساتير الجامدة

الفرع الأول

الدستور المرن

(Flexible constitution)

أولاً: المقصود بالدستور المرن

هو ذلك الدستور الذي يمكن تعديله بذات الإجراءات التي تعـدل بها القوانين العاديـة، " ومن ثم فالدستور المرن يمكن تعـديل (Amendment) قواعده عـن طريـق ذات السـلطة التي تعدل التشريع العادي أي البرلمان وبـذات الإجراءات العادية لتعديلها " (٢).

النموذج الأمثل للدستور المرن هو الدستور العرفي مثل الدستور الإنجليزي، مـع العلـم بـأن الدساتير المرنة ليست كلها جامدة فمن الممكن أن يوجد دستور غـير عـرفي ويكون مرنـا في ذات الوقت طالما انه لم ينص

---

(١) الدكتور ثروت بدوى ـ مرجع سابق ـ ص ٧٤- انظر ايضا: الدكتور محسن خليل ـ مرجع سابق ـ ص ٥٧٤.

(٢) الدكتور فؤاد العطار ـ مرجع سابق ـ ص١٧٦.

على تعديله بإجراءات خاصة، والمثال لذلك دستور ١٨١٤م ـ ١٨٣٠م في فرنسا، ودستور إيطاليا القديم ١٨٤٨م " [١].

وهكذا لا توجد فوارق بين قيمة التشريع العادي والدستور في البلاد ذات الدساتير المرنة فيقال أن الدستور أعلي من القانون بالمعيار الموضوعي ولكن المعيار الذي يمكن أن نعتد به في هذا الشأن هو المعيار العضوي أو الشكلي.

وقد رأي بعض الفقه أن مرونة الدستور ميزة له بأن تجعله قابلاً للتطور كما قالوا أن هذه الميزة ليس من شانها زعزعة استقراره لانه حتى القوانين العادية تتمتع بقدر هام من الثبات وأن الدستور المرن رغم قابليته لذات إجراءات القوانين العادية إلا انه يصعب تصور تعديله من الناحية العملية إلا إذا اقتضت الأفكار ورأت الاتجاهات الشعبية بضرورة هذا التعديل.

الـفـرع الثاني

الدستور الجامـد

أولا: المقصود بالدستور الجامد

هو الذي لا يمكن تعديله بالإجراءات العادية لتعديل القانون وإنما له إجراءات وشروط اكثر تعقيداً وصعوبة من التشريع العادي " [٢].

ويحتوي على نصوص صريحة داخله لتعديله وتتميز هذه الإجراءات الخاصة بالتعديل بطولها النسبي وتختلف عن السلطة التشريعية في تشكيلها

---

(١)   الدكتور محسن خليل ـ مرجع سابق ـ ص ١٠٦.

(٢)   الدكتور محمد رفعت عبد الوهاب ـ مرجع سابق ـ ٦٠.

العادي فهذه السلطة التي تقترح التعديل تسمي بالسلطة التأسيسية المنشئة وهي من الناحية الشكلية أعلى مرتبة من السلطة التشريعية العادية.

فمثلا " القانون العادي يضعه البرلمان بالأغلبية العادية أو المطلقة أما تعديل الدستور حتى ولو تم بواسطة البرلمان فأنه يتطلب أغلبية مشددة لإقراره بثلث الأعضاء وتكون الإجراءات اكثر تعقيدا، وقد تتطلب أيضا استفتاء شعبي على التعديل بعد إقراره من البرلمان مثل إجراءات تعديل دستور مصر لعام ١٩٧١م " (١).

يمكن أن نقول أن معظم الدساتير في الدول المعاصرة هي دساتير جامدة وذلك لما لها من أهمية تكمن في ضمان الثبات والاستقرار لقواعد الدستور كما انه من ناحية أخرى يحقق مبدأ سمو قواعد الدستور علي قواعد القانون العادي.

ثانياً: مظاهر جمود الدستور

أهم مظهر من مظاهر جمود الدستور هوان يتضمن الدستور نفسه النص على إجراءات وطرق مشددة لتعديله، أي أن ينص على ذلك في الدستور نفسه ويمكن تلخيص مظاهر الجمود في طريقتين هما " (٢).

١ - تحريم تعديل الدستور

قد توغل بعض الدساتير الجامدة وتنشط في تأكيد جمودها فتنص على تحريم تعديل نصوص الدستور صراحةً، ولكن ليس المقصود هنا التحريم

---

(١)   الدكتورعبد الفتاح حسن ـ مبادئ النظم الدستورية في الكويت ـ بدون طبعة ١٩٦٨م ـ ص ٣٩.

(٢)   الدكتور محمد رفعت عبد الوهاب ـ مرجع سابق ـ ص ٦٢.

الأبدي المطلق لان واضعي الدستور ليس من السطحية لوضع هـذا الشرط الـذي يخـالف سـنة الحياة والتطور وإنما المقصود هنا التحريم النسبي أي من حيث الموضوع لبعض نصوص الدستور ومن حيث الزمن لفترة زمنية محددة " ^(١).

أ - التحريم الموضوعي

وهو ما يطلق عليه " الحظر الموضوعي ومعنـاه أن يتضمـن الدستور نـص يحرم بمقتضاه إجراء أي تعديلات تتعلق ببعض نصوص الدستور أو بعض قواعده وليست كلهـا والحكمة مـن ذلك ترجع إلى أساسيات بناء الدولة ونظام الحكم حتى تضمن استقرارها " ^(٢)

ب - التحريم الزمني

يستهدف حمايـة الدستور أو بعـض أحكامـه تجـاه أي تعـديل لفـترة زمنيـة معينـة تكفـي للاستقرار ومثال لذلك نص الدستور الأمريكي سنة ١٧٨٧م علي تحريم تعديل أحكامه ١٨٠٨م.

٢ - إجازة التعديل بشروط وإجراءات مشددة

يعتبر هذا الوضع الأكثر شيوعا وهـو يعنـي أن ينص الدستور عـلي ضرورة اتبـاع إجراءات متميزة لإمكانية تعديله، وتميز تلك الإجراءات يأتي من إنها اكثر صعوبة وتعقيدا مـن إجراءات تعديل القوانين العادية " ^(٣).

---

(١)   الدكتور محمد رفعت عبد الوهاب ـ مرجع سابق ـ ص ٦٢.
(٢)   المرجع السابق ـ نفس الصفحة.
(٣)   المرجع السابق ـ نفس الصفحة.

المبحث الخامس

أساليب نشأة ونهاية الدساتير

تمهيد وتقسيم:

يجب أن نبين قبل دراسة هذا المبحث انه أياً كان أسلوب نشأة الدستور فان السلطة التي تتولى إنشاء ووضع الدستور تسمى (بالسلطة التأسيسية الأصلية) وتتنوع أساليب نشاة الدستور حسب الهيئة أو الفرد الذي يمتلك السلطة التأسيسية الأصلية، وهي التي تتمتع بالسيادة العليا في الدولة فإذا كان النظام ملكي فان الشخص الذي يتولى الملك تكون له السلطة التأسيسية الأصلية وإذا كان النظام ديمقراطي فان السلطة التأسيسية الأصلية تكون للشعب، كما أن هناك سلطة تأسيسه منشأة أيضا قد يناط بها تعديل الدستور ووضع التشريعات العادية. وإن وجود دستور في دولة ما يختلف باختلاف طبيعة نظام الحكم من دولة لأخرى، فإن كان النظام ديمقراطي فإن الأساليب التي تنشأ بين الدساتير تتمحور في أسلوب الجمعية التأسيسية (Constituent Assembly) وأسلوب الاستفتاء الشعبي أما إن كان نظام الحكم ملكي أو شمولي فإن الأسلوب المتبع لنشأة الدستور يكن أسلوب المنحنى أو أسلوب العقد ـ وعلى ذلك فإن أساليب نشأة الدساتير لا تخرج عن تلك الصور الأربعة أما من حيث نهاية الدساتير فإن هناك أسلوبين لنهاية الدساتير هما الأسلوب العادي والأسلوب الثوري أو الإنقلاب وعلى ذلك تتناول في هذا البحث عموميات عن السلطة التأسيسية الأصلية والسلطة التأسيسية المنشأة في مطلب أول ثم أساليب نشأة الدساتير في مطلب ثاني وأساليب نهاية الدساتير في مطلب ثالث وأخيراً نتناول مبدأ سمو الدستور.

المطلب الأول

عموميات عن السلطة التأسيسية الأصلية

والسلطة التأسيسية المنشأة

يجدر بنا أولاً أن نبين وجه الشبه بين كلاً من السلطة التأسيسية الأصلية والمنشأة حيث أن اختصاصهما واحد وهو وضع قواعد دستورية تتصل بنظام الحكم، ولكن يبقى الفارق الرئيسي بين السلطتين وهو انه بينما السلطة الأصلية تختص اختصاص أصلي بوضع دستور كامل جديد نجد أن السلطة التأسيسية المنشأة تختص اختصاص محدود أقل أهمية نسبياً يصل عند حد تعديل بعض مواد أو نصوص دستور قائم، هذا هو الفارق الرئيسي ولكن تبقى هنالك فوارق أُخرى، ففي السلطة المنشأة المعدلة للدستور لا تثور مشكلة السيادة في الدولة لأن صاحب السيادة الفعلية هوالذي يتولى السلطة التأسيسية (Constituent Power) أما في السلطة التأسيسية المنشأة فالسيادة لا تثور كمشكلة لأن المفروض أن " الدستور القائم الذي وضعه صاحب السيادة الأصلي هو الذي نظم عمل ودور السلطة التاسيسة المنشأة"[1].

أولاً: حالات تدخل السلطة التاسيسة الأصلية في وضع الدستور

اتفق الفقه صراحةً على حالتين تتدخل فيهما السلطة التأسيسية الأصلية، ويرى جانب آخر من الفقه " أن هناك حالة ثالثة تحدث كثيراً في العمل

---

(١) الدكتور سعد عصفور ـ مرجع سابق ـ ص ٨٤.

تتدخل فيها السلطة التأسيسية الأصلية بوضع الدستور" [1].

والباحث يتفق مع هذا الجانب من الفقه حيث أن التجربة السودانية قد أثبتت تلك الحالة وذلك لتشكيل لجنة كُلفت بوضع دستور انتقالي للسودان بعد أن تم التوقيع على اتفاقية السلام بين الحكومة الحالية والمعارضة العسكرية (الحركة الشعبية والجيش الشعبي لتحرير السودان) وذلك بدلاً عن مشروع دستور عام ١٩٩٨م وذلك نسبة لتغير الظروف السياسية في السودان بعد السلام وبالفعل انجزت اللجنة مهمتها وجاء دستور ٢٠٠٥م الانتقالي بعد ان تم اجازته من قبل طرفي الاتفاق والمجلس الوطني.

الحالة الأولى: عند ميلاد دولة جديدة

فحينما تولد دولة جديدة بكامل أركانها أو عند حصول إقليم مستعمر أو جزء من إمبراطورية على استقلاله وتكوين دولة ناشئة كالولايات المتحدة الأمريكية حينما كونت دولة فيدرالية وكذلك تشيكوسلوفاكيا ويوغسلافيا، وكذلك الكثير من البلدان النامية بعد الحرب العالمية الثانية مثل الهند وباكستان وبعض الدول الأفريقية. ففي هذه الأحوال تتدخل السلطة التأسيسية الأصلية وتقوم بوضع دستور للدولة.

الحالة الثانية: عند قيام ثورة أو انقلاب

عندما تحدث ثورة أو يقوم انقلاب داخل دولة قائمة لها دستور قائم، يمكن في هذه الحالة أن يتم وضع دستور جديد للدولة ومثالها في السودان الدستور الدائم لجمهورية السودان لعام ١٩٧٣م والذي تم وضعه من قبل

---

(١)   الدكتور محمد رفعت عبد الوهاب ـ القانون الدستوري ـ المرجع السابق ـ ص ٨٥.

السلطة الانقلابية الحاكمة آنذاك وأيضا مثالها في مصر ثورة ٢٣ يوليو ١٩٥٢م " (١).

الحالة الثالثة: رغب السلطة التأسيسية الأصلية في وضع دستور

هى " حالة لا يذكرها الفقه عادةً بشكل صريح، ولكنها حالة عملية واردة وتحدث كثيراً في الواقع السياسي وهى أنه في دولة قائمة لها دستور نافذ ومطبق وبدون حدوث ثورة أو انقلاب تقرر السلطة التأسيسية الأصلية أن الظروف قد تغيرت وأن الواقع السياسي يتطلب تغيراً في نظام الحكم والأيديولوجية الفكرية للمجتمع مثل دستور فرنسا الحالي ١٩٥٨م" (٢).

أو أن هنالك برتوكول أو اتفاق قد وقع بشأن سياسة للدولة يؤدى بالسلطة التأسيسية الأصيلة إلى تعديل الدستور وفقا لما ورد في الاتفاقية من نصوص جديدة تتطلب هذا التعديل والمثال على ذلك كما ذكرنا آنفا الدستور الانتقالي السوداني لسنة ٢٠٠٥م " (٣).

ثانياً: خصائص السلطة التأسيسية الأصلية

تتميز السلطة التأسيسية الأصلية بعدة خصائص وهي:

١) السلطة التأسيسية الأصلية هي التي تؤسس الدولة الجديدة بوضعها للدستور

٢) إنها المصدر الأول والأصلي للشرعية أو المشروعية في الدولة

---

(١) الدكتور محمد رفعت عبد الوهاب - القانون الدستوري - مرجع سابق - ص ٨٥.

(٢) المرجع السابق - نفس الصفحة.

(٣) المرجع السابق - نفس الصفحة.

٣   إنها أعلى سلطة على الإطلاق في كل الدولة وهي بذلك تختلف عن المنشأة في أن الأخيرة هي سلطة تابعة ومحكومة بالمقارنة بالسلطة التأسيسية الأصلية

٤   تتمتع بكامل الحرية في صياغة وإعداد قواعد الدستور الجديد

وهذه الميزة هي حصيلة الخصائص السابقة وينتج من عدم تقييد السلطة الأصلية بأي قيود إجرائية أو موضوعية عند إعدادها أو وضعها للدستور وإن هذه السلطة تستطيع أن تحدث أي تغيرات أيديولوجية أو سياسية في نظام الدولة " [١].

المطلب الثاني

أساليب نشأة الدساتير

الفرع الاول

الأساليب الديمقراطية في نشأة الدساتير

أولاً: أسلوب الجمعية النيابية التأسيسية

يعد هذا الأسلوب من أكثر الأساليب انتشاراً في وضع الدساتير " وهو يعني أن يقوم الشعب بانتخاب هيئة تنوب عنه في وضع أو إنشاء الدستور، بحيث يكون انتخابها قد تم خصيصاً لهذا الغرض، ومن ثم ينتهي دورها بإنجاز مهمتها وتنفض " [٢].

(١)   الدكتور مصطفى أبو زيد فهمي ـ الدستور المصري ـ بدون دار نشر ـ بدون طبعة ـ   ١٩٨٥م ـ ص ١٩٢.
(٢)   الدكتور محمد رفعت عبد الوهاب ـالقانون الدستوري- مرجع سابق - ص١٠٠.

وقد حدث ذلك في السودان في عامي ١٩٦٥ - ١٩٨٥م وذلك علي اثر حدوث ثورة أكتوبر وثورة رجب أبريل قد تم انتخاب (Election poll) جمعية تأسيسية لوضع دستور السودان حيث أعلن السيد رئيس الوزراء السيد سر الختم الخليفة الميثاق الوطني وقد تم الاتفاق الشامل فيه بين مندوبي القوات الوطنية المسلحة وممثلي الجبهة الموحدة وتم الاتفاق على ان تقوم حكومة انتقالية تتولى الحكم وفقاً لأحكام الدستور المؤقت لسنة ١٩٥٦م ويكون الفريق إبراهيم عبود رأساً للدولة ويباشر السلطات المنصوص عليها في ذلك الدستور والتي كان يباشرها مجلس السيادة من قبل، ويباشر هذه السلطات بمشورة مجلس الوزراء ويتولى رأس الدولة قيادة القوات المسلحة.

وينتهي هذا الوضع المؤقت بإجراء انتخابات في مارس ١٩٦٥م لقيام جمعية تأسيسية يقع على عاتقها وضع الدستور الدائم وإقراره وقيام حكومة يختارها الشعب وفي خلال فترة الانتقال تقوم الوزارة الانتقالية بالإضافة لسلطاتها التنفيذية بمهمة التشريع على أن يخول لرئيس الدولة إعادة أي أمر لم يجزه مجلس الوزراء بأغلبية ٣/٢ من الأعضاء وتم وفق هذا الاتفاق تصفية الحكم العسكري وإطلاق الحريات العامة ورفع حالة الطوارئ وتأمين استقلال القضاء واستقلال الجامعة وإطلاق سراح المعتقلين السياسيين والمحكومين في قضايا سياسية من المدنيين وتكوين محكمة استئناف من عدد لا يقل عن (خمسة) قضاة تؤول إليهم سلطات رئيس القضاء"[(١)].

---

(١) **الأستاذ عبد الباسط صالح سبدرات ـ الدستور هل يستوي علي الجودي ـ =**

ثانياً: أسلوب الاستفتاء الشعبي

إذا كان الأسلوب السابق يقوم على أساس من الديمقراطية النيابية لأن نواب الشعب هم الذين يتولون وضع الدستور، فإن أسلوب الاستفتاء الشعبي يستند إلى الديمقراطية المباشرة.

فتتولى جمعية نيابية أو لجنة حكومية وضع الدستور، ولا يصدر الدستور إلاّ إذا وافق عليه الشعب عن طريق الاستفتاء"[١].

وقد ذهب بعض الفقه " إلى أن وسيلة الاستفتاء الدستوري لا تعتبر وسيلة متميزة عن وسيلة الجمعية التأسيسية في إصدار الدساتير، إذ أن الاستفتاء الدستوري لا يعدو في تصورهم أن يكون مجرد تطوير في أسلوب الجمعية التأسيسية وتنويعاً فيها " [٢].

والباحث يرى أن هنالك فارق كبير بين الاستفتاء الشعبي والجمعية التأسيسية يكمن في إن نظام الاستفتاء الشعبي يعكس الرغبة الحقيقية لأفراد الشعب في وضع دستورهم، بيد أن نظام الجمعية التأسيسية لا يعكس إلا وجهة نظر النواب المنتخبين لهذا الغرض.

ويعتقد الباحث انه من الأمثل أن يطبق النظامين معاً في عملية وضع الدستور الذي يمثل حامي حريات الأفراد، والذي يشكل أيضاً نظام الحكم ويتم من خلاله توزيع السلطات داخل الأجهزة في الدولة.

= بدون طبعة ـ ١٩٩٧م ـ ص ٨٩.

(١) الدكتور ماجد راغب الحلو ـ مرجع سابق ـ ص٤٣٢.

(٢) الدكتور إبراهيم عبد العزيز شيحا ـ النظم السياسية والقانون الدستوري ـ مرجع سابق ـ ص ٥٠.

الفرع الثاني

الأساليب غير الديمقراطية في نشأة الدساتير

أولاً: أسلوب المنحة

يصدر الدستور " على شكل منحة إذا كان الحاكم صاحب سلطة مطلقة ويريد التنازل عن بعض سلطاته إلى شعبه من خلال هذا الدستور الذي ينظم السلطات العامة وكيفية عملها وعلاقتها ببعض وبالأفراد، وفي هذه الحالة يعد الدستور وليد إرادة الحاكم المنفردة " [(١)]

ويلاحظ أن وضع الدستور من " جانب الحاكم قد يكون تلقائياً أي بمحض إرادته وقد يكون تحت ضغط وإكراه من جانب الشعب وهو ما يصدف به أغلب الحالات " [(٢)].

والباحث يجد نفسه متفقاً مع التفسير المنطقي لهذا الأسلوب والذي ذهب إلى أن تنازل الحاكم عن بعض سلطاته من خلال الدستور عن طريق المنحة لا يعني دائماً أن تكون هذه المنحة أو هذا التنازل محضاً، فكما يمكن أن يكون هذا التنازل تلقائياً وبمحض إرادة الحاكم، فإنه يمكن أن يكون وفي الغالب جبراً عنه وتحت ضغط شعبي واسع.

فالظروف السياسية والثقافية والاجتماعية والاقتصادية هي التي في الغالب تكون رأياً عاماً موجهاً ذاتياً للمطالبة بتحقيق أهداف يشعر الشعب

(١) الدكتور نعمان أحمد الخطيب ـ مرجع سابق ـ ص٤٩.

(٢) الدكتور إبراهيم عبد العزيز شيحا ـ النظم السياسية والقانون الدستوري ـ مرجع سابق ـ ص ٣٦.

بضرورة تحقيقها، ومن ضمنها التمتع ببعض الحقوق الطبيعية إذا شعر بحرمانه منها.

ولعل التاريخ السياسي والدستوري خير شاهد على " إن الحكام لا يمنحون الدستور إلا تحت الضغط الشعبي، لأنه قلما يتحول الحاكم من صاحب سلطة مطلقة إلى صاحب سلطة مقيدة مختاراً وبإرادته الحرة، على أن الملوك لا يمنحون الدستور إلا تحت الضغط والشعور بيقظة شعوبهم التي قد تشكل خطراً على ملكهم وسلطاتهم، وقلما يقدم لنا التاريخ شاهداً لحاكم فرد تحول بإرادته المختارة الحرة إلى حاكم مقيد"[1].

ومن أمثلة الدساتير التي صدرت بهذه الطريقة نذكر على سبيل المثال " الدستور الفرنسي الصادر عام ١٨١٤م والدستور الإيطالي الصادر عام ١٨٤٨م والدستور الياباني الصادر عام ١٨٨٩م، والدستور الروسي الصادر عام ١٩٠٦م، والدستور المصري الصادر عام ١٩٢٣م، ودستور الحبشة الصادر عام ١٩٢٣م أيضاً"[2].

ثانياً: أسلوب العقد

يعتبر " فقهاء القانون الدستوري أسلوب العقد في نشأة الدساتير خطوة إلى الأمام باتجاه الديمقراطية حيث أنه بهذا الأسلوب ينشأ الدستور باتفاق بين الحاكم والأمة وتظهر فيه إرادة الأمة إلى جانب إرادة الحاكم، وبالتالي فهو يمثل مرحلة انتقال بين مرحلة انفراد الحاكم بوضع الدستور وبين

---

(١)   الدكتور نعمان أحمد الخطيب ـ مرجع سابق ـ ص ٤٨. الدكتور ماجد راغب الحلو ـ مرجع سابق ـ ص ٤٣٠.

(٢)   الدكتور عبد الكريم علوان ـ مرجع سابق ـ ص ٢٦١.

مرحلة انفراد الأمة وحدها في ذلك، وهي مرحلة تبدأ فيها ظاهرة استئثار الحاكم بالسلطة تتراجع تاركة المجال لسلطان الأمة بأخذ مكانها، ولكن ليس بشكل تام "[1].

ويعاب على هذه الطريقة " أن الحاكم يعتبر مساوياً للأمة مع أنه في الواقع لا يشاركها حق السيادة، إذ أن السيادة الشعبية ملك للأمة دون شريك ويرد البعض على هذا الرأي بقولهم أنه من الوجهة العملية لا يكون الدستور في شكل عقد، إلاّ بعد نضال يغلب فيه الحاكم علي أمره ويكون العقد في هذه الحالة ستاراً يخفي وراءه الحاكم عجزه وخضوعه لمطالب الشعب"[2].

ولقد " كانت إنكلترا اسبق الدول في فكرة التعاقد رغم أن دستورها في معظم أجزائه هو دستور عرفي (Customary Constitution) فقد سبق أن ثار الشعب الإنكليزي ممثلاً في رجال الدين والأشراف في وجه الملك جون واجبروه على توقيع عقد العهد الأكبر عام ١٢١٥م، وقد التزم الملك بموجب هذا العهد باحترام حرية الكنيسة، وحقوق الحائزين لأرض التاج، كما التزم بضرورة حصول الموافقة المسبقة للمجلس الكبير على كل ضريبة جديدة واحترام قانون البلاد، ولا يزال العهد الأكبر جزءاً مكتوباً من الدستور الإنجليزي العرفي"[3].

---

(١) الدكتور محمد نصر مهنا ـ مرجع سابق ـ ص ٢٢٢.
(٢) المرجع السابق ـ نفس الصفحة.
(٣) الدكتور عبد الكريم علوان ـ مرجع سابق ـ ص٢٦٢.

المطلب الثالث

أساليب نهاية الدساتير

إن خاصية الدوام يتفرد بها المولي عز وجل ولكل شئ نهاية وعلى ذلك فإن أي دستور مهما طالت مدة سريانه فإنه محكوم بالإلغاء أو التخلي وعليه فإن المقصود بانتهاء الدستورهو " الإلغاء الشامل والكلي لجميع نصوصه وذلك دون الوقوف عند حد تعديلها تعديلاً جزئياً " [١].

وعادة ما يحدث الإنهاء الكلي للدستور عندما يتضح عجز ما يتضمنه من مبادئ واحكام عن مسايرة التطورات السياسية والاقتصادية والاجتماعية في المجتمع بحيث لا تكفي التعديلات الجزئية لمواجهتها، بل يلزم وضع دستور جديد يتوافق مع هذه التطورات " [٢].

أولاً: الأسلوب الطبيعي

وهو الأسلوب القانوني القائم على انتهاء الدستور النافذ المخول بصدور دستور جديد يحل محله تضعه السلطة المؤسسة وفق الإجراءات المقررة للتعديل في الدستور القائم والنافذ " [٣]

(١) الدكتور إبراهيم عبد العزيز شيحا ـ النظم السياسية والقانون الدستوري ـ مرجع سابق ـ ص ١١١.
(٢) الدكتور عبد الغني بسيوني عبد الله ـ القانون الدستور ـ مرجع سابق ـ ص٩٧.
(٣) الدكتور كمال الغالي ـ مبادئ القانون الدستوري والنظم السياسية ـ الطبعة الثانية ـ ١٩٦٨م ـ دمشق ـ ص ٥٩.

ثانياً: اسلوب الثورة او الانقلاب

وقد يحدث انتهاء الدستور بانتهاء النظام الحاكم ويكون ذلك عادةً في حالة حدوث ثورة أو انقلاب والمسرح السياسي السوداني قد شهد العيد من هذه الصورة لانتهاء الدستور.

المطلب الرابع

مبادئ سمو الدستور

يعد مبدأ علو الدستور من المبادئ الأساسية المسلم بها دون حاجة إلى النص عليها في صلب الدساتير، ويرجع ذلك إلى ان الدستور هو الذي يضع النظام القانوني للدولة وينشئ سلطاتها العامة ويحدد مالها من اختصاصات، ويعتبر هذا المبدأ تأكيداً لمبدأ المشروعية بمعناه الواسع، وتأييداً لنظام الدولة القانونية التي يتقيد فيها كل من الحكام والمحكومين بأحكام القانون"[1].

ويقصد بسمو الدستور اعتبار الدستور القانون الأعلى في الدولة ولا يعلوه علي أي قانون آخر، هذا السمو أصبح حالياً مبدأ مسلماً به سواء نصت عليه الدساتير أم لم تنص "[2].

ومن احدث الدساتير التي نصت علي هذا السمو دستور الاتحاد

---

(١)   الدكتور ماجد راغب الحلو ـ مرجع سابق ـ ص ٤٣٣.

(٢)   الدكتور أحمد كمال أبو المجد ـ الرقابة علي دستورية القوانين في الولايات المتحدة الأمريكية والإقليم المصري ـ مكتبة دار النهضة المصرية ـ ١٩٦٠م ـ ص٤٣.

السوفيتي عام ١٩٧٧م حيث جاء في المادة (١٧٣) " لدستور الاتحاد السوفيتي بـان قـوة القـانون الأعلى، وسائر مقررات هيئات الدولة تصدر على أساس الاتحاد السوفيتي ووفقاً له"[١].

وعندما يتحدث الفقه عن سمو الدستور فإن حديثهم يتضمن جانبين لهذا السمو هما:

أولاً: السمو الموضوعي

وهو الذي " يستند في سموه وعلوه إلى موضوع القواعد الدستورية ومضمونها والتـي تـدور بصفة رئيسية حول نظام الحكم في الدولة والسلطات العامة فيهـا مـن حيـث تشـكيلها وتحديـد اختصاصاتها وعلاقات بعضها ببعض مـن ناحيـة وعلاقتهـا بـالأفراد مـن ناحيـة أخـرى، والسـمو الموضوعي بهذا المعنى لا ينحصر في دساتير معينة، بل هو عام في جميع الدساتير، مكتوبة كانـت أم عرفية، جامدة أم مرنة "[٢].

فالدستور بحكم موضوعه يبين نظام الحكم في الدولة، وهذا يتضمن شكل الدولة بسيطة أم فدرالية، ملكية أم جمهورية، كما يتضمن طبيعة الحكم وتكوين اختصاصات السـلطات الحاكمـة وعلاقتها فيما بينها، وأخيراً حقوق وحريات المواطنين والضمانات التي تكفلها "[٣].

وهكذا يتأكد لنا العلـو أو السـمو الموضوعي لقواعـد الدسـتور، علـو مسـتمد مـن طبيعـة وخطورة وأهمية الموضوعات التـي ينظمهـا والمبـادئ الكـبرى التـي تحتويهـا، والتـي تجعـل مـن الدستور مفتاح النظام القانوني كله وأساسه وقمته

---

(١)   الدكتور ثروت بدوي ـ مرجع سابق ـ ص ٨٩.

(٢)   أ.الدكتور نعمان أحمد الخطيب ـ مرجع سابق ـ ص ٥٣٣.

(٣)   الدكتور محسن خليل ـ مرجع سابق ـ ص ١٢٢.

العليا"[1].

ثانياً: السمو الشكلي

ذكرنا إن للدستور السيادة الموضوعية " وذلك بحسب مضمون قواعده وباعتباره القانون الاسمى للدولة، بيد أن هذه السيادة الموضوعية تفقد قيمتها القانونية في المجال الوضعي، إذا لم يكن للدستور فوق ذلك سيادة شكلية تستند إلى ما يلزم من إجراءات وأشكال خاصة لإصدار الدستور وتعديله، وبغير ذلك لا تتوافر للدستور ضمانات قانونية كفيلة بتأكيد سيادته في مواجهة السلطات التابعة وخاصة السلطة التشريعية"[2].

والدستور الشكلي " لا يتحقق ألاّ بالنسبة للدساتير المكتوبة الجامدة التي تتطلب لتعديلها إجراءات اشد تعقيداً من الإجراءات المطلوبة لتعديل القوانين العادية، وبالتالي لا يتحقق السمو الشكلي لأي دستور إلاّ إذا كان هذا الدستور من الدساتير الجامدة"[3].

إذن فجمود الدستور " هو الذي يضفي على القواعد الدستورية سمواً وعلواً ويهيئ لها مركزاً خاصاً واسمي بين القواعد القانونية المختلفة، فتحتل المكانة العليا في سلم التدرج الهرمي للنظام القانوني في الدولة"[4].

(١) الدكتور محمد رفعت عبد الوهاب ـ القانون الدستوري ـ مرجع سابق ـ ص ١١٩.
(٢) أ. الدكتور محمود عاطف ألبنا ـ مرجع سابق ـ ص ٦٧.
(٣) أ. الدكتور نعمان أحمد الخطيب ـ مرجع سابق ـ ص ٥٣٨.
(٤) الدكتور طعمية الجرف ـ مرجع سابق ـ ص ١٢٩.

المبحث السادس

الرقابة على دستورية القوانين

تمهيد وتقسيم:

إن مبدأ علو الدستور يتطلب إن تحترم السلطات العامة التي أنشأها الدستور لاختصاصاتها الدستورية، وان تحترم عموماً نصوص ومبادئ دستور البلاد لماله من علو وسمو مطلق.

ولكن " علو الدستور يصبح بغير قيمة عملية وحتى قانونية إذا لم يتحقق نوع من الرقابة العليا على القوانين واللوائح، للتحقق من عدم مخالفتها لنصوص الدستور الأعلى، ويجب أيضا أن يكون للجهة التي تتولى الرقابة سلطة توقيع جزاء الإلغاء للتشريع المخالف للدستور أو على الأقل الامتناع عن تطبيقه، وقد تحددت المشكلة عادة في رقابة دستورية القوانين الصادرة من البرلمان، ومن اللوائح الصادرة عن السلطة التنفيذية، وذلك على اعتبار ان المحاكم العادية والإدارة بوجه خاص تكفي لرقابة دستورية اللوائح بجانب قانونيتها أي مدي توافقها مع القانون العادي وبالفعل كان مجلس الدولة(الجزئي يشمل المحاكم الإدارية) يختص برقابة دستورية اللوائح وقانونيتها كما هو الحال دائماً وحتى الآن بالنسبة لفرنسا " [(١)].

إن المشكلة تبقي بالنسبة لرقابة دستورية القوانين لضمان احترامها لنصوص الدستور وعلة المشكلة هي أن البرلمان الذي يسن القوانين يمثل سيادة الأمة ويجمع ممثلي الشعب، فكيف يمكن مراقبته في القوانين الصادرة

---

(١) أ. الدكتور نعمان أحمد الخطيب ـ مرجع سابق ـ ص ٥٣٨.

منه؟ ولكن نص الفقه الدستوري على ضرورة رقابة (Censorship) دستورية للقوانين.

نجد أن هنالك " ملحوظتان رئيسيتان في شأن رقابة دستورية القوانين يجب إبداؤها وهما:

الحاجة لرقابة الدستور لا تنشأ في الدستور المرن بل فقط في نطاق الدساتيرالجامدة، وذلك لان الدستور المرن يساوي بين الدستور والقانون العادي، ورقابة الدستور تقتصر على الناحية الموضوعية وليست الناحية الشكلية فهي تنحصر في رقابة عدم مخالفة القانون للمبادئ والقواعد الموضوعية للدستور " [1].

وسوف نقوم بتوضيح المقصود بطرق الرقابة على دستورية القوانين وبيان موقف الدساتير الجامدة إزاء تحديد الجهة أو الهيئة التي تتولى هذه الرقابة وعموماً مواقف الدساتير تتردد بين إحدى طريقتين كما في المطالب التالية:

المطلب الأول

الرقابة الدستورية السياسية

نشأت " الرقابة السياسية في فرنسا وذلك عندما أنشأ دستور السنة الثامنة للجمهورية مجلساً خاصاً بهذه المهمة، وهو مستمر في الرقابة السياسية حتى اليوم، وتعتبر الرقابة السياسية رقابة وقائية لأنها سابقة على صدور

(١) أ. الدكتور نعمان أحمد الخطيب ـ مرجع سابق ـ ص ٥٣٨.

القوانين، وتعمل على توقي وقوعها في مخالفة الدستور " [١].

تقدير الرقابة السياسية

إذا كانت الوقاية خير من العلاج، فإنه من المنطقي أن تجري الرقابة على دستورية القوانين قبل صدورها، لتدارك الخطأ قبل أن يقع.

وإذا كانت الرقابة على دستورية القوانين تنتج أثاراً سياسية معينة فذلك " لان السلطة التي تتولى هذه المهمة تكون ـ بحكم وضعها ـ أعلى من بقية السلطات ومشرفة على عملها، فإنه من الطبيعي إذن أن تسند هذه المهمة إلى هيئة سياسية " [٢].

تلك هي المبررات التي قُبلت لتبرير تنظيم رقابة سياسية على دستورية القوانين غير أن هذه الطريقة قد وجدت عدة انتقادات نجملها فيما يلي:-

أ) أن الرقابة على دستورية القوانين ذات طبيعة قانونية واضحة، وهذه الطبيعة تتطلب فيمن يتولى مهمة الرقابة مواصفات فنية خاصة، وكفاءة قانونية عالية، لا يتوافران عادةً لدى أعضاء الهيئة السياسية.

ب) إذا كان الهدف من الرقابة على دستورية القوانين هو وضع حد لاستبداد السلطة التشريعية في أثناء قيامها بإصدار القوانين، فإن إسناد مهمة فحص دستورية القوانين إلى هيئة سياسية يعني العهد بهذه المهمة إلى سلطة أُخرى ـ غير معصومة من الوقوع في نفس الخطأ ـ وهو الاستبداد بالسلطة.

(١) الدكتور إبراهيم عبد العزيز شيحا ـ المبادئ الدستورية العامة ـ مرجع سابق ـ ص ٢٠٩ ـ٢١٠
(٢) المرجع السابق ـ نفس الصفحة.

ج) تنتقد الرقابة السياسية كذلك من ناحية تكوين الهيئة السياسية التي تتولى مهمة الرقابة، إذ أن هذا التكوين لو تم عن طريق البرلمان أو الحكومة فإن هذا سيعني انعدام كل استقلال لأعضاء هذه الهيئة في مواجهة هذه السلطات، وإذا تم تكوين هذه الهيئة بواسطة الانتخاب من الشعب، فإنها ستعتقد أنها تستند إلى الإرادة الشعبية وأنها أعلى من بقية السلطات الأُخرى فتثير السلطات الأُخرى بتصرفاتها مما يوقع الخلاف والنزاع بينها وبين هذه السلطات، أما إذا تم تكوين هذه الهيئة ذاتياً فإن ذلك سيحولها إلى هيئة أُرستقراطية.

د) يؤدي الأخذ بأسلوب الرقابة السياسية إلى حرمان الأفراد من حق الطعن بعدم دستورية مشروعات القوانين المعروضة أمام البرلمان، إذ أن هذا الحق مقصور على الهيئات العامة فقط " [١].

ونتيجة لهذه الانتقادات والعيوب أجمع فقه القانون الدستوري على فشل طريقة الرقابة السياسية على دستورية القوانين، نظراً لأنها لاتشكل ضمانة حقيقية بكفالة مبدأ سموالدستور " [٢].

وتشير الرقابة السياسية " إلى صفة الهيئة التي تمارسها، أي أنها تكون من جانب هيئة ذات صفة سياسية، ويختلف تشكيل هذه الهيئة تبعاً للكيفية التي ينظم بها الدستورالرقابة السياسية. " [٣].

(١) الدكتورعبد الغني بسيوني ـ القانون الدستوري ـ مرجع سابق ـ ص ١٨٨ومابعدها.
(٢) المرجع السابق ـ نفس الصفحة.
(٣) المرجع السابق ـ نفس الصفحة.

والرقابة السياسية هي رقابة وقائية وسابقة على صدور القانون ومن ثم تحول دون إصداره إذا خالف نصاً دستورياً، وتتولى مهمة هذه الرقابة لجنة أو هيئة سياسية غـالباً مـا يـتم اختيـار أعضائها بواسطة السلطة التشريعية بالاشتراك مع السلطة التنفيذية"(١).

وبطبيعة الحال " ليس هذه الثمره الغالية لتكون رقابـة سياسية إذ مـن الممكـن أن تكـون هذه الرقابة نابعة من نصوص الدستور، فقد تنيط بعض الدساتير أمـر الرقابـة علـى دسـتورية القوانين بهيئة سياسية للتثبت من مـدى مطابقـة أحكـام القـانون للدسـتور، وعـادة تـنص هـذه الدساتيرعلى كيفية تشكيل هذه الهيئة السياسية وتعتبر فرنسا الوطن الأم لنشأة هذا النوع من الرقابة، وهي لا زالت حتى اليوم علي وفائها له"(٢).

هذا وقد ادرج الفقه عدة مميزات للرقابة السياسية نحاول أن نتناولها:

١)   تتم الرقابة السياسية قبل صدور القانون وصيرورته نافذاً، ولهذا سميت بالرقابة الوقائية، هذا الأسلوب يمنع صدور أي قانون مخالف للدسـتور، وبالتـالي تبـدو هـذه الرقابـة أكـثر فاعلية وفائدة من الرقابة اللاحقة التي تشغل الكثير من الأجهزة القضائية وتؤخر مسـيرة العدالة في كثير من الأحيان، ولذلك فإن الرقابة السياسية الوقائية تنسجم

---

(١)   الدكتور خالد الزغبي ـ مرجع سابق ـ ص ٦٩.

(٢)   الدكتور إبراهيم عبد العزيز شيحا ـ المبادئ الدستورية العامـة ـ مرجع سـابق ـ ص ٢٠٩ ـ ٢١٠ أنظر أيضا: الدكتور نعمان أحمد الخطيب ـ مرجع سابق ـ ص ١٠٣.

وتتماشى مع المبدأ " الوقاية خير من العلاج"[1].

ونجد أن هذه الميزة محكومة بمدى ما تتمتع به هذه الهيئة السياسية من صلاحيات لمنع مخالفة أحكام الدستور بإصدار قوانين أو مواد تحد من ذلك.

٢) إذا كانت الرقابة علي دستورية القوانين رقابة قانونية من حيث موضوعها فهي رقابة سياسية من حيث آثارها، ونظراً للمكانة العليا التي تكتسبها الجهة المنوط بها الرقابة السياسية علي دستورية القوانين فإن تأثيرها على عمل السلطة التشريعية يكون كبيراً وموجهاً لها وفق أحكام الدستور، وما يتلاءم ومصلحة البلاد التي تقدرها هيئة سياسية معينة"[2].

وهنا يحق للباحث أن يطرح سؤلاً حول تلك الهيئة التي تقوم بالرعاية السياسية فهل هي تابعة للسلطة التشريعية الخارجة منها؟

فإن كانت الإجابة بأنها تابعة للسلطة التشريعية فاعتقد إن هذا دور طبيعي للجان السلطة التشريعية في حماية الدستور من أي انتهاكات أما إن كانت خارجة عن السلطة التشريعية فإن دورها حقيقة يكون فاعلاً في منع حدوث أي خرق للدستور إن منحت تلك المعالجات وعرض عليها أي مشروع قانون لمراجعته من حيث الدستورية.

كما أورد أيضاً بعض الفقهاء في القانون الدستوري انتقادات لنظام

---

(١) الدكتور ثروت بدوي ـ مرجع سابق ـ ص ١١٨. أنظر الدكتور إبراهيم شيحا ـ المبادئ الدستورية العامة ـ مرجع سابق ـ ص ٢٢٨.

(٢) الدكتور كمال الغالي ـ مرجع سابق ـ ص ١٥٤.

الرقابة السياسية نوردها فيما يلي:

١) إن الرقابة علي دستورية القوانين وان كان لها بعض الآثار السياسية فإن طبيعتها بشكل أساسي تبقي قانونية، وموضوعها عمل قانوني يتطلب مؤهلات وكفاءات قانونية خاصة فيمن يتولاها، حتى يستطيع الوقوف على مدى موافقة القوانين لأحكام الدستور نصاً وروحاً.

وبناءاً عليه فلا يجوز منع سلطة الرقابة على دستورية القوانين لهيئة ذات طابع سياسي محض، لأن مثل هذا الجهاز بحكم تكوينه سيعمل على تغليب الاعتبارات السياسية على الاعتبارات القانونية"[١].

وإن كان هذا الانتقاد يبدو وجيهاً فيما يقر من حيث حوجة الرقابة على دستورية القوانين إلى عمل قانوني إلاّ إنني أرى أن أعضاء الهيئة السياسية يمكن أن يكون فيما بينهم من رجال القانون وتكون حقيقةً رقابتهم فاعلة.

٢) إن إسناد مهمة الرقابة السياسية إلي هيئة سياسية يمكن أن تخضع إلى نزوات سياسية وأهواء متأثرة بمصالح وتيارات سياسية وحزبية مما يعرض هذه الرقابة إلى الفشل، لأن من أهداف الرقابة على دستورية القوانين ضمان احترام الدستور ومنع انحراف السلطة التشريعية بسبب تأثرها بالتيارات السياسية والحزبية، فكأننا في الرقابة السياسية نضع حداً لانحراف السلطة التشريعية ونفتح المجال للهيئة السياسية التي تتولى الرقابة على السلطة التشريعية "[٢].

(١) الدكتور طعمية الجرف ـ مرجع سابق ـ ص ١٤٦.

(٢) الدكتور نعمان أحمد الخطيب ـ مرجع سابق ـ ص ١٠٦. أنظر أيضا: الدكتور=

والغرض من هذا الانتقاد إن النظام الذي يطبق هذه الرقابة هو نظام ديمقراطي وبطبيعة الحال فإن تلك الهيئة في ظل الأنظمة الديمقراطية تفترض تشكيلها بنسب متساوية بين الأحزاب الموجودة في الدولة.

٣) إن أهم ما يجب أن تتميز به الجهة التي تتولى الرقابة على دستورية القوانين هو الحرية والاستقلال (Independence)، وهذا أمر مستبعد فيما لو تولت هذه المهمة هيئة سياسية أياً كان أسلوب تشكيلها، فإذا تم تشكيل الهيئة السياسية عن طريق البرلمان (من أعضائه أو بواسطته) فإن الرقابة تكون ذاتية أو شبة ذاتية، فتأتي صوتاً معبراً تماماً عما تعبر عنه السلطة التشريعية أو متأثرة بها إلى حد كبير، وتكون كما يقال تحت رحمتها ـ مثل ذلك كما جرى للجنة الدستورية في ظل دستور فرنسا لعام ١٩٤٦م " [١].

وإذا تم تشكيل الهيئة بواسطة السلطة التنفيذية فإن هذه الهيئة تبقي تابعة وخاضعة للسلطة التنفيذية، بسبب شعورها بأنها مدينة لها في تشكيلها والقيام بواجبها، مما يخلق انطباعاً سلبياً لدى البرلمان في تعامله معها وحدوث أزمة مستمرة بين السلطتين التشريعية والتنفيذية مما يؤدي إلى عدم الاستقرار السياسي في الدولة " [٢].

وإذا تم تشكيل الهيئة بواسطة الشعب عن طريق الانتخابات المباشرة فإن هذا الوضع سيؤدي إلى شعور فوقي لدى هيئة الرقابة التي تحاول

= رمزي الشاعر ـ مرجع سابق ـ ص ٤٥٢.

(١) الدكتور رمزي الشاعر ـ المرجع السابق ـ نفس الصفحة.

(٢) الدكتور أحمد كمال أبو المجد ـ مرجع سابق ـ ص ٥٧٦.

الهيمنة على بقية السلطات مما يؤدي إلى نزاع مستمر مع هذه السلطات " [١].

٤) يؤدي أسلوب الرقابة السياسية إلى حرمان الأفراد من حق الطعن بعدم دستورية القوانين أمام جهة محايدة ومستقلة ـ الأمر الذي يقلل من ضمانات احترام الدستور وبشكل خاص الحقوق والحريات الفردية الواردة فيه " [٢].

المطلب الثاني
الرقابة القضائية

الرقابة القضائية هي " الطريقة الطبيعية التي تمارس لوقف انتهاكات القوانين واللوائح غير الدستورية وهنا يتولى القضاء فحص القوانين للتحقق من عدم مخالفتها لأحكام الدستور ولاشك في ان نزاهة القضاء واستقلاليته وتكوين رجاله وتعوده على بحث المخالفات المرتكبة ضد القواعد القانونية الأمر الذي يمكنه من أداء هذه المهمة على وجه افضل " [٣].

هذا ولم تتفق الدول التي أخذت نظام الرقابة القضائية على أسلوب واحد بل تعددت هذه الأساليب وتنوعت وقد قوبلت الرقابة القضائية على دستورية القوانين بعدة انتقادات وذهب البعض من الفقه إلى إن الرقابة على دستورية القوانين بواسطة هيئة قضائية يعتبر تدخل من السلطة القضائية في أعمال

---

(١)   الدكتور نعمان أحمد الخطيب ـ مرجع سابق ـ ص ١٠٦.

(٢)   المرجع السابق ـ ص ١٠٦ -١٠٧.

(٣)   الدكتور ماجد راغب الحلو ـ مرجع سابق ـ ص ٤٤١.

السلطة التشريعية وبالتالي الاعتداء على الفصل بين السلطات " [١].

ويرد على هذا الانتقاد بأن:

" الرقابة بواسطة هيئة قضائية تتفق وجوهر مشكلة رقابة دستورية القوانين ذلك ان هذه المشكلة هي أساسا مشكلة قانونية ليست سياسية لأنها لا تتعلق بملائمة القانون للظروف الاجتماعية وإنما تتصل بمدى مطابقة القانون أوعدم مطابقته لمبادئ ونصوص الدستور باعتباره القانون الأعلى وتلك مشكلة قانونية ومن ثم يجب أن يختص بها القضاء بما لهم من خبرة قانونية في تفسير القوانين وتطبيقها[٢].

والباحث يتفق مع هذا الرأي: " وقد قيل أيضا ان الرقابة تخرج عن إطار وظيفة القاضي وهي تطبيق القانون وليس تقييمه والحكم عليه وتجعل من القضاء سلطة سياسية"[٣].

ويرد على هذا الانتقاد بأن " القضاء يتميز بالجدية والاستقلالية لأن هذه الهيئة السياسية يكون اختيار أعضائها غالباً بيد البرلمان أو الحكومة، وفي الحالتين ستكون خاضعة في قدراتها لتأثيرهما وإن تصورنا هذه الهيئة السياسية منتخبة من الشعب، فتنافس البرلمان وتعطل قوانينه بلا مبرر جدي"[٤].

---

(١) الدكتور ماجد راغب الحلو - مرجع سابق ـ ص٤٤١.
(٢) المرجع السابق ـ نفس الصفحة.
(٣) المرجع سابق ـ نفس الصفحة.
(٤) الدكتور محسن خليل ـ المرجع السابق ـ ص ١٤٥.انظر ايضاً: الدكتور فؤاد العطار ـ مرجع سابق ـ ص ١٩٥.

ويضاف أيضا أن القضاء يتبع إجراءات قضائية عادلة في نظر الخصومات تبعث الثقة والاطمئنان لأحكامه مثل علانية الجلسات، كفالة حرية الدفاع وتسبيب الأحكام، هذه الضمانات الإجرائية تكفل لرقابة دستورية القوانين موضوعيتها وسلامتها " (١).

طرق الرقابة القضائية

يقصد بالرقابة القضائية على دستورية القوانين قيام القضاء بالتحقق من مدى مطابقة القوانين لأحكام الدستور، فالرقابة القضائية ترمز إذن إلى الهيئة التي تباشرها وطابعها القضائي. هنالك العديد من الطرق والأساليب التي تتم بها الرقابة القضائية وتختلف تلك الطرق من دولة إلى أخرى " (٢)

ونتطرق الي بعض الطرق وتحليلها من حيث مدى فاعليتها في معالجة مشكلة الرقابة القضائية علي دستورية القوانين.

وبما إنه "لم تتفق الدول التي تبنت أسلوب الرقابة القضائية علي طريق واحد لممارسة هذه الرقابة، فتنوعت هذه الطرق وتباينت، إلا أنه علي أي حال ـ يمكن تقسيمها تبعاً للأثر الذي يترتب علي إجراء الرقابة بالنسبة للقوانين المخالفة لأحكام الدستور إلى طرفين رئيسيين أولهما رقابة الإلغاء والآخر رقابة الامتناع " (٣).

---

(١)   الدكتور محمد رفعت عبد الوهاب ـ مرجع سابق ـ ص ١٣٨.

(٢)   المرجع السابق ـ نفس الصفحة.

(٣)   الدكتور ثروت بدوي ـ مرجع سابق ـ ص ١٢٨.

أولاً: الرقابة عن طريق الدعوى الأصلية

يقصد بالدعوى الأصلية " الدعوى التي يرفعها صاحب الشأن والذي يتضرر من القانون المخالف للدستور أمام المحكمة المختصة ابتداءاً واستقلالاً عن أي نزاع آخر، ودون حاجة إلى أن ينتظر تطبيق القانون عليه، وله أن يطلب الحكم بإلغاء القانون لمخالفته أحكام الدستور، وبذلك ينتهي أمره بالنسبة للكافة ولا تثار مسألة دستوريته مرة أخرى، ونظراً لخطورة الدور الذي تقوم به محكمة واحدة في الدولة وذلك لتجنب تضارب الأحكام إذا ما عهد بهذه المهمة إلى العديد من المحاكم، وغالباً ما تسند هذه الرقابة إلى محكمة دستورية (Constitutional Court) تنشأ خصيصاً لهذا الغرض، ومن أمثلة الدول التي أخذت بنظام المحكمة المختصة إيطاليا في دستورها الصادر عام ١٩٤٧م، وألمانيا في دستورها الصادر عام ١٩٤٩م، والسودان في دستوره الأخير غير ان بعض الدول تجعل نظر دعوى (دستورية القوانين) من اختصاص المحكمة العليا في القضاء العادي وهي التي كثيراً ما تسمى محكمة النقض أو التمييز "[١].

ثانياً: الرقابة عن طريق الدفع الفرعي

في هذه الطريقة للرقابة القضائية لا ترفع دعوى أصلية مباشرة لإلغاء القانون لعدم دستوريته، وإنما تثور دستورية القانون بطريقة فرعية أثناء نظر قضية أصلية معروضة أمام إحدى المحاكم فطريق الدفع الفرعي يفترض إذن أن هنالك نزاعاً ما مطروح أمام محكمة جنائية أو مدنية أو إدارية وهنالك قانون معين مطلوب تطبيقه في هذا النزاع حينئذ يقوم الخصم

(١) الدكتور ماجد راغب الحلو ـ مرجع سابق ـ ص٤٤٢ ـ٤٤٣.

المطلوب تطبيق القانون عليه، يقوم بالدفع بعدم دستورية ذلك القانون"[1].

أي أن الرقابة في هذه الحالة لا تتخذ شكلاً هجومياً كما في الحالة السابقة، وإنما تأخذ شكلاً دفاعياً مقتضاه أن ينتظر صاحب الشأن حتى يراد تطبيق قانون معين عليه في قضية مطروحة أمام محكمة من المحاكم "[2].

ويمكن من خلال ذلك أن نلخص أشكال الرقابة في الآتي:[3].

١ - الرقابة التبعية

تكون من خلال الدفع أمام المحكمة ذات الاختصاص بنظر نزاع معين وتوجد في الولايات المتحدة الأمريكية وسويسرا واليونان ووجود هذا الشكل من الرقابة لا يمنع من وجود نوع آخر.

٢- الرقابة السابقة

هي رقابة وقائية وتتم في مرحلة إنشاء القاعدة القانونية أي قبل إصدارها وقبل تطبيقها وذلك من خلال الطعن على مشروعات بقواعد قانونية في تشريع أو لائحة أو اتفاقية دولية. ومثالها فرنسا و النمسا وإيطاليا.

٣ - الرقابة المجردة

هي رقابة لاحقة تتم أمام محكمة دستورية متخصصة عن طريق الدعوى المباشرة وتعرف بالمسالة الدستورية وذلك بعد صدور القانون

(١) الدكتور محمد رفعت عبد الوهاب ـ مرجع سابق ـ ص ١٤٠.
(٢) الدكتور ماجد راغب الحلو ـ مرجع سابق ـ ص ٤٤٣.
(٣) الدكتورعبد الغنى بسيونى ـ الفانون الدستوري ـ مرجع سابق ـ ص ٢٠٢.

ودون أن يكون هناك ارتباط بنزاع حول تطبيق القاعدة القانونية المطعون فيها ومثالها: ألمانيا و النمسا وأسبانيا.

٤ - الرقابة المحددة

هي رقابة لاحقة تتم أمام محكمة دستورية "مخصصة " بطريق دعوى إلا أن المسالة الدستورية المعروضة عليها ترتبط بنزاع حول تطبيقاتها في محكمة عادية وتوقف المحكمة الدعوى وتحيلها إلى المحكمة الدستورية ويعتبر هذا الارتباط شرط لقبول الدعوى أمام المحكمة ومثالها: ألمانيا و إيطاليا والنمسا.

٥ - الرقابة المباشرة

هي رقابة لاحقة تتم أمام محكمة دستورية (مخصصة) بطريق الدعوى المرفوعة بواسطة أحد الأشخاص إلاّ أن المسالة الدستورية المعروض عليها ترتبط بإدعاء حدوث ضرر بأحد الحقوق الأساسية ـ أي الحقوق التي يحميها الدستور ـ للشخص رافع الدعوى، وترد هذه الرقابة إلى عمل من أعمال السلطة العامة سوى كانت هي السلطة (التشريعية - التنفيذية أو القضائية) وذلك في الحدود التي ينص عليها الدستور أو القانون في الدولة التي تأخذ بهذا الشكل من الرقابة.

على ذلك نلاحظ أن أشكال الرقابة على اختلافها تنحصر في نظامين: رقابة سابقة كما في البند (١) و رقابة لاحقة كما في سائر البنود " [١].

هذا وقد اخذ الدستور الانتقالي ٢٠٠٥م بنظام الرقابة الدستورية اللاحقة

(١) الدكتور ماجد راغب الحلو ـ مرجع سابق ـ ص ٤٤٣.

وبموجبه تم تشكيل المحكمة الدستورية المتخصصة لهذه الرقابة.

ثانياً: الأسس الفلسفية للرقابة على دستورية القوانين

على اختلاف نماذج القضاء الدستوري في العالم تعتبر الرقابة على دستورية القوانين على عدة أسس فلسفية نوجزها فيما يلي:

١ - حماية النظام الديمقراطي وسيادة الدستور كأساس لسيادة القانون

ظهرت الحاجة إلى الرقابة القضائية على دستورية القوانين بعد انحسارالنظم الديكتاتورية ففي هذه النظم يعتبر القانون عملاً (مقدساً) تتوافر فيه قيمة المشروعية التي لا يجوز المساس بها.

٢- ضمان احترام الحقوق والحريات

تهدف الرقابة على دستورية القوانين لحمل المشروع علي احترام وحماية الحقوق والحريات التي كفلها الدستور وقد لوحظ إن في معظم الدول التي أخذت بنظام القضاء الدستوري تكفل فيها كل من المشرع الدستوري والقضاء الدستوري بتحديد هذه الحقوق وحمايتها "[1].

٣ - إشباع الحاجات المتطورة للمجتمع

تعتبر هذه الرقابة من الوظائف الفنية القضائية حيث ينهض بها قضاء متخصصون قادرون علي كفالة الرقابة علي القوانين وهي وظيفة إبداعية ابعد بكثير من الوظائف القضائية التقليدية.

(١) الدكتور ماجد راغب الحلو ـ مرجع سابق ـ ص ٤٤٣.

٤ - تحقيق الاستقرار السياسي والقانوني

تهدف الرقابة على دستورية القوانين إلى حسم أي نزاع بين الاتجاهات السياسية وذلك حول مضمون بعض القوانين وما إلى ذلك، تحسباً فيما إذا حدثت مجابهة بين الأغلبية والمعارضة حول مسائل ثار حولها خلاف دستوري، ففي هذه الحالة يكون الالتجاء إلى القضاء الدستوري ضرورياً لحسم هذه المواجهة [١].

ويتضح لنا مما سبق، أن لكل طريق من طرق الرقابة القضائية، أساسه الفلسفي الذي تنبني عليه، وتختلف الدول وفقاً لهذا الأساس من عدة عوامل تاريخية وسياسية واقتصادية وغيرها، ولذلك من العسير تفضيل طريق على آخر. وتعد كفالة الرقابة القضائية على دستورية القوانين بمثابة التزام يقع على عاتق من يبدو مقاليد السلطة.

(١) الدكتور ماجد راغب الحلو - مرجع سابق.

الـفـصـل الثـاني

الالتزامات

السياسية للحاكم في الفقه الإسلامي

تمهيد وتقسيم:

يعد نظام الحكم الإسلامي من اهم الموضوعات التي يعالجها الفقه الإسلامي فكما هو معلوم إن الدين الإسلامي لم يترك صغيرة ولا كبيرة إلا وقد وضع لها معالجة كعلاقة الإنسان بربه وعلاقة الإنسان مع غيره وعلاقة الإنسان مع نفسه، ولما كان نظام الحكم الإسلامي يمثل إحدى تلك الأوجه التي حظيت بالاهتمام من قبل الشارع الحكيم فان الفقه الإسلامي قد زخـر بـالكثير من المعالجات لمسالة نظام الحكم وترك مسـاحة للاجتهاد تتوافق مـع المتغيـرات، وذلك بتغير الزمان والمكان، ومتضمنا للمعالجات التي وضعت مجموعة من المبادئ يستعين بها ولاة الأمـر في تسير نظام الحكم بها، كما أن هناك من الإرث التطبيقي في عهد الرسول صلى الـله عليه وسلم والخلفاء الراشدين ما هو معين علي التطبيـق السـليم لنظام الحكـم في الدولـة الإسلامية. ومـن خلال ذلك نقسم الفصل إلى أربعة مباحث علي النحوالتالي:

المبحث الأول: المبادئ الأسـاسـية لنظام الحكم الإسـلامي

المبحث الثاني: كفـالة التمـتع بالحريات المباحة شـرعا

المبحث الثالث: علاقة الحـاكم والمحكوم في دولـة المـدينة

المبحث الرابع: علاقة الحاكم والمحكوم في ظل الخلافة الراشدة

المبحث الأول

المبادئ الأساسية لنظام الحكم

في الفقه الإسلامية

تمهيد وتقسيم:

إن النظام الإسلامي يقوم على عدة مبادئ أساسية يتشكل معها في أوجهه المتكاملة ليصنع للبشرية منهجاً دقيقاً منظماً تستقر به حياتهم في الدنيا وتكفل لهم حسن المعاشرة والسلام، وهذه المبادئ تتمثل في منهج الشورى الذي أمر به المولى عز وجل نبيه صلى الله عليه وسلم لكي يجعله منهجاً في علاقته مع أصحابه مصدقاً لقوله: ﴿وَشَاوِرْهُمْ فِي الْأَمْرِ﴾[1] وسار على هذا النهج والمنوال صحابته الأبرار أبي بكر رضي الله عنه وعمر رضي الله عنه وعثمان رضي الله عنه وعلي كرم الله وجهه ثم جاء العدل ليكون أساسا للحكم في الدولة الإسلامية أمر به المولى عز وجل في قوله تعالى: ﴿إِنَّ اللَّهَ يَأْمُرُ بِالْعَدْلِ وَالْإِحْسَانِ﴾"[2]

ومما رغب الكثيرين في دخول الإسلام هو مبدأ المساواة وقول الرسول صلى الله عليه وسلم لا فضل لأحد علي أحد إلا بالتقوى كما أن الإسلام قد أباح العديد من الحريات العامة مثل حرية التعبير وحرية الاعتقاد والتنقل وغيرها وعلى ذلك نقسم هذا المبحث إلى أربعة مطالب متناولين في الأول الشورى وفي الثاني العدل ثم المساواة في الثالث والحريات التي كفلها الشارع في المطلب الرابع.

(1) سورة آل عمران ـ الآية ١٥٩.
(2) سورة النحل ـ الآية ٩٠.

المطلب الأول

الشورى

الفرع الأول

تعريف الشــورى

أولاً: في اللغة

الشورى مشتقة من مادة (ش و ر) أي أشار إليه باليد أومأ وأشار عليه بالرأي. والشورى بالفتح متاع البيت والرحل بالحاء والشارة اللباس والهيئة والمشوار بالكسر۔ المكان الذي تعرض فيه الدواب للبيع ويقال إياك والخطب فإنها مشوار كثير العثار والمشورة الشورى وكذا المشورة بضم الشين تقول شاوره في الأمر واستشاره " [١].

وقد ورد في القرطبي أن الاستشارة مأخوذة من قول العرب شرت الدابة وشورتها إذا علمت خبرها يجزى أو غيره ويقال للموضع الذي تركض فيه مشوار وقد يكون من قولهم شرت العسل واشترته فهو مشور ومشتار إذا أخذته من موضعه [٢].

ثانيا: في الاصطلاح

عُرفت الشورى في الاصطلاح بأنها " استخراج الرأي بمراجعة البعض إلي البعض" [٣].

---

(١)   الرازي ۔ مختار الصحاح ۔مرجع سابق ۔١٤٦/١.

(٢)   القرطبي ۔ مرجع سابق ۔ ١٤ /٢٤٩.

(٣)   الألوسي ۔ مرجع سابق۔٤٦/٢٥.

كما قيل "بأنها عرض الأمر على الخيرة حتى يعلم المراد منه " [١].

وأيضا عرفت بأنها الاجتماع على الأمر ليستشير كل واحد منهم صاحبه ويستخرج ما عنده " [٢].

وقد جاءت الشورى في قوله تعالى ﴿وَأَمْرُهُمْ شُورَىٰ بَيْنَهُمْ﴾ [٣] أي ذو شورى بينهم لا ينفردون برأي حتى يتشاوروا ويجتمعوا عليه وذلك من فرط تدبرهم وتيقظهم في الأمور وهي مصدر كالفتيا بمعنى التشاور" [٤].

ويمكنني تعريفها (بأنها طلب النصح من الغير في مسألة ما حتى تكتمل المسالة بأفضل الصور).

(١) ابن العربي ـ مرجع سابق ـ١/٢٩٧.
(٢) المرجع السابق ـ نفس الصفحة.
(٣) سورة الشورى ـ من الآية٣٨.
(٤) البيضاوى ـ مرجع سابق ـ ٥/١٣٣.

الفرع الثاني

أدلة مشروعية إلزامية الشورى

إن ما نقصده بحجية الشورى، هو مدى ثبوت النص عليها في الشريعة الإسلامية ولذلك فيجب عند بحثنا عن أدلة هذه الحجية، أن نرجع إلى المصادر الأصلية للتشريع الإسلامي وهي مصدران هما القرآن الكريم والسنة الشريفة وسوف نتكلم عن أدلة مشروعية الشورى في هذين المصدرين وذلك على النحو التالي:

أولاً: حجية الشورى في القرآن الكريم

تتفق أراء المسلمين على أن القرآن الكريم قانون واجب الاتباع والدليل على ذلك أنه نزل من عند الله تعالي وانه قد نقل إليهم عن ربهم بطريق قطعي لا شك في صحته "[١] فإذا نحن بحثنا عن أدلة حجية الشورى في القرآن، أي عن الآيات التي تحث على الشورى فإننا نجد مثل ذلك النص في موضعين وآيتين شهيرتين وإن كان القرآن قد أشار إلى الشورى في آيات أخرى [٢].

وورد النص على الشورى في الآيات التالية:

في قوله تعالي: ﴿ فَبِمَا رَحْمَةٍ مِنَ اللَّهِ لِنْتَ لَهُمْ وَلَوْ كُنْتَ فَظًّا غَلِيظَ الْقَلْبِ لَانْفَضُّوا مِنْ حَوْلِكَ فَاعْفُ عَنْهُمْ وَاسْتَغْفِرْ لَهُمْ وَشَاوِرْهُمْ فِي الْأَمْرِ

(١) الأستاذ بدران ابوالعينين بدران - حجية القرآن - أصول الفقه - الطبعة الاولي - ١٩٦٤م - ص ٤٦.
(٢) الدكتور يعقوب المليجي - مرجع سابق - ص ٩٥.

فَإِذَا عَزَمْتَ فَتَوَكَّلْ عَلَى اللَّهِ إِنَّ اللَّهَ يُحِبُّ الْمُتَوَكِّلِينَ﴾[1].

ففي هذه الآية نجد النص على الشورى قد جاء بصيغة الأمر الذي يتمثل في قوله تعالي:

﴿وَشَاوِرْهُمْ فِي الْأَمْرِ﴾ فقد أمر الله تعالي رسوله عليه الصلاة والسلام ان يشاور

قومه في الأمر وفي المشاورة فائدتان:

الأولي: تأليف قلوبهم وإشاعة المودة بينهم نتيجة للمشاورة.

الثانية: تعويد للمسلمين على هذا النهج في معالجة الأمور لأن الرسول صلى الله عليه وسلم الأسوة الحسنة لهم فإذا كان يلجأ إلى المشاورة فهو أولى أن يأخذوا بها[2].

في سورة الشورى:

نجد في هذه السورة دليلاً ثانياً على حجية الشورى وثبوت النص عليها في القرآن الكريم والسورة نفسها حملت إسم " سورة الشورى " حيث ورد ذكر الشورى في هذه الآية منها قوله تعالي:

﴿وَالَّذِينَ اسْتَجَابُوا لِرَبِّهِمْ وَأَقَامُوا الصَّلَاةَ وَأَمْرُهُمْ شُورَى بَيْنَهُمْ وَمِمَّا رَزَقْنَاهُمْ يُنْفِقُونَ﴾[3].

وفي هذه الآية " يبين الله تعالي ان الشورى هي إحدى الدعائم الهامة التي يقوم عليها المجتمع الإسلامي وما حملت السورة هذا الإسم إلا لبيان

---

(1) سورة آل عمران ـ الآية ١٥٩.

(2) الدكتور صبحي محمصاني ـ فلسفة التشريع في الإسلام ـ طبعة الكشاف بيروت ـ ١٩٤٦م ـ ص ١٠٧.

(3) سورة الشورى الآية ٣٨.

العناية بالشورى والتنبيه إلى عظيم أهميتها "^(١).

وكذلك نجد من يقول " أن سورة الشورى أنما سميت بهذا الإسـم لأنهـا السـورة الوحيدة في القرآن الكريم التي قررت الشورى عنصراً من عناصر الشخصية الإيمانية الحقه " ^(٢).

والمؤمنين من صفاتهم " أنهم ذوو شورى لا ينفردون برأي حتى يتشاوروا ويجتمعوا عليه وكانوا قبل الهجرة وبعدها إذا حزبهم أمر اجتمعوا وتشاوروا " ^(٣).

ويذكر في ذلك الصدد أيضاً " ان المؤمنين كانوا لانقيادهم إلى الـرأي في أمورهم متفقـون ولا يختلفون فمدحوا باتفاق كلمتهم، وأنه ما تشاور قوم قط ألا هدوا أمورهم فإن الشورى كما قال ابن العربي ـ إلفة للجماعة ومسبار للعقول وسبب إلى الصواب فمـدح اللـه المشاورة في الأمـور بمدح القوم الذين يمتثلون ذلك ويطبقون الشورى في سلوكهم " ^(٤).

رأينا ما يثبت حجية الشورى في القرآن الكريم في آيتين نصـتا عـلى الشـورى في سـورتي آل عمران والشورى وسنرى ذكر الشورى قد ورد في سورتين أخريين بالنسبة للشرائع السابقة عـلى الإسلام فيما ذكره اللـه في

---

(١)   أ.الدكتور زكريا البري: الحرية السياسية في الإسلام، جامعة الكويت ـ ومنشور بمجلة عالم   الفكر ـ المجلد الأول ـ العدد الرابع ـ ص ١٣٠.

(٢)   ذلك رأي المرحوم الشيخ محمود شلتوت ـ في كتابه ـ الإسلام عقيدة وشريعة ـ ص ٣٦٨.

(٣)   القرطبي ـ مرجع سابق ـ ٣٧/١٦.

(٤)   المرجع السابق ـ نفس الصفحة.

سورة طه وفي سورة النمل وتنص الآيات علي الآتي:[1]

قوله تعالي: ﴿ وَاجْعَلْ لِي وَزِيرًا مِنْ أَهْلِي(29) هَارُونَ أَخِي (30) اشْدُدْ بِهِ أَزْرِي (31) وَأَشْرِكْهُ فِي أَمْرِي﴾ [2].

وقوله تعالي: ﴿ قَالَتْ يَا أَيُّهَا الْمَلَأُ أَفْتُونِي فِي أَمْرِي مَا كُنْتُ قَاطِعَةً أَمْرًا حَتَّى تَشْهَدُونِ﴾ [3].

حجية الشورى في السنة

السنة حجة علي جميع المسلمين وأصل من أصول تشريعهم ودليل من الأدلة الشرعية التي يجب الأخذ بها والعمل بمقتضاها وهي بمعناها المعروف ما أثر عن الرسول عليه الصلاة والسلام من قول أو فعل أو تقرير وتشتمل علي نوعين من الأحكام:

الأول: الأحكام البيانية المبينة لما ورد في القرآن الكريم.

الثاني: الأحكام المؤسسة التي وردت فيما لم ينزل به نص قرآني.

وبالنسبة لمبدأ الشورى فإن السنة الشريفة ليست مقررة أو مؤسسة له إبتداء بل جاءت مثبت ومؤكدة لما ورد عنه بالقرآن الكريم " [4].

فإن كان القرآن الكريم هو المصدر الأول للتشريع الإسلامي بلا خلاف

---

(١) الدكتور يعقوب المليجي ـ مرجع سابق ـ ص ٩٩ ـ١٠٠.

(٢) سورة طه الايات من ٢٩-٣٢.

(٣) سورة النمل الآية ٣٢.

(٤) الدكتور يعقوب المليجي ـ مرجع سابق ـ ص ١٠٢.

فإن الحديث الشريف أو السنة النبوية هي المصدر الثاني للتشريع بعد القرآن الكريم وهي التي جاءت مفسرة ومتممة له " [1].

وسوف نذكر ما يثبت حجية الشورى من السنة الشريفة مبتدئين أولاً بالسنة الفعلية ثم نعقب ذلك بما ورد في السنة القولية.

أولاً: السنة الفعلية

حفلت السنة الفعلية بما يثبت أن الرسول صلى الله عليه وسلم شاور أصحابه في عدة أمور وفي جملة مواقف، ونجد الكثير من الأمثلة علي ذلك في كتب التاريخ والتفسير والحديث. وقد عبر عن ذلك أبو هريرة بقوله: " لم يكن أحد أكثر مشورة لأصحابه من رسول الله صلى الله عليه وسلم " [2].

فكان يستشيرهم في الحرب وفي السلم بل وفي خاصة أمره فقد روي عنه صلى الله عليه وسلم في حادثة الإفك قوله أما بعد أشيروا علي في أناس أبنوا أهلي وأيم الله ما علمت على أهلي من سوء وأبنوهم بمن و الله ما علمت عليه من سوء قط ولا يدخل بيتي قط إلا وأنا حاضر ولا غبت في سفر إلا غاب معي"[3].

واستشار صلى الله عليه وسلم علياً كرم الله وجهه وأسامة بن زيد رضي الله عنه في فراق عائشة

---

(1) الدكتور صبحي محمصاني - فلسفة التشريع في الإسلام - مطبع الكشاف - بيروت - ١٩٤٦م - ص ١٠٧.

(2) الدكتور عبد الحميد متولي - مبادئ نظام الحكم في الإسلام - مرجع سابق - ص ٦٦١.

(3) صحيح مسلم - مرجع سابق - ٢١٢٩/٤. صحيح البخاري - مرجع سابق - ١٧٨٠/٤.

رضي الـلـه عنها " [1].

ونورد فيما يلي الأمثلة على أخذ الرسول صلى الـلـه عليه وسلم بالشورى:

١- في غزوة بدر

كان عدد الذين خرجوا مع رسول الـلـه صلى الـلـه عليه وسلم " في بـدر٣١٣ رجلاً، مـنهم ٢٠٧ من الأنصار و ١٠٦ من المهاجرين وقد استشار الرسول صلى الـلـه عليه وسـلم أصحابه في ثلاثة مواقف بغزوة بدر، الأول قبل ان تبدأ المعركة والثـاني أثناءهـا والثالـث بعـد انتهائها، فلـم يصدر إليهم الأمر بالحرب دون مشاورتهم ولو فعل لوجد منهم الطاعة والإذعـان التـامين ولكنـه استشارهم قبل الإقدام على القتال وقد استشار المهاجرين فقام أبوبكر رضي الـلـه عنـه فقـال: فأحسن ثم قام عمر رضي الـلـه عنه فقال: فأحسن ولم يفته استشاره الأنصار أيضاً لأنهـم كـانوا قد تعاهدوا معه على الدفاع عنه وحمايته في المدينة فحسب ولـذلك حـرص عـلى ألا يـورطهم في حرب قد لا يريدونها ولذلك فعندما طلب الرأي قال سعد بن معاذ سيد الأوس بل سـيد الأنصـار (وكان فيهم كالصديق في المهاجرين): كأنك و الـلـه تريدنا يا رسول الـلـه ثم أعلن تأييـد الأنصـار ومبايعتهم علي القتال"[2].

٢ - في غزوة أُحد

قد ورد في شأن غزوة أُحد أنه " حينما علم الرسول صلى الـلـه عليه وسلم بقدوم قريش

---

(١) القاسمي - تفسير القرآن الكريم المسمي التأويل - الطبعـة الأولى - مطبعـة عيسي- الحلبـي - ١٩٤٩م - ١٠٢٢/٤.

(٢) محمد رضا - كتاب محمد - الطبعة الرابعة - ١٩٦١م - ص ١٦٣.

للقتال استشار أصحابه فيما يفعل فأشار قوم منهم بلقاء قريش خارج المدينة وكان هذا رأي الشباب ومن لم يشهد بدراً وهم أكثر أهل المدينة وعلى رأس هذا الفريق حمزة بن عبد المطلب وسعد بن عبادة والنعمان بن مالك"[1].

أما الرسول صلى الله عليه وسلم فكان رأيه البقاء بالمدينة وذلك لحصانتها الطبيعية ومناعتها وسهولة الإحاطة بالأعداء المهاجمين في أزقتها والانتفاع بمساعدة النساء والصبيان وقد رأى البقاء بالمدينة كذلك أكابر المهاجرين والأنصار وأرسل الرسول صلى الله عليه وسلم إلى عبد الله بن أبي سلول يستشيره ولم يكن استشارة قبل ذلك، فكان رأيه أيضاً هو البقاء بالمدينة وانتظار قدوم قريش إليهم، وقد حدث أن قبل الرسول صلى الله عليه وسلم الرأي الأول رأي الكثرة من الشباب والمتحمسين للاستشهاد في المعركة وفي سبيل الله وقرر الخروج من المدينة وكانت موقعة أحد حيث فات المسلمين الانتصار ومع ذلك فإن الله تعالى أمر الرسول صلى الله عليه وسلم في عقبها بأن يعفوا عن المسلمين وان يستغفر لهم وان يشاورهم في الأمر حتى لا تكون هزيمة أحد سبباً مؤثراً في إغفال الشورى بعد ذلك، وذلك بقوله تعالى: ﴿فَاعْفُ عَنْهُمْ وَاسْتَغْفِرْ لَهُمْ وَشَاوِرْهُمْ فِي الْأَمْرِ﴾[2].

وكذلك جاءت الشوري في عدد من الغزوات والبيعات الذي بايعها الرسول صلى الله عليه وسلم وهي:

٣ - في غزوة الأحزاب.

(١) الدكتور يعقوب المليجي ـ مرجع سابق ـ ص ١٠٥.

(٢) سورة آل عمران ـ الآية ١٥٩.

٤ - صلح الحديبية.

٥ - بيعة الرضوان.

وكذلك كان الرسول صلى الله عليه وسلم يستشير عمر بن الخطاب رضي الله عنه في كثير من الأمور وقد بلغ من حسن رأي عمر رضي الله عنه أنه كان يشير على الرسول صلى الله عليه وسلم بالأمر فينزل الوحي موافقاً لما أشار به، وإذا كان الرسول صلى الله عليه وسلم قد فاوض أصحابه وشاورهم في الأمور العامة فان هذا يعد تشريعًا ملزما للحكام المسلمين في الإهتداء به.

الفرع الثالث

فوائد الشورى

أهمية الشورى وفوائدها لا يختلف عليها أحد فقد قال صلى الله عليه وسلم " ما ندم من استشار ولا خاب من استخار " [١]، وقد روى سهل بن سعد الساعدي عن رسول الله صلى الله عليه وسلم ما شقي قط عبد بمشورة وما سعد باستغناء برأيه " [٢].

وقد جاء في سنن أبي داود عن أبي هريرة قال" قال رسول الله صلى الله عليه وسلم : المستشار مؤتمن" [٣].

وروي في كتاب الفردوس [٤] عن علي بن أبي طالب كرم الله وجهه

(١) مجمع الزوائد ـ مرجع سابق ـ٢/٢٨٠.
(٢) كشف الخفاء ـ مرجع سابق ـ١/٥٠٨.
(٣) سنن أبي داود ـ مرجع سابق ـ٤/٣٣٣.
(٤) لصاحبه أبي شجاع شيرويه بن شهر دار بني شيرويه الديلمى الهمذانى ـ المولود في عام ٤٤٥م ـ والمتوفى عام٥٠٩ م ـ الطبعة الاولي ـ دار الكتب العلمية =
= بيروت ـ ١٩٨٦م.

قال:" قال رسول اللـه صلى اللـه عليه وسلم ما من قوم كانت لهم مشورة فحضر معهم مـن اسمه أحمد أو محمد فأدخلوه في مشورتهم إلا خير لهم" [١].

وقد روى الإمام أحمد " أن رسول اللـه صلى اللـه عليه وسـلم قـال لأبي بكر وعمـر لـو اجتمعتما في مشورة ما خالفتكما " [٢].

وروى ابن مردويه عن علي بن أبي طالب كرم اللـه وجهه قال سئل رسول اللـه صلى اللـه عليه وسلم عن العزم قال مشاورة أهل الرأي ثم اتباعهم " [٣]. ومن وصايا لقمان لابنه" يـا بنى شاور من جرب الأمور فإنه يعطيك من رأيه ما قام عليه بالغلاء وأنت تأخذه بالمجان " [٤].

وقد قال الحكيم: إذا بلغ الرأي المشورة فاستعن بـرأي لبيـب، أو مشورة حـازم، ولا تجعل الشورى عليك غضاضة، فإن الخوافي [٥] قوة للقوادم،

---

(١)   المرجع السابق ـ ٤/ ٥٦.

(٢)   الإمام أحمد بن حنبل حديث رقم ١٨٠٢٣ـ ٢٢٧/٤.

(٣)   ابن كثير ـ مرجع سابق ـ ٤٢١/١.

(٤)   أبي منصور عبد الملك بن محمد بن إسماعيل الثعلبي النيسابوري ـ ثمار القلوب في المضاف والمنسوب ـ ٢٥/١.

(٥)   الخوافي هي ـ ريشات إذا ضم الطائر جناحيه خفيت وقال اللحيـاني هـي الريشـات الأربـع اللـواتي بعـد المناكب والقولان مقتربان وقال ابن جبلة " الخوافي سبع ريشات يكن في الجناح بعد السبع المقدمات هكذا وقع في الحكاية عنه وإنما حكى الناس أربع قوادم وأربع خواف واحدتها خافيـة وقـال الأصـمعي الخوافي ما دون الريشات العشر من مقدم الجناح وفي الحديث إن مدينة قوم لوط حملها جبريل عليه السلام على خوافي جناحه قال هي الريش الصغار التي في جناح الطائر =

فمدح الـلـه المشاورة في الأمور بمدح القوم الذين كانوا يمتثلون ذلك " [١].

وقال الحسن " وصفة المستشار إن كان في الأحكام أن يكون عالماً ديناً وقلما يكـون ذلـك إلا في عاقل وما كمل دين امرئ ما لم يكمل عقله فإذا استشير مـن هـذه صـفته واجتهـد في الصـلاح وبذل جهده فوقعت الإشارة خطأ فلا غرامة عليه و ما أخطأت قط إذا حزّ بي أمر شاورت قومي ففعلت الذي يرون فإن أصبت فهم المصيبون وإن أخطأت فهم المخطئون " [٢].

وقال آخر [٣]:

وإن باب أمر عليك التوى فشاور لبيباً ولا تعصه [٤].

وقد جعل عمر بن الخطـاب رضي الـلــه عنـه الخلافـة وهـي أعظـم النـوازل شـورى قـال البخاري وكانت الأئمة بعد النبي صلى الـلـه عليه وسلم يستشـيرون الأمنـاء مـن أهـل العلـم في الأمور المباحة.

وقال سفيان الثوري: " ليكن أهل مشورتك أهل التقوى والأمانـة ومـن يخشى الـلــه تعـالى وقال الحسن: و الـلـه ما تشاور قوم بينهم إلا هداهم لأفضل ما

= ضد القوادم وفي حديث أبي سفيان ومعي خنجر مثل خافية النسر يريد أنه صغير والخوافي السعفات اللواتي يلين القلبة نجدية وهي في لغة أهل الحجاز العواهن وقال اللحياني هي السعفات اللـواتي دون القلبة والواحدة كالواحدة. (ابن منظور -١٤/٢٣٦).

(١) الثعلبي ـ مرجع سابق ـ ٢٥/١.

(٢) القرطبي ـ مرجع سابق ـ ٣٧/١٦.

(٣) للزبير بن عبد المطلب رضي الـلـه عنه .

(٤) طبقات فحول الشعراء ـ مرجع سابق ـ ١/ ٢٤٦.

يحضر بهم.

ولذلك كان رسول الله صلى الله عليه وسلم يشاور أصحابه في الأمر إذا حدث تطييباً لقلوبهم ليكون أنشط لهم فيما يفعلونه. كما شاورهم يوم بدر في الذهاب إلى العير فقالوا يا رسول الله لو استعرضت بنا عرض البحر لقطعناه معك ولو سرت بنا إلى برك الغماد[1] لسرنا معك، ولا نقول لك كما قال قوم موسى لموسى اذهب أنت وربك فقاتلا إنا هاهنا قاعدون ولكن نقول اذهب فنحن معك وبين يديك وعن يمينك وعن شمالك مقاتلون " [2].

ولعل البحث في أهميه الشورى يطول ولا نكون قد استجمعنا كل فوائدها ونقتصر على ما تم سرده.

---

(١)   برك الغماد: موضع، قال ابن بري: هو موضع باليمن، وقد اختلف فيه ضم الغين وكسرها، فرواه قوم بالضم وآخرون بالكسر، قال ابن خالويه: حضرت مجلس أبي عبد الله محمد بن إسماعيل القاضي المحاملي وفيه زهاء ألف فأمل عليهم أن الأنصار قالوا للنبي صلى الله عليه وسلم و الله ما نقول لك ما قال قوم موسى لموسى اذهب أنت وربك فقاتلا إنا ههنا قاعدون، بل نفديك بآبائنا وأبنائنا، ولو دعوتنا إلى برك الغماد، بكسر الغين، قال: ابن خالويه وسألت أبا عمر عن ذلك فقال: يروى برك الغماد بالكسر والغماد بالضم والغمار بالراء مكسورة الغين وقد قيل: إن الغماد موضع باليمن وهو بئر هوت وهو الذي جاء في الحديث أن أرواح الكافرين تكون فيه وورد في الحديث ذكر غمدان بضم الغين وسكون الميم البناء العظيم بناحية صنعاء اليمن قيل: هو من بناء سليمان على نبينا وعليه الصلاة والسلام، وله ذكر في حديث سيف بن ذي يزن، واغتمد فلان الليل دخل فيه كأنه صار كالغمد له. ـ انظر: ابن منظور ـ ١٧/٢.
(٢)   القرطبي ـ مرجع سابق ـ ٤/ ٢٥١.

الفرع الرابع

حكم الشورى

حكم الشورى الوجوب وذلك لورودها بصيغة الآمر فلقد أمر المولى عز وجل نبيه محمد صلى الـلـه عليه وسلم بمشاورة أصحابه وجاء ذلك في قوله تعالى:

﴿وَلَوْ كُنْتَ فَظًّا غَلِيظَ الْقَلْبِ لَانْفَضُّوا مِنْ حَوْلِكَ فَاعْفُ عَنْهُمْ وَاسْتَغْفِرْ لَهُمْ وَشَاوِرْهُمْ فِي الْأَمْرِ فَإِذَا عَزَمْتَ فَتَوَكَّلْ عَلَى اللَّهِ إِنَّ اللَّهَ يُحِبُّ الْمُتَوَكِّلِينَ﴾[1].

وقد ورد في التبيان - ﴿وَشَاوِرْهُمْ فِي الْأَمْرِ﴾ - أي استخرج آراءهم واعلم ما عندهم، ومأخوذ من شرت الدابة وشورتها إذا استخرجت جربها وعلمت خبرها "[2].

قال ابن عطية [3]

الشورى " من قواعد الشريعة وعزائم الأحكام من لا يستشير أهل العلم والدين فعزله واجب هذا مالا خلاف فيه وقد مدح الـلـه المؤمنين بقوله تعالي: ﴿وَأَمْرُهُمْ شُورَى بَيْنَهُمْ﴾[4].

ولقد اختلف أهل التأويل في المعنى الذي أمر الـلـه نبيه صلى الـلـه عليه وسلم أن يشاور فيه

---

(1) سورة آل عمران ـ الآية١٥٩.
(2) التبيان في تفسير غريب القران ـ مرجع سابق ـ ١٥٩/١.
(3) المرجع السابق ـ نفس الصفحة.
(4) سورة الشورى: من الآية ٣٨.

أصحابه " فقالت طائفة: ذلك في مكائد الحروب وعند لقاء العدو وتطييبا لنفوسهم ورفعاً لأقدارهم وتألفاً على دينهم وإن كان الله تعالى قد أغناه عن رأيهم بوحيه روى هذا عن قتادة والربيع وابن إسحاق عن الشافعي قال: هو كقوله والبكر تستأمر تطييبا لقلبها لا أنه واجب وقال: مقاتل وقتادة والربيع: كانت سادات العرب إذا لم يشاوروا في الأمر شق عليهم فأمر الله تعالى نبيه صلى الله عليه وسلم أن يشاورهم في الأمر فإن ذلك أعطف لهم عليه وأذهب لأضغانهم وأطيب لنفوسهم فإذا شاورهم عرفوا إكرامه لهم " [١].

وقال آخرون: ذلك فيما لم يأته فيه وحي روي ذلك عن الحسن البصري والضحاك قالاً: ما أمر الله تعالى نبيه بالمشاورة لحاجة منه إلى رأيهم وإنما أراد أن يعلمهم ما في المشاورة من الفضل ولتقتدي به أمته من بعده وفي قراءة ابن عباس وشاورهم في بعض الأمر" [٢].

الفرع الخامس

موضوعات الشورى

الموضوعات التي تدخل في محور الشورى كثيرة، فلقد كان النبي صلى الله عليه وسلم يشاور أصحابه في الآراء المتعلقة بمصالح الحروب وذلك في آراء كثيرة، ولم يكن يشاورهم في الأحكام، لأنها منزلة من عند الله سبحانه وتعالى على جميع الأقسام، من الفرض والندب والمكروه والمباح والحرام. ولذلك فقد " شاورهم الرسول صلى الله عليه وسلم في غزوة أحد في أن يقعد في المدينة أو يخرج إلى

(١) القرطبي ـ مرجع سابق ـ ١٥٩/١.

(٢) المرجع السابق ـ نفس الصفحة.

العدو فأشار جمهورهم بالخروج إليهم، وشاورهم صلى الله عليه وسلم يوم الخندق في مصالحة الأحزاب بثلث ثمار المدينة عامئذ فأبى ذلك عليه السعدان سعد بن معاذ وسعد بن عبادة فترك ذلك " (١).

كما " شاورهم صلى الله عليه وسلم يوم الحديبية في أن يميل على زراري المشركين فقال له الصديق رضي الله عنه إنا لم نجئ لقتال وإنما جئنا معتمرين فأجابه إلى ما قال، وقد قال صلى الله عليه وسلم : في قصة الإفك أشيروا علي معشر المسلمين في قوم أبنوا أهلي ورموهم وأيم الله ما علمت على أهلي من سوء وأبنوهم بمن و الله ما علمت إلا خيراً، واستشار عليا كرم الله وجهه وأسامة في فراق عائشة رضي الله عنها فكان صلى الله عليه وسلم يشاورهم في الحروب ونحوها " (٢).

فأما " الصحابة فكانوا يتشاورون في الأحكام ويستنبطونها من الكتاب والسنة " وأول ما تشاور فيه الصحابة الخلافة فإن النبي صلى الله عليه وسلم لم ينص عليها حتى كان فيها بين أبي بكر رضي الله عنه والأنصار ما سبق بيانه وقال عمر رضي الله عنه : نرضى لدنيانا من رضيه رسول الله صلى الله عليه وسلم لديننا. وتشاوروا في أهل الردة فاستقر رأي أبي بكر رضي الله عنه على القتال، وتشاوروا في الجد وميراثه وفي حد الخمر وعدده وتشاوروا بعد رسول الله صلى الله عليه وسلم في الحروب حتى شاور عمر الهرمزان (٣) حين وفد عليه مسلما في المغازي فقال له الهرمزان مثلها

---

(١) القرطبي ـ مرجع سابق ـ ١٥٩/١.

(٢) المرجع السابق ـ ٢٥٠/٤.

(٣) الهرمزان بضم أوله وثالثه وسكون الراء ثم زاي وقع في البخاري عنه كلام موقوف وهو مخضرم من الثانية أسلم على يد عمر وقتل يوم قتله ـ تقريب التهذيب ـ ٥٧١/١.

ومثل من فيها من الناس من عدو المسلمين مثل طائر له ريش وله جناحان ورجلان فإن كسر أحد الجناحين نهضت الرجلان بجناح والرأس وإن كسر الجناح الآخر نهضت الرجلان والرأس وإن شدخ الرأس ذهب الرجلان والجناحان والرأس كسرى والجناح الواحد قيصر والآخر فارس فمر المسلمين فلينفروا إلى كسرى " [1].

وأخيراً قد قال: ابن خويز منداد " واجب على الولاة مشاورة العلماء فيما لا يعلمون وفيما أشكل عليهم من أمور الدين ووجوه الجيش فيما يتعلق بالحرب ووجوه الناس فيما يتعلق بالمصالح ووجوه الكتاب والوزراء والعمال فيما يتعلق بمصالح البلاد وعمارتها وكان يقال ما ندم من استشار وكان يقال من أُعجب برأيه ضل" [2].

واجد نفسي متفقا مع ما ذهب إليه من أهمية بسط الشورى للحاكم للرعية واخذ رأي كل متخصص في تخصصه.

(١) القرطبي ـ مرجع سابق ـ ١٦ /٣٦.

(٢) أبو حامد محمد بن محمد الغزالي ـ جواهر القران ـ دار إحياء العلوم - بيروت ـ الطبعة الأولى ـ ١٩٨٥م ـ تحقيق: د.محمد رشيد رضا القباني ـ ١٥٤/١.

المطلب الثاني

العــــد ل

الفرع الأول: تعريف العدل

العدل " ضد الجور يقال عدل عليه في القضية من باب ضرب فهوعادل وبسط الوالي عدله ومعدلته بكسر الدال وفتحها وفلان من أهل المعدلة بفتح الدال أي من أهل العدل ورجل عدل أي رضا ومقنع في الشهادة وهو في الأصل مصدر وقوم عدل وعدول أيضا وهو جمع عدل.

قال الأخفش[1]: العدل بالكسر المثل والعدل بالفتح أصله مصدر قولك عدلت بهذا عدلا حسنا تجعله اسما للمثل لتفرق بينه وبين عدل المتاع وقال الفرّاء: العدل بالفتح ما عدل الشيء من غير جنسه والعدل بالكسر المثل تقول عندي عدل غلامك وعدل شاتك إذا كان غلاما يعدل غلاما أو شاة تعدل شاة فإن أردت قيمته من غير جنسه فتحت العين وربما كسرها بعض العرب وكأنه غلط منهم " [2].

قيل أن: " أصل لفظ العدل مأخوذ من قولهم عدلت عن الطريق أعدل عنها عدلا وعدولا وإنما سمي العدل والعادل لأنهما عدلا عن الجور إلى

(١) الأخفش عند الإطلاق يراد به الأخفش الأوسط وهو أبو الحسن سعيد ين مسعدة المجاشعي بالولاء، البلخي البصري: نحوي، عالم باللغة والأدب، وأخذ العربية من سيبويه، من اشهر كتبه " تفسير معاني القران وكتاب الملوك والقوافي "(انظر معجم الأدباء ـ دار المأمون ـ ٢٢٤/١١) انظر أيضاً الأعلام ـ مرجع سابق ١٠١/٣ـ١٠٢.

(٢) مختار الصحاح ـ مرجع سابق ـ ٢٧٦/١.

القصد و الله تعالى عادل في أحكامه وقضاياه عن الجور فأفعاله حسنة وهو كما قال و الله يقضي بالحق والذين يدعون من دونه لا يقضون بشيء " [1].

وقد جاء في لسان العرب " العدل ما قام في النفوس أنه مستقيم وهو ضد الجور عدل الحاكم في الحكم يعدل عدلا وهو عادل من قوم عدول وعدل الأخيرة اسم للجمع كتجر وشرب وعدل عليه في القضية فهو عادل وبسط الوالي عدله ومعدلته وفي أسماء سبحانه العدل وهو الذي لا يميل به الهوى فيجور في الحكم وهو في الأصل مصدر سمي به فوضع موضع العادل وهو أبلغ منه لأنه جعل المسمى نفسه عدلاً وفلان من أهل المعدلة أي من أهل العدل والعدل الحكم بالحق يقال هو يقضي بالحق ويعدل وهو حكم عادل ذو معدلة في حكمه والعدل من الناس المرضي قوله وحكمه" [2].

الفرع الثاني

حكم العدل

لقد وردت العديد من الآيات التي يأمر فيها المولى عز وجل بالعدل ومنها قوله تعالى: ﴿إِنَّ اللَّهَ يَأْمُرُكُمْ أَنْ تُؤَدُّوا الْأَمَانَاتِ إِلَى أَهْلِهَا وَإِذَا حَكَمْتُمْ بَيْنَ النَّاسِ أَنْ تَحْكُمُوا بِالْعَدْلِ إِنَّ اللَّهَ نِعِمَّا يَعِظُكُمْ بِهِ إِنَّ اللَّهَ كَانَ سَمِيعًا بَصِيرًا﴾ [3].

(١) أبو إسحاق إبراهيم بن محمد ـ تفسير أسماء الله الحسنى ـ دار الثقافة العربية ـ دمشق، ١٩٧٤م ـ تحقيق: أحمد يوسف الدقاق ـ ٤٤/١.

(٢) ابن منظور ـ مرجع سابق ـ ٤٣٦/١١.

(٣) سورة النساء ـ الآية: ٥٨.

وقد جاء في تفسير القرطبي في تفسير قوله تعالى:

﴿..... وَإِذَا حَكَمْتُم بَيْنَ النَّاسِ أَن تَحْكُمُوا بِالْعَدْلِ.....﴾[(١)].

ما قاله الضحاك: " بالبينة على المدعي واليمين على من أنكر وهذا خطاب للولاة والأمراء والحكام ويدخل في ذلك بالمعنى جميع الخلق "[(٢)].

قال صلى الله عليه وسلم : " إن المقسطين يوم القيامة على منابر من نور عن يمين الرحمن وكلتا يديه يمين الذين يعدلون في حكمهم وأهليهم وما ولوا "[(٣)].

عن ابن عمر رضي الله عنه : عن النبي صلى الله عليه وسلم أنه قال: " ألا كلكم راع وكلكم مسئول عن رعيته فالأمير الذي على الناس راع وهو مسئول عن رعيته والرجل راع على أهل بيته وهو مسئول عنهم والمرأة راعية على بيت بعلها وولده وهي مسئولة عنهم والعبد راع على مال سيده وهو مسئول عنه ألا فكلكم راع وكلكم مسئول عن رعيته "[(٤)].

فقد جعل في هذه الأحاديث الصحيحة " كل هؤلاء رعاة وحكاما على مراتبهم وكذلك العالم الحاكم لأنه إذا أفتى حكم وقضى وفصل بين الحلال والحرام والفرض والندب والصحة والفساد فجميع ذلك أمانة تؤدى وحكم يقضى "[(٥)].

---

(١) سورة النساء ـ الاية ٥٨.
(٢) القرطبي ـ مرجع سابق ـ ٢٤٥/٥.
(٣) صحيح مسلم ـ مرجع سابق ـ ١٤٥٨/٣.
(٤) المرجع السابق ـ نفس الصفحة.
(٥) القرطبي ـ مرجع سابق ـ ٢٥٨/٥.

وبالعودة إلى الآية أعلاه ولتحديد المخاطب بها فقد قال: " محمد بن كعب وزيد بـن أسـلم وشهر ابن حوشب:

أن هذه الآية إنما نزلت في الأمراء يعنى الحكام بين الناس، وفي الحديث عن عبـد اللـه بـن أبي أوفى رضي اللـه عنه قال: قال رسول اللـه صلى اللـه عليه وسلم " إن اللـه مع الحاكم ما لم يجر فإذا جار وكله إلى نفسه " [١].

وفي الأثر عدل يوم كعبادة أربعين سنة وقوله إن اللـه نعما يعظكم بـه أي يـأمركم بـه مـن أداء الأمانات والحكم بالعدل بين الناس وغير ذلك من أوامره وشرائعه الكاملة العظيمة الشـاملة " [٢].

إلا أن الاختلاف قائما بين أهل التأويل في من الذي عُنيَ بهذه الآية " فقال بعضهم عُنيَ بهـا ولاة أمور المسلمين ذكر من قال ذلك زيد بن أسلم حيث قال نزلت هذه الآية إن اللـه يـأمركم أن تؤدوا الأمانات إلى أهلها في ولاة الأمر" [٣].

وعن مصعب بن سعد رضي اللـه عنه قال:

قال علي كرم اللـه وجهه: " كلمات أصاب فيهن حق على الإمام أن يحكم بما أنزل اللـه وأن يؤدى الأمانة وإذا فعل ذلك فحق على الناس أن يسمعوا وأن يطيعوا وأن يجيبوا إذا دعوا " [٤].

---

(١) سنن ابن ماجه ـ مرجع سابق ـ ٧٧٥/٢. قال الشيخ الألباني: حديث حسُن.
(٢) ابن كثير ـ مرجع سابق ـ ١ /٥١٧.
(٣) المرجع السابق ـ نفس الصفحة.
(٤) الطبري ـ مرجع سابق ـ ٥ /١٤٤.

أما الذي قاله ابن جريح:

من أن هذه الآية نزلت في عثمان بن طلحة فإنه جائز أن تكون نزلت فيه وأريد به كل مؤتمن على أمانة فدخل فيه ولاة أمور المسلمين وكل مؤتمن على أمانة في دين أو دنيا ولذلك قال من قال عُنيَ به قضاء الدين ورد حقوق الناس.

وأجد نفسي متفق مع هذا الفهم لعموميته في معنى شمولية العدل التى تتسع لتشمل تطبيق العدل في جميع الاوجه.

أولاً: ما ورد فيه من القرآن الكريم

لقد وردت كما أسلفنا العديد من الآيات التي تحدثت عن العدل فمنها

قوله تعالى: ﴿ إِنَّ اللَّهَ يَأْمُرُ بِالْعَدْلِ وَالْإِحْسَانِ وَإِيتَاءِ ذِي الْقُرْبَى وَيَنْهَى عَنِ الْفَحْشَاءِ وَالْمُنْكَرِ وَالْبَغْيِ يَعِظُكُمْ لَعَلَّكُمْ تَذَكَّرُونَ﴾[1].

والملاحظ أن المولي عز وجل قد قدم العدل علي سائر الفضائل الاخرى التي امر بها مما يدلل علي اهميته.

وجاء في قوله تعالى ايضا: ﴿إِنَّ اللَّهَ يَأْمُرُكُمْ أَنْ تُؤَدُّوا الْأَمَانَاتِ إِلَى أَهْلِهَا وَإِذَا حَكَمْتُمْ بَيْنَ النَّاسِ أَنْ تَحْكُمُوا بِالْعَدْلِ إِنَّ اللَّهَ نِعِمَّا يَعِظُكُمْ بِهِ إِنَّ اللَّهَ كَانَ سَمِيعًا بَصِيرًا ﴾[2].

(١) سورة النحل ـ الآية ٩٠.

(٢) سورة النساء ـ الاية٥٨.

وقد رويَ عن عثمان بن مظعون رضي الله عنه أنه قال: " لما نزلت هذه الآية قرأتها على علي بن أبي طالب كرم الله وجهه فتعجب فقال: يا آل غالب اتبعوه تفلحوا فو الله إن الله ليأمركم بمكارم الأخلاق " [1].

وقد رويَ القرطبي ايضا " أن أبا طالب لما قيل له إن ابن أخيك زعم أن الله أنزل عليه إن الله يأمر بالعدل والإحسان الآية قال: اتبعوا ابن أخي فو الله إنه لا يأمر إلا بمحاسن الأخلاق " [2].

وقال " عكرمة [3]: " قرأ النبي صلى الله عليه وسلم على الوليد بن المغيرة إن الله يأمر بالعدل والإحسان إلى آخرها فقال يا ابن أخي أعد فأعاد عليه فقال و الله إن له لحلاوة وإن عليه لطلاوة وإن أصله لمورق وأعلاه لمثمر وما هو بقول بشر" [4].

وذكر الغزنوي أن عثمان بن مظعون رضي الله عنه هو القارئ قال عثمان ما أسلمت ابتداء إلا حياء من رسول الله صلى الله عليه وسلم حتى نزلت هذه الآية وأنا عنده فاستقر الإيمان في قلبي فقرأتها على الوليد بن المغيرة فقال يا ابن أخي أعد

---

(١) عبد الرحمن بن محمد بن مخلوف الثعالبي - الجواهر الحسان في تفسير القرآن - الشهير بتفسير الثعالبي - مؤسسة الأعلمي للمطبوعات - بيروت - ٣٢٠/٢.

(٢) القرطبي - مرجع سابق - ١٤٧/١٠.

(٣) هو أبو عبدالله عكرمة بن عبد الله البربري المدني (٦٤٥-٧٢٣م)، مولى عبد الله بن عباس، تابعي،كان من اعلم الناس بالتفسير والمغازي وقيل: مات أعلم الناس وأشعر الناس. انظر(أبو الفضل أحمد بن علي بن حجر أبو الفضل العسقلاني الشافعي - تهذيب التهذيب - دار الفكر- بيروت - الطبعة الأولى - ١٩٨٤م - ٢٣٦/٧. انظر أيضاً (الزركلي - مرجع سابق - ٢٤٤/٤).

(٤) القرطبي - مرجع سابق - ١٦٠/١٠.

فأعدت فقال و اللـه إن له لحلاوة وذكر تمام الخبر وقال ابن مسعود هذه أجمع آية في القرآن لخير يمتثل ولشر يجتنب.

فقال ابن عباس رضي اللـه عنه : العدل لا إله إلا اللـه والإحسان أداء الفرائض وقيل العدل الفرض والإحسان النافلة وقال سفيان بن عيينة: العدل هاهنا استواء السريرة والإحسان أن تكون السريرة أفضل من العلانية "[١].

وكذلك فان اللـه سبحانه وتعالى أمر بالعدل على أعداء المسلمين فقال تعالى: ﴿ يَا أَيُّهَا الَّذِينَ آَمَنُوا كُونُوا قَوَّامِينَ لِلَّهِ شُهَدَاءَ بِالْقِسْطِ وَلَا يَجْرِمَنَّكُمْ شَنَآَنُ قَوْمٍ عَلَى أَلَّا تَعْدِلُوا اعْدِلُوا هُوَ أَقْرَبُ لِلتَّقْوَى وَاتَّقُوا اللَّهَ إِنَّ اللَّهَ خَبِيرٌ بِمَا تَعْمَلُونَ(8) وَعَدَ اللَّهُ الَّذِينَ آَمَنُوا وَعَمِلُوا الصَّالِحَاتِ لَهُمْ مَغْفِرَةٌ وَأَجْرٌ عَظِيمٌ﴾[٢].

فقد ورد في تفسير البيضاوي أن " المعنى لا يحملنكم شدة بغضكم للمشركين على ترك العدل فيهم فتعتدوا عليهم بارتكاب ما لا يحل كمثل قذف وقتل نساء وصبية ونقض عهد تشفيا مما في قلوبكم اعدلوا هو أقرب للتقوى أي العدل أقرب للتقوى صرح لهم بالأمر بالعدل وبين أنه بمكان من التقوى بعدما نهاهم عن الجور وبين أنه مقتضى الهوى وإذا كان هذا للعدل مع الكفار فما ظنك بالعدل مع المؤمنين واتقوا اللـه إن اللـه خبير بما تعملون فيجازيكم به وتكرير هذا الحكم إما لاختلاف السبب كما قيل إن الأولى نزلت في المشركين وهذه في اليهود أو لمزيد الاهتمام بالعدل والمبالغة في

(١) القرطبي ـ مرجع سابق ـ ١٦٠/١٠.
(٢) سورة المائدة ـ الاية ٨ ـ ٩.

إطفاء ثائرة الغيظ وعد الـلـه الذين آمنوا وعملوا الصالحات لهم مغفرة وأجر عظيم "[١].

ثانياً: ما دلت عليه السنة النبوية

لقد حضت السنة النبوية على العدل ونهت عن الظلم وفد وردت الكثير مـن الأحاديـث في هذا الشان ونورد منها ما تيسر فقد روى في مسند الأمام البزار[٢] عن عبد الـلـه بن عمرو رضي الـلـه عنه قال " قال رسول الـلـه صلى الـلـه عليه وسلم إن في الجنة لقصرا يسمى عـدن حولـه البروج والصروح له خمسة آلاف باب عند كل بـاب خمسـة آلاف خـيرة لا يدخلـه ولا يسـكنه إلا نبي أو صديق أو إمام عادل"[٣].

ورواه أحمد وابن حبان عن انس بن مالك عن النبي صلى الـلـه عليه وسلم " قـال لا تـزال هذا الأمة بخير ما إذا قالت صدقت وإذا حكمت عدلت وإذا استرحمت رحمت"[٤].

كما رواه أبو يعلى الطبراني عن انس رضي الـلـه عنه قال: قال رسول الـلـه صلى الـلـه عليه وسلم " إذا حكمتم فاعدلوا وإذا قتلتم فاحسنوا فان الـلـه عز وجل محسن يحب

(١) البيضاوي ـ مرجع سابق ـ ٢ /٣٠٣.
(٢) هو أبو بكر احمد بن عمرو بن عبد الخالق البزار (٢١٥ـ٢٩٢ م).
(٣) أبو بكر احمد بن عمرو بن عبد الخالق البزارـ مؤسسة علوم القران ـ بـيروت ـ المدينـة ـ الطبعـة الأولى ـ ١٤٠٩هـ ـ ٤٤٩/٦. وذكر البزار: أن الحديث لا نعلمه يروى بهذا اللفظ إلا عن عبد الـلـه بن عمرو.
(٤) أبي يعلى ـ مرجع سابق ـ ٩٨/٧.

المحسنين "(١).

وعن ابن عباس رضي الله عنه قال:

قال رسول الله صلى الله عليه وسلم " يوم من إمام عادل افضل من عبادة ستين سنة وحد يقام في الأرض بحقه أزكى فيها من مطر أربعين عاما " (٢).

رواه البزار وأبو قحدم ـ ضعيف ـ وعن أبي سعيد رضي الله عنه قال: قال رسول الله صلى الله عليه وسلم " اشد الناس عذابا يوم القيامة إمام جائر " (٣).

وعن أبي موسى رضي الله عنه قال: قال رسول الله صلى الله عليه وسلم : " إن في جهنم واديا في الوادي بئر يقال له هبهب حقاً على الله أن يسكنه كل جبار عنيد " (٤).

وعن عمر بن الخطاب رضي الله عنه قال: إن افضل الناس عند الله منزلة يوم القيامة إمام عدل رفيق وشر عباد الله عند الله منزلة يوم القيامة إمام جائر خرق " (٥).

---

(١)   الشيباني ـ مرجع سابق ـ ص٥٢ ـ ورواه الطبراني في الأوسط ورجاله ثقاة.

(٢)   مجمع الزوائد ـ مرجع سابق ـ ٢٦٣/٦. ورواه الطبراني في الكبير والأوسط.

(٣)   الترغيب والترهيب ـ مرجع سابق ـ ١١٧/٣.

(٤)   سنن الدارمى ـ مرجع سابق ـ ٢٢٧/٢.

(٥)   الترغيب والترهيب ـ مرجع سابق ـ ١١٧/٣.

المطلب الثالث

المساواة (Equality)

تمهيد وتقسيم:

نتناول أولا تعريف المساواة ثم نتطرق إلى حكمها موضحين ما نزل بشأنها من قرآن وما أخبرت به السنة النبوية من احاديث وذلك في الفروع التالية:

الفرع الأول

تعريف المساواة

المساواة مشتقة من كلمة (س و ا) السواء العدل قال الله تعالى: ﴿فَانْبِذْ إِلَيْهِمْ عَلَى سَوَاءٍ﴾[1] وسواء الشيء وسطه قال الله تعالى: ﴿إِلَى سَوَاءِ الْجَحِيمِ﴾[2] وسواء الشيء غيره.

قال الأعشى [3]

تَجانَفُ عَن جُلِّ اليَمامَةِ ناقَتي   وَما قَصَدَت مِن أَهلِها لِسِوائِكا

وقال الأخفش: [4] سوى إذا كان بمعنى غير أو بمعنى العدل يكون فيه

(١) سورة الأنفال الآية ٥٨.
(٢) سورة الدخان ـ الآية ٤٧.
(٣) محمد بن عبد الله الأعشى القارئ المدني عن عبد الرحمن بن محمد (التاريخ الكبير ـ ١/١٣٤).
(٤) أحمد بن عمران بن عمران الأخفش بغدادي يعرف بالألهاني نزيل مكة روى عن بن علية ووكيع وزيد بن الحباب حدثنا عبد الرحمن قال سمعت أبي يقول ذلك ويقول كتبت عنه بمكة وهو صدوق (الجرح والتعديل ـ ٢/٦٥).

ثلاث لغات إن ضممت السين أو كسرت قصرت وإذا فتحت مددت تقول مكان سوى وسوى وسواء أي عدل ووسط فيما بين الفريقين قلت ومنه قوله تعالى مكانا سوى وتقول مررت برجل سواك و سواك و سوائك أي غيرك وهما في الأمر سواء وإن شئت سواءان وهم سواء للجميع وهم أسواء وهم سواسية مثل ثمانية على غير قياس الفراء هذا الشيء لا يساوي كذا ولم يعرف هذا لا يساوي كذا وهذا لا يساويه أي لا يعادله و سويت الشيء تسوية فاستوى وقسم الشيء بينهما بالسوية ورجل سوي الخلق أي مستو واستوى من اعوجاج واستوى على ظهر دابته أي استقر و ساوى بينهما أي سوى واستوى إلى السماء قصد واستوى أي استولى وظهر قال أحد الشعراء:

فقد استوى بشر على العراق   من غير سيف ودم مهراق

واستوى الرجل انتهى شبابه وقصد سوى فلان أي قصد قصده واستوى الشيء اعتدل والاسم السواء يقال سواء علي أقمت أم قعدت وفي الحديث إذا تساووا هلكوا قلت. قال الأزهري قولهم لا يزال الناس بخير ما تباينوا فإذا تساووا هلكوا أصله أن الخير في النادر من الناس فإذا استووا في الشر ولم يكن فيهم ذو خير كانوا من الهلكى ولم يذكر أنه حديث وكذا الهروي لم يذكره في شرح الغريبين وقوله تعالى:﴿ لَوْ

﴿تُسَوَّى بِهِمُ الْأَرْضُ﴾[1] " أي تستوي " [2].

قال ابن بري " الفرق بين المماثلة والمساواة أن المساواة تكون بين المختلفين في الجنس والمتفقين لأن التساوي هو التكافؤ في المقدار لا يزيد ولا ينقص وأما المماثلة فلا تكون إلا في المتفقين تقول نحوه كنحوه وفقهه كفقهه ولونه كلونه وطعمه كطعمه فإذا قيل هومثله على الإطلاق فمعناه أنه يسد مسده وإذا قيل هو مثله في كذا فهو مساو له في جهة دون جهة والعرب تقول هو مثيل هذا وهم أمثالهم يريد أن المشبه به حقير كما أن هذا حقير" [3].

الفرع الثاني

حكم المساواة

أولاً: ما ورد فيها من القرآن الكريم

يقول تعالى: ﴿ يَا أَيُّهَا النَّاسُ إِنَّا خَلَقْنَاكُمْ مِنْ ذَكَرٍ وَأُنْثَى وَجَعَلْنَاكُمْ شُعُوبًا وَقَبَائِلَ لِتَعَارَفُوا إِنَّ أَكْرَمَكُمْ عِنْدَ اللَّهِ أَتْقَاكُمْ إِنَّ اللَّهَ عَلِيمٌ خَبِيرٌ﴾[4]. وقد ورد في تفسير ابن كثير " يقول تعالى: مخبرا للناس أنه خلقهم من نفس واحدة وجعل منها زوجها وهما آدم وحواء وجعلهم شعوبا وهي أعم من القبائل وبعد القبائل مراتب أُخر كالفصائل والعشائر والعمائر والأفخاذ وغير

(١) سورة النساء ـ الآية ٤٢.
(٢) مختار الصحاح ـ مرجع سابق ـ ١٣٦/١.
(٣) لسان العرب ـ مرجع سابق ـ ٦١٠/١١.
(٤) سورة الحجرات ـ الاية ١٣.

ذلك وقيل المراد بالشعوب بطون العجم وبالقبائل بطون العرب كما أن الأسباط بطون إسرائيل فجميع الناس في الشرف بالنسبة الطينية إلى آدم وحواء عليهما السلام سواء وإنما يتفاضلون بالأمور الدينية وهي طاعة الله تعالى ومتابعة رسوله صلى الله عليه وسلم ولهذا قال تعالى بعد النهي عن الغيبة واحتقار بعض الناس بعضا منبها على تساويهم في البشرية يا أيها الناس إنا خلقناكم من ذكر وأنثى وجعلناكم شعوبا وقبائل لتعارفوا أي ليحصل التعارف بينهم كل يرجع إلى قبيلته، وقوله تعالى أي إنما تتفاضلون عند الله تعالى بالتقوى لا بالأنساب "[١].

ثانياً: ما دلت عليه السنة النبوية

وقد وردت الأحاديث الكثيرة التي تتحدث عن المساواة فعن أبي هريرة رضي الله عنه قال سئل رسول الله صلى الله عليه وسلم أي الناس أكرم قال أكرمكم عند الله أتقاكم قالوا ليس عن هذا نسألك قال فأكرم الناس يوسف نبي الله ابن نبي الله ابن نبي الله ابن خليل الله قالوا ليس عن هذا نسألك قال فعن معادن العرب تسألوني قالوا نعم قال فخياركم في الجاهلية خياركم في الإسلام إذا فقهوا " [٢].

وقد روي في صحيح مسلم عن أبي هريرة رضي الله عنه قال: قال رسول الله صلى الله عليه وسلم إن الله لا ينظر إلى صوركم ولا إلى أموالكم وأحسابكم ولكن ينظر إلى قلوبكم وأعمالكم " [٣].

---

(١) ابن كثير ـ مرجع سابق ـ ٢٧٧/٤.
(٢) صحيح البخاري - مرجع سابق - ١٢٣٥/٢.
(٣) صحيح مسلم ـ مرجع سابق ـ ١٩٨٧/٤.

قال أبو عبد الله رضي الله عنه " إنما ينظر إلى القلوب لأنها أوعية الجواهر وكنوز المعرفة فيها وينظر إلى أعمال الجوارح بأن مبتدأ الأعمال من القلوب فإذا نظر إلى الجواهر ووجدها طرية سليمة كهيئتها محروسة من آفات النفس مكنونة عن تناول النفس وتلمسها شكر لعبده فزاده في الجواهر وبصره بأقدارها وأخطارها حتى يزداد بها غنى ومن استغنى بالله عز وجل فلا قوي أقوى منه قد آيست النفس من إجابته إياها وآيس العدو من غوايته وإنما ندب العبد إلى التقوى وصار العبد لله وليا بأن حرس ما في قلبه من المعرفة لله وصيره في وقاية من آفات النفس فلا يصل إليه آفاتها من أجل صون تلك الجواهر فإن العدو يأتي بأضدادها يريد أن يضعها في تلك الأمكنة وينفي عن قلبه ما وضعه الله تعالى فإن لم يقدر على النفي غطاه بما أورد عليه فلبس عليه بمنزلة رجل في يده جواهر ودنانير فأكب عليه خائن مخادع يصحبه ويخالطه في الأخذ والإعطاء فإذا أخذ منه جوهرا لينظر إليه يأخذ ياقوتة حمراء فلا يزال يقلبها في كفه ينتظر بلاهته ويلتمس غرته حتى يبدله بها خرزة حمراء صافية تشبهها وصاحبه قليل البصر بالجواهر إنما معرفته بها ما ينظر إليه من ظاهرها ويأخذ منه لؤلؤة فيبدل بها عظما صافيا يشبهها ويأخذ منه فيروز فيبدله بخزف ملون أزرق صقيل ويأخذ منه زمردة فيبدل بها فلقة من جوهر الزجاج ويأخذ منه دينارا فيبدل به فلسا أصفر مدورا فهو لا يعرف من الدينار إلا صفرته وتدويره وكتابته ومن الزمرد إلا خضرته ومن اللؤلؤة إلا بياضها ومن الياقوتة إلا حمرتها فإذا رأى مثلها من الهيئة لم ينكر ذلك فكذلك هذا الموحد أعطي المعرفة ليوحد ويتوجه إلى الواحد ويقبل على الواحد ويبذل نفسه له عبودية ويأتمنه على نفسه ويتخذه وكيلا ويفوض إليه أموره ويترك التدبير عليه ويثق به ويركن

إليه ويتذلل لربوبيته ويتواضع لعظمته ويتزين لبهائه ويتخذه عدة لكل نائبة من دنيا وآخرة. وقد ورد في الصواعق المحرقة " أنه صلى الله عليه وسلم خطب الناس بمكة فكان من جملة خطبته يا أيها الناس إن الله قد أذهب عنكم عيبة الجاهلية أي بفتح أوله وكسره وتعاظمها أي عطف تفسير بآبائها فالناس رجلان رجل بر تقي كريم على الله ورجل شقي هين على الله [1]

وإن الله تعالي يقول: ﴿يَا أَيُّهَا النَّاسُ إِنَّا خَلَقْنَاكُمْ مِنْ ذَكَرٍ وَأُنْثَى وَجَعَلْنَاكُمْ شُعُوبًا وَقَبَائِلَ لِتَعَارَفُوا إِنَّ أَكْرَمَكُمْ عِنْدَ اللَّهِ أَتْقَاكُمْ إِنَّ اللَّهَ عَلِيمٌ خَبِيرٌ﴾[2].

وفي رواية سندها حسن لينتهين أقوام يفتخرون بآبائهم الذين ماتوا إنما هو فحم جهنم أو ليكونن أهون على الله من الجعل الذي يدهده الخرء بأنفه أي يدحرجه عن الله قد أذهب عنكم عيبة الجاهلية إنما هو مؤمن تقي وفاجر شقي الناس كلهم بنو آدم وآدم خلق من تراب، ولمسلم إن الله لا ينظر إلى صوركم وأموالكم ولكن ينظر إلى قلوبكم وأعمالكم " [3]

عن سهل بن سعد الساعدي رضي الله عنه قال: "خرج علينا رسول الله صلى الله عليه وسلم يوما ونحن نقترىء فقال " الحمد لله كتاب الله واحد وفيكم الأحمر وفيكم الأبيض وفيكم الأسود اقرءوه قبل أن يقرأه أقوام يقيمونه كما يقوم السهم يتعجل

---

(١) أبي العباس أحمد بن محمد بن علي إبن حجر الهيتمي ـ الصواعق المحرقة على أهل الرفض والضلال والزندقة ـ مؤسسة الرسالة - بيروت ـ الطبعة الأولى، ١٩٩٧ـ تحقيق: عبدالرحمن بن عبد الله التركي وكامل محمد الخراط ـ٦٩٠/٢.

(٢) سورة الحجرات الاية ١٣.

(٣) سنن ابي داود ـ ٢٨٠/١.

أجره ولا يتأجله " [1].

ورويَ عن سعيد الجريري عن أبي نضرة قال: حدثني من سمع: خطبة رسول الله صلى الله عليه وسلم في وسط أيام التشريق فقال يا أيها الناس ألا إن ربكم واحد وإن أباكم واحد إلا لا فضل لعربي على أعجمي ولا لعجمي على عربي ولا لأحمر على أسود ولا أسود على أحمر إلا بالتقوى " [2].

عن أبي هريرة رضي الله عنه قال: قال رسول الله صلى الله عليه وسلم : إن الله عز و جل قد أذهب عنكم عيبة الجاهلية والفخر بالآباء مؤمن تقي وفاجر شقي الناس بنو وآدم خلق الله من تراب لينتهين أقوام عن فخرهم بآبائهم في الجاهلية أو ليكونن أهون على الله من الجعلان التي تدفع النتن " [3].

(1) سنن ابي داود ـ ٢٨٠/١.
(2) الامام احمد ـ مرجع سابق ـ ٤١١/٥.
(3) المرجع السابق ـ نفس الصفحة.

المبحث الثاني

كفالة التمتع بالحريات المباحة شرعا

إن الحريات التي كفلها الإسلام للعباد ترجع إلى القاعدة الفقهية الشهيرة ـ بـان الأصل في الأشياء الإباحة ـ ولا يتم تقييد حرية أحد إلاّ بنص شرعي صريح وسوف نتنـاول في هـذا المطلب بعض من هذه الحريات بشئ من التفصيل وذلك لأهميتها.

المطلب الأول

حرية الاعتقاد

من الملاحظ إن سماحة الإسلام قد وضعت عقل الإنسان ليكون محور اختياره لعقيدته بعد أن بينت له الطريق المستقيم الذي يجب أن يتبعه من بعد أن أرسل اللـه نبيه محمد صلى اللـه عليه وسلم بالهدى ودين الحق ومن ذلك جاء قوله تعالى: ﴿ .... فَمَنْ شَاءَ اتَّخَذَ إِلَى رَبِّهِ سَبِيلًا (29) وَمَا تَشَاءُونَ إِلَّا أَنْ يَشَاءَ اللَّهُ إِنَّ اللَّهَ كَانَ عَلِيمًا حَكِيمًا ﴾ [1]، أيضا

قال المولى عز وجل: ﴿ وَقُلِ الْحَقُّ مِنْ رَبِّكُمْ فَمَنْ شَاءَ فَلْيُؤْمِنْ وَمَنْ شَاءَ فَلْيَكْفُرْ ﴾ [2].

فقد جاء في تفسير القرطبي أن معنى الآية " قل يا محمد لهؤلاء الذين أغفلنا قلـوبهم عـن ذكرنا أيها الناس من ربكم الحق فإليه التوفيق والخذلان وبيده الهدى والضلال يهدي مـن يشاء فيؤمن ويضل من يشاء فيكفر ليس

---

(١) سورة الإنسان ـ من الآية ٢٩ ـ ٣٠.
(٢) سورة الكهف ـ من الآية ٢٩.

إليّ من ذلك شيء فالله يؤتي الحق من يشاء وإن كان ضعيفاً ويحرمه من يشاء وإن كان قوياً غنياً ولست بطارد المؤمنين لهواكم فإن شئتم فآمنوا وإن شئتم فاكفروا وليس هذا بترخيص وتخيير الإيمان والكفر وإنما هو وعيد وتهديد أي إن كفرتم فقد أعد لكم النار وإن آمنتم فلكم الجنة " [1].

ونجد أن هذا الخطاب جاء بعد تبيين الهدى من الضلال وتذكير الناس به حيث ورد في تفسير قوله تعالى: ﴿إِنْ هُوَ إِلَّا ذِكْرٌ لِلْعَالَمِينَ﴾ [2]، أي أن هذا القرآن ذكر لجميع الناس يتذكرون به ويتعظون لمن شاء منكم أن يستقيم أي من أراد الهداية فعليه بهذا القرآن فإنه منجاة له وهداية ولا هداية فيما سواه وما تشاءون إلا أن يشاء الله رب العالمين أي ليست المشيئة موكولة إليكم فمن شاء اهتدى ومن شاء ضلَ بل ذلك كله تتابع لمشيئة الله تعالى رب العالمين " [3].

قال " سفيان الثوري عن سعيد بن عبد العزيز عن سليمان بن موسى لما نزلت هذه الآية لمن شاء منكم أن يستقيم قال أبو جهل الأمر إلينا إن شئنا استقمنا وإن شئنا لم نستقم " [4] فأنزل الله تعالى: ﴿وَمَا تَشَاءُونَ إِلَّا أَنْ يَشَاءَ اللَّهُ رَبُّ الْعَالَمِينَ﴾ [5].

---

(١) القرطبي ـ مرجع سابق ـ ٣٩٢/١٠.
(٢) سورة التكوير ـ الاية ٢٧.
(٣) القرطبي ـ مرجع سابق ـ ٣٩٣/١٠.
(٤) ابن كثير ـ مرجع سابق ـ ٤ /٤٨١.
(٥) سورة التكوير ـ الاية ٢٩

وفي قوله تعالى: ﴿قُلْ يَا أَيُّهَا الْكَافِرُونَ....﴾[1] إلى آخر السورة ـ قيل انها نزلت في رهط من قريش منهم الحارث بن قيس السهمي والعاص بن وائل والوليد بن المغيرة والأسود بن عبد يغوث والأسود بن المطلب بن أسد وأمية بن خلف قالوا: يا محمد هلم فاتبع ديننا ونتبع دينك، ونشركك في أمرنا كله تعبد آلهتنا سنة ونعبد إلهك سنة فإن كان الذي جئت به خيرا كنا قد شركناك فيه وأخذنا حظنا منه، وإن كان الذي بأيدينا خيرا كنت قد أشركتنا في أمرنا وأخذت بحظك منه، فقال: معاذ الله أن أشرك به غيره، قالوا: فاستلم بعض آلهتنا نصدقك ونعبد إلهك فقال: حتى أنظر ما يأتي من عند ربي فأنزل الله عز وجل قل يا أيها الكافرون إلى آخر السورة.

فغدا رسول الله صلى الله عليه وسلم إلى المسجد الحرام وفيه الملأ من قريش فقام على رؤوسهم ثم قرأها عليهم حتى فرغ من السورة فيأسوا منه عند ذلك وآذوه وأصحابه "[2].

ومعنى الآية " لا أعبد ماتعبدون في الحال ولا أنتم عابدون ما أعبد في الحال ولا أنا عابد ما عبدتم في الاستقبال، ولا أنتم عابدون ما أعبد في الاستقبال وهذا خطاب لمن سبق في علم الله أنهم لا يؤمنون وقوله ما أعبد أي من أعبد لكنه ذكره لمقابلة ما تعبدون، ووجه التكرار قال أكثر أهل المعاني هو ان القرآن نزل بلسان العرب وعلى مجازي خطابهم ومن مذاهبهم التكرار إرادة التوكيد والإفهام كما أن من مذاهبهم الاختصار إرادة

(١) سورة الكافرون ــ الآية ١.

(٢) أبو محمد الحسين بن مسعود الفراء البغوي ـ معالم التنزيل ـ (تفسير البغوى) بدون طبعة ـ بدون تاريخ ـ ٥٦٤/١.

التخفيف والإيجاز. وقال القتيبي تكرار الكلام لتكرارالوقت وذلك أنهم قالوا إن سرك أن ندخل في دينك عاما فادخل في ديننا عاما فنزلت هذه السورة لكم دينكم الشرك ولي دين الإسلام "[1].

المطلب الثاني

حرية التنقل

لقد أرسى الإسلام مبدأ حرية التنقل في قول تعالى: ﴿ هُوَ الَّذِي جَعَلَ لَكُمُ الْأَرْضَ ذَلُولًا فَامْشُوا فِي مَنَاكِبِهَا وَكُلُوا مِن رِّزْقِهِ وَإِلَيْهِ النُّشُورُ ﴾[2].

وجاء في تفسير ابن كثير" أي فسافروا حيث شئتم من أقطارها وترددوا في أقاليمها وأرجائها في أنواع المكاسب والتجارات "[3].

ويقول تعالى: ﴿ .... قَالُوا كُنَّا مُسْتَضْعَفِينَ فِي الْأَرْضِ قَالُوا أَلَمْ تَكُنْ أَرْضُ اللَّهِ وَاسِعَةً فَتُهَاجِرُوا فِيهَا... ﴾[4] وهذا حقاً واضح كفله المولى عز وجل لسائر الخليقة وذلك للتنقل في أرجاء المعمورة كيفما شاءوا وجاء في قوله: ﴿ اهْبِطُوا مِصْرًا فَإِنَّ لَكُم مَّا سَأَلْتُمْ.... ﴾[5] وهذا خطاب موجه إلى قوم موسى عليه السلام يمنحهم فيه الله سبحانه وتعالي حق التنقل في بقاع الأرض طلبا للرزق.

(١) البغوى ـ مرجع سابق ـ ٥٦٤/١.
(٢) سورة تبارك ـ الآية ١٥.
(٣) ابن كثير ـ مرجع سابق ـ ٣٩٨/٤.
(٤) سورة النساء ـ من الآية٩٧.
(٥) سورة البقرة ـ من الآية٦١.

المطلب الثالث

حرية التعبير

لقد اباح الاسلام حرية التعبير وإبداء الرأي وقد تبين لنا ذلك في اراء الصحابة رضوان الله عليهم في الكثير من المسائل التي كانت تظهر لهم، وتحتاج الي معالجات، ونذكر من ذلك " أن الحباب بن المنذر بن الجموح الأنصاري رضي الله عنه قال يا رسول الله: أرأيت هذا المنزل أمنزل أنزلكه الله ليس لنا أن نتقدمه ولا نتأخر عنه أم هو الرأي والحرب والمكيدة فقال: بل هو الرأي والحرب والمكيدة قال: يا رسول الله فإن هذا ليس بمنزل فانهض بنا حتى نأتي أدنى ماء من القوم فننزله ثم نغور ما وراءه من القلب ثم نبني عليه حوضا فنملأه ماء ثم نقاتل القوم فنشرب ولا يشربون " [(١)].

عن أبي صالح عن أبي هريرة رضي الله عنه قال: قال رسول الله صلى الله عليه وسلم " من كان يؤمن بالله واليوم الآخر فلا يؤذ جاره ومن كان يؤمن بالله واليوم الآخر فليكرم ضيفه ومن كان يؤمن بالله واليوم الآخر فليقل خيرا أو ليصمت "[(٢)]

وأما قوله صلى الله عليه وسلم فليقل خيرا أو ليصمت فمعناه أنه اذا أراد أن يتكلم فإن كان ما يتكلم به خيرا محققا يثاب عليه واجبا ومندوبا فليتكلم وان لم يظهر له أنه خير يثاب عليه فليمسك عن الكلام سواء ظهر له أنه حرام أو مكروه أومن انجراره إلي المحرم أو المكروه وهذا يقع في العادة كثيرا أو غالبا"[(٣)].

(١) ابن كثير ـ مرجع سابق ـ ٤٠٢/٢.
(٢) صحيح البخاري ـ ٢٢٤٠/٥.
(٣) أبو زكريا يحيى بن شرف بن مري النووى ـ المنهاج شرح صحيح مسلم بن=

وقال تعالى: ﴿مَا يَلْفِظُ مِنْ قَوْلٍ إِلَّا لَدَيْهِ رَقِيبٌ عَتِيدٌ﴾ [(١)].

وهذه الاية تدلل علي خطور ان يتكلم الانسان بغير الحق " وقد اختلف السلف والعلماء في أنه هل يكتب جميع ما يلفظ به العبد وان كان مباحا لا ثواب فيه ولا عقاب لعموم الآية أم لا يكتب إلا مافية جزاء من ثواب أو عقاب والي الثاني ذهب ابن عباس رضي الله عنه وغيره من العلماء وعلى هذا تكون الآية مخصوصة أي ما يلفظ من قول يترتب عليه جزاء وقد ندب الشرع إلي الإمساك عن كثير من المباحات لئلا ينجر صاحبها إلي المحرمات أو المكروهات وقد أخذ الإمام الشافعي رحمه الله معنى الحديث فقال إذا أراد أن يتكلم فليفكر فان ظهر له أنه لا ضرر عليه تكلم وان ظهر له فيه ضرر أوشك فيه أمسك " [(٢)].

وقد قال الإمام الجليل أبو محمد عبد الله بن أبي زيد إمام المالكية بالمغرب في زمنه، جماع آداب الخير يتفرع من أربعة أحاديث قول النبي صلى الله عليه وسلم من كان يؤمن بالله واليوم الآخر فليقل خيرا أو ليصمت وقوله صلى الله عليه وسلم من حسن إسلام المرء تركه مالا يعنيه " وقوله صلى الله عليه وسلم للذي اختصر له الوصية لا تغضب وقوله صلى الله عليه وسلم لا يؤمن أحدكم حتى يحب لأخيه ما يحب لنفسه" [(٣)].

وقد ذكرالأستاذ أبي القاسم القشيرى رحمه الله قائلاً: " الصمت بسلامة

= **الحجاج ـ دار إحياء التراث العربي - بيروت ـ الطبعة الطبعة الثانية ـ ١٣٩٢هـ ـ ١٩/٢.**

(١) سورة قّ ـ الاية ١٨.

(٢) النووى ـ مرجع سابق ـ ١٩/٢.

(٣) المرجع السابق ـ نفس الصفحة.

وهو الأصل والسكوت في وقته صفة الرجال كما إن النطق في موضعه من أشرف الخصال قال وسمعت أبا على الدقاق يقول: من سكت عن الحق فهو شيطان اخرس قال فأما إيثار أصحاب المجاهدة السكوت فلما علموا ما في الكلام من الآفات ثم ما فيه من حظ النفس وإظهار صفات المدح والميل إلى أن يتميز من بين أشكاله بحسن النطق وغير هذا من الآفات وذلك نعت أرباب الرياضة وهو أحد أركانها في حكم المنازلة وتهذيب الخلق " (١).

وفي هذا المقام نستشهد بما ورد في حديث اباذر رضي الله عنه حينما سأل النبي صلى الله عليه وسلم - عن صحف ابراهيم وموسي - مايدلل على حرية التعبير في مواضع الحق ولزوم الصمت في خلاف ذلك وقد جاء في الحديث " قلت يا رسول الله فما كانت صحف إبراهيم؟ قال: كانت أمثالا كلها: (أيها الملك المتسلط المبتلي المغرور إني لم أبعثك لتجمع الدنيا بعضها على بعض ولكن بعثتك لترد عني دعوة المظلوم فإني لا أردها ولوكانت من فم كافر) وكان فيها أمثال: (وعلى العاقل أن يكون له ثلاث ساعات: ساعة يناجي فيها ربه وساعة يحاسب فيها نفسه يفكر فيها في صنع الله عز وجل إليه وساع يخلو فيها لحاجته من المطعم والمشرب وعلى العاقل ألا يكون ظاعنا إلا في ثلاث: تزود لمعاد ومرمة لمعاش ولذة في غير محرم وعلى العاقل أن يكون بصيرا بزمانه مقبلا على شانه حافظا للسانه ومن عد كلامه من عمله قل كلامه إلا فيما يعينه) قال: قلت يا رسول الله فما كانت صحف موسى؟ قال: (كانت عبرا كلها: عجبت لمن أيقن بالموت كيف يفرح! وعجبت لمن أيقن بالقدر كيف ينصب وعجبت لمن رأى الدنيا وتقلبها بأهلها كيف يطمئن

---

(١) النووي - مرجع سابق - ١٩/٥.

إليها! وعجبت لمن أيقن بالحساب غدا ثم هو لايعمل)! قال: قلت يا رسول الـلـه فهل في أيدينا شيء مما كان في يدي إبراهيم وموسى مما أنزل الـلـه عليك؟ قال: (نعم اقرأ يا أبا ذر[1].

﴿ فَأَنْذَرْتُكُمْ نَارًا تَلَظَّى (14) لَا)يَصْلَاهَا إِلَّا الْأَشْقَى (15) الَّذِي كَذَّبَ

وَتَوَلَّى (16) وَسَيُجَنَّبُهَا الْأَتْقَى (17) الَّذِي يُؤْتِي مَالَهُ يَتَزَكَّى﴾ [2].

قوله تعالى: ﴿ أَلَمْ يُؤْخَذْ عَلَيْهِمْ مِيثَاقُ الْكِتَابِ أَنْ لَا يَقُولُوا عَلَى اللَّهِ إِلَّا الْحَقَّ

وَدَرَسُوا مَا فِيهِ وَالدَّارُ الْآخِرَةُ خَيْرٌ لِلَّذِينَ يَتَّقُونَ أَفَلَا تَعْقِلُونَ﴾ [3] ففي قوله تعالى

ألم يؤخذ عليهم ميـثاق (Charter) الكتاب يريد التوراة وهذا تشديد في لزوم قول الحق في الشرع والأحكام وألا يميل الحكام بالرشا إلى الباطل "

هذا وان كانت الاية تتحدث الى بني اسرائل الا ان قول الحق فحكمه عام ينطبـق عـلى كـل الحكام والمحكومين.

(١) النووي - المرجع السابق ـ ١٩/٥.
(٢) سورة الأعلى ـ من الآية ١٤ـ ١٨.
(٣) سورة الأعراف ـ من الآية١٦٩.

المطلب الرابع

حرية العمل والكسب

لقد أباح الإسلام العمل والكسب وإباحة التجارة فقال الله جل ثناؤه:

﴿ يَا أَيُّهَا الَّذِينَ آمَنُوا لَا تَأْكُلُوا أَمْوَالَكُمْ بَيْنَكُمْ بِالْبَاطِلِ إِلَّا أَنْ تَكُونَ تِجَارَةً عَنْ تَرَاضٍ مِنْكُمْ﴾ [1] . وقال تعالى ايضاً: ﴿ .... وَأَحَلَّ اللَّهُ الْبَيْعَ وَحَرَّمَ الرِّبَا ﴾ [2].

وفي هذا السياق " حدثنا شعبة عن الحكم عن مجاهد في قوله عز وجل كلوا من طيبات ما رزقناكم قال التجارة.

عن الحكم بن عتيبة عن مجاهد أنه قال في هذه الآية ﴿ يَا أَيُّهَا الَّذِينَ آمَنُوا أَنْفِقُوا مِنْ طَيِّبَاتِ مَا كَسَبْتُمْ﴾ [3] قال من التجارة.

وقد ذكر عن قتادة انه قال في هذه الآية ﴿ يَا أَيُّهَا الَّذِينَ آمَنُوا لَا تَأْكُلُوا أَمْوَالَكُمْ بَيْنَكُمْ بِالْبَاطِلِ إِلَّا أَنْ تَكُونَ تِجَارَةً عَنْ تَرَاضٍ مِنْكُمْ﴾ [4].

وقد وردت العديد من الأحاديث تدلل على أهمية الكسب نذكر منها:

---

(١) سورة النساء ـ من الآية ٢٩.
(٢) سورة البقرة ـ من الآية٢٧٥.
(٣) نفس السورة ـ من الآية ٢٦٧.
(٤) سورة النساء ـــ من الآية ٢٩.

ماورد عن وائل أبي بكر عن عباية بن رفاعة بن رافع بن خديج عن جده رافع بن خديج قال قيل: يا رسول الله أي الكسب اطيب قال عمل الرجل بيده وكل بيع مبرور" [1].

وفي رواية أُخرى عن البراء بن عازب رضي الله عنه قال سئل النبي صلى الله عليه وسلم أي كسب الرجل أطيب قال عمل الرجل بيده وكل بيع مبرور" [2].

عن أبي هريرة رضي الله عنه عن النبي صلى الله عليه وسلم قال " خير الكسب كسب العامل إذا نصح " [3].

وعن عائشة رضي الله عنها أن النبي صلى الله عليه وسلم قال إن الله يحب إذا عمل أحدكم عملا أن يتقنه" [4].

وعن عاصم بن كليب عن أبيه أنه خرج مع أبيه إلى جنازة شهدها النبي صلى الله عليه وسلم وأنا غلام أعقل فقال النبي صلى الله عليه وسلم يحب الله العامل إذا عمل أن يتقن [5].

(١) الامام أحمد بن حنبل ـ ١٤١/٤ ـ وفي تعليق شعيب الأرنؤوط: حسن لغيره على خطأ في إسناده.
(٢) البيهقى ـ مرجع سابق ـ ٥/ ٢٦٣.
(٣) رواه أحمد ورجاله ثقات ـ (الهيثمي ـ ٤ /٩٨).
(٤) رواه الإمام أحمد ـ الهيثمي ـ ٤ /٩٨.
(٥) الهيثمي ــ مرجع سابق ــ ١٧٦/٤ ـ رواه الطبراني في الكبير وفيه قطبة بن العلاء وهو ضعيف وقال ابن عدي: أرجو أنه لا بأس به.

المبحث الثالث

علاقة

الحاكم والمحكوم في دولة المدينة

تمهيد وتقسيم:

من خلال هذا المبحث نسلط الضوء علي علاقة الحاكم والمحكوم في ظل الخلافة الإسلامية والتي تمثل فيها دولة المدينة بداية نشاة الدولة الإسلامية وما جاءت به من تنظيم شامل لحياة وممات الإنسان بما في ذلك تنظيم علاقة الحاكم بالمحكوم، ففي تلك الفترة قد اكتملت عناصر الدولة وأصبحت مؤشر الانطلاق للفتوحات الإسلامية وعلى ذلك فإن دراستنا سوف تقسم إلى ثلاثة مطالب نتناول فيها بداية الإسلام في المدينة المنورة ثم نظام الحكم فيها واخيراً التنظيم الإداري والتزامات الحاكم فيه.

المطلب الأول

دولة المدينة

لقد كانت بداية دخول الإسلام إلى يثرب كما يقال لها قبل تغير الرسول صلى الله عليه وسلم الي المدينة ذلك بعد " أن التقى الرسول صلى الله عليه وسلم بنفر من يثرب جاءوا في موسم الحج إلي مكة فقال لهم(من انتم)؟ قالوا: نفر من الخزرج؟ قال: أمن حوالي يهود؟ قالوا: نعم قال: أفلا تجلسون أتكلم قالوا: بلي فجلسوا معه فدعاهم إلي الله عز وجل وعرض عليهم الإسلام وتلا عليهم القرآن ... فأسلموا ... وقالوا له: إنا قد تركنا قومنا ولا قوم بينهم من العداوة والشر ما بينهم وعسى أن يجمعهم الله بك فسنقدم عليهم فندعوهم إلى أمرك ونعرض

عليهم الذي أجبناك إليه من هذا الدين فإن يجمعهم اللـه عليه فلا رجل أعز منك ثم انصرفوا راجعين إلى بلادهم وقد آمنوا وصدقوا، فجاء العام المقبل يحمل معه اثني عشـر رجـلاً مـن أوس وخزرج يبايعونه علي الإسلام، ثم كان لقاء العقبة الكبرى مع اثنين وسبعون وامرأتين مـن أهـل يثرب من الأوس والخزرج "[1].

ولما " أذن اللـه تعالى له في الحرب وتابعة هذا الحي من الأنصار على الإسلام والنصرة لمـن تبعه، أمر الرسول صلى اللـه عليه وسلم اتباعه من المهاجرين من قومه ومن معه بمكة مـن المسلمين بالخروج إلى المدينة والهجرة إليها واللحاق بإخوانهم مـن الأنصار وقال: إن اللـه عـز وجل قد جعل لك أخوانا وداراً تأمنون بها، فخرجوا أرتالاً وأقام رسول اللـه بمكة ينتظر أن يـأذن له ربه في الخروج من مكة والهجرة إلى المدينة "[2].

بعد أن جـاءه الإذن بالانتقال إلى يـثرب بـادر القائد لاتخـاذ التـدابير الكفيلـة برعايـة هـذا المجتمع الوليد وتطويره وقام بحل التجميعيين وآخى بين المهاجرين والأنصار وبعد ذلك جاء دور رسم حدود العلاقة بينه وبين من آمن بالله ورسوله ودخل في دولته.

(١)	إبن هشام ـ مرجع سابق ـ ١ / ٢١٨.
(٢)	المرجع السابق ـ١/ ٢٢١ ـ ٢٢٨.

المطلب الثاني

نظام الحكم

والثابت أن تكوين الدولة الإسلامية قد بدأ في المدينة وذلك يكمن في اكتمال أركانها، فالإسلام لم يناد بالدولة منذ الوهلة الأولى من مبعث الرسول صلى الله عليه وسلم ولو كان ذلك مسعى الرسول صلى الله عليه وسلم لكان قد قبل بعرض أشراف قريش.

فقد روى إبن هشام " أن أشراف قريش من كل قبيلة اجتمعوا بعد غروب الشمس عند ظهر الكعبة ثم قال بعضهم لبعض: ابعثوا إلى محمد فكلموه وخاصموه حتى تعدوا فيه فبعثوا إليه أشراف قومك قد اجتمعوا لك ليكلموك فأتاهم فجاءهم رسول الله سريعاً، وهو يظن أن قد بدأ لهم فيما كلمهم فيه بداء وكان عليهم حريصاً يحب رشدهم ويعز عليه عنتهم، حيث جلس إليهم فقالوا له: يا محمد، إنا قد بعثنا إليك لنكلمك إنا و الله ما نعلم رجلاً من العرب دخل على قومه مثل ما أدخلت على قومك، لقد شتمت الآباء، وغيبت الدين وشتمت الآلهة وسفهت الأحلام وفرقت الجماعة، فما بقي أمر قبيح إلا قد جئته فما بيننا وبينك، أو كما قالوا له فإن كنت قد جئت بهذا الحديث تطلب به مالاً جمعنا لك من أموالنا حتى تكون اكثر منا مالاً وإن كنت أنما تطلب به الشرف فينا فنحن نسودك علينا، وإن كنت تريد به ملكاً ملكناك علينا "[1].

ذلك هو عرض أشراف قريش للرسول صلى الله عليه وسلم وقد قابله الرسول صلى الله عليه وسلم برد

(١) إبن هشام ـ مرجع سابق ـ ٢٢٨/١.

حاسم أوضح فيه أن الغاية من مبعثه اعظم من ذلك واكبر وأن رسالته غير قاصرة على الدنيا وما فيها.

فكان قوله صلى الـلـه عليه وسلم : ما بي ما تقولون ما جئت بما جئتكم به أطلب أموالكم ولا الشرف فيكم ولا الملك عليكم، ولكن الـلـه بعثني إليكم رسولاً وأنزل علي كتاباً وأمرني أن أكون لكم بشيراً ونذيراً، فبلغتكم رسالات ربي ونصحت لكم، فإن تقبلوا مني ما جئتكم به فهو حظكم في الدنيا والآخرة، وان تردوه علي أصبر لأمر الـلـه حتى يحكم الـلـه بيني وبينكم "[1].

وعلى ذلك فإن أساس الإسلام قائم على الدعوة لتوحيد الـلـه ونبذ عبادة ما سواه وتنظيم حياة المجتمع الجاهلي إلى حياة الهدي السليم المبنية على روح التآخي والمساواة وحينما اكتملت مكونات الدولة كما ذكرنا فإن الحاجة التي تحديد العلاقات أضحت مهمة، ويمكن أن نستقي من تلك العلاقة في وثيقة وردت في كتاب إبن كثير وقد نظمها صاحب كتاب الطريق إلى حكم إسلامي، وفق لهذا الترتيب:

أولاً: المبادئ العامة

١ - وحدة الأمة

هذا كتاب من محمد النبي صلى الـلـه عليه وسلم بين المؤمنين والمسلمين من قريش ويثرب ومن تبعهم، فلحق بهم، وجاهد معهم، أنهم أمة واحدة من دون الناس.

وان المؤمنين بعضهم موالي بعض دون الناس، وان يهود بن عوف

(١) إبن هشام ـ مرجع السابق ـ ٣١/٣.

(أيضاً بقية اليهود كما سنري أمة مع المؤمنين).

فهنا أوضح الرسول صلى الله عليه وسلم ركن الشعب مبينا فيه أساس المواطنة وطرق التعايش فيما بين القاطنين في إقليم الدولة.

٢ - السيادة الحاكمية

ثم أبان بعد ذلك مرجعية المنهج الواجب الاتباع حينما يحدث اختلاف فيما بينهم والذي يمثل مصطلح السيادة الحاكمية فقال: " وأنهم مهما اختلفتم فيه من شئ فإن مرده إلى الله عز وجل وإلى محمد صلى الله عليه وسلم وأن ما كان بين أهل هذه الصحيفة من حدث أو اشتجار يخاف فساده فإن مرده إلى الله عز وجل وإلى محمد صلى الله عليه وسلم " [١].

٣- الانتظام التام

ثم وضع تفسيراً لتلك السيادة الحاكمية متعلقة بحسن العقيدة وتمام التوحيد للمولي عز وجل وبيان رسالته تدعيمًا لرسوخ الفهم وتحفيزاً للبر وتعظيما لشأنه سبحانه وتعالى.

وقال ابن إسحاق: " وإن البر دون الإثم لا يكسب كاسب إلا على نفسه وإن الله على أصدق ما في هذه الصحيفة وأبره وإنه لا يحول هذا الكتاب دون ظالم وآثم وإنه من خرج آمن ومن قعد آمن بالمدينة إلا من ظلم أو أثم وإن الله جار لمن بر واتقى ومحمد رسول الله صلى الله عليه وسلم " [٢].

---

(٢)   إبن هشام ـ مرجع سابق ـ ٣١/٣.

(٢)   المرجع السابق ـ نفس الصفحة.

المطلب الثالث

التنظيم الإداري والتزامات الحاكم

ونقصد به وضع أجهزة للحكم تقسم فيها المهام الإدارية بحسب حاجة الدولة إليها ونجد أنه لم يكن العرب يعرفون شيئاً عن إدارة(Administration) بلاد واسعة قبل أن ينتشر الإسلام فقد كانت معرفتهم بالإدارة قاصرة علي القبيلة وإدارتها التي تكون في يد الرئيس وشيوخها وكان زعيم القبيلة هو الذي يقود أفرادها إلى القتال وغيره ولكنه لم يكن مشرفاً قانونياً أو له سلطة قانونية علي القبيلة، ولما استقر الإسلام في الجزيرة كان محمد صلى الله عليه وسلم هو الذي يوضح للناس الشرع وهو الذي يأمرهم ويقودهم في السلم والحرب.

مع ذلك كانت له أجهزة تعاونه في تسير أعمال الدول من مستشارين تمثلوا في كبار الصحابة حيث كان يحرص على إرساء مبدأ الشورى وفي ذلك يقول المولى عز وجل: ﴿ فَبِمَا رَحْمَةٍ مِنَ اللَّهِ لِنْتَ لَهُمْ وَلَوْ كُنْتَ فَظًّا غَلِيظَ الْقَلْبِ لَانْفَضُّوا مِنْ حَوْلِكَ فَاعْفُ عَنْهُمْ وَاسْتَغْفِرْ لَهُمْ وَشَاوِرْهُمْ فِي الْأَمْرِ فَإِذَا عَزَمْتَ فَتَوَكَّلْ عَلَى اللَّهِ إِنَّ اللَّهَ يُحِبُّ الْمُتَوَكِّلِينَ ﴾(١).

ونجد أن " المشاورة مأمور بها شرعا وإنما يشاور النبي صلى الله عليه وسلم الناس في الرأي في الحروب وغيرها لا في الأحكام الشرعية وقال ابن عباس وشاورهم في بعض الأمر فإذا عزمت فتوكل على الله التوكل هو الاعتماد

(١) سورة آل عمران ـ الآية ١٥٩.

على اللـه في تحصيل المنافع أو حفظها بعد حصولها وفي دفع المضرات ورفعها بعد وقوعها"[1].

وعلى ذلك كانت له صلى اللـه عليه وسلم السلطة المطلقة في إيفاد أمراء السرايا والبعوث المختلفة للقبائل فلما اتسعت رقعة الإسلام في أخريات أيامه اخذ يبعث عماله على البقاع المختلفة ويجعل بعضهم على الصلاة وإقامة الحدود وبعضهم على الزكاة.

(١) محمد بن أحمد بن محمد الغرناطي الكلبي المعروف بابن جزي - التسهيل لعلوم التنزيل دار الكتاب العربي - لبنان - الطبعة الرابعة - ١٩٨٣م - ١٢٢/١.

المبحث الرابع

علاقة الحاكم والمحكوم

في ظل الخلافة الراشدة

تمهيد وتقسيم:

نقصد بالخلافة الراشدة خلافة الخلافاء الاربعة أبي بكر وعمر وعثمان وعلي رضوان الله عليهم اجمعين وسوف نتناول علاقة الحاكم والمحكوم في كل فترة على حدة مراعين طول الفترة وما بها من احداث.

المطلب الأول

عهد الخليفة أبي بكر الصديق رضي الله عنه

بعد وفاة النبي صلى الله عليه وسلم لم يكن الدين في حاجة إلي تكملة إذ وضح القرآن للناس أن الدين قد أكتمل وذلك في قوله تعالى: ﴿ الْيَوْمَ أَكْمَلْتُ لَكُمْ دِينَكُمْ وَأَتْمَمْتُ عَلَيْكُمْ نِعْمَتِي وَرَضِيتُ لَكُمُ الْإِسْلَامَ دِينًا﴾ (١).

بيد أن " وفاته من الناحية السياسية كانت سبباً لهزة عظيمة في كيان الدولة التي أقامها حيث انه لم يترك ولي عهد له يقوم على شئون الدولة ولم ينص في القرآن ولم يرد في السنة المعطرة ما يدل على أن هناك أساس يمكن من خلاله تداول السلطة، ولما كان الرسول صلى الله عليه وسلم يستمد تشريعه من المولى عز وجل في قرآن يتلى ويتنزل عليه وكان يأمر الناس أحياناً، وفي بعض الأحيان يستشير خيرة أصحابه ويستشير على ما اهتدوا إليه برأيهم

(١) سورة المائدة ـ من الآية٣.

واجتهادهم وبوفاة النبي صلى الله عليه وسلم انقطع الوحي وانتهت السنة، وبقي على المسلمين أن يبحثوا فيما بينهم عن الطريقة التي يسلكونها في إدارة دولتهم ووضع دستور لها "[1].

وعلى أثر وفاة الرسول صلى الله عليه وسلم وجد المسلمين أنفسهم بلا قائد أو ولي عهد يتولي زمام الدولة الحديثة المترامية الأطراف ومن ثم " اختلف فيمن اختلف المهاجرون والأنصار كل يرى انه أحق بأن يتولى الأمر دون غيره، وكان المهاجرون منقسمين فيما بينهم إذ كان علي بن أبي طالب كرم الله وجهه وزوجته فاطمة وآل هاشم يعتقدون بأنهم أولى بأن يرثوا مركز محمد صلى الله عليه وسلم الرئيس للدولة ولأنهم اقرب الناس صله به، بينما كان أبو بكر رضي الله عنه وعمر رضي الله عنه وأبو عبيدة رضي الله عنه يرون أن هذا الأمر يجب أن يترك لأقودهم عليه من القرشيين، ولئلا تكون رئاسة الدولة في فئة قليلة هي بيت الرسول صلى الله عليه وسلم فيجمع آل هاشم بين الرسالة والرئاسة وفي سقيفة بني ساعدة حيث كان الأنصار يرون أهليتهم لهذا الشأن لأنهم هم الذين نصروا الإسلام يختلفون في من يتولاها أهو رجل من الأوس أم من الخزرج وبدأت المنافسات القديمة تنبعث إلى السطح بعد أن دفنها الإسلام واشتد الخلاف بين القبيلتين إلي هنالك ذهب أبو بكر رضي الله عنه وعمر رضي الله عنه وأبو عبيدة رضي الله عنه وهم يخشون أن يفلت أمر الدولة من أيدي المهاجرين السابقين وهنا أيضا تطور النقاش بين الأنصار والمهاجرين فالمهاجرين يدعون انهم الأمراء والأنصار هم الوزراء ويقولون بان العرب لن تدين لبيت من بيوت العرب إلا لقريش حيث الزعامة القديمة والأنصار يحارون ويداورون ويقولون منكم أمير ومنا

(١) ضرار صالح ضرار ـ مرجع سابق ـ ص ٦٢.

أمير وظهر ضعف هذا الرأي حتى في صفوف الأنصار، وأراد أبو بكر رضي الله عنه أن ينهي الخلاف فرشح عمر رضي الله عنه للخلافة فرفض عمر رضي الله عنه ورشح أبو بكر رضي الله عنه وثناه أبو عبيدة ثم بايعا وبايع الخزرج إذا كانوا يخشون أن تؤول الخلافة إلى الأوس لهم فتعلوا سطوتهم وسرعان ما بايع بقية الناس إذا كان أبو بكر رضي الله عنه أكثرهم صحبة للنبي ووزيره المقرب الذي يشاوره ويعرف من أمر سياسة الدولة ما خفي علي الآخرين ولم يختلف عن البيعة إلا علي بن أبي طالب كرم الله وجهه، وكان هذا أول صرخ في الإسلام إذ تخلف رجل له مكانته عن قرار الأمة " [1].

ويرى الباحث أن ذلك الخلاف كان لفهم خاص بالإمام على كرم الله وجهه وسرعان ما عاد إلى البيعة وبايع أبو بكر الصديق رضي الله عنه ومن بعده عمر بن الخطاب رضي الله عنه وعثمان بن عفان رضي الله عنه وفور مبايعة سيدنا أبو بكر الصديق رضي الله عنه للخلافة وجه خطاب هام للمسلمين وضح فيه سياسة الدولة الإسلامية.

فأكد " انه سوف يسير وفق الكتاب والسنة وان طاعة الأمة له مقرونة دائماً وأبدا بطاعته لكتاب الله وسنة بنيه صلى الله عليه وسلم وبين للمسلمين انه لم يكن ليتولى هذا الأمر ألا حرصاً على وحدة الأمة وخوفاً على انشقاقها أو الفتنة أعلن استمرار الجهاد الذي بدأه رسول الله صلى الله عليه وسلم ثم طالب الأمة أن تشد من أزره وان تسانده فتأكد وحدة الأمة الإسلامية وصلابة عمودها كما أكد قوة الإسلام خارج شبة الجزيرة العربية حيث جاهد المرتدين ثم نشروا الإسلام

(١) ضرار صالح ضرار ـ مرجع سابق ـ ص ٦٢ ـ ٦٣.

خارج شبة الجزيرة العربية ليجني رضي الله عنه ثماراً كان رسول الله صلى الله عليه وسلم قد قام بغرسها حيث جهز جيش أسامة " [1].

وقد روى ابن سعد عن الحسن البصري أن سيدنا أبو بكر قام خطيباً فقال: " أما بعد فإني وليت هذا الأمر وأنا له كاره و الله لوددت أن بعضكم كفانيه ألا وإنكم إذ كفيتموني أن اعمل فيكم مثل عمل النبي صلى الله عليه وسلم لم أقم به فقد كان النبي صلى الله عليه وسلم عليه الصلاة والسلام عبد أكرمه الله بالوحي وعصمه به " [2].

وعلى ذلك نجد أن الخليفة أبو بكر الصديق رضي الله عنه كان يتخذ أساس حكمه الشورى وكان بعيد النظرلأمرالإسلام وذلك يستدل به في أمرين في غاية الخطورة الأول إصراره على قتال المرتدين ومانعي الزكاة، والثاني تعيينه لعمر بن الخطاب من بعده، وقد كان عهد أبو بكر رضي الله عنه للفاروق رضي الله عنه يأتي من يقينه بعلاج عمر لهذا المنصب من واجبات الإمام وبعد نظره.

فقد ورد عنه انه قال " إني استخلفت عليهم خير اهلك وقال أيضا في خطابه الذي قاله حينما كان في فراش الموت "بسم الله الرحمن الرحيم: هذا ما عهد أبو بكر بن أبي قحافة في آخر عهده بالدنيا خارجاً منها وعند أول عهده بالآخرة داخلاً فيما حيث يؤمن الكافر، ويوقن الفاجر ويصدق الكاذب، إني استخلفت عليكم عمر بن الخطاب فاسمعوا له وأطيعوا، وإني لم آل الله ورسوله وديني ونفسي وإياكم خيراً، فإن عدل فيكم فذلك ظني به وعلمي

---

(١) الدكتورة فتحية عبد الفتاح النبراوي ـ تاريخ النظم والحضارة الإسلامية ـ دار الفكر العربي ـ القاهرة ـ الطبعة الرابعة عشر ـ ص ٣٤.

(٢) المرجع السابق ـ نفس الصفحة.

فيه، وإن بدل فلكل امرئ ما اكتسب والخير أردت ولا اعلم الغيب، وسيعلم الذين ظلموا أي منقلب ينقلبون، والسلام عليكم ورحمة الله وبركاته " [١].

ونلاحظ أن خطابه هذا قد مضى بالحكم والترفع عن مغانم الدنيا وأظهر حرص عميق للإسلام والأمة الإسلامية.

ولقد ترك موت الرسول صلى الله عليه وسلم أزمة دستورية خطيرة إذ لم يعرف المسلمون ما يفعلون وانتهت تلك الأزمة بانتخاب أبي بكر رضي الله عنه ومبايعته في سقيفة بني ساعده وكان جلياً أن الذين انتخبوا أبابكر رضي الله عنه هم السابقون الأولون من المهاجرين والأنصار وكان لمبايعتهم له التئام للصراع الذي كاد يحيق بالإسلام كدولة كما انه ثبت الزعامة في المدينة دون غيرها من الجزيرة وثبت زعامة قريش على العرب ولم يكن أبو بكر رضي الله عنه كالنبي صلى الله عليه وسلم يستمد بعض قوته من الوحي ولكن كان عليه الإقتداء بالرسول صلى الله عليه وسلم والسير بالكتاب والسنة ما استطاع ذلك و أطلق عليه خليفة لانه خلف النبي صلى الله عليه وسلم فهو لذلك خليفة الرسول صلى الله عليه وسلم .

ورأى سيدنا أبو بكر رضي الله عنه تلك المعاني التي قابلها الإسلام قبل اختياره فخشي- أن يترك الأمر للصراع ولذلك فقد اختار للناس خليفة قبل وفاته ليتولى الأمر من بعده وأمر الناس أن يسمعوا ويطيعوا له، وترى انه استشار المقربين لديه من ذوي السابقة في الإسلام والرأي الصائب والجرأة في إبداء رأيهم وقد انتقد بعضهم عمر رضي الله عنه لانه يقسوا على الناس إلا أن أبابكر رضي الله عنه دفع ذلك بقوله: أن قسوة عمر نتيجة للين أبابكر، وتم اختياره

(١) السيوطي ـ تاريخ الخلفاء ـ مرجع سابق ـ ص ٨٢.

وما هو جدير بالذكر أن أبابكر رضي اللـه عنه لم يختر للخلافة أحد أقربائه أو عصبته بل جعل الأمر لرجل لا يمت إليه بنسب كما انه لم يجعل الخلافة في بيت النبوة وسميّ عمر رضي اللـه عنه أول الأمر بخليفة خليفة رسول اللـه ولكنه خشي التكرار فاقتصر على خليفة وأطلق على نفسه أمير المؤمنين والأمير هو القائد للجيش فكأنما كان عمر رضي اللـه عنه قائد للمسلمين ويظهر لنا في هذه التسمية اثر الحروب التي كانت في عهد عمر رضي اللـه عنه في الألقاب.

فلما " حانت منية سيدنا عمر بن الخطاب رضي اللـه عنه فكر في من يولي الخلافة بعده ورأى أن من يستحقون الخلافة بعده اكثر من رجل واحد لذلك اختار ستة من الصحابة هم: عثمان بن عفان، علي ابن أبي طالب، عبد الرحمن بن عوف، سعد بن أبي وقاص، الزبير بن العوام، طلحة بن عبيد اللـه، ثم دعا ابنه عبد اللـه بن عمر كمستشار لاحق له في الخلافة وان كان له حق التصويت وانتهي الأمر باختيار عثمان بن عفان رضي اللـه عنه وكان منافسه الوحيد علي ابن أبي طالب كرم اللـه وجهه وهنا أيضا حسم الخلاف القديم بين آل أمية وال هاشم على أن سيدنا عثمان رضي اللـه عنه لم يرض الأنصار سياسته وانتقدها كثير من الصحابة حتى تفاقم الأمر وانتهي بقتله واختيار علي ابن أبي طالب وكان الثوار هم الذين قاوموا طريقة سيدنا عثمان رضي اللـه عنه في الحكم وسياسته وأرادوا أن يرجعوا بها إلي سياسية العهد الأول وفي ذلك الوقت كان عدد الصحابة بالمدينة قليلاً يتزعمهم طلحة والزبير ويتردد في بيعه جماعة منهم سعد بن أبي وقاص رضي اللـه عنه ، وعبد اللـه بن عمررضي اللـه عنهما كما انضم حزب بني أمية إلي معاوية رضي اللـه عنه في الشام ومن هذه الطرق

المختلفة "[1].

ونري أن اختيار أبابكر رضي الله عنه كان اكثر ديمقراطية من غيره إذا اجتمع الصحابة من مهاجرين وأنصار وبقدر المرشحون وكثر الكلام حولهم حتى تم الاتفاق أخيرا على أبا بكر رضي الله عنه وكان الحاضرون بطبيعة الحال لا يمثلون كل عرب الجزيرة ولكنهم يمثلون دولة الإسلام بالمدينة فهم الذين أقاموها وما كان من الممكن إشراك غيرهم في الأمر لان اكثر الجزيرة العربية خرج عنهم وعرفوا بالمرتدين واختيار أبابكر لعمر هو تعيين بعد استشارة فكأنما حق أبو بكر رضي الله عنه اختيار الخليفة من حقه بعد استشارة وزرائه من الصحابة وخطورة هذه الطريقة ظهرت فيما بعد في العهد الأموي وما بعده حيث اصبح الخليفة يولي ابنه بعده فأصبحت الخلافة وراثية في الواقع انتخاباً في الظاهر.

ورغم ذلك " فلم يكن رأي عمر بن الخطاب رضي الله عنه رأيا متفرداً وانما كان نتاج لمشاورة للعديد من الصحابة الأجلاء حيث ذكر الإمام السيوطي أن الصديق رضي الله عنه عندما ثقل رأي عبد الرحمن بن عوف رضي الله عنه وسأله عن عمر رضي الله عنه فقال له: ما تسألني عن أمر إلا وأنت أعلم به مني، فقال أبوبكر فقال عبد الرحمن بن عوف: هو و الله افضل من رأيك فيه ـ ثم دعا عثمان بن عفان رضي الله عنه فقال: اخبرني عن عمر؟ فقال: أنت أخبرنا به، فقال علي: اللهم علمي به أن سريرته خير من علانيته وانه ليس فينا مثله، وتشاور مع سعيد بن زيد وأسد بن الحضير، وغيرهما من المهاجرين والأنصار، فقال أسد: علمه الخير بعدك يرضى للرضا ويسخط للسخط الذي يسر خير من

(١) السيوطي ـ مرجع سابق ـ ص ٨١.

الذي يعلن ولن يلي هذا الأمر أحد أقوى عليه منه "[1].

ويمكننا أن نقول بان ما قد قام به الخليفة أبو بكر الصديق رضي الله عنه من محاربة للمرتدين وتولية لعمر بن الخطاب رضي الله عنه الخلافة أن لم يكن قد فعل خلاف ذلك فإنه يكون قد أسس لهذا الدين والأمة الإسلامية أسس دولة قوية لم تستطيع أي قوة معادية أن تقهرها وتزيلها حتى يومنا هذا.

وكذلك فعل أبو بكر الصديق رضي الله عنه غير أنه حتى ذلك الوقت لم يكن للعرب سلطان خارج حدود الجزيرة العربية ومع ذلك فقد كان يرسل القائد إلى مكان ما ويعينه علي تلك البقعة قبل افتتاحها وهذا ما نراه يحدث عندما بعث خالد إلى العراق وفارس، والأمراء الآخرين كأبي عبيدة وعمرو بن العاص وغيرهم.

المطلب الثاني

عهد أمير المؤمنين عمر بن الخطاب **رضي الله عنه**

ونجد أن تسمية أمير المؤمنين قد سنت في عهده رضي الله عنه " أما فيما يتعلق بنظم الحكم وسياسة الأمة في عهده، فقد تحقق في ذلك المجال خطوات موفقة نحو تأكيد أهمية الشورى وحتمية العمل بها فقد عين مجلساً للشورى أناط به أمر الخلافة " [2].

كما أن في عهده قد توسعت دار الخلافة الإسلامية وكانت الفتوحات الكبرى وانتصار المسلمين علي الفرس والروم وعندما طعن طلب منه أن

(١) السيوطي - المرجع السابق ـ ص ٨٢.

(٢) فتحية عبد الفتاح النبراوي ـ مرجع سابق ـ ص ٣٦.

يوصي ويستخلف.

فقد أورد الإمام السيوطي: " وقد طلب إليه أن يوصي وان يستخلف، وكان قد طعن فقال: ما أرى أحدا أحق بهذا الأمر من النفر الذين توفي النبي صلى الله عليه وسلم وهو عنهم راض فسمى الستة وقال: يشهد عبد الله بن عمر معهم و ليس له من الأمر شئ فإن أصابت الأمرة سعدا فهو ذاك و إلا فليستعن به أيكم ما أمر فإني لم أعزله من عجز ولا خيانة " [١].

وقد روي: " أن عمر بن الخطاب رضي الله عنه لما دخل بيته مجروحاً سمع ضجة فقال: ما شان الناس؟ فقالوا: يريدون الدخول عليك فأذن لهم فقالوا: اعهد يا أمير؟ استخلف علينا عثمان فقال: كيف؟ يحب المال والجنة فخرجوا من عنده ثم سمع لهم ضجة مرة أخري، فقال: ما شأن الناس فقالوا: يريدون الدخول فأذن لهم فقالوا استخلف علينا علي بن أبي طالب، فقال إذن يحكمكم علي طريقة هي الحق، قال عبد الله بن عمر رضي الله عنه : فاتكأت عليه عند ذلك وقلت يا أمير المؤمنين وما يمنعك منه؟ قال: يا بني أتحملها حياً وميتاً!! وكان رضي الله عنه قد جعلها شوري في عثمان وعلي وطلحة والزبير وعبد الرحمن بن عوف وسعد " [٢].

وقد اورد الإمام الطبري نظرية الفاروق وحكمته في شان من يتولي من بعده الخلاف ونشير الي ذلك في الحاشية[٣].

---

(١) السيوطي ـ مرجع سابق ـ ص ٨٢.

(٢) المرجع السابق ـ نفس الصفحة.

(٣) إن الفاروق رضي الله عنه خاطبهم قائلاً: إني نظرت فوجدتكم رؤساء الناس وقادتهم، ولا يكون هذا الأمر إلا فيكم، وقد قبض رسول الله صلى الله عليه وسلم وهو عنكم راض، إني لا =

ويتمخض عن ذلك حرص القائد على وحدة الأمة وعدم ترك أي مجال للنزاع أو الفتنة وتلك الطريق التي نظر الذكاء الحاد فقد تحقق حقيقة وحدة الأمة في تلك المرحلة من التاريخ الإسلامي.

حيث ورد " وحين فرغ المسلمون من دفن الفاروق عمر رضي الله عنه اجتمع مجلس الشورى فحثهم عبد الرحمن بن عوف رضي الله عنه قائلاً: اجعلوا أمركم في ثلاثة منكم، فقال الزبير رضي الله عنه : جعلت أمري إلى علي وقال سعد رضي الله عنه : جعلت أمري إلى عبد الرحمن بن عوف، وقال طلحة رضي الله عنه : جعلت أمري إلى عثمان، ولما خلا هؤلاء الثلاثة ليحكموا أمرهم ويعلنوا انتقائهم على

= بي عثمان وقال: كونوا مع الأكثر فإن رضي رجلان رجلا ورجلان رجلا فكونوا مع الذين فيهم عبدالرحمن بن عوف فسعد لا يخالف ابن عمه عبدالرحمن وعبدالرحمن صهر عثمان لا يختلفون فيوليها عبدالرحمن عثمان أو يوليها عثمان عبدالرحمن فلو كان الآخران معي لم ينفعاني بله إني لا أرجو إلا أحدهما فقال له: العباس لم أرفعك في شيء إلا رجعت إلي مستأخرا بما أكره أشرت عليك عند وفاة رسول صلى الله عليه وسلم أن تسأله فيمن هذا الأمر فأبيت وأشرت عليك بعد وفاته أن تعاجل الأمر فأبيت وأشرت عليك حين سماك عمر في الشورى ألا تدخل معهم فأبيت احفظ عني واحدة كلما عرض عليك القوم فقل: لا إلا أن يولوك واحذر هؤلاء::: الرهط فإنهم لا يبرحون يدفعوننا عن هذا الأمر حتى يقوم لنا به غيرنا وايم الله لا يناله إلاّ بشر لا ينفع معه خير فقال: علي كرم الله وجهه أما لئن بقي عثمان لأذكرنه ما أتى ولئن مات ليتداولنها بينهم ولئن فعلوا ليجدني حيث يكرهون، والتفت فرأى أبا طلحة فكره مكانه فقال: أبو طلحة لم ترع أبا الحسن فلما مات عمر وأخرجت جنازته تصدى علي كرم الله وجهه وعثمان رضي الله عنه أيهما يصلي عليه فقال عبد الرحمن كلاكما يحب الإمرة لستما من هذا في شيء (انظر الطبري ـ تاريخ الرسل والملوك ـ ٣ / ٢٢٨).

ويتمخض عن ذلك حرص القائد على وحدة الأمة وعدم ترك أي مجال للنزاع أو الفتنة وتلك الطريق التي نظر الذكاء الحاد فقد تحقق حقيقة وحدة الأمة في تلك المرحلة من التاريخ الإسلامي.

حيث ورد " وحين فرغ المسلمون من دفن الفاروق عمر رضي الله عنه اجتمع مجلس الشورى فحثهم عبد الرحمن بن عوف رضي الله عنه قائلاً: اجعلوا أمركم في ثلاثة منكم، فقال الزبير رضي الله عنه : جعلت أمري إلى علي وقال سعد رضي الله عنه : جعلت أمري إلى عبد الرحمن بن عوف، وقال طلحة رضي الله عنه : جعلت أمري إلى عثمان، ولما خلا هؤلاء الثلاثة ليحكموا أمرهم ويعلنوا انتقائهم على

= بي عثمان وقال: كونوا مع الأكثر فإن رضي رجلان رجلا ورجلان رجلا فكونوا مع الذين فيهم عبدالرحمن بن عوف فسعد لا يخالف ابن عمه عبدالرحمن وعبدالرحمن صهر عثمان لا يختلفون فيوليها عبدالرحمن عثمان أو يوليها عثمان عبدالرحمن فلو كان الآخران معي لم ينفعاني بله إني لا أرجو إلا أحدهما فقال له: العباس لم أرفعك في شيء إلا رجعت إلي مستأخرا بما أكره أشرت عليك عند وفاة رسول صلى الله عليه وسلم أن تسأله فيمن هذا الأمر فأبيت وأشرت عليك بعد وفاته أن تعاجل الأمر فأبيت وأشرت عليك حين سماك عمر في الشورى ألا تدخل معهم فأبيت احفظ عني واحدة كلما عرض عليك القوم فقل: لا إلا أن يولوك واحذر هؤلاء::: الرهط فإنهم لا يبرحون يدفعوننا عن هذا الأمر حتى يقوم لنا به غيرنا وايم الله لا يناله إلاَ بشر لا ينفع معه خير فقال: علي كرم الله وجهه أما لئن بقي عثمان لأذكرنه ما أتى ولئن مات ليتداولنها بينهم ولئن فعلوا ليجدني حيث يكرهون، والتفت فرأى أبا طلحة فكره مكانه فقال: أبو طلحة لم ترع أبا الحسن فلما مات عمر وأخرجت جنازته تصدى علي كرم الله وجهه وعثمان رضي الله عنه أيهما يصلي عليه فقال عبد الرحمن كلاكما يحب الإمرة لستما من هذا في شيء (انظر الطبري ـ تاريخ الرسل والملوك ـ ٣ / ٢٢٨).

واحد منهم قال عبد الرحمن بن عوف رضي الله عنه أنا لا أريدها ومن ثم قام حكماً بين عثمان بن عفان رضي الله عنه وعلي بن أبي طالب كرم الله وجهه وخلا بعلي كرم الله وجهه وسأله: لئن أمرتك لتعدلن ولئن أمرت عليك لتسمعن وتطيعن؟ فقال: نعم ثم خلا بعثمان بن عفان رضي الله عنه وبايعه علي بن ابي طالب كرم الله وجهه "[1].

وفصل عمر رضي الله عنه بين الإدارة والمالية إذا عين رجالاً لرجلاً آخرين على جباية الخراج وكانت لا تربطهم رابطة بالأمير أو الوالي ولكن يسألون أمام الخليفة مباشرة وهنا امتنع الفساد في الحكم وصرف المال بغير حق ألا ان المنازعات بين رجل الإدارة ووالي الخراج كانت كثيراً ما تشتد بعد خلافة عمر وكان عمر يولي عماله من العرب ولم يخص قريشاً بفضل عن سائر القبائل العربية بل ولى كل من رآه كفء سواء كان مصرياً أم يمنياً"[2].

وكان عمر رضي الله عنه يمنع اختلاط العرب بغيرهم من الأمم حتى يحفظ لهم قوميتهم ودينهم وأخلاقهم التي وهبها الإسلام لهم، وخشي عمر رضي الله عنه من هجوم الفرس والروم ولذلك فقد عين المراكز التي تتخذ كقواعد للدولة الإسلامية في البلاد المفتوحة فهو قد أمر ببناء الكوفة والبصرة لتكون في الحدود بين الجزيرة العربية وبلاد فارس فيسهل الهجوم والدفاع عن البلاد وجعل دمشق قصبة الشام، وأمر بتأسيس الفسطاط في مصر حتى يتمكن

(١) **السيوطي ـ مرجع سابق ـ ص ٨٢.**
(٢) **المرجع السابق ـ نفس الصفحة.**

العرب من حماية إمبراطوريتهم والاتصال الدائم بالمدينة مقر الخلافة " [1].

في خلافة عمر بن الخطاب رضي اللـه عنه اتسعت الفتوحات الإسلامية وأخضعت بلاد جديدة سكانها من غير العرب، ولها أديان مختلفة وعادات وقوانين متباينة وهكذا نري أن عمر قد واجه مشكلات جديدة عليه أن يجد لها حلاً وكان أول ما فعله عمر هو ان قسم البلاد المفتوحة إلى ولايات ثم عين أمير على كل ولاية وجعل لهذا الأمير قيادة الجيش ثم جعل لكل وال مرتباً يأخذه من بيت مال المسلمين وكان أن عين عمار بن ياسر أميرا على الكوفة وإماماً على الصلاة وقائداً للجيش، ودفع له ستمائة درهم في الشهر كما عين القضاة والكتاب والمؤذنين ووهبهم مرتبات فكان يدفع لبعضهم ربع شاة في اليوم وخمسة دراهم مع مكافأة سنوية " [2].

وكان عمر بن الخطاب رضي اللـه عنه هو أول من أحصى- أموال عماله قبل أن يوليهم عملاً ثم إذا انتهت مدتهم أعاد إحصاء أموالهم فإن وجدها زادت زيادة مريبة قاسمهم ذلك وادخله في حساب بيت المال وقد فعل ذلك مع معاوية، وعمرو بن العاص حيث ساورته الشكوك في ثرائهم الفاحش"[3].

(١) فتحية عبد الفتاح النبراوي ـ مرجع سابق ـ ص ٣٨.
(٢) المرجع السابق ـ نفس الصفحة.
(٣) ضرار صالح ضرار ـ مرجع سابق ـ ص ٤.

المطلب الثالث

عثمان بن عفان رضي الله عنه

بويع عثمان بن عفان رضي الله عنه بعد دفن الفاروق بثلاثة أيام وبايعته الأمة على كتاب الله وسنة رسوله صلى الله عليه وسلم وسنة الخليفتين أبي بكر وعمر رضي الله عنهما [1].

ويأتي " عصر عثمان بن عفان الشهيد رضي الله عنه ، وتعيش الأمة الإسلامية أحداثا جسام، كان ذوالنورين خلالها يسير متبعاً وليس مخالفاً كما يحاول البعض تصويره وقد عاقت ظروف الدولة الإسلامية في عهده نظام الحكم عن التطور المنشود، فالأحزاب المعارضة، وثورة الأقاليم، والفتنة، وانتهاك حرمة المدينة العاصمة الإسلامية، كلها من العوامل التي أنهت عصر عثمان بن عفان رضي الله عنه على النحو الحزين الدامي الذي صوره لنا المؤرخون"[2].

لقد كان مقتل عثمان بن عفان رضي الله عنه أول عهد المسلمين بالفتن الكبرى في الإسلام تلك الفتنة التي هزت الدولة الإسلامية هزاً عنيفاً اضعف أساسيات البناء السياسي الإسلامي، بل إنها كانت من العوامل التي عجلت بإنهاء الخلافة الراشدة على النحو الذي انتهت عليه بمقتل الإمام علي بن أبي طالب كرم الله وجهه.

---

(١) فتحية عبد الفتاح النبراوي ـ مرجع سابق ـ ص ٣٨.

(٢) المرجع السابق ـ نفس الصفحة.

المطلب الرابع

علي بن أبي طالب كرم اللـه وجهه

وبعد أن قتل عثمان بن عفان رضي اللـه عنه ، سأل الناس علي بن أبي طالب كرم اللـه وجهه أن يلي أمر المسلمين وتردد علي كرم اللـه وجهه أول الأمر ألا إن الناس ألحوا عليه وشددوا في ان يلي أمرهم وأن يتقلد لهم.

ويقول محمد بن الحنفية: كنت مع أبي حين قُتِلَ عثمان رضي اللـه عنه فدخل منزله فأتاه عم رسول اللـه صلى اللـه عليه وسلم وقالوا: إن الرجل قد قُتِلَ ولابد للناس من إمام ولا نجد اليوم أحداً أحق بهذا الأمر منك، لا اقدم سابقة ولا اقرب من رسول اللـه صلى اللـه عليه وسلم فقال: لا تفعلوا، فإن أكون وزيراً خيرٌ من أن أكون أميراً، فقالوا: لا و اللـه ما نحن بفاعلين حتى نبايعك قال: ففي المسجد، فإن بيعتي لا تكون خفياً ولا تكون إلا عن المسلمين.

ويروي الطبري " ان علياً إبن أبي طالب كرم اللـه وجهه أمر ان تكون البيعة عامة وفي مسجد المدينة، فبايعه الناس وبايعه الأنصار إلا نفراً يسيراً منهم حسان بن ثابت، كعب بن مالك، مسلمة بن خجلة، أبو سعيد الخضري، محمد بن مسلمة، النعمان بن بشير، زيد بن ثابت، رافع بن خديج، فضالة بن عبيد، كعب بن عجرة، فقد كانوا عثمانية " [١].

ورغم " أن الأمصار بايعت مثلما بايع من كان في المدينة ألا ان هذه البيعة لم تكن لتضع حداً للشقاق الذي دب في صفوف الأمة الإسلامية بعد مقتل عثمان رضي اللـه عنه ، وقد كان الخلاف ماثلاً بالدرجة الأولى بالشام، ذلك

(١) ابن تيمية ـ مرجع سابق ـ ٤/ ٤٢٩ ـ٤٤٣.

الخلاف الذي كان بداية لصراع دموي عنيف فرض على جيش المسلمين الذي وجد نفسه منقسماً على نفسه يحارب من اجل قضية سياسية هي قضية الحكم والسياسة. وقد قام المطالبون بالثأر ودم عثمان بتجمعاتهم المختلفة التي شهدتها أقاليم الدولة الإسلامية وخاصة العراق والشام بثورة هددت أمن الأمة وسلامتها بل انهم شكلوا عقبة كبرى أمام الخليفة الجديد كان من نتيجتها إبعاده من مدينة رسول الله صلى الله عليه وسلم وعاصمة الدولة الإسلامية كي لا يعود إليها أبدا، وليقتتل جيشان مسلمان لأول مرة في تاريخ الأمة الإسلامية في سبيل قضية دنيوية. ولقد حاول علي بن ابي طالب كرم الله وجهه رغم معارضة بعض رجاله التفاوض مع معاوية حقناً لدماء المسلمين، وحرصاً على وحدة الجماعة، إلا ان إلحاح بعض رجاله واستماتة معاوية رضي الله عنه في سبيل إنهاء القضية السياسية في صالحه أدى إلي عقد محكمة التحكيم التي أنيط بها حسم قضية الحكم وفق قواعد الإسلام، وقد انحرفت محكمة التحكيم عما كان يجب ان تكون عليه فلم تحسم ذلك الخلاف، بل كان من النتائج التي ترتبت عليها أن واجهت الأمة الإسلامية أعقد المشكلات السياسية في تاريخها ألا وهو الانقسام الذي لم تستطع كل الحلول أن تقدم علاجاً له، كما لم تفلح كل المحاولات التي بذلها المسلمون في رأيه، فانقسم المسلمون إلي فرق وأشياع، ليترتب على ذلك اعظم خلاف في الإسلام "[1].

ومما سبق نجد ان فترتي عثمان بن عفان رضي الله عنه وعلي بن ابي طالب كرم الله وجهه كانتا قصيرتان وشهدتا الكثير من الخلافات بين المسلمين الاّ انهما ايضا في مجال الحكم لم تخرجا عن إطار النهج المتبع من السابقين...

(١) ابن تيمية ـ مرجع سابق ـ ٤/ ٤٢٩ ـ٤٤٣.

ا لخا تـــمـــة

الحمد لله واهب النعم، والصلاة والسلام على خير البشر، محمد بن عبد اللــه النبي الأمي ومعلم الأمم صلى اللـه عليه وسلم، وبعد

قبل أن يجف مدادي، أُسطر خلاصة بحثي في تلخيص لأهـم مـا توصلت إليه مـن نتائـج متضمنة بعض التوصيات الهامة.

أولاً: النتائج

١) إن القبائل والممالك العربيـة القديمـة ليست هـي أنمـوذج تبلـورت فيـه إتاحـة الحقـوق والحريات السياسي للإفراد بصورتها الحالية، إنما القبائل كانت تعيش في حريات لا تحـدها حدود والقبائل خضعت لحكم ملكي وأصبح الرعايا فيهـا تـابعين لشـخص الملـك وتكـاد تنعدم عندهم الحقوق السياسية والتي لايقابلها آى التزام من قبل الملك.

٢) أن التعريف الذي يمثل طموح الأمة المسلمة في إقامة الدولة الإسـلامية الكبـرى، وإعـادة الإسلام إلى عهده الأول للخلافة يمكن أن نعرفها بأنها: (رئاسة عامة على مسلمين المقيمين في الدولة الإسلامية وغيرهم من أصحاب الديانات الأخرى، وذلك لإقامة أحكام الشـرع الإسلامي على الكافة وإعمار الدنيا لتحقيق غاية الشرع فيها). ذلك لأن تعريف الخلافـة أو الإمامة لا يمكن أن يجرد من مهامه المنوطة به، وأهم تلك المهام هـي إقامـة الـدين في حياة المجتمع وتهيئة المناخ السليم في الحياة الدنيا.

٣) إن الواجب على المسلمين هو تطبيق أحكام الشريعة في مجتمعهم، وهـذه الأحكـام هـي قواعد لتنظيم سلوك الأفراد تتمتع بدرجة عالية من

الالتزام، وذلك نسبة لمصدرها وهو الوحي، والأفراد والجماعة لا يكونون دائماً منصاعين لأحكام القانون، إذا فلا بد من وجود سلطة تحملهم على الالتزام، ومن هنا أصبحت الخلافة واجبة على المسلمين، حتى يستطيعوا الوفاء بالواجب الأساسي، وهو الالتزام بأحكام الشريعة، ولذلك أصبحت الخلافة واجبة علي المسلمين لارتباطها بذلك الواجب.

٤) أن نظاماً كنظام الإسلام، لم يترك صغيرة ولا كبيرة إلا وضع لها حلاً ـ سواءً كان تفصيلاً أم مجملاً ـ يعكس لنا شمولية النظرية الإسلامية في علاقة الحاكم والمحكوم، الراسخة في وجدان الفرد المسلم، والمجتمعات الإسلامية القائمة على المبادئ المثالية التي نادى بها الشرع، من شورى، عدل، مساواة، ميثاق بيعة، وما يدخل في الجانب التقويمي الناجم من الهدى الرباني للعباد من الرحمة والإحسان والصلح والإحترام المتبادل بين الحاكم والمحكوم والنصح والإرشاد والتقويم والتعاون والتكاتف والتناصر وغيرها الكثير من المعاني السامية مما دل عليها القرآن الكريم في أحكامه وما جاءت به السنة النبوية من توضيح وتفسير.

٥) مسألة الأحكام السلطانية أباح فيها الشرع باب الإجتهاد المثمر لخيرالأُمة الإسلامية واستكمالاً لما يجد من متغيرات في الظروف الإجتماعية والإقتصادية والسياسية للمجتمعات المسلمة. مما لا يجعل الشريعة الإسلامية ـ وذلك في اعتقاد البعض ـ كالتراث أو الحضارة القديم التي لا تواكب متغيرات الحياة ومستجداتها.

٦) أن طريقة تولي الخلافة عن طريق العهد وإن كان لها ما يسندها في الأثر إلا أنها لا تماثل طريقة البيعة في تنصيب الحاكم إذ أن الأخيرة تقوم على أساس مبدأ الشورى بين المسلمين في أمر يعد من أخطر المسائل التي تعني قيام الدولة الإسلامية وذلك لأن رأي الفرد وأن كان في عهد الصحابة أمثال أبي بكر الصديق رضي الله عنه يقوم على أساس الحيطة والحزر في أن يستقيم أمر الدولة الإسلامية وهي في مهدها، وبما يتمتع به هؤلاء الأبرار من سمو في مراتب الإيمان والبعد عن هوى النفس، بيد أنه في العهود اللاحقة له وخاصةً في هذا العصر الذي قلّ ما نجد ذلك السمو الروحي، والحرص على أمر الدولة الإسلامية، فكان لزاماً أن يكون أمر تنصيب الحاكم مردود إلى بيعة الأمة الإسلامية متمثلة في أهل الحل والعقد عن طريق الشورى والجرح والتعديل، لاسيما وأن أمة محمد صلى الله عليه وسلم لا تجتمع على ضلال الأمر الذي يضمن لنا حسن اختيار قائد لهذه الأمة يخاف الله فيها ويبسط الأمن والعدل.

٧) اختلاف الأنظمة الوضعية في علاقة الحاكم والمحكوم باختلاف نوع النظام القائم في الدولة وذلك من المساحة المتروك للافراد في إباحة الحرية السياسية وعدمها ٠

٨) أجمع جميع فقهاء المسلمين على أنه لا طاعة لإمام ولا غيره في معصية الله تعالى، وقد جاءت بذلك الأحاديث الصحيحة الصريحة التي لا لبس فيها ولا مطعن، كحديث إبن عمر رضي الله عنهما أن رسول الله صلى الله عليه وسلم قال: السمع والطاعة على المرء المسلم فيما أحب وكره

ما لم يؤمر بمعصية فإن أُمر بمعصية فلا سمع ولا طاعة أخرجه الشيخان وأبو داود.

٩) أن التعريف الأصوب لمصطلح (المعارضة) يجب أن ينصب على جميع جوانبها والمتمثلة في السياسة المعترض عليها والجهة المعارضة، بالإضافة إلى مشروعية اكتساب حقها في المعارضة ووسيلتها في مباشرة المعارضة مع بيان الهدف منها. حيث يمكن تعريفها بأنها: (حرية تمنح بموجب الدستور لحزب أو أحزاب خارج السلطة الحاكمة وتمارس نشاطها السياسي والمتمثل في مراقبة السلطة الحاكمة بالطرق المشروعة قانوناً، وذلك بغرض تصحيح مسار نظام الحكم القائم في الدولة).

١٠) تفاوت درجة الوعي السياسي في الشعوب وذلك باختلاف مدى منح الحق في ممارسة السياسة من عدمه وتداخل المصطلحات السياسية مثل الديمقراطية والشورى في كثير من الدول في أذهان الناس التي تتنازعها العقائد الدينية والحكم العلماني الخالي من روح التدين.

ثانياً: توصيات الكاتب (الباحث):

١) أن تتضمن الدساتير مواد واضح تخصص لمحاسبة رئيس الدول وذلك لأن رئيس الدولة سواء أكان ملكاً أم رئيس جمهورية أو خلافة، فهو في نهاية الأمر بشر خلق خطاءٌ ولم تمنح العصمة لأحد لذلك فإن عملية المحاسبة في الأعمال غير الشرعية والتي يتم بها انتهاك الدستور والقوانين المطبقة داخل الدولة، فهي عملية حتمية يمثلها الضمير الإنساني العادل وتوفر للمواطنين حماية كاملة في مجتمعهم.

٢) الإكثار من التوعية السياسية لتفهيم عموم الناس حقـوقهم السياسـية والتزامـاتهم وذلـك بكافة طرق توصيل الوعي من أجهزة اعلام ومنابر وتزويد المناهج الدراسية بذلك وخاصة في مرحلة الوعي الفكري للطالب وعدم جعل مادة النظم السياسية والقـانون الدسـتوري حكراً على الكليات المتخصصة في ذلك.

٣) أن تشمل التوعية السياسية توضح حقوق الحاكم أيضـا تجـاه المحكـومين وتبـين خطـورة الخروج عن الطاعة والتي تعد من أخطر الأمور التي نهى عنها الرسول صلى اللـه عليـه وسلم، حيث حذر من الخروج عن الطاعة والجماعة، وبين أنه مـن مـات ولا طاعـة عليـه لإمام مات ميتة جاهلية، لأن أهل الجاهلية من العرب ونحوهم لم يكونوا يطيعـون أمـيراً عاماً على ما هو معروف من سيرتهم.

٤) وضع أهداف واحدة يجتمع عليها كل أهل السودان، وبهذه الأهداف العليا المتفق عليهـا تكون المعايشة بين القبائل المختلفة، ويمكن إن تكون تلك الأهداف العامة في شكل وثيقة دستورية، وتجعل ذلك أساسا للحكم يهتدي به من يكـون الحـاكم في الـبلاد حتـى يخـرج السـودان مـن نفقـه المظلـم مـا بـين التهديـدات الخارجيـة والأطـماع الدوليـة للـدول الإستكبارية، ولعل تلك الدول وعلى رأسها الولايات المتحـدة الأمريكيـة هـي خـيراً نمـوذج للتعايش السلمي بين خليط من أجناس البشر، إذ العـبرة في اسـتقرارها في مـا تملكـه مـن دستور تنظم به مسيرة بلادهم على مدار حقبة من الزمان، ولا يفتقر السودان وأهلـه إلى ذلك الوعي ولا إلى القدرة على التنظيم الدقيق لشئون حياتهم، إذا ما قدر وضع

ذلك الدستور، وللأمانة العلمية فإن ما تم وضعه في الدستور الانتقالي لم يتم به تراضٍ تام بين أبناء الوطن الواحد رغم أنه قد عالج العديد من الإشكاليات السياسية في الدولة فلا مناص من التغيير فيه إذا ما قدر التوحد على صيغة تلم وتجمع شمل السودانيين.

٥) تشجيع الباحثين في مجال الدراسات السياسية وذلك للخروج بأروع البحوث المثمرة في ذلك المجال الهام للكافة حاكم ومحكومين، واللحاق بركب الدول العربية الاخرى التي ذخرت مؤلفاتهم في ذلك المجال بالكثير من المراجع في مادتي النظم السياسية والقانون الدستوري.

وآخر دعوانا أن الحمد لله رب العالمين
وصلى الله على سيدنا محمد وعلى آله وصحبه وسلم

●

الفهارس الفنية

ويشتمل على:

- فهرس الآيــــات القرآنية
- فهرس الأحــــاديث
- فهرس الأعــــلام
- فهرس المصادر والمراجــع
- فهرس الموضــــوعات

فهرس الآيات : مرتبة حسب ترتيب المصحف

رقم الآية	طرف نص الآية	الصفحة
	سورة البقرة	
١٢٤	" وَإِذِ ابْتَلَى إِبْرَاهِيمَ رَبُّهُ ...."	٧٨
١٢٤	"... قَالَ إِنِّي جَاعِلُكَ لِلنَّاسِ ...."	٧٨ - ١١٩
٦١	"... اهبطوا مصراً فإن لكم............"	٣٦٢
٢٦٧	"يَا أَيُّهَا الَّذِينَ آمَنُوا أَنْفِقُوا ...."	٣٦٧
٢٧٥	"... وَأَحَلَّ اللهُ الْبَيْعَ وَحَرَّمَ الرِّبا........."	٣٦٧
	آل عمران	
٢٦	"قُلِ اللَّهُمَّ مَالِكَ ...."	٩٠ - ١٧٧
١٥٩	"وَشَاوِرْهُمْ فِي الْأَمْرِ ...."	٦٩ - ١٥٠ - ٣٢٥ - ٣٢٩ - ٢٣٤ - ٣٣٢ - ٣٧٤
	النساء	
٢٩	"يَا أَيُّهَا الَّذِينَ آمَنُوا لا تَأْكُلُوا......"	٣٦٧
٤٢	"....لَوْ تُسَوَّى بِهِمُ الْأَرْضُ............"	٣٥٤
٥٨	"....إِنَّ اللهَ يَأْمُرُكُمْ أَنْ ...."	٣ - ١٠ - ٣٤٤ - ٣٤٧

رقم الآية	طرف نص ا لأية	الصفحة
٥٩	" يَا أيها الَّذِينَ آمَنُوا أَطِيعُوا......."	١٠- ٨٣- ١٥٧
٦٩	"وَمَنْ يُطِعِ اللـه وَالرَّسُولَ ...."	١٠٩
٧٨	" فَمَالِ هَؤُلاءِ الْقَوْمِ لا يَكَادُونَ......."	٢٣٨
٩٧	" ...قَالُوا أَلَمْ تَكُنْ أَرْضُ اللـه .... "	٣٦٢
١٤١	" وَلَنْ يَجْعَلَ اللـه لِلْكَافِرِينَ........"	١٠٩
المائدة		
٣	"الْيَوْمَ أَكْمَلْتُ لَكُمْ دِينَكُمْ..........."	٣٧٦
٨ ـ٩	"يا أَيُّهَا الَّذِينَ آمَنُوا كُونُوا ...."	٣٤٩
١٥	"وَلا تَقْتُلُوا النَّفْسَ الَّتِي حَرَّمَ اللـه ...."	
٤٥	"وَكَتَبْنَا عَلَيْهِمْ فِيهَا أن..........."	١٣٢
٤٧	" وَلْيَحْكُمْ أَهْلُ الإنجيل بِمَا ...."	١٣٢
٤٨	" وَأنزلْنَا إليك الْكِتَابَ بِالْحَقِّ ...."	١٣٣
٤٨	" فَاحْكُمْ بَيْنَهُمْ بِمَا انزلَ اللـه.........."	١٣٣
٤٩	" وَأن احْكُمْ بَيْنَهُمْ بِمَا..................."	١٣٣
١٥١	"....وَلا تَقْتُلُوا النَّفْسَ الَّتِي حَرَّمَ اللـه..."	
الأنعام		
٣٨	" ...مَا فَرَّطْنَا فِي الْكِتَابِ مِنْ شَيْ..... "	٢٣٧

٥٧	" إن الْحُكْمُ إلا للهِ يَقُصُّ الْحَقَّ ...."	٨١
٦٢	" ثُمَّ رُدُّوا إِلَى اللـه مَوْلاهُمُ الْحَقِّ ....."	٨٢
٩٢	"وَهَذَا كِتَابٌ أَنْزَلْنَاهُ مُبارَكٌ........"	٣٦
١٥٦	" وَهُوَ الَّذِي جَعَلَكُمْ خَلائِفَ الأرض....."	٦٧
	الأعراف	
٦٩	" وَاذْكُرُوا إِذْ جَعَلَكُمْ خُلَفَاءَ ...."	٦٧
١٤٢	" ووَاعَدْنَا مُوسَى ثَلاثِينَ لَيْلَةً ...."	٦٦
١٦٩	" أَلَمْ يُؤْخَذْ عَلَيْهِمْ مِيثَاقُ............."	٣٦٦
	الأنفال	
٢٧	" يا أيها الذين آمنوا لا تخونوا........"	١٢٥
٢٨	"...وَاعْلَمُوا أَنَّمَا أَمْوَالُكُمْ .... "	١٢٦
٥٨	" فَانْبِذْ إِلَيْهِمْ عَلَى سَوَاءٍ......................"	٣٥٢
٦٠	" وَأَعِدُّوا لَهُمْ مَا اسْتَطَعْتُمْ............."	١٥٢
	التوبة	
١٢	" فقاتلوا أئمة الكفر................"	٧٣
٩٠	"وَجَاءَ الْمُعَذِّرُونَ مِنَ الْأَعْرَابِ......."	٢٢

١٠٠	" وَالسَّابِقُونَ الأولون مِنَ..............."	١٠٩
	هـود	
٥٧	"...وَيَسْتَخْلِفُ رَبِّي قَوْماً غَيْرَكُمْ ...."	٦٧
١١٣	" وَلا تَرْكَنُوا إِلَى الَّذِينَ ظَلَمُوا......."	١١٠
١١٨	" وَلَوْ شَاءَ رَبُّكَ لَجَعَلَ النَّاسَ ...."	١٣٩
	النحل	
٩٠	" إن اللـه يَأْمُرُ بِالْعَدْلِ والإحسان ......"	١٥٢- ٣٢٥- ٣٤٧
	الإسراء	
٧١	" يَوْمَ نَدْعُو كُلَّ أُنَاسٍ بِإِمَامِهِمْ ...."	٧٣
	الكهف	
٢٩	"وَقُلِ الْحَقُّ مِنْ رَبِّكُم .... "	٣٥٩
	مريم	
١٢	" وَآتَيْنَاهُ الْحُكْمَ صَبِيّاً ...."	٨٠
	طه	
٢٩	" وَاجْعَلْ لِي وَزِيراً ...."	٣٣١

الأنبياء		
١١٢	"قَالَ رَبِّ احْكُمْ بِالْحَقِّ .... "	٨٠
النـور		
٣٣	"وَالَّذِينَ يَبْتَغُونَ الْكِتَابَ ...."	٦٦
٥٥	" وَعَدَ الـلـه الَّذِينَ آمَنُوا مِنْكُمْ .... "	١٠٨
الفرقان		
٧٤	" وَالَّذِينَ يَقُولُونَ رَبَّنَا هبْ ...."	٧٨
	النمل	
٣٢	"قَالَتْ يَا أَيُّهَا الْمَلَأُ................"	٣٣١
٤٤	"...قِيلَ لَهَا ادْخُلِي الصَّرْحَ........"	٥٦
القصص		
٤١	" وجعلناهم أئمة يدعون إلى ...."	٧٤
٦٨	" وَرَبُّكَ يَخْلُقُ مَا يَشَاءُ .... "	٧٧
٧٠	" وَهُوَ الـلـه لا إِلَهَ إلا هُوَ لَهُ .... "	٨٢
	الأحزاب	
٧٢	"إنا عَرَضْنَا الْأَمَانَةَ عَلَى .... "	١٢٦

سبأ		
١٥	"... لَقَدْ كَانَ لِسَبَأٍ فِي..............."	٤٨
فاطر		
٢٨	" إنما يَخْشَى اللـه مِنْ عِبَادِهِ الْعُلَمَاءُ.... "	١١٧
الشورى		
٣٠	" وَمَا أَصَابَكُمْ مِنْ مُصِيبَةٍ ...."	١١١
٣٨	"وَالَّذِينَ اسْتَجَابُوا لِرَبِّهِمْ................"	٣٢٧- ٣٢٩- ٣٣٩
الدخان		
٣٧	أَهُمْ خَيْرٌ أَمْ قَوْمُ تُبَّعٍ............................"	٥١
٤٧	"...فَانْبِذْ إِلَيْهِمْ عَلَى سَوَاءٍ.................."	٣٥٢
	الأحقاف	
٢٤	"فَلَمَّا رَأَوْهُ عَارِضاً مُسْتَقْبِلَ أَوْدِيَتِهِمْ....."	٢٤
الحجرات		
٦	" أن جَاءَكُمْ فَاسِقٌ بِنَبَأٍ ...."	١٣٢
٩	" وَإِن طَائِفَتَانِ مِنَ الْمُؤْمِنِينَ............."	١٤٦
١٣	"يَا أَيُّهَا النَّاسُ إِنَّا خَلَقْنَاكُمْ......."	٣٥٤- ٣٥٧

	ق	
١٨	" مَا يَلْفِظُ مِنْ قَوْلٍ........................"	٣٦٤
المجادلة		
١١	" يَرْفَعِ الـلـه الَّذِينَ آمَنُوا ...."	١١٧
	تبارك	
١٥	"هُوَ الَّذِي جَعَلَ لَكُمُ الْأَرْضَ............"	٣٦٢
	الإنسان	
٢٩ـ ٣٠	"فَمَنْ شَاءَ اتَّخَذَ إِلَى رَبِّهِ سَبِيلاً............"	٣٥٩
	التكوير	
٢٧	"...إِنْ هُوَ إِلَّا ذِكْرٌ لِلْعَالَمِينَ............"	٣٦٠
٢٩	"..وَمَا تَشَاءُونَ إِلَّا أَنْ يَشَاءَ الـلـه.........."	٣٦٠
الأعلى		
٤ـ ١٨	" قَدْ أَفْلَحَ مَنْ تَزَكَّى..................."	٣٦٦
الليل		
١٧	" وَسَيُجَنَّبُهَا الْأَتْقَى ...."	١٠٨
الكافرون		
١	"قُلْ يَا أَيُّهَا الْكَافِرُونَ..............."	٣٦١

فهرس الأحاد يث النبوية

الرقم	طرف الحديث	الصفحة
١	"......خلق اللـه التربة يوم السبت وخلق........"	١٦
٢	".......أن رجلاً سال النبي صلى اللـه عليه وسلم عن ...."	٤٦
٣	".......بينا أبو الدرداء يوماً يسير..............."	٨٤
٤	"......اذا كان ثلاثة في سفر فليؤمروا............"	٨٤
٥	"....... من كره من اميره شيئاً فليصبر..........."	٨٥
٦	".......بينما أنا نائم رايتني علي قليب..........."	١٠٦
٧	"......ذات يوم من راي منكم................."	١٠٧
٨	"......واني سالت ربي إلا يهلكها بسنة عامة......."	١١٠
٩	"......نفعني اللـه بكلمة سمعتها من..............."	١١٦
١٠	"......الحرب خدعة..............................."	١٢٠
١١	"......من يحرص علي الامارة لم يعدل فيها........"	١٢٤
١٢	"......اتيت رسول اللـه صلى اللـه عليه وسلم ومعي................."	١٢٤
١٣	"......أنا لا نولي أمرنا........................."	١٢٥
١٤	"......واستعان عليه................."	١٢٥
١٥	"...بايعنا رسول اللـه صلى اللـه عليه وسلم على السمع والطاعة ....."	١٢٨
١٦	"......يقول خيار أئمتكم.........................."	١٢٩
١٧	"......سيكون امراء فتعرفون......................"	١٢٩
١٨	"......من راي من اميرة شيئاً................."	١٢٩

الرقم	طرف الحديث	الصفحة
١٩	"......من خلع يداً من طاعة. ...."	١٣٠
٢٠	"......السمع والطاعة علي المرء المسلم.........."	١٣١
٢١	"......سرية وامر عليهم رجلاً عن الانصار......"	١٣١
٢٢	"......انه سيلي امركم من بعدي.........."	١٣١
٢٣	"......لايحل دم المؤمن إلا في احدي ثلاث......"	١٣٥
٢٤	"......لياتين علي الناس زمان.................."	١٣٦
٢٥	"......رايت ابا ذر عليه حلة وعلي ...."	١٣٨
٢٦	"......عندي يوماً اذا اتاه علي ...."	١٤٠
٢٧	"......تمرق مارقة علي حين فرقة ...."	١٤١
٢٨	"......اذا التقي المسلمان سيفيهما ...."	١٤٢
٢٩	"......اينما لقيتموهم فاقتلوهم فان ...."	١٤٦
٣٠	"......خير الناس في الفتت رجل اخذ ...."	١٤٨
٣١	"......تعرض الفتت علي القلوب ...."	١٤٨
٣٢	"......خير الناس في انعتن رجل ...."	١٤٧
٣٣	"......لياتين علي الناس زمان يخير الرجل بين أينما لقيتموهم فاقتلوهم ...."	١٤٦
٣٤	"......تعرض فتنة على القلوب.................."	١٤٨
٣٥	"......امسك ستاً قبل الساعة................."	١٤٨
٣٦	"......اتشفع في حد من حدود الله ثم ...."	١٥١
٣٧	"......اسمعوا واطيعوا وان امر عليكم ...."	١٥٧

الرقم	طرف الحديث	الصفحة
٣٨	"......لا طاعة في معصية اللـه...................."	١٥٧
٣٩	"......ما ندم من استشار ولا ...."	٣٣٥
٤٠	"......في المستشار مؤتمن................."	٣٣٥
٤١	"......ما من قوم كانت لهم مشورة فحضر.........."	٣٣٦
٤٢	".......لو اجتمعتما في مشورة ما خالفتكما........."	٣٣٦
٤٣	".......عن العزم قال مشاورة اهل ...."	٣٣٦
٤٤	".......المقسطين يوم القيامة علي منابر ...."	٣٤٥
٤٥	".......إلا كلكم راع وكلكم مسئول عن ...."	٣٤٥
٤٦	".......أن اللـه مع الحاكم ما لم يجد.............."	٢٤٦
٤٧	".......أن في الجنة لقصراً يسمي عدد............"	٣٥٠
٤٨	".......لاتزال هذه الامة بخير................"	٣٥٠
٤٩	".......اذا حكمتم فاعدلوا واذ اقتلتم............."	٣٥٠
٥٠	".......يوم من امام عادل افضل من ...."	٣٥١
٥١	".......اشد الناس عذاباً يوم القيامة ...."	٣٥١
٥٢	".......أن في جهنم وادباً في الوادي ...."	٣٥١
٥٣	".......أي الناس اكرم قال اكرمكم ...."	٣٥٥
٥٤	".......أن اللـه لا ينظر الي صوركم ...."	٣٥٥
٥٥	".......انظر فانك لست بخير................"	٣٥٦
٥٦	".......المسلمون اخوة لا فضل لاحد ...."	٣٥٦
٥٧	"......أن اللـه عز وجل قد اذهب ...."	٣٥٧

الصفحة	طرف الحديث	الرقم
٣٦٣	"......من كان يؤمن الله واليوم ...."	٥٨
٣٦٣	"......من حسن اسلام المرء ...."	٥٩
٣٦٤	"......لا يؤمن احدكم حتى يحب ...."	٦٠
٣٦٨	"......أي الكسب اطيب أو ...."	٦١
٣٦٨	"......خير كسب العامل اذا نصح................."	٦٢
٣٦٨	"......أن الله يحب اذا عمل ...."	٦٣
٣٧٢	"......مابي ماتقولون ما جئت ...."	٦٤

فـهــــرس الأعــــلا م

الرقم	العلم	الرقم	العلم
١	أباذر الغفاري	٢	البراء بن عازب
٣	إبراهيم عليه السلام	٤	ابن الأثير
٥	ابن اسحاق	٦	ابن بري
٧	ابن تيمية	٨	ابن جريج
٩	ابن حزم	١٠	ابن حبان
١١	ابن حويز منداد	١٢	ابن زيد
١٣	ابن خلدون	١٤	ابن خيشم
١٥	ابن سعد	١٦	ابن سيدة
١٧	ابن عابدين	١٨	ابن عطية
١٩	ابن العربي	٢٠	ابن قتيبيه
٢١	ابن عمر	٢٢	ابن تيميه
٢٣	ابن القيم	٢٤	ابن المعتز
٢٥	ابن هشام	٢٦	أبو جهل
٢٧	ابن كثير	٢٨	ابن عباس
٢٩	ابن مردويه	٣٠	أبو عبيده
٣١	أبوسعيد الخضري	٣٢	أبومحمد بن عبدالـلـه
٣٣	أبوعبد الـلـه	٣٤	أبو يعلي الطبراني
٣٥	أبوقدامة	٣٦	أبي بكر الصديق
٣٧	أبوموسى الأشعري	٣٨	أبي هريرة
٣٩	أبي داؤود	٤٠	أبي القاسم القشيري
٤١	أحمد بن حنبل	٤٢	أحمد شوقي

الرقم	العلم	الرقم	العلم
٤٣	الأخفش	٤٤	الأزهري
٤٥	آدم	٤٦	أسامه بن زيد
٤٧	أسد بن الفضل	٤٨	إسماعيل عليه السلام
٤٩	الأسود بن عبدالمطلب	٥٠	الأسود بن عبد يغوث
٥١	الأعشى	٥٢	الأسود العنسي
٥٣	امرؤ القيس الكندي	٥٤	أم سلمة
٥٥	أمية بن خلف	٥٦	أنس بن مالك
٥٧	الايجي	٥٨	البخاري
٥٩	البراء بن عازب	٦٠	البزار
٦١	بارتملي	٦٢	باذان
٦٣	بانوشروان	٦٤	بلقيس
٦٥	بطليموس	٦٦	التفتازاني
٦٧	الترمذي	٦٨	ثوبان
٦٩	الجوهري	٧٠	الجويني
٧١	الجرجاني	٧٢	جيزة
٧٣	جنرو	٧٤	الحارث بن قيس
٧٥	الحارث بن كعب	٧٦	حسان بن ثابت
٧٧	حذيفة بن بدر	٧٨	الحسن البصري
٧٩	حذيفة بن اليمان	٨٠	الحكم بن عتبة
٨١	حسين عثمان محمد	٨٢	حمزة بن عبدالمطلب
٨٣	حواء	٨٤	الخباب بن المنذر
٨٥	خالد بن الوليد	٨٦	داؤود عليه السلام

الرقم	العلم	الرقم	العلم
٨٧	الرازي	٨٨	رافع بن خريج
٨٩	الرافعي	٩٠	زرارة بن عدي
٩١	زيد بن ثابت	٩٢	الزبير بن العوام
٩٣	زيد بن محمد	٩٤	زي الجدين بن الهمام
٩٥	سعاد الشرقاوي	٩٦	سرالختم الخليفة
٩٧	سعد بن عبادة	٩٨	سعد بن أبي وقاص
٩٩	سعيد بن زيد	١٠٠	سعد بن معاذ
١٠١	سعيد بن المسيب	١٠٢	سعيد بن عبد العزيز
١٠٣	سعيد الجريري	١٠٤	سفيان الثوري
١٠٥	السيد صبرا	١٠٦	سليمان عليه السلام
١٠٧	السيوطي	١٠٨	سليمان بن موسى
١٠٩	سيف بن ذي يزن	١١٠	سهل بن سعد
١١١	الشافعي	١١٢	الشيزري
١١٣	شيرزاد أحمد النجار	١١٤	شعبة
١١٥	الصنعاني	١١٦	صموئيل
١١٧	ضرار الأصم	١١٨	الضحاك
١١٩	الطبري	١٢٠	طلحة بن عبيدالله
١٢١	عائشة بنت أبي بكر	١٢٢	عبادة بن الصامت
١٢٣	العاص بن وائل	١٢٤	عبدالحميد متولي
١٢٥	عاصم بن كليب	١٢٦	عبدالله بن أبي أوفى
١٢٧	عبد الله بن عمر	١٢٨	عبدالله بن عمرو
١٢٩	عبد الله بن مسعود	١٣٠	عبدالله بن هيبره

الرقم	العلم	الرقم	العلم
١٣١	عبد الـلـه بن مطيع	١٣٢	عبدالله بن أبي سلول
١٣٣	عبد الـلـه بن عباس	١٣٤	عبدالرحمن بن سمرة
١٣٥	عبدالرحمن بن أبي بكر	١٣٦	عبدالرحمن بن عوف
١٣٧	عبدا لرحمن السلمي	١٣٨	عبدالكريم علوان
١٣٩	عبدالرحمن سوارالدهب	١٤٠	عثمان بن عفان
١٤١	العباس	١٤٢	عتاب بن أسيد
١٤٣	عكرمة	١٤٤	عثمان بن العاص
١٤٥	علي بن أبي طالب	١٤٦	عثمان بن مظعون
١٤٧	علي عبدالرازق	١٤٨	عدي بن عدي الكندي
١٤٩	عمار بن ياسر	١٥٠	علي بن يوسف
١٥١	عمر بن الخطاب	١٥٢	عوف بن مالك
١٥٣	عمرو بن العاص	١٥٤	عمر بن عبيد
١٥٥	الغزنوى	١٥٦	فاطمة بنت محمد
١٥٧	فرعون	١٥٨	فيرة
١٥٩	الفراء	١٦٠	قحطان
١٦١	قتادة	١٦٢	قيصر
١٦٣	القرطبي	١٦٤	كسرى
١٦٥	كعب بن عجزة	١٦٦	كعب بن مالك
١٦٧	لقمان	١٦٨	المامون
١٦٩	مالك	١٧٠	المبارك الطبري
١٧١	الماوردي	١٧٢	محمد رفعت عبدالوهاب
١٧٣	محمد بن الحنفية	١٧٤	محسن خليل

الرقم	العلم	الرقم	العلم
١٧٥	محمد بن سعد	١٧٦	مسلمة بن خجلة
١٧٧	محمد بن مسلمة	١٧٨	معاوية بن أبي سفيان
١٧٩	مروان بن عبدالملك	١٨٠	المعتصم
١٨١	مسلم	١٨٢	مقاتل
١٨٣	مصعب بن سعد	١٨٤	موسى عليه السلام
١٨٥	المعورين بن سويد	١٨٦	موسى بن سعيد
١٨٧	مونتسكيو	١٨٨	نافع
١٨٩	نوح	١٩٠	النجاشي
١٩١	النعمان بن مالك	١٩٢	النسائي
١٩٣	النووي	١٩٤	النعمان بن المنذر
١٩٥	الهرمزان	١٩٦	هارون
١٩٧	هشام بن عبد مناف	١٩٨	الهروي
١٩٩	هشام القوطي	٢٠٠	الوليد بن يزيد
٢٠١	الوليد بن المغيرة	٢٠٢	وليم ميور
٢٠٣	الواثق	٢٠٤	وائل بن بكر
٢٠٥	يزيد	٢٠٦	يوسف
٢٠٧	يهود بن عوف		

المصادر و المراجع

أولا : القــران الكــريــم

ثانيا : كتب التفسير وعلوم القران

١	أبو إسحاق إبراهيم بن محمد ـ تفسير أسماء اللـه الحسنى ـ دار الثقافة العربيـة ـ دمشق ـ ١٩٧٤م ـ تحقيق : أحمد يوسف الدقاق
٢	أبو الفداء إسماعيل بن عمر بن كثي الدمشقي ـ تفسير القرآن العظيم ـ دار الفكـر ـ بيروت ـ ١٤٠١هـ
٣	أبو القاسم أبو زكريا يحيى بن شرف بن مري النـووي ـ تحرير ألفـاظ التنبيـه ـ دار القلم ـ دمشق ١٤٠٨هـ ـ الطبعة الأولى ـ تحقيق عبد الغني الدقر
٤	أبو حامد محمد بن محمد الغزالي :جـواهر القـران ـ تحقيـق :د.محمـد رشـيد رضـا القباني ـ الجزء الأول ـ الطبعة الأولى ـ دار إحياء العلوم ـ بيروت ١٩٨٥م
٥	أبوعبدالله محمد بن أحمـد الأنصـاري القرطبـي ـ الجـامع لأحكـام القـرآن ـ المكتبـة التوفيقية ـ القاهرة ـ تحقيق : عماد زكي البارودي ـ خيري سعيد
٦	أبو محمد الحسين بن مسعود الفـراء البغـوي ـ معـالم التنزيـل ـ (تفسـير البغـوى) بدون طبعة ـ بدون تاريخ
٧	القاسمي ـ تفسير القرآن الكريم المسمي التأويل ـ الطبعة الأولى ـ

	مطبعة عيسي الحلبي ـ ١٩٤٩م
٨	جلال الدين محمد بن أحمد المحلي وجلال الدين عبد الرحمن بن أبي بكر السيوطي ـ تفسير الجلالين ـ دار الحديث ـ القاهرة ـ الطبعة الأولى
٩	حسين بن محمد المعروف بالراغب الأصفهاني ـ المفردات في غريب القران ـ دارالمعرفة لبنان ـ تحقيق : محمد سيد كيلانى
٩	حسين بن محمد المعروف بالراغب الأصفهاني ـ المفردات في غريب القران ـ دارالمعرفة لبنان ـ تحقيق : محمد سيد كيلانى
١٠	عبد الرحمن بن محمد بن مخلوق الثعالبي ـ الجواهر الحسان في تفسير القران (الشهير بتفسير الثعالبي) الجزء الثاني ـ مؤسسة الأعلى للمطبوعات ـ بيروت
١١	فخر الدين محمد بن عمر التميمي الرازي الشافعي ـ التفسير الكبير ـ دار الكتب العلمية ـ بيروت ـ الطبعة الأولى ـ ١٤٢١هـ
١٢	محمد بن أحمد بن محمد الغرناطي الكلبي المعروف بابن جزي ـ التسهيل لعلوم التنزيل دار الكتاب العربي ـ لبنان ـ الطبعة الرابعة ـ ١٩٨٣م

ثالثا : الحـــديـــث وعلومه

١	ابن حجر العسقلاني ـ الإصابة في تمييز الصحابة مطبعة النهضة بمصر ـ تحقيق البجاوي ـ بدون تاريخ نشر
٢	أبو ابوبكر احمد بن عمرو بن عبد الخالق البزار ـ مسند البزار ـ مؤسسة علوم القرآن (المدينة) الجزء السادس ـ الطبعة الأولى ـ دون ناشر ـ بيروت ـ ٤٠٩هـ ـ زكريا يحيى
٣	أبو الحسين مسلم بن الحجاج القشيري النيسابوري ـ صحيح مسلم ـ دار إحياء التراث العربي ـ بيروت
٤	أبوالسعادات المبارك بن محمد الجزري ـ النهاية في غريب الأثر ـ المكتبة العلمية ـ بيروت ـ ١٣٩٩هـ ـ ١٩٧٩م ـ تحقيق : طاهر أحمد الزاوي ـ محمود محمد الطناحي
٥	أبو الفضل أحمد بن علي بن حجر أبو الفضل العسقلاني الشافعي ـ تهذيب التهذيب ـ دار الفكر ـ بيروت ـ الطبعة الأولى ـ ١٩٨٤م
٦	أبو القاسم سليمان بن أحمد الطبراني ـ المعجم الأوسط ـ دار الحرمين ـ القاهرة ـ ١٤١٥هـ ـ تحقيق : طارق بن عوض الله بن محمد وعبد المحسن بن إبراهيم الحسيني
٧	ابوبكر احمد بن الحسين البيهقي ـ شعب الإيمان ـ الطبعة الأولى ـ دار الكتب العملية ـ بيروت ـ ١٤١٠هـ ـ تحقيق : محمد السعيد بسيوني زغلول

٨	أبو حـاتم محمد بن حبان بن أحمد التميـمي ـ صحيح ابن حبان ـ الطبعة الثانية ـ مؤسسة الرسالة ـ بيروت ـ ١٤١٤هـ ـ تحقيق شعيب الأرنؤوط
٩	أبو عبد الرحمن بن شعيب النسائي ـ المجتبى من السنن الشهير بسنن النسـائي ـ تحقيق عبد الفتاح أبوغدة ـ الطبعة الثانية ـ مكتب المطبوعات الإسلامية ـ حلب ـ ١٤٠٦هـ ـ ١٩٨٦م
١٠	أبو عبد اللـه محمد بن إسماعيل الجعفي المشهور بالبخـاري ـ الجامع الصحيح المختصر ـ الطبعـة الثالثـة ـ دار ابن كثير , اليمامـة ـ بيـروت ـ١٤٠٧هـ ـ تحقيق:الدكتور مصطفى ديب البغا
١١	أبو عبد اللـه محمد بـن عـلي بن الحسـن الحكيم الترمـذي ـ نـوادر الأصول في أحاديث الرسول ـ الطبعة الأولى ـ دار الجيل بيروت ـ١٩٩٢م
١٢	أحمد بن حنبل أبو عبداللـه الشيباني ـ مسند الإمام أحمد بـن حنبل ـ مؤسسـة قرطبة ـ القاهرة ـ الأحاديث مذيلة بأحكام شعيب الأرنؤوط عليها
١٣	سـليمان بـن داود أبـو داود الفـارسي البصري الطيالسيـ ـ مسند الطيالسي ـ دار المعرفة ـ بيروت
١٤	شرف بن مري النووي ـ المنهاج شرح صحيح مسلم بن الحجاج ـ دار إحياء الـتراث العربي ـ بيروت ـ الطبعة الطبعة الثانية ـ ١٣٩٢هـ

١٥	محمد الأمين بن محمد بن مختار الجكني الشنقيطي ـ أضواء البيان ـ دار الفكر للطباعة ـ بيروت ـ ١٤١٥هـ تحقيق : مركز البحوث والدراسات
١٦	محمد بن علي بن الحسن أبوعبد الله الحكيم الترمذي ـ نوادر الأصول في أحاديث الرسول ـ الجزء الرابع ـ الطبعة الأولى ـ بيروت ١٩٩٢م
١٧	محمد بن عيسى أبو عيسى الترمذي السلمي ـ الجامع الصحيح سنن الترمذي ـ دار إحياء التراث العربي ـ بيروت ـ تحقيق : أحمد محمد شاكر وآخرين
١٨	نور الدين علي بن أبي بكر الهيثمي ـ مجمع الزوائد ومنبع الفوائد ـ دار الفكر ـ بيروت ـ ١٤١٢ هـ

رابعا : الـفـقـه

١	أبوبكر بن أحمد بن محمد بن عمر بن قاضي شهبه ـ طبقات الشافعية ـ عالم الكتب ـ بيروت ـ الطبعة الأولى ـ ١٤٠٧هـ تحقيق: الدكتور الحافظ عبد العليم خان
٢	أبو نعيم أحمد بن عبد الله الأصفهاني ـ حلية الأولياء ـ دار الكتاب العربي ـ بيروت ـ ١٤٠٥ هـ ـ الطبعة الرابعة ـ ١٧٢/٤.
٣	الهمراني ـ الإكليل ـ بدون طبعة وبدون تاريخ نشر ـ تحقيق :الدكتور نبيه أمين فارس

٤	شمس الدين محمد بن أبي العباس أحمد حمـزة بـن شـهاب الـدين الـرملي ـ نهاية المحتاج إلى شرح المنهاج ـ المكتبة الإسلامية ـ بدون طبعة وبدون تاريخ نشر
٥	محمد بن أبي بكر بن القيم الجوزية ـ حاشية إبن القيم على سـنن أبي داود ـ دار الكتب العلمية ـ بيروت ـ الطبعة الثانية ـ ١٤١٥ هـ
٦	محمد بن أحمد بن محمد الغرناطي الكلبي المعروف بـابن جـزي ـ التسـهيل لعلوم التنزيل ـ دار الكتاب العربي ـ لبنان ـ الطبعة الرابعة ـ ١٩٨٣م
٧	محمد علاء الدين ابن السيد محمد أمين ابن السيد عمر الشهير بابن عابـدين ـ حاشية رد المحتار على الـدر المختار ـ دار الفكر للطباعـة ـ بيـروت ـ بـدون طبعة ـ بدون تاريخ نشر

خامسا : أصول الفقه

١	بدران أبوالعنين بدران ـ أصول الفقه (حجية القرآن) ـ الطبعة الأولى ـ ١٩٦٤م
٢	علي بن أبي علي بن محمد بن سالم الآمدي ـ غايـة المـرام في علم الكـلام ـ دار النشر المجلس الأعلى ـ القاهرة ١٣٩١هـ ـ تحقيق حسن محمود عبد الطيـف ـ ص ٣٧٤,

٣	محمد بن علي بن محمد الشوكاني ـ إرشاد الفحول إلى تحقيق علم الأصول ـ دار الفكر ـ بيروت ـ الطبعة الأولى ـ ١٤١٢ هـ ـ تحقيق : محمد سعيد البدري

سادسا : العقيدة

١	أبي العباس أحمد بن محمد بن محمد بن علي بن حجر الهيتمي ـ الصواعق المحرقة على أهل الرفض والضلال والزندقة ـ مؤسسة الرسالة ـ بيروت ـ الطبعة الأولى ـ ١٩٩٧م ـ تحقيق: عبدالرحمن بن عبدالله التركي وكامل محمد الخراط
٢	ـ أبو محمد علي بن أحمد بن سعيد بن حزم الظاهري ـ الفصل في الملل والأهواء والنحل ـ القاهرة ـ دار المعرفة ـ الطبعة الثانية ـ ١٩٧٥م

سابعا : السيرة النبوية

١	إبن هشام أبي محمد عبد الملك بن هشام بن أيوب الحميري المعافري البصري ـ السيرة النبوية ـ الطبعة الثانية ١٤١٠هـ ـ تحقيق : مصطفي السقا إبراهيم وعبد الحفيظ شلبي
٢	أبو جعفر أحمد بن عبد الله بن محمد المشهور بالطبري ـ الرياض النضرة في مناقب العشرة ـ الطبعة الأولى ـ دار

	الغرب الإسلامي ـ بيروت ـ ١٩٩٦م ـ تحقيق : عيسى عبد اللـه محمد مانع الحميري
٣	أحمد أمين ـ فجر الإسلام ـ طبعة الهيئة المصرية العامة الكتب ـ دون ناشر ـ١٩٩٦م
٤	علي حسن الخربوطي ـــ محمد والقومية العربية ـــ مؤسسة المطبوعات الحديثة ـ بدون تاريخ نشر
٥	محمد رضا ـ كتاب محمد ـ الطبعة الرابعة ـ ١٩٦١م

ثامنا :كتب السياسة الشرعية

١	أبو العباس احمد بن عبد الحليم بن تيميه ـ الخلافة والملك ـ مكتبة ابن تيمية ـ تحقيق : عبد الرحمن محمد قاسم الجندي
٢	أبو المعالي عبد الملك بن عبد اللـه بن يوسف الجويني ـ غياث الأمم والتياث الظلم ـ دار الدعوة ـ الإسكندرية الطبعة الأولى ـ ١٩٧٩م ـ تحقيق :الدكتور فؤاد عبد المنعم والدكتور مصطفي حلمي
٣	أبو يعلي محمد بن الحسين الفراء الحنبلي ـ الأحكام السلطانية ـ مطبعة مصطفي البابي الحلبي وأولاده ـ القاهرة ـ الطبعة الثانية ـ ١٩٦٦م
٤	أبي شجاع شيرويه بن شهرزاد يني شيرويه الديملى الهمزاني ـ الفردوس بمأثور الخطاب ـ الطبعة الأولى ـ دار الكتب

	العملية ـ بيروت ـ ١٩٨٦م
٥	أحمد بن عبد الحليم بن تيمية الحراني أبو العباس ـ مجموع الفتاوى ـ بـدون طبعة ـ بدون تاريخ نشر
٦	أحمد بن عبد الحليم بن تيمية الحراني ـ السياسة الشرعية في إصلاح الراعي والرعية ـ دار المعرفة ـ بدون تاريخ نشر
٧	أحمد بن عبد اللـه القلقشندي ـ مآثر الأنافة في معالم الخلافة ـ الطبعة الثانية ـ مطبعة حكومة الكويت ـ الكويت ـ ١٩٨٥ م ـ تحقيق : عبد الستار أحمد فراج القلقشندي
٨	أحمد محمود صبحي ـ نظرية الإمامة لدى الشيعة الإثني عشرية ـ دار المعارف بمصر ١٩٦٩م
٩	بدر الدين بن جماعة ـ تحرير الأحكام في تدبير أهل الإسلام ـ رئاسة المحاكم الشرعية والشئون الدينية بدولة قطر ـ الطبعة الأولي ـ ١٩٨٥م ـ
١٠	عبد الرحمن بن محمد بن خلدون الحضرمي ـ مقدمة ابن خلدون ـ الطبعة الخامسة ـ دار القلم ـ بيروت ـ ١٩٨٤م ـ تعليق الدكتور علي عبد الواحد وافي
١١	عبد الرحمن بن عبد اللـه بن نصر بن عبد الرحمن الشيزري ـ المنهج المسلوك في سياسة الملوك ـ مكتبة المنار ـ مدينة الزرقاء ـ ١٩٨٧م ـ تحقيق عبد اللـه الموسى

١٢	عضد الدين عبد الرحمن بن أحمد الأيجي ـ المواقف ـ دار الجيل ـ بيروت ـ الطبعة الأولى ، ١٩٩٧م ـ تحقيق : الدكتور.عبد الرحمن عميرة
١٣	علي بن أبي علي بن محمد بن سالم الآمدي ـ غاية المرام في علم الكلام ـ دار النشر المجلس الأعلى ـ القاهرة ١٣٩١هـ ـ تحقيق حسن محمود عبد الطيف
١٤	كمال الدين محمد بن عبد الواحد الشهير بابن الهمام ـ المسامرة في شرح المسايرة ـ بدون طبعة ـ بدون دار نشر
١٥	نظام الملك حسين الطولسي ـ سياسة نامه ـ دار الثقافة ـ قطر ـ الطبعة الثانية ـ ١٤٠٨هـ ـ تحقيق : يوسف حسين بكار
١٦	يحي إسماعيل ـ منهج السنة في العلاقة بين الحاكم والمحكوم ـ دار المعارف بمصر ـ ١٩٨٦م

تاسعا : التاريخ والثقافة الإسلامية

١	إبراهيم أحمد العدوي ـ النظم الإسلامية ومقوماتها الفكرية ومؤسساتها التنفيذية ـ مكتبة جامعة الخرطوم كلية التربية ـ الطبعة الأولى
٢	الدكتور إبراهيم الشريف ـ مكة والمدينة ـ الطبعة الثانية ـ دار الفكر العربي

٣	أبو الفداء إسماعيل بن كثير القرشي الدمشقي ـ البداية والنهاية ـ دار المعرفة ـ بيروت ـ الطبعة الثانية
٤	أبي القاسم علي بن الحسن بن عبدالله الشافعي ـ تاريخ مدينة دمشق ـ دار الفكر ـ بيروت ـ ١٩٩٥م تحقيق : محب الدين أبي سعيد عمر بن غرامة العمري
٥	أحمد شلبي ـ موسوعة النظم والحضارة الإسلامية ـ السياسة في الفكر الإسلامي ـ جامعة القاهرة ـ الطبعة السادسة ـ ١٩٩١م
٦	أحمد شلبي ـ التاريخ الإسلامي و الحضارة الإسلامية ـ الجزء الأول ـ الطبعة الثالثة ـ مكتبة النهضة المصرية ـ القاهرة ـ ١٩٦٤م
٧	أحمد عبد المنعم البهي ـ تاريخ القضاء في الإسلام ـ مطبعة لجنة البيان العربي ـ ١٩٦٥م
٨	السير توماس أرنولد ـ الدعوة إلى الإسلام ـ ترجمة إلى العربية الدكتور حسن إبراهيم حسن
٩	السيد عبد العزيز سالم ـ دراسات في تاريخ العرب (تاريخ العرب قبل الإسلام) ـ مؤسسة شباب الجامعة ـ ١٩٦٧م
١٠	الويس موسل ـ شمال الحجاز ـ بدون طبعة ـ بدون تاريخ ـ تحقيق الأستاذ : جرار علي
١١	برنارو لويس ـ العرب في التاريخ ـ تعريب الأستاذين: نبيه احمد فارس ومحمود يوسف زايد ـ دون ناشر ـ بيروت ـ ١٩٥٤م

جروجي زيدان ـ تاريخ التمدن الإسلامي ـ مطبعة الهلال سنة ١٩٠٢ م	١٢
جواد علي ـ تاريخ العرب قبل الإسلام ـ مطبعة التفويض ـ بغداد سنة ١٩٥١ ـ ١٩٥٢م	١٣
حسن إبراهيم حسن ـ تاريخ الإسلام ـ الطبعة الرابعة ـ مطبعة النهضة ـ ١٩٥٧م	١٤
حسن إبراهيم حسن و علي ابراهيم حسن ـ النظم الإسلامية ـ مكتبة النهضة ـ القاهرة ١٩٩٨	١٥
حسن إبراهيم حسن ـ تاريخ الإسلام السياسي والديني والاجتماعي ـ الطبعة الأولى ـ مطبعة حجازي ـ بدون تاريخ	١٦
ضرار صالح ضرار ـ العرب من معين إلى الأمويين ـ الطبعة الرابعة ـ مكتبة الحياة بيروت ١٩٦٨م	١٧
عباس محمود العقاد ـ الديمقراطية في الإسلام ـ مطبعة النهضة ـ مصر ـ يد العليم خان	١٨
عبد الرحمن بن حسن الجبرتي ـ تاريخ عجائب الآثار في التراجم والأخبار ـ دار الجيل ـ بيروت ـ بدون تاريخ نشر	١٩
عبد الرحمن بن أبي بكر السيوطي ـ تاريخ الخلفاء ـ الطبعة الأولى ـ مطبعة السعادة ـ مصر ١٣٧١ هـ ـ تحقيق : محمد محي الدين عبد الحميد	٢٠
عزالدين فوده ـ المجتمع العربي مقوماته وحدته وقضاياه	٢١

	السياسية ـ الطبعة الثانية ـ دار الفكر العربي
٢٢	علي إبراهيم حسن ـ النظم الإسلامية ـ مكتبة النهضة المصرية ـ ١٩٩٨م
٢٣	علي إبراهيم حسن ـ التاريخ الإسلامي العام ـ مكتبة النهضة المصرية ـ الطبعة الثالثة ـ سنة ١٩٦٣
٢٤	فتحية عبد الفتاح النبراوي ـ تاريخ النظم والحضارة الإسلامية ـ دار الفكر العربي ـ القاهرة ـ الطبعة الرابعة عشر
٢٥	فيليب حتى ـ تاريخ العرب ـ بدون دار نشر ـ وبدون سنة نشر ـ ترجمة : محمد ميروان نافع
٢٦	لطفي عبد الوهاب يحي ـ العرب في العصور القديمة ـ الطبعة الثانية ـ دار المعرفة الجامعية ـ الإسكندرية
٢٧	محمد أبو المحاسن عصفور ـ معالم تاريخ الشرق الأدنى القديم ـ الطبعة الثانية ـ دار لنهضة العربية ـ القاهرة
٢٨	محمد رضا ـ كتاب محمد ـ الطبعة الرابعة ـ ١٩٦١م
٢٩	محمد كرد علي ـ الإسلام والحضارة العربية ـ الطبعة الثانية ـ مطبعة لجنة التأليف والترجمة والنشر ـ ١٩٥٠م
٣٠	محمد محي الدين عبد الحميد ـ سيرة ابن هشام ـ الجزء الأول ـ دار الفكر ـ العربي ـ القاهرة
٣١	محمود الخالدي ـ معالم الخلافة في الفكر السياسي الإسلامي ـ دار الجيل ـ بيروت ـ الطبعة الأولى ـ ١٩٨٤م

٣٢	معين احمد محمود ـ العمل الفدائي ـ الطبعة الأولى ـ١٩٦٩م
٣٣	يوسف كرم ـ تاريخ الفلسفة الحديثة ـ الطبعة الخامسة ـ المعارف القاهرة

عاشرا : كتب القانون

١	ابراهيم احمد العدوي ـ النظم الإسلامية و مقوماتها الفكرية ومؤسساتها التنفيذية ـ الطبعة الأولى ـ مكتبة جامعة الخرطوم كلية التربية ـ بدون سنة الطبع
٢	إبراهيم عبد العزيز شيحا ـ المبادئ الدستورية العامة ـ توزيع منشأة المعارف ـ بالإسكندرية ـ ٢٠٠٦م
٣	ابراهيم عبد العزيز شيحا ـ القانون الدستوري والأنظمة السياسة ـ ط١ح ـ القاهرة ١٩٦٤م
٤	ابراهيم عبد العزيز شيحا ـ النظم السياسية والقانون الدستوري ـ منشأة المعارف ـ الإسكندرية
٥	إبراهيم عبد العزيز شيحا ـ النظم السياسية ـ الدولة ومكوناتها ـ منشأة المعارف ـ الإسكندرية ـ ٢٠٠٦م
٦	الدكتور أبوبكر محمد أحمد أبوبكر ـ المدخل لدراسة العلوم القانونية ـ بدون طبعة ـ ١٩٩٤م

٧	أبو علي بن إسماعيل الأشعري ـ مقالات الإسلاميين باختلاف المصلين ـ مطبعة الدولة ـ اسطنبول ـ ١٩٣٠م
٨	أبي شجاع شيرويه بن شهر دار بني شيرويه الديلمى الهمذانى ـ الفردوس بمأثور الخطاب ـ الطبعة الأولى ـ دار الكتب العلمية ـ بيروت ـ ١٩٨٦م
٩	احمد حامد الأفندي ـ النظم الحكومية المقارنة ـ وكالة المطبوعات ـ الكويت ١٩٧٢م
١٠	احمد سعيفان ـ قاموس المصطلحات السياسية و الدستورية و الدولة ـ الطبعة الأولى ـ مكتبة لبنان ناشرون ـ ٢٠٠٤م
١١	احمد شوقي ـ مبادئ النظم السياسية ـ جامعة القاهرة بالخرطوم ١٩٨٧م
١٢	احمد فتحي سرور ـ الحماية الدستورية للحقوق والحريات ـ الطبعة الأولى ـ دار الشروق ـ القاهرة ـ ١٩٩٩م
١٣	أحمد كمال أبو المجد ـ الرقابة على دستورية القوانين في الولايات المتحدة الأمريكية والإقليم المصري ـ مكتبة دار النهضة المصرية ـ ١٩٦٠م
١٤	إسماعيل البدوي ـ اختصاصات السلطة التنفيذية في الدولة الإسلامية والنظم الدستورية المعاصرة ـ الطبعة الأولى ـ دار النهضة المصرية ـ القاهرة ـ ١٩٩٣م
١٥	السير توماس أرنولد ـ الدعوة إلى الإسلام ـ الطبعة الثانية ـ مكتبة النهضة العربية ـ القاهرة ـ دون سنة نشر ـ

	ترجمة د: حسن ابراهيم حسن و آخرون
١٦	السيد صبري ـ محكمة الوزارة ـ الطبعة الأولى ـ دار النهضة العربية ـ القاهرة ـ ١٩٩٩م
١٧	توفيق عبد الغني الرصاصي ـ أسس العلوم السياسية في ضوء الشريعة الإسلامية
١٨	ثروت بدوي ـ النظم السياسية ـ دار النهضة العربية ـ القاهرة ـ ١٩٧٥م
١٩	جميل الشرقاوي وعلي ابراهيم حسن ـ النظم الإسلامية ـ مكتبة النهضة المصرية ـ القاهرة ـ ١٩٩٨م
٢٠	حسن خليل ـ النظم السياسية والقانون الدستوري ـ الجزء الثاني ـ النظام الدستوري في مصر والجمهورية العربية المتحدة ـ ١٩٦٩م
٢١	حسن كيره ـ أصول القانون ـ الطبعة الثانية ـ دار المعارف ـ القاهرة ـ ١٩٥٩م
٢٢	خالد الزغبي ـ مبادئ القانون الدستوري والنظم السياسية ـ الطبعة الولي ـ عمان ـ١٩٩٦م
٢٣	رمزي الشاعر ـ القانون الدستوري ـ النظرية العامة والنظام الدستوري المصري ـ الطبعة الثانية ـ القاهرة ـ ١٩٨١م
٢٤	رمزي الشاعرـ النظم السياسية ـ بدون طبعة ـ دون تاريخ نشر ـ ١٩٨١م

٢٥	روبرت ن/ ماكيفر ـ تكوين الدولة ـ ترجمة الدكتور حسن صعب ـ دار العلم للملايين ـ بيروت
٢٦	زكريا البري ـ الحرية السياسية في الإسلام ـ المجلد الأول ـ العدد الرابع ـ منشور بمجلة عالم الفكر ـ جامعة الكويت
٢٧	سعاد الشرقاوي ـ النظم السياسية في العالم المعاصر ـ بدون طبعة ـ دار النهضة العربية ـ القاهرة ٢٠٠٢م
٢٨	سعد عصفور ـ المبادئ الأساسية في القانون الدستوري والنظم السياسية ـ الإسكندرية ـ ١٩٥٤م
٢٩	سعد عصفور ـ محسن خليل ـ القانون الدستوري والنظم السياسية ـ منشأة المعارف ـ الإسكندرية ـ ١٩٨٠م
٣٠	سليمان محمد الطحاوي ـ النظم السياسية والقانون الدستوري ـ دراسة مقارنة ـ القاهرة ١٩٨٨م
٣١	شيرزاد أحمد النجار ـ دارسات في علم السياسة ـ عمان ـ دار دجلة ـ ٢٠٠٥م الطبعة الأولى
٣٢	صبحي محمصاني ـ مقدمة في إحياء علوم الشريعة ـ الطبعة الأولى ـ دار العلم للملايين ـ بيروت ١٩٦٢م
٣٣	صبحي محمصاني ـ فلسفة التشريع في الإسلام ـ طبعة الكشافة ـ بيروت ـ ١٩٤٦م
٣٤	طعمية الجرف ـ القانون الدستوري ومبادئ النظام الدستوري في الجمهورية العربية المتحدة ـ بدون طبعة ـ القاهرة ـ ١٩٦٤م

٣٥	ظافر القاسمي ـ نظام الحكم في الشريعة و التاريخ الإسلامي (الكتاب الأول الحياة الدستورية) ـ الطبعة الخامسة ـ دار النقاش ـ١٩٨٥م
٣٦	عباس محمود العقاد ـ الديمقراطية في الإسلام ـ مطبعة النهضة العربية ـ القاهرة
٣٧	عبد الباسط صالح سبدرات ـ الدستور هل يستوي على الجودي ـ الخرطوم ديسمبر ١٩٩٧م
٣٨	عبد الحميد متولي والدكتور سعد عصفور والدكتور محسن خليل ـ القانون الدستوري والنظم السياسية منشأة المعارف بالإسكندرية ١٩٨٠م
٣٩	عبد الحميد متولي ـ القانون الدستوري والأنظمة السياسية ـ القاهرة ـ١٩٦٤م
٤٠	عبد الحميد متولي ـ مبادئ نظام الحكم في الإسلام ـ الطبعة الأولى ـ دار المعارف ـ بدون تاريخ نشر
٤١	عبد الحميد متولي ـ أزمة الأنظمة الديمقراطية ـ الطبعة الثانية ـ منشأة المعارف ـ الإسكندرية ـ ١٩٦٣م
٤٢	عبد الحميد متولي ـ النظم السياسية (الدولة ومكوناتها) ـ منشأة المعارف ـ الإسكندرية ٢٠٠٦م
٤٣	عبد الحميد متولي ـ المبادئ الدستورية العامة ـ بدون طبعة ـ منشأة المعارف ـ الإسكندرية ٢٠٠٦م
٤٤	عبد الحميد متولي ـ القانون الدستوري ـ بدون طبعةـ

	منشأة المعارف ـ الإسكندرية ـ ١٩٥٢م
٤٥	عبد الرحمن بن محمد بن خلدون المغربي ـ المقدمة ـ تعليق د:علي عبد الواحد وافي ـ الطبعة الأولى ـ طبعة لجان البيان العربي ـ١٩٥٧م
٤٦	عبد الرازق أحمد السنهوري ـ فقه الخلافة وتطورها ـ الهيئة المصرية العامة للكتاب ـ الطبعة الثانية
٤٧	عبد الغني بسيوني عبد الله ـ النظم السياسية أسس التنظيم السياسي(دراسة مقارنة) لنظرية الدولة والحكومة والحقوق والحريات العامة في الفكر الإسلامي والفكر المعاصر ـ منشأة المعارف ـ الإسكندرية ـ ١٩٩١م
٤٨	عبد الغني بسيوني عبد الله ـ القانون الدستوري ـ الدار الجامعية ـ١٩٨٧م
٤٩	عبد الغني بسيوني عبد الله ـ النظم السياسية والقانون الدستوري ـ بدون طبعة ـ منشأة المعارف الإسكندرية ـ١٩٩٧م
٥٠	عبد الفتاح حسن ـ مبادئ النظم الدستورية في الكويت ـ ١٩٦٨م
٥١	عبد الكريم علوان ـ النظم السياسية والقانون الدستوري ـ مكتبة دار الثقافة ـ عمان ـ الطبعة الأولي ـ الإصدار الثاني ٢٠٠١ م
٥٢	عبد الكريم زيدان ـ المدخل لدراسة الشريعة الإسلامية ـ

	بدون طبعة الإسكندرية ١٩٦٩م
٥٣	عـثمان خليـل عـثمان ـ القـانون الدسـتوري ـ الكتـاب الأول ـ في المبـادئ الدستورية العامة ـ الطبعة الثالثة ـ القاهرة
٥٤	فتحي عبد الكريم ـ الدولة والسيادة ـ الطبعة الثانية ـ مكتبة وهبة ـ ١٩٨٤م
٥٥	فؤاد العطار ـ النظم السياسية والقانون الدستوري ـ دار النهضة العربيـة ـ القاهرة ـ مؤلفه القانون الدستوري والأنظمة السياسية ـ الجزء الأول ـ الطبعة الثالثة ـ ١٩٦٤م
٥٦	كمال الغالي مبـادئ القـانون الدستور و النظم السياسية ـ الطبعـة الثانيـة ـ دمشق ـ ١٩٦٨م
٥٧	كمال المنوفي ـ أحوال النظم السياسية المقارنة ـ شركة الريحاني للنشر والتوزيع ـ الطبعة الأولي ـ ١٩٨٧م
٥٨	ماجد راغب الحلو ـ النظم السياسية و القانون ـ بدون طبعة ـ منشأة المعارف ـ الإسكندرية ـ٢٠٠٥ م
٥٩	مالك عبيد أبو شهيوة ، الدكتور محمود محمد خلف، الدكتور مصطفي عبـد اللـه خشيم ـ الأيديولوجية والسياسة ـ الـدار الجماهيرية للنشر ـ ١٩٩٣ م ـ الطبعة الأولى
٦٠	محسن خليل ـ النظم السياسية والقـانون الدستوري ـ الجـزء الثـاني ـ النظام الدستوري في مصر والجمهورية العربية المتحدة ـ١٩٦٩م

٦١	محمد حافظ غانم ـ مبادئ القانون الدولي العـام ـ الطبعـة الرابعـة ـ مطبعـة نهضة مصر ـ ١٩٦٤م
٦٢	محمد خليفة حامد ـ النظـام القضـائي السـوداني ـ الطبعـة الأولى ـ الخرطـوم ٢٠٠٦م
٦٣	محمد رفعت عبد الوهاب ـ القانون الدستوري المبـادئ الدسـتورية العامـة ـ دراسة النظام الدستوري المصري
٦٤	محمد رمزي الشاعر ـ النظرية العامة في القانون الدستوري ـ دار الفكر العربي ـ القاهرة ـ ١٩٨٣م
٦٥	محمد فوزي لطيف ـ مسئول رئيس الدولة في الفقه الإسلامي ـ الطبعة الأولى ـ دار الجامعة الجديد ة للنشر ـ ٢٠٠٥م
٦٦	محمد كامل ليلة ـ القانون الدستوري ـ بدون طبعة ـ بدون تاريخ نشر
٦٧	محمد نصر مهنا ـ في النظام الدستوري والسياسي (دراسة تطبيقية) ـ الطبعـة الأولى ـ مكتبة الجامعة الحديثة ـ الإسكندرية ـ ٢٠٠٥م
٦٨	محمود حافظ ـ الوجيز في النظم السياسية والقانون الدستوري ـ بدون طبعـة ـ بدون تاريخ نشر
٦٩	محمود حلمي ـ موجز مبادئ القانون الدستوري ـ الطبعة الأولى ـ ١٩٨٣م

٧٠	محمود عاطف البنا ـ القانون الدستوري ـ جامعة القاهرة ـ٢٠٠١م
٧١	مصطفى أبو زيد فهمي ـ الدستور المصري ـ بدون دار نشر ـ ١٩٨٥م
٧٢	معين أحمد محمود ـ العمل الفدائي ـ الطبعة الأولى ـ١٩٦٩م
٧٣	ميرغني النصرى ـ مبادئ القانون الدستوري والتجربة الديمقراطية في السـودان ـ الطبعة الأولى ـ ١٤١٨هـ ـ ١٩٩٨م
٧٤	نبيلة عبد الحليم كامـل ـ الأحـزاب السياسـية في العـالم المعاصرـ دار الفكر العربي ـ بدون طبعة ـ القاهرة ـ بدون تاريخ نشر
٧٥	نصر محمد عارف ـ في مصادر التراث السياسي الإسلامي ـ المعهد العالمي للفكر الإسلامي ـ١٩٩٣م
٧٦	نعمان احمد الخطيب ـ مبادئ القانون الدستوري ـ جامعة مؤتة ـ ١٩٩٣ م
٧٧	نعمان احمد الخطيب ـ الوسـيط في الـنظم السياسـية والقـانون الدستوري ـ الطبعة الأولى ـ الإصدار الثاني ـ دار الثقافة للنشر ـ بيروت ـ ٢٠٠٤م
٧٨	نعمان احمد الخطيب ـ الوسيط في القانون الدستوري ـ الطبعة الأولى ـ١٩٥٦م

٧٩	يحي الجمل ـ النظام الدستوري في جمهورية مصر ـ بدون طبعة ـ القاهرة ١٩٧٤م

إحدى عشر : اللغة العربية والمعاجم

١	أبي منصور عبد الملك بن محمد بن إسماعيل الثعلبي النيسابورى ـ ثمار القلوب في المضاف والمنسوب ـ بدون طبعة ـ بدون تاريخ نشر
٢	أحمد زكي صفوت ـ جمهرة خطب العرب في عصور العربية الزاهرة ـ المكتبة العلمية ـ بيروت ـ بدون تاريخ نشر
٣	إسماعيل باشا البغدادي ـ كشف الظنون وذيوله ـ استانبول ـ المثني ـ بغداد ـ بدون طبعة ـ بدون تاريخ نشر
٤	خيرالدين الزركلي ـ الإعلام قاموس تراجم لأشهر الرجال والنساء من العرب والمستعربين والمستشرقين دار العلم للملايين ـ بيروت ـ لبنان ـ الطبعة السابعة ـ مايو١٩٨٦م
٥	شهاب الدين محمد بن أحمد أبي الفتح الأبشيهي ـ المستطرف في كل فن مستظرف ـ دار الكتب العلمية ـ بيروت ـ ١٤٠٦هـ ـ الطبعة الثانية ـ تحقيق : مفيد محمد قميحة
٦	عبد الله بن عبد العزيز البكري الأندلسي أبو عبيد ـ معجم ما استعجم من أسماء البلاد والمواضع ـ عالم الكتب - بيروت ـ

	الطبعة الثالثة ـ ١٤٠٣هـ تحقيق : مصطفى السقا
٧	علي بن محمد بن علي الجرجاني ـ التعريفات ـ دار الكتاب العربي ـ بيروت ١٤٠٥ هـ الطبعة أولي ـ تحقيق إبراهيم الابياري
٨	قاسم بن عبد الله بن أمير علي القونوي ـ أنيس الفقهاء في تعريفات الألفاظ المتداولة بين الفقهاء ـ الطبعة الأولى ـ دار الوفاء ـ جدة ١٤٠٦ هـ ـ تحقيق : د. أحمد بن عبد الرزاق الكبيسي
٩	محمد بن أبي بكر بن عبد القادر الرازي ـ مختار الصحاح ـ مكتبة لبنان ناشرون ـ بيروت ـ ١٤١٥هـ ـ تحقيق : محمود خاطر
١٠	محمد بن أبي بكر عبد القادر الرازي ـ مختار الصحاح ـ الجزء الأول ـ مكتبة ليفان ـ بيروت ـ ١٩٩٥م
١١	محمد بن مكرم بن منظور الإفريقي المصري ـ لسان العرب ـالطبعة الأولى ـ دار صادر ـ بيروت ـ بدون تاريخ نشر
١٢	محمد عبد الرؤوف المناوي ـ التوقيف علي مهمات التعاريف ـ دار الفكر المعاصر ـ دمشق ـ الطبعة الأولى ـ بدون تاريخ نشر ـ تحقيق : الدكتور محمد رضوان الداية
١٣	محمود بن عمر الزمخشري ـ الفائق في غريب الحديث ـ دار المعرفة لبنان ـ الطبعة الثانية ـ بدون تاريخ نشر.

١٤	محمد مرتضى الحسيني الواسطي الزبيدى ـ تاج العروس ـ المطبعة الخيرية بالقاهرة ـ ١٣٠٧هـ
١٥	ياقوت بن عبد الله الحموي أبو عبد الله ـ معجم البلدان ـ دار الفكر ـ بيروت ـ بدون تاريخ نشر

ثاني عشر : الدساتير والقوانين

١	الدستور الأردني لسنة ١٩٤٧م
٢	النظام الأساسي للمملكة العربية السعودية
٣	دستور السودان الانتقالي لعام ١٩٩٥ ـ تعديل ١٩٩٧م
٤	دستور جمهورية السودان الانتقالي لسنة ٢٠٠٥م
٥	دستور جمهورية مصر لسنة ١٩٧١ م
٦	قانون السلطة القضائية لسنة ١٩٨٦م
٧	مجلة الحق ـ العدد الأول ـ ١٩٨٢م
٨	مشروع دستور جمهورية السودان لسنة ١٩٩٨م

فهرس الموضوعات

الموضـــــوع	الصفحة
الإهداء	٥
تقديم	٧
مقدمة	٩

الفصل التمهيدي

الخلفية التاريخية لعلاقة الحاكم والمحكوم

في العصورالسابقة للإسلام

المبحث الأول: علاقة الحاكم والمحكوم في العصور القديمة في القبائل العربية	٢٠
المطلب الأول: تعريف بالقبائل العربية وأقسامها..	٢١
الفرع الأول: تعريف بالقبائل العربية...	٢١
الفرع الثاني: أقسام القبائل العربية..	٢٤
المطلب الثاني: نظام الحكم في القبائل العربية وبعض مناقب العرب في الجاهلية .	٢٧
الفرع الأول: نظام الحكم في القبائل العربية	٢٧
الفرع الثاني: من مناقب العرب في الجاهلية	٤٠
المبحث الثاني: علاقة الحاكم والمحكوم في الممالك العربية قبل الإسلام	٤٣
المطلب الأول: مملكة معين..	٤٣
الفرع الأول: نبذة تعريفية..	٤٣

الفرع الثاني: نظام الحكم ٤٤

المطلب الثاني: مملكة سبأ ٤٦

الفرع الأول: نبذة تعريفية ٤٦

الفرع الثاني: نظام الحكم ٤٧

المطلب الثالث: الدولة الحميرية ٤٩

الفرع الأول: نبذة تعريفية ٤٩

الفرع الثاني: نظام الحكم ٥٢

الباب الأول

الالتزامات السياسية للحاكم المحكوم في الفقه الإسلامي

والنظم السياسية المعاصرة

الفصل الأول: مبادئ النظم السياسية في الفقه الإسلامي ٦٤

المبحث الأول: نظرية السلطة العليا في الدولة الإسلامية وأساس وجوبها ٦٥

المطلب الأول: تعريف الخلافة والإمامة والحاكم ٦٦

الفرع الأول : الخلافة في اللغة والاصطلاح ٦٦

الفرع الثاني: التعريف اللغوي والاصطلاحي للإمامة ٧٣

الفرع الثالث: التعريف اللغوي والاصطلاحي للحاكم ٧٩

المطلب الثاني: أساس وجوب الإمامة ٨٢

المبحث الثاني: العلاقة بين الحاكم والمحكوم ٨٩

المطلب الأول: طرق انعقاد الخلافة ٩٠

الفرع الأول: طريقة الاختيار (البيعة) ٩٠

الفرع الثاني: الاستخلاف (العهد) ٩٥

الفرع الثالث: إمارة الغلبة والغصب والاستيلاء ١٠١

الفرع الرابع: إمارة النص ١٠٤

المطلب الثاني: شروط تولي الإمامة ١٠٩

الفرع الأول: شروط الانعقاد ١٠٩

الفرع الثاني: الشروط الثانوية ١٢٠

المطلب الثالث: عزل الخليفة ١٢٨

الفرع الأول: مسببات العزل ١٢٨

الفرع الثاني: وسائل العزل ١٣٤

الفرع الثالث: الخروج على الأئمة ١٣٦

المطلب الرابع: اختصاصات الإمام ١٤٩

المبحث الثالث: المعارضة السياسية ١٥٤

المطلب الأول: مفهوم المعارضة في الاصطلاح ١٥٥

المطلب الثاني: تنظيم الأحزاب للمعارضة ومهامها ١٥٩

الفرع الأول: أهمية المعارضة وضرورتها ١٥٩

الفرع الثاني: المهام التي تفرضها وظيفة المعارضة ١٦١

المطلب الثالث: أسباب المعارضة ودوافعها ١٦٣

الفصل الثاني: مبادئ النظم السياسية في الدول الحديثة ١٧٠

المبحث الأول: الدولة ١٧٣

المطلب الأول: تعريف الدولة ١٧٣

المطلب الثاني: أركان الدولة ١٧٨

الفرع الأول: الشعب ١٧٨

الفرع الثاني: الإقليم ١٨٠

الفرع الثالث: السلطة ذات السيادة ١٨٧

المبحث الثاني: النظم السياسية في الدول الحديثة ١٩١

المطلب الأول: أشكال الحكومات في الدول الحديثة ١٩٢

الفرع الأول: مفهوم النظام الديمقراطي وصوره وخصائصه ١٩٢

الفرع الثاني: أنواع أنظمة الحكم الديمقراطي ١٩٧

الفرع الثالث: أشكال الحكومات ٢٠٤

المطلب الثاني: الانتخاب ونظمه المختلفة ٢١١

الفرع الأول: الانتخاب ٢١١

الفرع الثاني: الأساليب المختلفة للانتخاب ٢١٤

الفرع الثالث: نظم الانتخاب ٢١٦

المبحث الثالث: تقسيم السلطات في الدولة الحديثة ٢١٩

المطلب الأول: السلطة التنفيذية ٢٢٠

المطلب الثاني: السلطة التشريعية ٢٢٧

المطلب الثالث: السلطة القضائية ٢٣٠

الباب الثاني

الالتزامات السياسية للحاكم والمحكوم في الفقه الإسلامي والقانون الدستوري

الفصل الأول: الالتزامات السياسية للحاكم والمحكوم في القانون الدستوري.......... ٢٤٠

المبحث الأول: أساسيات لدراسة القانون الدستوري ٢٤٢

المطلب الأول: تعريف القانون بصورة عامة ٢٤٣

المطلب الثاني: تعريف القانون العام ٢٤٥

المطلب الثالث: تعريف القانون الدستوري.......... ٢٤٧

المطلب الرابع: علاقة الدستور بالقوانين الأُخرى ٢٥٠

المبحث الثاني : المبادئ الدستورية في الدول الحديثة.......... ٢٥١

المطلب الأول: مبدأ الشرعية.......... ٢٥١

المطلب الثاني: مبدأ السيادة ٢٥٥

المطلب الثالث: مبدأ الفصل بين السلطات ٢٥٧

المبحث الثالث: مصادر القانون الدستوري.......... ٢٥٩

المطلب الأول: التشريع الدستوري.......... ٢٦٠

المطلب الثاني: العرف الدستوري ٢٦٤

الفرع الأول: تعريف العرف الدستوري ٢٦٤

الفرع الثاني: أركان العرف الدستوري ٢٦٧

الفرع الثالث: أنواع العرف الدستوري وقوته القانونية ٢٧٦

المطلب الثالث: القضاء والفقه الدستوري ٢٨١

الفرع الأول: القضاء الدستوري ٢٨٢

الفرع الثاني: الفقه الدستوري ٢٨٣

المبحث الرابع: أنواع الدساتير ٢٨٥

المطلب الأول: الدساتير المكتوبة والدساتير غير المكتوبة ٢٨٥

الفرع الأول: الدساتير المكتوبة............................... ٢٨٥

الفرع الثاني: الدساتير غير المكتوبة ٢٨٨

المطلب الثاني: الدساتير المرنة والدساتير الجامدة................. ٢٩٠

الفرع الأول : الدستور المرن ٢٩٠

الفرع الثاني: الدستور الجامد ٢٩١

المبحث الخامس: أساليب نشأة ونهاية الدساتير ٢٩٤

المطلب الأول: عموميات عـن السـلطة التأسيسـية الأصلية والسلطة التأسيسية
المنشأة ٢٩٥

المطلب الثاني: أساليب نشأة الدساتير ٢٩٨

المطلب الثالث: أساليب نهاية الدساتير ٣٠٤

المطلب الرابع: مبادئ سمو الدستور ٣٠٥

المبحث السادس: الرقابة علي دستورية القوانين ٣٠٨

المطلب الأول: الرقابة الدستورية السياسية....................... ٣٠٩

المطلب الثاني: الرقابة القضائية ٣١٦

الفصل الثاني: الالتزامات السياسية للحاكم في الفقه الإسلامي ٣٢٤

المبحث الأول: المبادئ الأساسية لنظام الحكم في الفقه الإسلامي ٣٢٥

المطلب الأول: الشورى ٣٢٦

الفرع الأول: تعريف الشورى ٣٢٦

الفرع الثاني: أدلة مشروعية إلزامية الشورى ٣٢٨

الفرع الثالث: فوائد الشورى ٣٣٥

الفرع الرابع: حكم الشورى ٣٣٩

الفرع الخامس: موضوعات الشورى ٣٤٠

المطلب الثاني: العد ل ٣٤٣

الفرع الأول: تعريف العدل ٣٤٣

الفرع الثاني: حكم العدل ٣٤٤

المطلب الثالث: المساواة ٣٥٢

الفرع الأول: تعريف المساواة ٣٥٢

الفرع الثاني: حكم المساواة ٣٥٤

المبحث الثاني: كفالة التمتع بالحريات المباحة شرعا ٣٥٩

المطلب الأول: حرية الاعتقاد ٣٥٩

المطلب الثاني: حرية التنقل ٣٦٢

المطلب الثالث: حرية التعبير ٣٦٣

المطلب الرابع: حرية العمل والكسب ٣٦٧

المبحث الثالث: علاقة الحاكم والمحكوم في دولة المدينة ٣٦٩

المطلب الأول: دولة المدينة ٣٦٩

المطلب الثاني: نظام الحكم ٣٧١

المطلب الثالث: التنظيم الإداري والتزامات الحاكم ٣٧١

المبحث الرابع: علاقة الحاكم والمحكوم في ظل الخلافة الراشدة ٣٧٦

المطلب الأول: عهد الخليفة أبي بكر الصديق ٣٧٦

المطلب الثاني: عهد أمير المؤمنين عمر بن الخطاب ٣٨٣

المطلب الثالث: عهد عثمان بن عفان ٣٨٩

المطلب الرابع: عهد علي بن أبي طالب ٣٩٠

الخاتمة ٣٩٣

الفهارس العامة ٣٩٩

فهرس الآيات ٤٠١

فهرس الأحاديث ٤٠٨

فهرس الأعلام ٤١٢

فهرس المصادر والمراجع ٤١٧

فهرس الموضوعات ٤٤٣

تم بحمد الله تعالى